ÖNCE İMAN

D1722785

KİTABIN ADI VE YAZARI
ÖNCE İMAN
Dr. Mecdî el-HİLÂLÎ

EDİTÖR
Şamil GÖK

TERCÜME
İshak DOĞAN

SAYFA & KAPAK DÜZENİ
Harun HARRANİ

ISBN
978-605-4486-02-1

MATBAA
Step Ajans Matbaa Ltd. Şti.
Göztepe Mahallesi Bosna Caddesi No.11
Bağcılar/İstanbul Telefon: 0212 446 88 46
Matbaa Sertifika No: 45522

KASIM - 2019

Alayköşkü Cad. Zeynep Sultan Camii Sok. No:2
Cağaloğlu - İSTANBUL
Telefon/Faks: 0212 512 45 43 - 512 51 66 - 512 90 40
Web: www.bekakitap.com
Eposta: bekayay@hotmail.com
Yayıncılık Sertifika No: 16173

Dr. Mecdî el-HİLÂLÎ

ÖNCE İMAN

Tercüme

İshak DOĞAN

beka
YAYINCILIK

Dr. Mecdî el-HİLÂLÎ

Aslen tıp doktorudur. Mısır'da İslâm davetinin önde gelenlerinden olup gençlik döneminde öğrenciler arasında aktif bir şekilde ciddî ve verimli çalışmalar yapmıştır.

Sahip olduğu en önemli özelliği, davet ve iman eğitimi alanında farklı yaklaşımı ve anlatımıyla dikkat çekmesidir.

İman eğitimiyle hedefi; kişinin kendisini imanla değiştirerek, ümitsizlik kapılarını tamamen kapatmasıdır. O, faydalı bilgiyle ve sürekli aktif olarak, imanı güçlendirecek şekilde insanın his dünyasını, duygularını ve vicdanını güçlendirmesi gerektiği üzerinde durmaktadır. Ona göre, faydalı bilgi ve sürekli çalışmak, ibadet etmek ve başkalarına el uzatmak, hisleri güçlü tutacak, böylelikle kalp bundan etkilenecektir. İman yavaş yavaş güçlenecek ve bu etkileşimin devam etmesiyle güçlü bir imana kavuşulmuş olacaktır. Bu değişim ve dönüşümün en önemli başlangıç ayağı Kur'ân'la iletişimi güçlendirmek ve böylelikle imanı tehlikelerden korumaktır. Kur'ân kişiyi uyanık tutan, şirk ve her türlü ahlaksızlıktan koruyan mucize bir kitaptır.

Çalışmalarını genellikle bu alanda yapmaktadır ve kitaplarını sözü edilen bu atmosferi canlı tutmak gayesiyle şekillendirmektedir.

1994-2005 yılları arasında Hz. Peygamber'e yakın olma aşkıyla Medine-i Münevvere'de kaldı. Bu dönemin fikir dünyasını çok ciddi bir şekilde etkilediğini ifade eden Mecdî el-Hilâlî şimdi Kahire'de yaşıyor. Şahsıyla ilgili bilgilerin gereğinden fazla gündeme gelmesini sevmeyen yazar, yazılan konuların daha önemli olduğunu ifade etmektedir. Şimdilik bu bilgilerin yeterli olduğunu söyleyerek okuyucularına selam ve saygılarını sunduğunu belirtmiştir.

İÇİNDEKİLER

İKİNCİ BÖLÜM
İMANLA NASIL BAŞLAYACAĞIZ?

GİRİŞ

BİRİNCİ KISIM

İKİNCİ KISIM

ÖNSÖZ

Şüphesiz hamd, Allah'adır; O'na şükreder, O'ndan yardım dileriz. Doğru yolu O'ndan ister, O'ndan bağışlanma dileriz. Nefislerimizin şerrinden ve kötü amellerimizden Allah'a sığınırız. Allah kimi hidayete erdirirse onu saptıracak yoktur. Kimi de saptırırsa onu hidayete erdirecek yoktur. Allah'tan başka ilah olmadığına şehadet ederim. O, tektir ve O'nun ortağı yoktur. Yine şehadet ederim ki, Muhammed *sallallahu aleyhi ve sellem* O'nun kulu ve rasûlüdür. Salât ve selâm ona, âline ve ashabına olsun.

Kalbinde Allah'a ve ahiret gününe iman olan her Müslüman, zaman zaman durumundan dolayı üzülür. Allah'ın hakları konusunda içinde bulunduğu gevşeklik ve gaflet sebebiyle Allah'ın cezalandırmasından korku duyar.

İmanın girdiği kalpler, her ne kadar katılaşsa da içinde Allah Teâlâ'ya karşı bir sevgi, O'nunla iletişime geçme ve O'na ulaşma isteği taşır. Ancak insanlar dünya sevgisini kalplerinden kolay kolay atamaz ve kalplerini ahiret ile ilişkilendiremezler. Çoğu zaman şöyle sorarlar: "Eşleri ve çocukları arasında, işleriyle uğraşırken, insanlardan uzaklaşmadan ve kendilerini ibadete vermeden nasıl birer Rabbânî şahsiyet olabilirler?"

Dalıp hayallere kapılmadan önce, bu dengeyi gerçekleştirebilmiş, ruhun ihtiyaçları ile bedenin istekleri arasında arzu edilen eşitliği sağlamış olan -Muhammed *sallallahu aleyhi ve sellem* ümmetinin en hayırlı nesli olan- sahâbe neslini düşünerek, bu dengeyi gerçekleştirmenin zor olduğunu düşünürler.

Sahâbe nesli, sadece bu dengeyi gerçekleştirmenin mümkün olduğunu göstermesiyle değil, aynı zamanda bu ümmetin sonunun da ümmetin başının düzeldiği şeyle düzelebileceğini bizlere hatırlatması açısından önemli bir örnektir.

Bu eşsiz neslin yaşamına baktığımızda, nefislerimizle ilgili olarak önümüzde birkaç dikkat çekici durum görürüz.

- Onlar, kendilerinden sonra gelenlerden daha çok namaz kılıp oruç tutan kimseler değillerdi.

Bu nedenle seleften bazıları şöyle der: "Ebu Bekir sizi çok namaz ya da çok oruçla değil, göğsünde kesinleşen şeyle geçti."[1]

İbn Mes'ûd *radıyallahu anh*, arkadaşlarına şöyle dedi: "Siz oruç ve namaz bakımından Muhammed *sallallahu aleyhi ve sellem*'in ashabından daha fazlasını yapsanız da onlar sizden daha hayırlıydılar." (Dinleyenler) "Niçin böyle?" diye sorduklarında, İbn Mes'ûd şöyle cevap verdi: "Onlar dünya hususunda sizden daha zahidlerdi, ahirete ise daha fazla rağbet ediyorlardı."

---

1   İbn Receb, *el-Mehacce fi Seyri'd-Delce*, s. 53.

O, sahâbîlerin, kalpleri ahirete bağlı olduklarından, ona rağbet gösterdiklerinden dolayı kendilerinden sonra gelenleri geçtiklerine işaret ediyordu. Onlar, ellerinde olsa da dünyayı küçümseyip aşağılayarak yüz çeviriyorlardı. Kalplerinde dünyalık bir şey yoktu; kapleri tamamen ahiretle doluydu.[2]

- Bu yorumlardan biri de şudur: Onlar dünyayı terk etmediler, kendilerini ibadete verip insanlardan uzaklaşmadılar; aksine hayatlarını tabiî bir şekilde devam ettirdiler. Onlar, helâl olan şeylerden yiyor, nefislerini helâl olan hiçbir şeyden mahrum tutmuyorlardı. Evleniyorlar, gülüyorlar, eğleniyorlar, çocuklarıyla ve eşleriyle oynuyorlardı. Alıyorlar, satıyorlar, bir şeyler ediniyorlardı. Yani onlar, beşerîliklerine tamamen uygun bir düzen içinde idiler.

- Onlar, benzeri olmayan bir şekilde hayatlarında dengeyi gerçekleştirdiler. Onlar geceleri âbid, gündüzleri ise mücahid idiler. İlim konusunda âlim, cihad alanında mücahid idiler; savaşlarda rükû ve secdede bulunuyorlardı. Cahil kimseye öğretiyor, muhtaç kimselerin ihtiyaçlarını karşılamak için çaba gösteriyor, kederli kimselerin yardımına koşuyorlardı. Hanımlarına hayırlı bir eş, çocuklarına baba, komşularına hayırlı bir komşu idiler. Zarif ve inceydiler; kimse onlarla konuşmaktan dolayı sıkılmazdı.

Bedenleriyle insanların içinde yaşadılar, kalpleriyle Allah için çalıştılar. Peki, bu dereceye nasıl ulaştılar?

Bu hayırlı kimselerin terbiyesindeki semavî metot, onların kalplerini Allah'a bağlama hususunda yoğunlaşmıştı. İçki niçin Medine'de haram kılındı? Niçin oruç hicretin ikinci yılında farz

---

2   İbn Receb, *el-Mehacce fi Seyri'd-Delce*, s. 54-55.

oldu? Hatta beş vakit namaz, İsra ve Mirac yolculuğunda farz kılınmıştı... Gece namazı ise davetin başlangıcından itibaren farzdı. Bu, üzerinde uzun uzun düşünülmesi gereken bir konudur. Çünkü gece namazı, Allah'ın buyurduğu gibi başlangıçta farz kılındığı şekliyle zor bir ibadetti: *"Ey örtünüp bürünen (Rasûlüm)! Birazı hariç, geceleri kalk, namaz kıl. (Gecenin) yarısını (kıl). Yahut bunu biraz azalt ya da çoğalt ve Kur'ân'ı tane tane oku."*[3]

Gece namazı niçin diğer sorumluluklardan önce idi?

Yüce Allah şöyle buyurmaktadır: *"Şüphesiz gece kalkışı, (kalp ve uzuvlar arasında) tam bir uyuma ve sağlam bir kıraata daha elverişlidir."*[4]

İnsanlar uyurken gece namazı kılmak, Kur'ân okuyup üzerinde düşünmek, uzun uzun kıyâm, rükû ve secdede bulunmak. Bu durum elbette kalpleri kuşatan örtüleri kaldıracak, kalp ile onu yaratan Allah arasındaki kapalı olan yolu açacak, böylece kavuşma, yakınlaşma ve bağlantı sağlanacaktır.

Kalpler, Allah ile iletişime geçip O'nu yakından hissetmenin tadını aldığında, şüphesiz dış değişiklik, içkinin haram kılınması olayında olduğu gibi bundan sonra bir işaretle, az bir çabayla gerçekleşecektir: *"Bunlardan uzak durun!"*[5] Âyetin nüzûlünden hemen sonra Medine sokakları içkiyle doldu. Sahâbîler, âyeti işitir işitmez içki kaplarını hemen boşalttılar.

---

3   Müzzemmil 73/1-4.

4   Müzzemmil 73/6.

5   Mâide 5/90.

Gece namazıyla, Kur'ân'ın kalplerdeki etkisi arttı. Onlar, derhal uygulamak ve Allah'ın emirlerine uygun bir şekilde hayatlarını düzenlemek için Kur'ân okurlardı.

Abdullah b. Mes'ûd *radıyallahu anh* şöyle dedi: "Bizden biri on âyet öğrendiğinde, onların anlamlarını anlayıncaya ve onlarla amel edinceye kadar diğer âyetlere geçmezdi."[6]

Sahâbenin terbiyesindeki tedricî, semavî metot ve bu metodun en önemli özelliklerinden biri olan kalpleri Allah ile ilişkilendirme çabası, kalplerin Kur'ân-ı Kerîm'de ifade edilen Rabbânî hidayet nûrunu almak için hazırlanmasını sağlıyordu. Bunun yanında Rasûlullah *sallallahu aleyhi ve sellem* onların organlarını düzeltmelerinden önce kalplerini düzeltmek için uğraş veriyordu. O, birçok hadisinde onları bu tarafa yönlendiriyor ve şöyle buyuruyordu: ***"Şüphesiz Allah sizin bedenlerinize ve dış görünüşlerinize bakmaz. O, ancak sizin kalplerinize ve amellerinize (yaptığınız fiillere) bakar."***[7]

Yine şöyle buyuruyordu: ***"Dikkat edin, bedende bir et parçası vardır ki, o parça iyi olduğunda bütün beden iyi olur. O bozuk olduğunda, bütün beden bozulmuş olur. İyi bilin ki, bu (et parçası) kalptir."***[8]

O hâlde ıslahın (düzeltmenin) başlangıcı, sadece kalpleri Allah ile ilişkilendirmekle ve iman tohumunu ekmekle gerçekleşir. Böylece kalp, bütün fiillerin sevk edicisi olur.

---

6   İbn Kesîr, *Tefsîru'l-Kur'ân'i'l-Azîm*, Mukaddime, s. 4.

7   Müslim, Birr 34.

8   Buhârî, Îmân 39, Büyû' 2; Müslim, Müsâkât 107, 108.

İmanın, kalbin dört bir yanına köklerini yerleştirmesi; şüpheleri ve arzuları yakması; örtüleri ve zulümleri dağıtması için imanla başlamak, kalplere onu yerleştirmek için çalışmak şarttır. Kalp düzeldiğinde, kalpteki hayat da canlanacaktır. Herhangi bir zorluk hissetmeden ve çaba göstermeden organlar da kalbe uyarak düzelecektir.

Bu nedenle iman terbiyesi, diğer hususlardan daha önce gelir.

Bir kimse, "Hepimiz imanî terbiye ve eğitimin şart olduğu, diğerlerinden daha önemli olduğu konusunda hemfikiriz. Fakat kalbi Allah'a bağlayan ve kişinin Rabbânî kimselerden olmasını sağlayan fiilî adımları açık bir şekilde bilmiyoruz ki!" diyebilir.

Evet... Bu konuda birçok direktif ve tavsiyeler bulunmakla birlikte bunlar, tam bir terbiye ve eğitim metodu oluşturmuyor. Fakat İmam İbn Kayyim, *Menâzilu's-Sâirîn İlallah* adlı eserin şerhi olan *Medâricu's-Sâlikîn*'de bunu başarmıştır. Eserinde, Allah'ın rızasına ulaşmak için çaba gösteren kimselerin durumlarını ve makamlarını, karşılaşabilecekleri engelleri ve bu engelleri nasıl aşabileceklerini açıklamıştır. Eserde, kalplerin ıslahı ve tezkiyesi konusunda Rasûlullah *sallallahu aleyhi ve sellem*'in sünnetine karşı olan bütün konulara cevap vermiştir. O, mertebelere, "Uyanıklık Mertebesi" ile başlamış, onu diğer bütün mertebeler için bir anahtar kabul etmiştir. O mertebe olmadan, yolculuk olmaz. Sonra bu uyanıklık mertebesini tamamlayacak olan metodu ifade etmeden diğer mertebeleri anlatmaya devam etmiştir. Ancak kitabın farklı yerlerinde bu konuya ait birtakım işaretlerde bulunmuştur.

Bu, imanî terbiye ve eğitimdeki merkez noktalardan biridir. Bu olmadan kalp uyumaya ve gaflet içinde bulunmaya devam eder.

Dolayısıyla bu terbiye ve eğitimin başlangıcı, kalpteki imanı uyandırmaktır. Onu ayağa kaldırmadan ve ondan beklenen amacı gerçekleştirmeden, onu izleyecek diğer adımlara geçmek mümkün değildir. O gerçekleşmeden, tevbe, ihlâs, ihsan, şükür, ta'zim, Allah'a yönelme vb. gibi diğer mertebelerden konuşmak, sadece sınırsız bir hayal olur.

Bu nedenle, "Kalbi yattığı yerden uyandırmak ve onu tekrar canlandırmak, imanî terbiyenin en önemli merkezidir. Bu uyanıklık olmadan, terbiye ve eğitim hedefine ulaşılamaz" diyen kimse hata etmemiştir.

Bu kitap, bu terbiyenin en önemli ilkelerini, özellikle terbiyenin ve eğitimin en özel bölümü olan imanı uyandırmayı ve kalpleri tekrar canlandırmayı açıklama çabasındadır.

Kitap, bir giriş ve iki bölümden oluşmaktadır:

Giriş: "İmanî Terbiye ve Eğitimin İlk Aşamadaki Amacı"

Birinci bölüm: "Niçin Önce İman?" Bu bölüm dört kısmı içermektedir: Fiillerin Sebepleri, İman Gerçeği, İman Zayıfladığında ve Önce İman.

İkinci bölüm: "İmanla Nasıl Başlayacağız?" Bu bölümde de başlangıç şartları hakkında bir giriş ve on dört kısım vardır. Her kısım, kalbi uyarma metotlarından birini içermektedir. Bunlar da sırasıyla şöyledir: Allah'tan Çok Korkmak, Kur'ân-ı Kerîm'i Düşünerek Okumak, Gece Namazı Kılmak ve Seherlerde Yalvarmak, Allah Yolunda İnfak Kararlılığı, Zikir ve Fikir,

Mescidlere Bağlılık, Mübarek ve Hayırlı Zamanlardan Faydalanmak, Oruç, Davranış ve Nefis Terbiyesi ile İlgili Bir Kitap Okumak, Terbiye ve Eğitim Ortamlarına Katılmak.

Allah, niyetimizin ardındadır; sırata ulaştıracak olan da ancak O'dur...

Mecdi el-HİLÂLÎ
Rebîulâhir h. 1421

GİRİŞ

İMANÎ TERBİYE VE EĞİTİMİN
İLK AŞAMADAKİ AMACI

Kalpleri Allah'a bağlanmaktan alıkoyan nedir? Allah uzak değil yakın iken kalbin Allah'ı yakından tanımasına engel olan nedir? *"Kullarım sana beni sorduklarında (söyle onlara) ben çok yakınım."*[9]

Rabbimizle olan ilişkimizde hissettiğimiz uzaklığın, kesintinin ve yalnızlığın nedeni nedir?

Yüce Allah şöyle buyurmaktadır: *"Hayır! Bilakis onların işlemekte oldukları (kötülükler) kalplerini kirletmiştir."*[10] Elbette kalpleri kuşatan kirler, onunla Allah arasındaki yolu kapatmıştır.

Kalpler ile onları yaratan Allah arasındaki kapalı yolları açmak için gösterilen çabanın oranı, kalbi kuşatan gaflet ve karanlıkların kalınlığına göre, kişiden kişiye değişir.

Canlı kalbi, toprağın bağrına gizlenmiş, yeri kişiden kişiye değişen bir hazineye benzetebiliriz.

Bazıları ona yakın olduğundan onu kolaylıkla bulabilir. Bazıları da daha büyük bir çaba göstermek, ona ulaşmak için daha uzun zaman harcamak zorundadır.

---

9   Bakara 2/186.

10   Mutaffifîn 83/14.

Bir kimse, "İçimizden biri, yol kapalı iken hazineye ulaştığını nasıl bilebilir?" diye sorabilir.

Kur'ân, bu soruya birkaç yerde cevap verir ve kalbe canlılık vermek isteyen kişiye yol gösterecek birtakım işaretleri açıklar.

Bunlardan biri, Allah'ın şu buyruğudur: ***"Ölü iken dirilttiğimiz ve kendisine insanlar arasında yürüyebileceği bir ışık verdiğimiz kimse, karanlıklar içinde kalıp ondan hiç çıkamayacak durumdaki kimse gibi olur mu?"***[11]

İbn Mes'ûd *radıyallahu anh*'ın şöyle dediği rivayet edilmiştir: "Ey Allah'ın Rasûlü! Allah, ***'Allah kimin gönlünü İslâm'a açmışsa o, Rabbinden bir nur üzerinde değil midir?"***[12] buyuruyor, gönül nasıl açılır?" dedik. Rasûlullah *sallallahu aleyhi ve sellem* ***"Nur kalbe girdiğinde, gönül yarılır ve açılır"*** buyurdu. Biz "Ey Allah'ın Rasûlü! Bunun belirtisi nedir?" diye sorduk. Rasûlullah *sallallahu aleyhi ve sellem* şöyle buyurdu: ***"Ebedî yurda (cennete) dönmek, gurur yurdundan (dünyadan) sakınmak, ölüm gelmeden önce ona hazırlanmaktır."***[13]

Bu işaretlerden biri de kalplerin, Allah'ı zikir anında titremesidir: ***"Mü'minler ancak, Allah anıldığı zaman yürekleri titreyen kimselerdir..."***[14]

Allah'ı zikrederken kalplerin titremesi, kalplerin canlandığının bir işaretidir. Titreme; korku, endişe, ürperti, kalbin nabzının artması ve vuruşlarının hızlanmasıdır.

---

11 En'âm 6/122.

12 Zümer 39/22.

13 Hâkim, *Müstedrek*, IV, 347; Beyhakî, *Şuabu'l-Îmân*, VII, 352.

14 Enfâl 8/2.

Ümmü'd-Derdâ *radıyallahu anh* şöyle demiştir: "Kalpteki titreme, hurma yaprağının yanması gibidir."[15]

Bu işaretlerden bir diğeri de Allah'ı zikir anında kalbin ürpermesidir: *"İman edenlerin Allah'ı anma ve O'ndan inen Kur'ân sebebiyle kalplerinin ürpermesi zamanı daha gelmedi mi? Onlar daha önce kendilerine kitap verilenler gibi olmasınlar. Onların üzerinden uzun zaman geçti de kalpleri katılaştı. Onlardan birçoğu yoldan çıkmış kimselerdir."[16]*

Kalbin ürpermesi; boyun eğmesi, sakinleşmesi, yalvarması ve itaat etmesidir.

İbn Kayyim şöyle diyor: Ürperme, lügatta azalma, boyun eğme, sakinleşme anlamına gelir. Yüce Allah şöyle buyurur: *"Artık, çok esirgeyici Allah hürmetine sesler kısılmıştır."[17]* Yani sakinleşmiş, boyun eğmiş, söz dinlemiştir. Yeryüzü de bu nitelikle, sakinliği, kuruluğu, boyun eğmesi, çayır ve otlarla yükselmemesiyle nitelendirilmiştir. Allah şöyle buyurur: *"Senin yeryüzünü kupkuru görmen de Allah'ın âyetlerindendir. Biz onun üzerine suyu indirdiğimiz zaman, harekete geçip kabarır."[18]*

Kalbin, zikir ve namaza katılması, onunla dil arasında bir uyumun gerçekleşmesi de kalbin canlılık işaretlerindendir.

Bu kalbin sahibi, onu istediğinde ve çağırdığında onu yanında hazır bulur. Bu sadece namaza, Kur'ân okumaya, zikre,

---

15   Kurtubî, *el-Câmiu li Ahkâmi'l-Kur'ân*, XV, 163.

16   Hadîd 57/16.

17   Tâhâ 20/108.

18   Fussilet 41/39. Bk. *Tehzîbu Medârici's-Sâlikîn*, s. 275.

duaya has değildir. Ne zaman yanında boyun eğmiş, yumuşamış ve etkilenmiş olarak görmek isterse, o şekilde görür.

Bu belirtilerden bir diğeri de kalbin katılım sağladığı her ibadetten sonra kalbin huşûsunun artmasıdır. Rabbimiz şöyle buyurmaktadır: *"Ağlayarak yüz üstü yere kapanırlar. (Kur'ân okumak) onların saygısını artırır."*[19]

Bu kalp, kişiye daha önce hayatında bir benzerini hissetmediği imanın tadını verir. Rasûlullah *sallallahu aleyhi ve sellem* şöyle buyurmuştur: *"Kimde üç şey bulunursa, imanın lezzetini tatmış olur: Allah ile Rasûlü kendisine başkalarından daha sevgili olan kimse; (bir kulu seven fakat yalnız Allah için seven kimse;) Allah kendisini kâfirlikten kurtardıktan sonra yine kâfirliğe dönmekten ateşe atılacakmışçasına hoşlanmayan kimse."*[20]

Hasan el-Basrî şöyle diyor: "Üç şeyde tadı kaybettiniz: Namazda, zikirde ve Kur'ân okumada. Eğer bunlardan tat alırsanız, ne mutlu! Aksi hâlde, bilin ki kapı kapalıdır (derhal açmaya çalışın)."[21]

Bu belirtilerden bir diğeri de kişinin Allah'a gerçek anlamda yakınlık hissetmesi ve bu durumun dualarında, yakarışlarında açığa çıkmasıdır. Bu yakınlık gün geçtikçe artar; nihayet O'nunla samimi olma, O'na yalvarmaktan tat alma ve O'nunla başbaşa kalacağı zamanları bekleme aşamasına ulaşır.

İbn Kayyim şöyle diyor: "Bil ki, kalp dünyaya önem vermediğinde; dünyadaki mal, liderlik ve güce bağlanmayıp

---

19   İsrâ 17/109.
20   Buhârî, Îmân 9, 14, Edeb 42, İkrâh 1; Müslim, Îmân 67.
21   *Tehzîbu Medârici's-Sâlikîn*, s. 463.

ahirete bağlanarak ona hazırlık yapmaya önem verdiğinde ve Allah'a doğru adım atmaya hazırlandığında, kuşkusuz bu onun kalbinin ilk açılışı, doğuşunun ilk ışığıdır. İşte o zaman kalbi, Rabbinin kendisinden razı olacağı şeyi bilmek için hareket eder, onu işler, onunla Rabbine yaklaşır. Rabbinin öfkesinden sakınır. İşte bu, iradesinin samimiyetinin belirtisidir.

Bunu başardığında, ona seslerin ve hareketlerin kesildiği boş yerlerde, yalnızlığa alışma kapısı açılır. Onu bundan daha çok gayrete getiren bir şey yoktur. Çünkü bu esnada kalbinin gücü ve iradesi bir araya gelir, niyetini dağıtan, kalbini bölen kapıları üstüne kapatır, onunla samimi olur ve insanlardan uzaklaşır.

Sonra ona, neredeyse doymadığı ibadetten tat alma kapısı açılır. Oyun ve eğlencede aldığı tattan, yerine getirdiği şehevî arzularından daha fazlasını bundan alır. Öyle ki, namaza başladığında, namazını bitirmek istemez.

Sonra ona Allah'ın kelâmını dinleme kapısı açılır. Ona doyamaz. Kur'ân'ı işittiğinde, çocuğun çok sevdiği bir şey verildiğinde sakinleşmesi gibi kalbi onunla sakinleşir."[22]

Kur'ân'da ve Allah Rasûlü *sallallahu aleyhi ve sellem*'in sünnetinde geçtiği gibi bu ve diğer belirtiler, kalbin yeniden canlandığının işaretleridir.

Dikkat edilmesi gereken bir önemli nokta daha vardır ki, o da biz bu tür belirtileri hissetmiyor olsak da bu bizlerin iman etmediğini göstermediğidir. Çünkü iman, kalplerimizde vardır. Hatta bazen Allah'a gerçekten yaklaştığımızı hissettiğimiz anlar olur. Ancak bu anlar uzun sürmez. Bu ise, terbiye ve eğitim

---

22 *Tehzîbu Medârici's-Sâlikîn*, s. 631-632.

yolunda adım atmanın gerekliliğini destekler. Belki bu sayede kalplerimiz için sürekli bir uyanıklık durumuna ulaşabiliriz.

Yüce Allah şöyle buyurmaktadır: *"Ey iman edenler! Hayat verecek şeylere sizi çağırdığı zaman, Allah ve Rasûlü'ne uyun. Ve bilin ki, Allah kişi ile onun kalbi arasına girer ve siz mutlaka O'nun huzurunda toplanacaksınız."* [23]

Şüphesiz uyanık, canlı bir kalp, -Ramazan, umre ve hac gibi- özellikle belirli bir ortamda bu ibadetleri yerine getirirken etkilenir. Bu zamanlarda, tat, doygunluk ve mutluluk hisseder. Fakat bu etki geçicidir; çok geçmeden, hayatın akışına tekrar girdikten sonra yok olur. Bunu, uykusunda rüyaya dalmış bir kimseye benzetebiliriz. Bazen aniden gelişen dış bir etkenden dolayı uyanır, bir süre uyanık durur. Sonra tekrar uykusuna döner. Ancak canlı bir kalbin sahibi daima uyanık ve tetiktedir. İşte bu mertebenin hedefi budur.

---

23 Enfâl 8/24.

BİRİNCİ BÖLÜM

NİÇİN ÖNCE İMAN?

BİRİNCİ KISIM
FİİLLERİN SEBEPLERİ

İnsanın yerine getirmeyi istediği her eylemin işlenmesine neden olan birtakım sebepler vardır. Bu sebepler, sevgi ya da nefret duygusuna dayanır.

Mesela; aramızdan birinin herhangi birine duyduğu sevgi, onu mutlu edecek şeyleri yapmasına ve ona eziyet veren şeyleri terk etmesine sebep olur.

Anne, çocuğuna bakmak için geceyi uykusuz geçirir, onun uykusu ve rahatı için kendisini feda eder. Bu, annenin ona duyduğu sevginin gücüne dayanır. Anne çocuğunun o gece kendisine olan ihtiyacını hisseder.

Acı bir ilaç içen hasta da bunu hisseder. O kimseyi bu acıyı çekmeye iten sebep nedir?

Şüphesiz bu sebep, sağlıklı olma isteği ve hastalıktan hoşlanmamaktır.

Kulların fiillerinin merkezi, sevgi ya da nefret duygularından hareket eder. -Mesela;- kul, itaatte bulunur ve kötülükleri terk eder. Bu duygulardan hareket edemediği sürece, elbette bunları kolay ve basit bir şekilde yerine getiremez.

Yüce Allah şöyle buyurmaktadır: *"Fakat Allah size imanı sevdirmiş ve onu gönüllerinize sindirmiştir. Küfrü, fıskı ve isyanı da size çirkin göstermiştir. İşte doğru yolda olanlar bunlardır."*[24]

Kişinin bütün fiilleri Allah'ın hoşlandığı ve nefret ettiği şeylere göre hareket ederse, o kimse böylelikle imanını tamamlamış olur. Çünkü onun bütün dürtüleri, Allah'ın rızasını kazanmak için harekete geçmiştir, nefsinin bu konuda herhangi bir payı ya da ortaklığı yoktur.

Ebu Ümâme *radıyallahu anh*'dan rivayet edildiğine göre, Peygamber *sallallahu aleyhi ve sellem* şöyle buyurmuştur: *"Her kim Allah için sever, Allah için buğzeder, Allah için verir ve Allah için vermezse, şüphesiz imanını tamamlamış olur."*[25]

Bir kimsenin, karşısındaki iki farklı şeye duyduğu sevgilerin birbiriyle çekişmesi hâlinde, daha güçlü bir şekilde duyduğu sevgi üstün gelecektir.

Rabbimiz şöyle buyurmaktadır: *"Mü'minlerin Allah'ı sevmesi ise hepsinden kuvvetlidir."*[26]

Öğretiminde herkesten üstün olmayı isteyen kimse ya bunu şöhretten dolayı ya da yaşıtları arasında daha üstün olmak için yapar. Rahat bir hayattan ve birçok lezzetten uzak durur. Çünkü onun kendisini bu başarıya ulaştıracak olan şeye duyduğu sevgi, bu lezzetlere duyduğu sevgiden daha

---

24   Hucurât 49/7.
25   Ebu Davud, Sünne 16. Elbânî, hadisi sahih kabul etmiştir. Bk. *Silsiletu'l-Ehâdîsi's-Sahîha*, no: 380.
26   Bakara 2/165.

güçlüdür. Diğer bir ifadeyle, onun başarıya olan ihtiyacının gücü, hedefine ulaşmasını engelleyecek bütün şeylerden uzak durmasını sağlar.

O hâlde, bir şeye duyulan ihtiyaç, insanın içinde istek ve azmi meydana getirir. Bu da o kimsenin amacına yaklaşması için bütün vasıtaları yerine getirmesine sebep olur.

Bir şeye duyulan ihtiyacın oranı ise, onu elde etmekteki istek kadardır.

İman-İhtiyaç İlişkisi

Birçok insanın Allah'a iman etmemesinin ve Allah'a olan kulluk haklarını yerine getirmemesinin temel nedeni, Allah'a duyduğu ihtiyaç hissinin yokluğundan kaynaklanmaktadır.

Rabbimiz şöyle buyurmaktadır: *"Gerçek şu ki, insan kendini kendine yeterli görerek azar."*[27]

O insanlar, Allah'a ihtiyaç duymayacak güçlü nedenlere sahiptirler. Ancak Allah durumlarını kolaydan zora, genişlikten darlığa, emniyetten korkuya ve endişeye çevirip güç kaynaklarını ellerinden aldığında, hep birlikte Allah'a yönelirler. Fakirlik ve zayıflık içine düşerler. İşte o zaman Allah'a olan ihtiyaçlarını hissederler ve sen, onların boyunlarını eğerek Allah'a yöneldiklerini ve dini yalnız Allah'a has kıldıklarını görürsün.

Yüce Allah şöyle buyurmaktadır: *"Sizi karada ve denizde gezdiren O'dur. Hatta siz gemilerde bulunduğunuz, o gemiler de içindekileri tatlı bir rüzgârla alıp götürdükleri ve (yolcular) bu yüzden neşelendikleri zaman,*

---

27 Alak 96/6-7.

---

o gemiye şiddetli bir fırtına gelip çatar, her yerden onlara dalgalar hücum eder ve onlar çepeçevre kuşatıldıklarını anlarlar da dini yalnız Allah'a halis kılarak 'And olsun eğer bizi bundan kurtarırsan mutlaka şükredenlerden olacağız' diye Allah'a yalvarırlar." [28]

Bütün peygamberler, insanları Allah'a olan ihtiyaçlarını sağlam bir şekilde hissetmeye çağırmışlardır. İnsanlara Allah'ın verdiği nimetlerin bolluğunu hatırlatmışlar ve onları isyanda bulunmaları ve Allah'ı inkâr etmeleri hâlinde başlarına gelecek olan kötü sonla korkutmuşlardır.

Yüce Allah, kavmine hitap eden Hûd *aleyhisselâm*'ın dilinden şöyle buyurur: *"Bildiğiniz şeyleri size veren, size davarlar, oğullar, bağlar, pınarlar ihsan eden (Allah'a karşı gelmek)den sakının. Doğrusu sizin hakkınızda muazzam bir günün azabından endişe ediyorum."* [29]

Doğru bir yerde yer almayan kimseye yapılan herhangi bir yönlendirme ya da nasihat, o kimsenin Allah'a olan ihtiyacını hissetmesine sebep olmaz.

Yüce Allah şöyle buyurmaktadır: *"Fakat inanmayan bir topluma deliller ve uyarılar fayda sağlamaz."* [30]

İstek Oluşturma Tarzı

İmandan kaynaklanan ameller, o kimseye fayda sağlarken, Allah'a olan ihtiyacını da gösterir. İhtiyacı oluşturmak ve isteğin nefiste yer alması için yerine getirilmesi gereken amellerin ve sünnetlerin üstünlüğünü kalbe yerleştirir.

---

28 Yunus 10/22.
29 Şuarâ 26/132-135.
30 Yunus 10/101.

Birçok insanın, kendilerine infakın üstünlüğü konusunda doğru sözler ulaştığında ve Müslümanların buna olan ihtiyacını gördüklerinde Allah yolunda infak çağrısına cevap vermeleri buna bir örnektir.

Buradan şu sonucu çıkarabiliriz: İhtiyacı hissetme eğitimi, arzu edilen fiillerle davranışları ve konumu değiştirme çabasıdır. Amellerin fazileti konusunda Rasûlullah *sallallahu aleyhi ve sellem*'in hadislerini inceleyen bir kimse, herhangi bir ameli işleme konusunda nefsinde ihtiyacın oluşması için amel ile buna bağlı olan sevap arasında sağlam bir bağ bulur.

Çünkü Rabbimizin buyurduğu gibi insanoğlunun tabiatında unutkanlık vardır: **"And olsun biz, daha önce de Âdem'e ahit (emir ve vahiy) vermiştik. Ne var ki o, (ahdi) unuttu. Onda azim de bulmadık."**[31] Şüphesiz bizden birinin herhangi bir şeye olan ihtiyacını hissetmesi, zaman kaybını artırır. Bu nedenle, yerine getirmemiz gereken amellerin önemini sürekli hatırlatmamız zorunludur. Rabbimiz şöyle buyurmaktadır: **"Sen yine de öğüt ver. Çünkü öğüt mü'minlere fayda verir."**[32]

Aynı şekilde, hep birlikte gerçekleştirmek için çabaladığımız hedefin belirli ve açık olması gerekir ki, bu da cennete girmek ve cehennemden kurtulmaktır. Yerine getirmemiz gereken ameller, ancak bizi ona ulaştıracak vasıtalardır. Bu hedef, gözlerimizin önünde açık bir şekilde yer aldığında, hayatımızı farklı yollarla şekillendirir.

Yani biz hayatta karşılaşacağımız her şeye, bu hedefle olan ilişkisine göre tavır alacağız. Herhangi bir şeyin bizi bu hedefe yaklaştırdığını gördüğümüzde ona tutunacak, bizi

---

31   Tâhâ 20/115.
32   Zâriyât 51/55.

ondan uzaklaştırdığını gördüğümüzde de üzüntü duymadan onu terk edeceğiz.

Kur'ân âyetlerini inceleyen kimse, cennete girme konusunda gösterilecek olan çabanın artırılması ve kimsenin bundan gafil kalmaması için tekrar eden teşvikleri, cennete girme konusundaki ısrarlı yönlendirmeleri görür.

Rabbimiz şöyle buyurmaktadır: ***"Rabbinizin bağışına ve takvâ sahipleri için hazırlanmış olup genişliği gökler ve yer kadar olan cennete koşun!"*** [33]

"Kim cehennemden uzaklaştırılıp cennete konursa o, gerçekten kurtuluşa ermiştir." [34]

Cennete girme konusundaki teşviğe karşılık, cehennemden sakındırma ve korkutma da ondan kaçmak için duyulan isteği artırmak için çeşitli şekillerde tekrar edilmiştir.

Yüce Allah şöyle buyurmaktadır: ***"Şüphesiz azgınların barınağı olacak cehennem pusuda beklemektedir. (Azgınlar) orada çağlar boyu kalırlar, orada bir serinlik ya da (susuzluk gideren) bir içecek tatmazlar, ancak (dünyada yaptıklarına) uygun karşılık olarak kaynar su ve irin tadarlar."*** [35]

"Hiç şüphesiz bizim nezdimizde (onlar için hazırlanmış) boyunduruklar, yakıcı bir ateş, boğazdan geçmez bir yiyecek ve elem verici bir azap vardır." [36]

---

33   Âl-i İmrân 3/133.

34   Âl-i İmrân 3/185.

35   Nebe 78/21-26.

36   Müzzemmil 73/12-13.

İKİNCİ KISIM
İMAN GERÇEĞİ

Allah'a imanın anlamı, kesin bir tasdik, Allah'ın isimlerine ve sıfatlarına, vaad ve tehdidine samimi bir şekilde inanmak ve Allah'ın bizi boşuna yaratmadığını ikrar etmektir: *"Sizi sadece boş yere yarattığımızı ve sizin hakikaten huzurumuza geri getirilmeyeceğinizi mi sandınız? Mutlak hâkim ve hak olan Allah, çok yücedir. O'ndan başka ilah yoktur, O, yüce Arş'ın sahibidir."*[37]

Aksine, biz büyük bir iş için yaratıldık: *"Ben, cinleri ve insanları, ancak bana kulluk etsinler diye yarattım."*[38]

Bu, itaat, boyun eğme ve teslim olma anlamlarını gerektiren kulluktur. Bu, Yüce Allah'ın buyurduğu gibi Allah'ın diğer varlıklarının kulluğuyla birlikte onlara katılmaktır: *"O'nu hamd ile tesbih etmeyen hiçbir şey yoktur; fakat siz onların tesbihlerini anlamazsınız."*[39]

---

37 Mü'minûn 23/115-116.
38 Zâriyât 51/56.
39 İsrâ 17/44.

Ancak insanların kulluğu, kötülüğü emreden nefsin ve kovulmuş şeytanın varlık gölgesi altında insan iradesi ve seçme özgürlüğünden kaynaklandığından, yaratılış olarak diğer varlıkların kulluğundan farklıdır. Nitekim şeytan, insanları saptırmak için çalışacağına Allah'ın izzeti üzerine yemin etmişti: *"İblis 'Senin mutlak kudretine and olsun ki, onlardan ihlâsa erdirilmiş kulların bir yana, hepsini mutlaka azdıracağım' dedi."*[40]

Yüce Allah, kendisine kulluk etmediğimiz sürece, bu hayatta bir değerimizin olmadığını açıklamış ve Yüce Kitab'ında şöyle buyurmuştur: *"'Ey Kitap ehli! Siz, Tevrat'ı, İncil'i ve Rabbinizden size indirileni hakkıyla uygulamadıkça, (doğru) bir şey (yol) üzerinde değilsinizdir' de."*[41]

"(Rasûlüm!) De ki: (Kulluk ve) yalvarmanız olmasa, Rabbim size ne diye değer versin? (Ey inkârcılar! Size Rasûl'ün bildirdiklerini) kesinkes yalan saydınız; onun için azap yakanızı bırakmayacaktır!"[42]

Allah, henüz zürriyet âleminde iken bütün insanlardan bu konuda söz almış ve onları kendileri konusunda şahit tutmuştu: *"Rabbin Âdemoğullarından, onların bellerinden zürriyetlerini çıkardı, onları kendilerine şahit tuttu ve dedi ki: 'Ben sizin Rabbiniz değil miyim?' (Onlar da) 'Evet, (buna) şahit olduk' dediler."*[43]

---

40   Sâd 38/82-83.

41   Mâide 5/68.

42   Furkân 25/77.

43   A'râf 7/172.

Allah, bu sözü fıtrata yerleştirdi: *"(Rasûlüm!) Sen yüzünü hanîf olarak dine, Allah insanları hangi fıtrat üzere yaratmış ise ona çevir. Allah'ın yaratışında değişme yoktur. İşte dosdoğru din budur; fakat insanların çoğu bilmezler."*[44]

Rasûlullah *sallallahu aleyhi ve sellem* şöyle buyurmuştur: *"Doğan hiçbir çocuk yoktur ki, fıtrat üzere doğmuş olmasın. Sonra anne-babası onu Yahudi, Hıristiyan veya Mecûsî yapar."*[45]

Yüce Allah, yerine getirmemizi istemiş olduğu bu görevler hakkında bizi hesaba çekmeden bırakmayacağını da açıklamıştır: *"İnsan, kendisinin başıboş bırakılacağını mı sanır!"*[46]

"Ve hepsi sıra sıra Rabbinin huzuruna çıkarılmışlardır: And olsun ki sizi ilk defasında yarattığımız şekilde bize geldiniz. Oysa size vaat edilenlerin tahakkuk edeceği bir zaman tayin etmediğimizi sanmıştınız, değil mi?"[47]

Kalp, Kulluğun Yeridir

Yüce Allah, kalbi kulluğun yeri kılmıştır. İnsandaki hisler ve duygular kalpte toplanmıştır. Sevgi-nefret, korku-ümit, sevinç-keder, istek-sakınma, korku-huzur gibi duygular ve hisler orada toplanmıştır.

---

44   Rum 30/30.

45   Buhârî, Cenâiz 79, 92; Müslim, Kader 22-24.

46   Kıyamet 75/36.

47   Kehf 18/48.

Yüce Allah, kalbi bedenin tamamına hâkim kılmıştır. Hiçbir organ, kalbin emirlerine cevap vermediği sürece iradî bir harekette bulunamaz. O, irade ve karar alma yeridir. Diğer organlar ise bunları ancak uygular. Rasûlullah *sallallahu aleyhi ve sellem* şöyle buyurmuştur: *"Dikkat edin, bedende bir et parçası vardır ki, o parça iyi olduğunda bütün beden iyi olur. O bozuk olduğunda, bütün beden bozulmuş olur. İyi bilin ki, bu (et parçası) kalptir."*[48]

Kalbin askerlerinden biri akıldır. Aklın en önemli görevi, onun ilim ve düşünme yeri olmasıdır. Onunla sonuçlar bilinir, duygular kontrol altına alınır. Bu nedenle akıl, kalbin danışmanı ve veziridir.

Nefse gelince; o, kalbin askerlerinden olmasına rağmen, isteklerine hizmet etmesi ve kendisine uygun kararlar çıkarması için daima kalbi ele geçirmek, irade merkezine yerleşmek ve ona hâkim olmak ister.

Yüce Allah, her bir kuluna, ona hayrı hatırlatacak, kendisini hayır işlemeye teşvik edecek, kötülükten engelleyecek ve sakındıracak meleklerinden birini tayin etmiştir. Aynı zamanda her bir kuluna, bâtıl ümitler ilham eden, kendisine vesvese veren, tehlikeli fiilleri süslü gösteren, nefsin cehâletinden faydalanan ve ona zevk alacağı şeyleri elde etme konusunda sevgi aşılayan bir şeytan da tayin etmiştir.

Rasûlullah *sallallahu aleyhi ve sellem* şöyle buyurmuştur: *"Kalpte iki vesvese vardır. Meleğin ilhamı; hayra götürmek, hakkı doğrulatmaktır. Her kim (nefsinde) bunu bulursa, bunun Allah'tan olduğunu bilsin ve Allah'a*

---

48   Buhârî, Îmân 39, Büyû' 2; Müslim, Müsâkât 107, 108.

şükretsin. Düşmanın (şeytanın) vesvesesi; kötülüğe götürmek, hakkı yalanlamak ve hayrı yasaklamaktır. Her kim (nefsinde) bunu bulursa, kovulmuş şeytandan Allah'a sığınsın." Ardından Rasûlullah *sallallahu aleyhi ve sellem* şu âyeti okumuştur: *'Şeytan sizi fakirlikle korkutur ve size cimriliği telkin eder.*"[49]

Kulluğun İmanla İlişkisi

Kişinin Allah'a kulluğu; bütün duygularında O'na boyun eğmesi, O'nun için sevmesi, O'nun için buğzetmesi, O'nun emirlerine itaat etmesi, yasaklarından kaçınması, ihsanıyla sevinip az verdiğinde üzülmemesi, hüküm için O'na başvurması ve O'nun yolunda savaşmasında ifadesini bulur.

Şüphesiz bu, Yüce Allah'ın şu buyruğunu doğrulayarak, her şeyde mutlak olarak O'na teslim olmaktır: *"De ki: Şüphesiz benim namazım, ibadetlerim, hayatım ve ölümüm hepsi âlemlerin Rabbi Allah içindir. O'nun ortağı yoktur. Bana sadece bu emrolundu ve ben, Müslümanların ilkiyim."*[50]

Bu kulluk, kalpte bulunan imanın büyüklüğü oranında olumlu ya da olumsuz etkide bulunur. Daha önce işaret ettiğimiz gibi, insanın yerine getirdiği her fiilin kaynağı, sevgi ya da nefrettir. Sevgi bazen Allah için ve Allah'ın rızasını kazanmak için olur. Bazen de nefis ve nefsin isteklerini elde etmek için olur. Kul, Allah'ın yardımıyla nefsine hâkim olma ve Allah'ın rızasını, nefsinin rızasının önüne geçirme konusunda sorumludur.

---

49   Bakara 2/268. Hadis için bk. Tirmizî, Tefsîru'l-Kur'ân 3; Nesâî, *es-Sünenü'l-Kübrâ*, VI, 305.

50   En'âm 6/162-163.

"Eğer siz Allah'a (Allah'ın dinine) yardım ederseniz O da size yardım eder, ayaklarınızı kaydırmaz."[51]

Kalpten kaynaklanan her karar, organların, Allah sevgisi ve Allah'a olan imanının, nefis ve nefsin isteklerine olan sevgisine karşı galip gelmesini ya da mağlup olmasını ifade eder.

İman ile hevâ arasındaki çatışma mutlaktır ve bu çatışma ikisinden birisinin, karar alma noktasında üstün gelmesini sağlar. Eğer iman üstün gelirse, organlar itaat ve yakınlaşma gibi konularda ona tâbi olur. Ancak eğer bu savaşta nefis üstün gelirse, karar nefsin kararı olur. O da organlara kendi isteklerine uygun olan fiilleri yapmalarını emreder.

Organların fiili ise, kalpte bulunan imanın büyüklüğü oranında farklılık gösterir.

Rabbimiz şöyle buyurmaktadır: *"Durum öyledir. Her kim Allah'ın hükümlerine saygı gösterirse, şüphesiz bu, kalplerin takvâsındandır."*[52]

Allah'ın hükümlerini yüceltmek isteyen kimse, kalbindeki takva ve imanı artırmak için çalışsın. Allah'ın şu sözü buna işaret eder: *"Rablerine olan saygıdan dolayı kötülükten sakınanlar; Rablerinin âyetlerine inananlar; Rablerine ortak tanımayanlar ve Rablerine dönecekleri için yapmakta oldukları işleri kalpleri çarparak yapanlar, işte onlar, iyiliklere koşuşurlar ve iyilik için yarışırlar."*[53]

---

51   Muhammed 47/7.

52   Hac 22/32.

53   Mü'minûn 23/57-61.

Kalpteki Allah korkusu arttığında, organlar hayır işlemek için yarışacaktır.

Seleften biri, namazında sakalıyla oyalanan birini görünce, "Eğer bu adamın kalbi huşû duysaydı, organları da huşû duyardı" demiştir.[54]

Bundan dolayı âlimler der ki: "İtaate neden olan imandır. İtaat, imanın bir meyvesi ve sonucudur. Buna karşılık, -cehalet, zorlanma, hata ve unutma dışında- günah işlemeye neden olan da hevâdır."[55]

Rabbimiz şöyle buyurmaktadır: *"Eğer sana cevap veremezlerse, bil ki onlar, sırf heveslerine uymaktadırlar."*[56]

---

54   İbn Receb, *ez-Züll ve'l-İnkisâr li'l-Azîzi'l-Cebbâr*, s. 33.

55   İbn Teymiyye, *İmân*, s. 68.

56   Kasas 28/50.

ÜÇÜNCÜ KISIM
İMAN ZAYIFLADIĞINDA

Kalpteki imanın zayıflaması ve alanının daralması sonucunda hevânın istediği fiillerin meydana gelmesi yaşam tarzı üzerinde olumsuz bir etkiye neden olur.

İman zayıflığının boyutunu öğrenmek için İslâm hidâyetinden uzaklaşmış insanların hayatlarına bakmamız ve onları gözlememiz gerekir.

İman Zayıflığının Belirtileri

İman zayıflığının birçok belirtisi vardır. Bu belirtiler, bu zayıflığın derecesi ve gerçekleşmesi yönüyle kişiden kişiye değişir. Bu belirtilerden bazıları şunlardır:

- İstenen tarzda itaatte bulunma konusunda tembellik göstermek. Bu tür -zayıf iman sahibi- kimsenin, cemaatle birlikte namaz kılma konusunda gevşeklik gösterdiğini görürsün. Nadir olarak imamla birlikte namaz kılar. Namaz esnasında aklından türlü düşünceler ve dünyevî fikirler geçer. İmam selâm vererek namazı bitirmedikçe, namazın farkında olmaz.

- Sabah namazını mescidde kılmak için uyanmaz. Gözlerini açtığında, farz namazı kılmadan, güneşin ilk ışıklarının çevresindeki kâinatı doldurduğunu görür. Başına gelen musibetin büyüklüğünü hissettiğini göremezsin. Sabah namazını kaçırdığından dolayı o gün başına bir belâ gelmesinden dolayı üzülmez, kederlenmez ve korkmaz. Tam tersine, hiçbir şey olmamış gibi hayatını doğal bir şekilde sürdürür.

- Cuma namazına geç bir vakitte, imam minbere çıktıktan ve meleklerin, namaza erken gelen kimselerin isimlerini yazdığı defterleri kapatmasından sonra gider.

- Birçok sünneti, onları yapmamasından dolayı hesaba çekilmeyeceği iddiasıyla terk eder. Onun sünnet namazlarını, duha namazını, tevbe namazını, teheccüd namazını ve istihare namazını kıldığını göremezsin.

- Bu tür bir durumda iken, Kur'ân'dan uzak durur. Okuduğunda ise sadece diliyle okur. Müjde ve tehdit âyetlerine geldiğinde kalbi onlardan etkilenmez, gözleri yaşarmaz. Kur'ân niçin onun hançeresinden aşağıya inmez acaba?

- Kur'ân'ı okumayı ve âyetleri üzerinde düşünmeyi terk etmenin yanı sıra zikirleri ve duaları da terk eder. Bu kalbin sahibi, dilinin ağırlaştığını hisseder. Ellerini dua etmek için kaldırır kaldırmaz, hemen kapatır. Çünkü onun kalbi bir vadide, dili ise başka bir vadidedir.[57]

- Kalplerdeki iman zayıflığının belirtilerinden biri de bir şeye sadece günaha düşürüp düşürmediği yönüyle bakmak ve gözü mekruh olan şeyi yerine getirme konusunda kapatmaktır. Böylelikle bu kalbin sahibi, parça parça haram

---

57 Salih el-Müneccid, *Zahîratu Za'fi'l-Îmân*, s. 12.

dairesine yaklaşır. İşte bu göz, Rasûlullah *sallallahu aleyhi ve sellem*'in: **"...Her kim şüpheli şeylere düşerse, harama düşer. Korunan bir yerin etrafında hayvan otlatan çobanın, hayvanlarını oraya kaçırması gibi...**"[58] hadisinde haber verdiğidir.

Yine bunun sonucu olarak;

- Allah korkusunun azlığı, sözlerde ve ilişkilerde, yeme ve içmede helâl ve haramı araştırmamaya neden olur. Kişinin işini güzel bir şekilde yerine getirmemesi, sözünü tutmaması da bu bölüme girer.

- Kalbindeki din gücü zayıflar, böylelikle adım adım istikrardan uzaklaşmaya başlar. Allah'ın haramları işlendiğinde, onun öfkelendiğini göremezsin. İyiliği emretmek ve kötülükten sakındırmak için ayağa kalkmayı düşünmez.

- Dine karşı olan sorumluluk duyguları zayıflar. Davet görevini yerine getirmez, çevresindeki kimselere etki etmez.

- Televizyon önündeki gücü zayıflar. Onun çoğu zaman, Allah'ın hoşuna gitmeyen, çıplak, utanmaz, fuhşa eğilimli kadınları seyrettiğini görürsün.

- Kalplerdeki iman zayıflığının belirtilerinden biri de erkek ve kadınlardan gözünü sakınmaması, zaruri olsun ya da olmasın onlarla çok konuşmasıdır.

- İman zayıfladığında, boş söz artar, gece sohbetleri ve eğlenceler çoğalır. Kişi sadece kendisinin konuşması için çaba gösterip her sorulana cevap verdiği ve konuşan kimsenin sözünü kestiğinde, konuşması gereken akıllı kimseleri engellemiş

---

58 Buhârî, Îmân 39, Büyû' 2; Müslim, Müsâkât 107, 108. Bk. Salih el-Müneccid, *Zahîratu Za'fi'l-Îmân*, s. 16, 17.

ve iman yolunu kaybetmiş olur. Öyle ki, orada bulunan kimselerin konuşmalarında ne Kur'ân'dan bir âyet ne bir sünnet ne de selefin -Allah onlara rahmet etsin- bir sözünü görürsün.[59]

- Bu tür sohbetlerde, kişilerin hakları çiğnenir. Gıybet ve dedikodu, alay ve dalga geçme, el-kol hareketleriyle insanları çekiştirme artar.

- Kalpler dünyaya bağlanır. Mal ve para olarak sermayesi arttığında sevinir, eksildiğinde ise üzülür.

- Hayatın zevklerinden faydalanma konusundaki hırs artar. Bu, açık bir şekilde giyeceklerde ve yiyeceklerde, konutlarda ve eşyalarda, lüks bir yaşam için gösterilen çabada, uygun olan ya da uygun olmayan tatil ve gezinti için yapılan yolculukların artışında görülür.

Bu isteğin kaynağı, kalbin dünya sevgisi hastalığına yakalanmış olmasıdır. Bu, kişinin düşüncelerine, hayallerine ve hedeflerine yansır.

Fakir kimse, zenginliği hayal eder; zengin kimse, kendisinden daha zengin olana bakar. Sahip olduğuyla yetinmez. Dünyadaki güç vasıtalarına daha fazla sahip olmak ister. Bu da o kimseyi, toprak, gelir kaynakları, hayvanlar gibi dünya süslerine sahip olmak için daha fazla çalışmaya iter.

- Kalplerdeki iman zayıfladığında, babaların çocuklarına karşı olan düşünceleri değişir. Dinî konularda onlara dikkat etmek yerine, onların yabancı dil öğrenmeleri için gayret gösterirler. Çocuklarını, yabancıların okullarına kaydettirmeye çalışırlar. Bu okulların çoğunda, çocukların kalplerindeki inanç

---

59   Salih el-Müneccid, *Zahîratu Za'fi'l-Îmân*, s. 22.

savrulur, çocuklara İslâm'ın benimsemediği birçok davranış kazandırılır. Böylelikle çocukların büyük bir bölümü bir ortamda yetişirken, babaları başka bir ortamda yetişir.

- Allah'ın hükümlerini yüceltme ve sünnet sevgisi azalır. Bunlara tutunmanın gerekliliğinden bahseden kişi, garip kalır. Çağırdığı kimselerde bu sesin bir yankısını neredeyse bulamaz. Buna karşılık, Allah'ın emirlerine ve sünnete tabi olma konusunda ruhsatları araştırma ve imanın sorumluluğundan kurtulma çalışmaları artar.

- İman zayıfladığında, affetme ve hoşgörü de azalır. İnsanlar arasındaki çekişmeler artar. Daha dün arkadaş olan kimseler arasındaki ilişkiler gerilir, düşmanlık artar. Onlardan herhangi biri, arkadaşının hatasını abartmaya ve diğer insanların önünde onun yüzünü kızartmaya çalışır.

- Bu ortamda nefis kabarır, düşüncelere olan güven artar. Kişinin kendi nefsinin galip gelmesi için gösterdiği istek, gösteriş sevgisi, beğenilme arzusu ve liderlik çabası artar.

- Bu ortamda verme, bağışta bulunma, Allah yolunda infak etme azalırken, hırs ve cimrilik artar. Cihad sevgisi ve Allah yolunda şehid olma isteği azalır. İslâm için çalışan kimselerin karşılaştığı bela ve sıkıntılara karşı duyulan korku artar.

- İman zayıfladığında, ahlâk bozulur. Hilm, bağışlama ve insanlar arasındaki hoşgörü azalır. Kırıcılık ve kabalık artar, mü'minler arasındaki merhamet ve itaat azalır. Anne-babaya saygılı olma, sıla-i rahimde bulunma, komşuya iyilik etme gibi görevleri yerine getirmede hatalar artar.

- İnsanlar arasındaki ilişki bozulur. Bu, açık bir şekilde alışverişte ve ticarette görülebilir. Herkes kendisi için hayırlı olanı elde etmeye çalışır.

- İman zayıflığının belirtilerinden biri de Allah katında bulunanlara duyulan güvenin azlığı, insanların elinde bulunanlara gösterilen tamahın artması ve kadere razı olmamaktır. Böylelikle öfke ve şikâyetler artar. Bu, açık bir şekilde en küçük bir musibet anında bile görülebilir.

- Sürekli muhalefet etme ve diğer insanların dertleriyle, problemleriyle ilgilenmeme durumu artar. Muhtaç kimselerin ihtiyaçlarını karşılama, sıkıntıda olan kimseleri kurtarma ya da fakir ve yoksullara yardım etme konusundaki çaba azalır.

- Bazı kalplerin yaşamakta olduğu bu tür ortamlarda sükûnet hâli ve İslâm için çalışan kimselerin saflarından uzaklaşma artar. İmanın gerektirdiği sorumluluklara bireylerin karşılık verme hızı azalırken, görevlerden kaçmak için mazeretler ortaya atılır.

- İman zayıfladığında, bireyler arasındaki kardeşlik derecesi azalır, aralarındaki sevgi zayıflar. Biri görevlerini yerine getirirken, diğerleri onun bu konuda hatasına tahammül etmez. Buna karşılık o da görevini unutur ve bundan kaçmak için sürekli olarak mazeret ileri sürer.

DÖRDÜNCÜ KISIM
ÖNCE İMAN

Şüphesiz imanın zayıflık belirtilerinin artması, kalplerdeki imanın azlığına işaret eder.

İman zayıfladığı zaman, günah işleme hastalığını ya da imanın zayıflamasını engellemek çok kolay olmaz. Bu durumdaki kimseyi bulunduğu hâlin dışındaki bir yaşam tarzına ikna çabası her zaman fayda sağlamaz. Suya düşen cismin oluşturduğu dairesel hareketler gibi onun hastalığını gidermek ve yaşam tarzını değiştirmek için kalbindeki zayıf imana güç kazandırmek ve harekete geçirmekle işe başlamak zorunludur. Aksi takdirde, yapılan çalışmalar uzun süreçte sonuçsuz kalmaya mahkûmdur. Çünkü iman başlangıç noktası yapılmadığında söz konusu insanda, köklü değişime önderlik edecek herhangi bir dürtü bulunmayacaktır.

Bundan dolayı, bu durumdan kurtulmaya ve bu tür bir belirtiyi tedavi etmeye, imanla başlanması gerektiğini ve bunu gerçekleştirmeden imanı hastalıklı insana amelî sorumluluklar yüklenmesinin doğru ve yerinde bir davranış olmadığını söyleyebiliriz.

Çünkü iman, sorumluluklardan önce gelir.

Mü'minlerin annesi Âişe *radıyallahu anhâ* şöyle demiştir: "Kur'ân'dan ilk nazil olan, Mufassal'dan, içinde cennet ve cehennemin zikredildiği bir sûredir. İnsanlar İslâm'a girdikleri zaman, helâl ve haram bildiren âyetler nazil oldu. Eğer öncelikle, 'Zina etmeyin' yasağı inmiş olsaydı, insanlar 'Biz zinayı asla bırakmayız!' diyeceklerdi. Eğer öncelikle, 'İçki içmeyin' yasağı inseydi, insanlar 'Biz içkiyi asla bırakmayız!' diyeceklerdi. Ben henüz oyun oynayan bir kız çocuğu iken, Peygamber *sallallahu aleyhi ve sellem*'e, Kamer sûresinden ***"Bilakis kıyamet onlara vaat edilen asıl saattir ve o saat daha belalı ve daha acıdır"***[60] âyeti nâzil oldu. Bakara ve Nisâ sûreleri ise, ben Hz. Peygamber'in yanındayken, Medine'de nâzil oldu."[61]

Cündeb b. Abdullah *radıyallahu anh* şöyle demiştir: "Biz ergenlik çağına ermek üzere olan birer genç iken, Peygamber *sallallahu aleyhi ve sellem* ile beraberdik. Kur'ân'ı öğrenmeden önce imanı öğrendik. Ondan sonra Kur'ân'ı öğrendik. Kur'ân sayesinde de imanımız arttı."[62]

Bu manayı, Abdullah b. Ömer *radıyallahu anh*'ın şu sözü onaylar: "Yaşadığımız o kısa dönemde, bizden biri Kur'ân'dan önce imanı öğrenirdi. Muhammed *sallallahu aleyhi ve sellem*'e bir sûre iner, biz de o sûredeki helâlleri ve haramları, emirleri ve yasakları, ilgilenmemiz gereken konuları öğrenirdik. Sonra imandan önce kendisine Kur'ân öğretilen kimseler gördüm. Fatiha'dan başlayarak Kur'ân'ın sonuna kadar okuyor, ancak ne Kur'ân'ın emirlerini ne yasaklarını ne de ilgilenmesi gereken

60   Kamer 54/46.
61   Buhârî, Fezâilu'l-Kur'ân 6.
62   İbn Mâce, Mukaddime 9.

konuları biliyor. Onu, kalitesiz hurmanın etrafa saçılması gibi darmadağın ediyor."[63]

Kur'ân, bize imanı öğrenmeden önce Kitab'a varis olanların durumunu şöyle açıklar: *"Onların ardından da (âyetleri tahrif karşılığında) şu değersiz dünya malını alıp 'Nasıl olsa bağışlanacağız' diyerek Kitab'a vâris olan birtakım kötü kimseler geldi. Onlara, ona benzer bir menfaat daha gelse onu da alırlar."*[64]

Bu nedenle imanın, düşüncenin temeli ve amellerin kaynağı olması, kalpteki bu büyük yeri kaplaması için önceliklerimizi tekrar sıraya koymamız, bir kez daha zihinlerimizi düzenlememiz gerekmektedir.

Bunun anlamı, diğer yönlerimizi ihmal etmek değildir; ancak arzu edilen, bu yön üzerinde yoğunlaşmaktır. Onunla, bütün ameller bereket kazanacak ve içimizden herhangi bir kimsenin farzları yerine getirip yasaklardan kaçınması kolaylaşacaktır.

Kur'ân'ı düşünerek okuyan bir kimse, bu gerçeğin birçok âyette tekrarlandığını görebilir.

Rabbimiz şöyle buyurmaktadır: *"Durum öyledir. Her kim Allah'ın hükümlerine saygı gösterirse, şüphesiz bu, kalplerin takvâsındandır."*[65]

---

63   Hâkim, *Müstedrek*, I, 91. Hâkim, hadisin Buhârî ve Müslim'in şartlarına göre sahih olduğunu söylemiştir.

64   A'râf 7/169.

65   Hac 22/32.

Allah'ın hükümlerini yüceltme, kalplerdeki iman ve takva oranında gerçekleşir. Bu oranın büyüklüğü kadar yüce bir seviyeye ulaşır.

Rabbimiz şöyle buyurmaktadır: *"Allah'a ve ahiret gününe iman edenler, mallarıyla ve canlarıyla savaşmaktan (geri kalmak için) senden izin istemezler. Allah, takvâ sahiplerini pek iyi bilir."*[66]

Mü'minleri canları ve mallarıyla cihada teşvik eden şey, onları buna sevk edecek herhangi bir kimseye ihtiyaç duymaksızın, Allah'a ve ahiret gününe olan imanlarıdır.

Fiilî Örnekler

Rasûlullah *sallallahu aleyhi ve sellem*'in ashabı, imanın bu anlamlarını yaşamış, bunu nefislerine oturtmuş ve böylelikle mucizeler ortaya koymuşlardı.

Muhacirler, darlık ve boykota dayanmış, ardından mallarını ve evlerini bırakarak, Allah'a duydukları sevgiyle, Allah'ın rızasını ve mükâfatını kazanmak için Medine'ye hicret etmişlerdi:

"İnsanlardan öyleleri de var ki, Allah'ın rızasını kazanmak için kendini feda eder. Allah da kullarına şefkatlidir."[67]

Ensara gelince; iman onların kalplerinde de sağlam bir şekilde yer etmişti. Öyle ki, Allah onların ulaştığı derece hakkında

---

66 Tevbe 9/44.

67 Bakara 2/207.

şöyle buyurur: *"Medine'yi yurt edinmiş ve gönüllerine imanı yerleştirmiş olan kimseler..."*[68]

Sanki iman onların kalbine değil de onlar bir bütün hâlinde imana girmişlerdi ki, bu iki durum arasında fark vardır.

İman, onların kalplerine yerleşmekle kalmamış, etleri ve kanlarına da karışmıştı. Bu da onların davranışlarına yansımıştı. Bunların arasında, sıradan bir insanın yapamayacağı işler vardı.

Ensarın arasında, Muhacirleri ağırlama ve onları kendilerine kardeş kabul etme konusunda büyük bir yarış vardı. Hatta Rasûlullah *sallallahu aleyhi ve sellem*'in şöyle buyurduğu rivayet edilmiştir: *"Muhacirim, Ensara ancak kur'a ile misafir oldu."*

Rabbimiz şöyle buyurmaktadır: *"Daha önceden Medine'yi yurt edinmiş ve gönüllerine imanı yerleştirmiş olan kimseler, kendilerine göç edip gelenleri severler ve onlara verilenlerden dolayı içlerinde bir rahatsızlık hissetmezler. Kendileri zaruret içinde bulunsalar bile onları kendilerine tercih ederler. Kim nefsinin cimriliğinden korunursa, işte onlar kurtuluşa erenlerdir."*[69]

Kurtubî şöyle diyor: Muhacirler ensârın evlerinde kalıyorlardı. Peygamber *sallallahu aleyhi ve sellem* Nadiroğulları'nın mallarını ganimet olarak alınca, Ensarı çağırdı ve Muhacirleri kendi evlerinde misafir edip mallarına ortak kılmaları dolayısıyla onlara teşekkür ettikten sonra şöyle dedi: *"Dilerseniz,*

---

68   Haşr 59/9.

69   Haşr 59/9.

Allah'ın bana Nadiroğulları'ndan ganimet olarak ver-diği malı sizlerle onlar arasında paylaştırırım. Muha-cirler de önceden olduğu gibi sizin meskenlerinizde kalmaya, mallarınızdan faydalanmaya devam ederler. Dilerseniz yalnızca onlara (bu malları) veririm ve si-zin evlerinizden çıkarlar." Bunun üzerine Sa'd b. Ubaâde ve Sa'd b. Muâz şöyle dediler: "O malı Muhacirler arasında paylaştıralım. Bununla birlikte eskiden olduğu gibi evlerimizde kalmaya devam etsinler." Ensar hep birlikte "Biz gönül hoş-luğu ile hakkımızı onlara veriyoruz, ey Allah'ın Rasûlü!" diye seslendi. Bunun üzerine Rasûlullah *sallallahu aleyhi ve sellem* şöyle buyurdu: **"Allah'ım, Ensara ve Ensarın çocuklarına merhamet et!"**[70]

İnsanın, fizyolojik ve ruhen giderilmesine, karşılanılmasına gereksinim duyduğu, yokluğunda eksikliğini hissettiği her şey ihtiyaçtır. Bu bağlamda Medineli Ensar, Mekkeli Muhacirleri sevdi. Muhacirlere ganimet malı ya da başka bir şey verildiğinde, bundan dolayı içlerinde bir rahatsızlık duymadılar. Kendileri son derece ihtiyaç içinde bulunsalar bile onları kendilerine tercih ettiler.[71]

Onlar (yani Ensar) mallarında, evlerinde onları (yani Muhacirleri) kendilerine tercih ettiler. Bunu varlıklı olduklarından dolayı değil, ihtiyaç sahibi olmalarına rağmen yaptılar.[72]

Müslim, Ebu Hureyre *radıyallahu anh*'ın şöyle dediğini rivayet etmiştir: "Bir adam, Rasûlullah *sallallahu aleyhi ve sellem*'e gelerek 'Ben (açlıktan dolayı) bitkinim!' dedi.

70   Ahmed b. Hanbel, III, 76.

71   Kurtubî, *el-Câmiu li Ahkâmi'l-Kur'ân*, XVIII, 17.

72   Kurtubî, *el-Câmiu li Ahkâmi'l-Kur'ân*, XVIII, 19.

Rasûlullah *sallallahu aleyhi ve sellem*, bir kimseyi derhal hanımlarından birine (yiyecek istemesi için) gönderdi. Ancak kadın 'Seni hak ile gönderen Allah'a yemin ederim ki, sudan başka bir şey yok!' diye cevap verdi. Bunun üzerine Rasûlullah *sallallahu aleyhi ve sellem* **'Kim bu kimseyi bu gece misafir eder (ve doyurursa), Allah ona rahmet edecektir!'** buyurdu. Ensardan birisi kalkıp 'Ben (misafir ederim), ey Allah'ın Rasûlü!' dedi ve onu evine götürdü. (Evde) hanımına 'Yanında yiyecek bir şey var mı?' diye sordu. Hanımı 'Hayır, sadece çocukların yiyeceği var!' dedi. Hanımına 'Sen onları bir şeylerle avut. Misafirimiz içeri girdiğinde, lambayı söndür ki, ona sanki yiyormuşuz gibi görünelim. Yemek yemek için elini uzattığında, ayağa kalk ve lambayı söndür' dedi. Birlikte oturdular, misafir (yemeği) yedi. Sabah olduğunda, Rasûlullah *sallallahu aleyhi ve sellem*'e geldiler. Rasûlullah *sallallahu aleyhi ve sellem* **'(Dün) gece misafiriniz için yaptıklarınızdan Allah çok hoşnut oldu'** buyurdu."[73]

Ensarın sahip olduğu bu iman acaba hangi seviyedir?

İmanın, Ensarın yaşamında oluşturduğu bu büyük değişimin boyutlarını öğrenmek için, onların İslâm'dan önceki durumlarını, nasıl birbirlerine düşman iki gruba ayrıldıklarını öğrenmek gerekir. Rabbimiz şöyle buyurmaktadır: **"Hep birlikte Allah'ın ipine (İslâm'a) sımsıkı yapışın; parçalanmayın. Allah'ın size olan nimetini hatırlayın: Hani siz birbirinize düşman kişiler idiniz de O, gönüllerinizi birleştirmişti ve O'nun nimeti sayesinde kardeş kimseler olmuştunuz."**[74]

---

73 Müslim, Eşribe 172.

74 Âl-i İmrân 3/103.

Bu nedenle, hayırlı bir yönde ilerlemek isteyen kimsenin, dikkatini büyük kaynağa, mübarek olan ağaca, iman ağacı ve ondan çıkan dallara, her yönden toplanan meyvelerine yöneltmesi gerekir. Bunun delili, Rabbimizin şu buyruğudur: *"Görmedin mi Allah nasıl bir misal getirdi: Güzel bir sözü, kökü (yerde) sabit, dalları gökte olan güzel bir ağaca (benzetti). (O ağaç), Rabbinin izniyle her zaman yemişini verir. Öğüt alsınlar diye Allah insanlara misaller getirir."*[75]

Kötülüğü Yasaklamadan Önce İyiliği Emretme

Burada, işe imanla başlama ve onun üzerine yoğunlaşmanın birçok sorunu çözeceği, birçok güzel meyvenin ortaya çıkmasına neden olacağı gerçeğini onaylayan bir şey daha vardır. Bu, Kur'ân'ın birçok yerde ifade ettiği, kötülüğü yasaklama ve iyiliği emretme (emri bi'l-ma'ruf ve'n-nehyi ani'l-münker) prensibidir.

İyiliği emretmeden önce kötülüğü yasaklama, hevânın üstün gelmesi ve nefsin kalbe hâkim olması gibi ters sonuçlara neden olur.

Nefsimizin ve çevremizdeki insanların işledikleri günahları terk etmelerini istiyorsak, bunun çözümü onların yaptıkları şeyin haram olduğunu açıklamak olamaz. Aksine, kalplerdeki imanı artırmak için çalışmamız gerekir.

Şüphesiz bedenin gizlenmesi gereken yerleri olduğu gibi nefislerin de gizlenmesi gereken yerleri vardır. Nefsin gizlenmesi gereken yerleri için en iyi elbise, iman ve takvadır. Kalplerdeki

---

75 İbrahim 14/24-25.

iman seviyesi azaldığında, suyu kurutan gündüz gibi gizli yönler de açığa çıkar, şişlikler ve delikler belirir.

Rabbimiz şöyle buyurmaktadır: *"Ey Âdemoğulları! Size ayıp yerlerinizi örtecek giysi, süslenecek elbise yarattık. Takvâ elbisesi... İşte o daha hayırlıdır."*[76]

Kur'ân, bu konuda bize namazı örnek olarak verir. Namaz, Allah'ın kullarına emrettiği -zahirî ve batınî- şekilde yerine getirildiğinde, mü'minin hevâsını yok edip kötülük ve bir günah işlemeyeceği derecede kalpteki imanı artırır.

Yüce Allah şöyle buyurmaktadır: *"Muhakkak ki namaz, hayâsızlıktan ve kötülükten alıkoyar."*[77]

Ebu Bekir b. Ayyâş şöyle demiştir: "Her kim gece namazı kılarsa, kötülük işlemez. Allah'ın, *'Muhakkak ki namaz, hayâsızlıktan ve kötülükten alıkoyar'* buyruğunu işitmiyor musunuz?"[78]

Câbir *radıyallahu anh*'ın şöyle dediği rivayet edilmiştir: (Rasûlullah'a) "Ey Allah'ın Rasûlü! Falan, gece namaz kılıyor, sabah olduğunda ise hırsızlık yapıyor (ne dersin?)" diye sorulunca, Rasûlullah *sallallahu aleyhi ve sellem* şöyle buyurdu: *"Namazı onu engelleyecektir."*[79]

---

76   A'râf 7/26.

77   Ankebût 29/45.

78   İbn Ebi'd-Dünya, *Kitabu't-Teheccüd*, s. 419.

79   Heysemî, *Mecmau'z-Zevâid*, II, 258. Heysemî hadisin ravilerinin güvenilir kimseler olduklarını belirtmiştir.

Siyerden Fiilî Uygulamalar

Şüphesiz problemler hiçbir toplumdan uzak değildir, ancak insanların bu problemlere karşı yaklaşımları farklıdır. Rasûlullah *sallallahu aleyhi ve sellem* zamanındaki Müslüman toplum, bu problemlerden bir bölümüyle karşılaşmıştır. Bu problemlerin çözümü, daima iman ve imanın gerektirdiği şekilde olmuştu.

Bedir savaşında Müslümanlar müşrikleri yendiğinde, ortada büyük bir ganimet vardı. Bu ganimetin dağıtım yöntemi tartışma konusu olmuştu. Gençlerden bir kısmı, ganimeti almaya kendilerini ihtiyarlardan daha layık buluyorlardı. Peki, bu problemin çözümü nasıl oldu?

Enfal sûresi nâzil oldu ve sûre Allah'ın şu sözüyle başladı: *"Sana savaş ganimetlerini soruyorlar. De ki: Ganimetler Allah'a ve Peygamber'e aittir. O hâlde siz (gerçek) mü'minler iseniz Allah'tan korkun, aranızı düzeltin, Allah'a ve Rasûlü'ne itaat edin."*[80] Böylece ganimetler ellerinden tamamen çıktı, Allah ve Rasûlü'ne ait oldu. Kimsenin ganimette bir hakkı kalmadı.

Sonra âyetler onlara imanı ve imanın işaretlerini hatırlatmakla başladı. Her mü'minin kendi nefsiyle karşılaştırması için mü'minlerin özellikleri zikredildi. Bu özelliklerin ilki şuydu: *"Mü'minler ancak, Allah anıldığı zaman yürekleri titreyenlerdir."*[81] Yani etkilenen, heyecanlanan, Allah anıldığı zaman kalpleri korkan. Bu, karşılaştırılması kolay, somut bir özelliktir. Bunu hissetmeyen kimsenin, gerçek bir mü'min olmak için imanını artırması gerekir.

---

80   Enfâl 8/1.

81   Enfâl 8/2.

Âyetler, mü'minlerin özelliklerini açıklamaya devam etti: *"Kendilerine Allah'ın âyetleri okunduğunda imanlarını artıran ve yalnız Rablerine dayanıp güvenen kimselerdir. Onlar namazlarını dosdoğru kılan ve kendilerine rızık olarak verdiğimizden (Allah yolunda) harcayan kimselerdir. İşte onlar gerçek mü'minlerdir. Onlar için Rableri katında nice dereceler, bağışlanma ve tükenmez bir rızık vardır."*[82]

Bir kimse, bu âyetlerden sonra ganimetleri mi yoksa kendi nefsinin bu özelliklere sahip olup olmadığını, gerçek bir mü'min olup olmadığını mı düşünür?

Ardından sûre onlara bu mübarek savaşta Allah'ın kendilerine ihsan ettiği büyük zaferi, bu zaferin kendilerinden değil, Allah'tan olduğunu hatırlatır. Allah onlara bir uyuklama vermiş, üzerlerine yağmur yağdırmış, onları meleklerle desteklemiş, okçularını yönlendirmiş, ayaklarını sabit kılmış ve kâfirlerin tuzağını boşa çıkarmıştı.

Sonra sûre onlara Allah'ın ve Rasûlü'nün isteklerine karşılık vermelerinin zorunluluğunu, Allah'ın kişi ile kalbi arasında olduğunu hatırlatır.

Âyetler, mustazaf iken, Mekke'deki günlerini onlara hatırlatır: *"Hatırlayın ki, bir zaman siz yeryüzünde aciz tanınan az (bir toplum) idiniz; insanların sizi kapıp götürmesinden korkuyordunuz da şükredesiniz diye Allah size yer yurt verdi; yardımıyla sizi destekledi ve size temizinden rızıklar verdi."*[83]

---

82   Enfâl 8/2-4.

83   Enfâl 8/26.

Bundan sonraki birçok âyetten, kalplerin Allah'a hasre-dilmesinden, herkesin imanına dönüp imanını kontrol etme-sinden ve ganimetler olayını unutmasından sonra, sûrenin kırk birinci âyetinde, ganimetin paylaşım tarzından bahsedilir: *"Eğer Allah'a ve hak ile bâtılın ayrıldığı gün, iki ordu-nun birbiri ile karşılaştığı gün (Bedir savaşında) ku-lumuza indirdiğimize inanmışsanız, bilin ki, ganimet olarak aldığınız herhangi bir şeyin beşte biri Allah'a, Rasûlü'ne, onun akrabalarına, yetimlere, yoksullara ve yolcuya aittir. Allah her şeye hakkıyla kadirdir."*[84]

Mekke'nin fethinden sonraki Huneyn savaşında, İslâm or-dusunun sayısı büyük bir dereceye ulaşmıştı. Allah'ın buyur-duğu gibi bazı kimselerin kalbine bu çokluktan dolayı kendini beğenme hâli girmişti: *"And olsun ki Allah, birçok yerde (savaş alanlarında) ve Huneyn savaşında size yardım etmişti. Hani çokluğunuz size kendinizi beğendirmiş fakat sizi hezimete uğramaktan kurtaramamıştı. Yeryü-zü bütün genişliğine rağmen size dar gelmişti, sonun-da (bozularak) gerisin geri dönmüştünüz."*[85]

Onlar, Huneyn vadisine inerlerken, bu vadinin geçitlerine gizlenmiş olan düşmanın varlığından habersizdiler. O sırada düşman süvari birlikleri, tek bir yumruk gibi onlara saldırmış, Müslümanlar da dönmeye kalkışmışlardı. Hiç kimse bir baş-kasını korumuyordu; bu, kabul edilemez bir yenilgiydi. Hatta henüz yeni Müslüman olan Ebu Süfyân "Artık onların bu boz-gunları denize (Kızıldeniz'e) kadar sürer!" diyordu.

---

84 Enfâl 8/41.
85 Tevbe 9/25.

Rasûlullah *sallallahu aleyhi ve sellem*, sağ tarafına döne-rek *"Ey insanlar, bana gelin! Ben Allah'ın Rasûlü'yüm! Ben, Muhammed b. Abdullah'ım!"* diyordu. Ancak Rasûlullah'ın bulunduğu yerde, Muhacirlerden çok az kimse ile ehli beytinden bazıları dışında kimse kalmamıştı.[86]

Peki, Allah'ın Rasûlü *sallallahu aleyhi ve sellem* ne yaptı?

Sahîh-i Müslim'de geçtiğine göre, Rasûlullah *sallallahu aleyhi ve sellem*, Abbâs *radıyallahu anh*'a şöyle buyurdu: *"'Ey Ensar topluluğu! Ey Ashab-ı Semura -yani müşrik-lere karşı galip gelinceye ya da ölünceye kadar kaçma-yacaklarına, Rıdvan ağacının altında söz verenler!- Ey Bakara sûresi ashabı!' diye seslen!"* Abbâs *radıyallahu anh*, gür sesli bir kimseydi. Sesi yüksek, haykırması güçlüy-dü. Rasûlullah *sallallahu aleyhi ve sellem*'in kendisine emret-tiği şekilde seslendi. Çağrısı, Müslümanların kulaklarına ulaştı. Onlar uzak bir mesafede idiler. Derhal hızlı bir şekilde geldiler. Onların bu durumu, yavrusuna hasret bir deve izlenimi veri-yordu. Bu sırada "Buyur! Buyur!" diyorlardı. Hatta onlardan biri devesini geri döndüremeyince, devesinden indi, onu gön-derdi. Zırhını boynuna geçirdi, kılıcını ve kalkanını aldı, çağ-rıya uydu. Rasûlullah *sallallahu aleyhi ve sellem*'in yanında büyük bir kalabalık birikti. Hatta Rasûlullah *sallallahu aleyhi ve sellem* kalabalık arasında sıkışmıştı. Abbâs *radıyallahu anh* şöyle dedi: "Ensar, Rasûlullah *sallallahu aleyhi ve sellem*'in etrafını sağlam bir şekilde çevirdiği için, Ensarın (yanlışlıkla) Rasûlullah *sallallahu aleyhi ve sellem*'i mızraklarıyla öldürme-leri kâfirlerin mızraklarıyla öldürmesinden beni daha çok kor-kutuyordu. Ensar, onun için savaşıyor, Rasûlullah *sallallahu*

---

86 *er-Rahîku'l-Mahtûm*, s. 467, 468.

aleyhi ve sellem'e yaklaşıp ona zarar vermek isteyen herkesi yok ediyorlardı."

Ardından Rasûlullah *sallallahu aleyhi ve sellem*, mü'minlere, düşmanları olan müşriklere saldırmalarını emretti. Müslümanlar, onlarla şiddetli bir şekilde çarpıştı. Rasûlullah *sallallahu aleyhi ve sellem*, onların cesaretlerinden ve kahramanlıklarından memnun bir şekilde onları izlerken *"(İşte bu,) tandırın tutuştuğu (savaşın kızıştığı) zamandır!"* buyurdu. Eliyle -ya da onun yerine amcası Abbâs veya ashabından bir başkası- yerden bir avuç çakıl taşı aldı ve "Bu yüzler kara olsun!" diyerek onları müşrik düşmanların yüzlerine attı. Bir süre sonra Yüce Allah, müşriklere inkâr edilemeyecek bir hezimet verdi, toplulukları dağıldı. Kaçmaya başladılar, öyle ki hiçbir şey onları tutamıyordu.[87]

Huneyn ve Taif savaşlarının sona ermesinden sonra Müslümanlar birçok ganimet elde ettiler. Rasûlullah *sallallahu aleyhi ve sellem*, ganimetlerdeki en büyük payı kabile reislerine, kalpleri İslâm ile ısındırılmaya çalışılan (müellefe-i kulûb) kimselere verdi, ensara ganimetten hiçbir şey vermedi.

Bu siyaset başlangıçta anlaşılamadı, insanlar farklı itirazlar dile getirdiler.[88] Bu siyasetin kayıplarıyla karşılaşan Ensar, Huneyn ganimetlerinin tamamından mahrum kaldı. Onlar zorluk anında sarsılmış, ardından firarı zafere dönüştürünceye kadar Rasûlullah *sallallahu aleyhi ve sellem* ile birlikte savaşmaya başlamışlardı. Onlar, kaçanların ellerinin dolu olduğunu görmüşlerdi, ancak onlara hiçbir şey ihsan edilmemişti.

---

87   Sâdık Arcûn, *Muhammed Rasûlullah*, IV, 374.

88   Muhammed Gazâlî, *Fıkhu's-Sîre*, s. 295.

İbn İshak, Ebu Saîd el-Hudrî *radıyallahu anh*'ın şöyle dediğini nakletmiştir: Rasûlullah *sallallahu aleyhi ve sellem* ele geçirdiği ganimetleri Kureyş ve diğer Arap kabilelerindeki müellefe-i kulûba bölüştürdüğünden, Ensar bu ganimetlerden pay almadı. Ensardan bir grup, kendi içlerinde bir kırgınlık hissetti, bu konuda birçok söz söylediler. Hatta onlardan biri "Allah'a yemin ederim ki, Rasûlullah kendi kavmi ile buluştu artık!" dedi. Sa'd b. Ubâde *radıyallahu anh*, Rasûlullah *sallallahu aleyhi ve sellem*'in yanına gidip şöyle dedi: "Ey Allah'ın Rasûlü! Şüphesiz Ensardan şu grup, elde etmiş olduğun ganimetler konusunda yaptıklarından dolayı sana karşı içlerinde bir kırgınlık hissetti. Ganimetleri kendi kavmine bölüştürdün, Arap kabilelerinin önde gelenlerine büyük ihsanlarda bulundun. Ancak Ensarın bu grubuna ganimetten herhangi bir şey vermedin." Rasûlullah *sallallahu aleyhi ve sellem* *"Ey Sa'd! Bu konuda sen hangi taraftasın?"* diye sordu. Sa'd "Ey Allah'ın Rasûlü! Ben kendi kavmimden biriyim" dedi. Rasûlullah *sallallahu aleyhi ve sellem* *"Öyleyse benim için kavmini şu bahçede topla!"* buyurdu. Sa'd hemen çıktı ve Ensarı o bahçede topladı. Muhacirlerden bazı kimseler de geldiler ve onlara da girmeleri için izin verildi. Onlardan sonra gelenler geri çevrildi. Ensar toplandığında Sa'd, Rasûlullah *sallallahu aleyhi ve sellem*'e gidip "Ensarın bu topluluğu senin için toplandı" dedi. Bunun üzerine Rasûlullah *sallallahu aleyhi ve sellem* onların yanına geldi, Allah'a hamd ettikten ve Allah'a övgüde bulunduktan sonra şöyle buyurdu: *"Ey Ensar toplululuğu! Söylediğiniz sözler ve nefislerinizde hissettikleriniz bana ulaştı. Sizler sapkın kimseler iken Allah sizi hidayete erdirmedi mi? Yoksul kimseler iken Allah sizi zengin kılmadı mı? Siz birbirinize düşman kimseler iken Allah kalplerinizi birbirine ısındırmadı mı?"* "Evet, Allah'ın ve Rasûlü'nün ihsanı üzerimizdedir!" dediler. Ardından Rasûlullah *sallallahu aleyhi ve sellem* "Ey Ensar topluluğu! Niçin bana cevap vermiyorsunuz?" dedi. "Ne diyelim ey Allah'ın Rasûlü? İhsan ve üstünlük, Allah'a ve Rasûlü'ne aittir!" dediler. Rasûlullah *sallallahu aleyhi ve sellem* şöyle buyurdu: *"Ancak Allah'a yemin olsun ki, siz 'Sen yanımıza yalanlanmış olarak geldin, biz ise sana inandık. Terk edilmiş geldin, biz sana yardım ettik. Kovulmuş olarak geldin, biz seni barındırdık. Yoksul olarak geldin, biz sana ihsanda bulunduk' diyebilir ve doğru söylerdiniz, sözünüz de tasdik edilirdi.*

Ey Ensar topluluğu! Bir kavmin kalbini İslâm'a ısındırmak için kendilerine verdiğim azıcık bir dünyalıktan ötürü kalbinizde kırgınlık mı hissettiniz? Oysa ben, Müslümanlığınızdan dolayı sizleri bırakmıştım. Ey Ensar topluluğu! İnsanların deve ve koyunları alıp evlerine dönmelerine, sizin ise Allah'ın Rasûlü ile birlikte evlerinize dönmenize razı olmaz mısınız? Muhammed'in nefsi kudret elinde bulunan Allah'a yemin ederim ki, insanların tamamı bir vadiye doğru gitseler, öte yandan Ensar da başka bir vadiye doğru gitse, ben mutlaka Ensar'ın gittiği vadiye giderdim. Allah'ım! Ensara, Ensarın çocuklarına, çocuklarının çocuklarına merhamet et!"

Rasûlullah *sallallahu aleyhi ve sellem*'in bu konuşması üzerine, orada bulunanlar, sakalları ıslanıncaya kadar ağladılar ve "Paylaştırma ve dağıtma konusunda Rasûlullah *sallallahu aleyhi ve sellem*'den razı olduk!" dediler. Ardından Rasûlullah *sallallahu aleyhi ve sellem* kalkıp gitti, onlar da dağıldılar.[89]

---

89   *er-Rahîku'l-Mahtûm*, s. 473. İbn Hişâm'dan naklen. Bk. İbn Hişâm, *Sîre*, II, 499-500.

Rasûlullah *sallallahu aleyhi ve sellem*'in aniden çıkan bu problemi nasıl çözdüğünü görmüyor musun?

Şüphesiz kalplerdeki imanı artırma çalışması, birçok problemin çözüm kaynağıdır. İmanla ilgili ortamların gölgesinde, kalpler, davetçinin af ve hoşgörü çağrısına itaat eder, hataları görmezden gelir. Böylece iman, mucizeler meydana getirir, nefisler sakinleşir. Bu nedenle, bir kimsenin imanının zayıf olduğu durumda görünen yaşam tarzına bakarak nihaî kararı vermemiz uygun değildir. Aynı şekilde, onun imanının zayıf olduğu bir zamanda, imanına zıt birtakım tutumlar takınıp yanlış davranışlar işlemesine neden olmamız da uygun değildir. Çünkü bu, onu kendi nefsine karşı üstün olmaya, durumunun geçerliliğini korumaya ve böylece işlerin daha da karışmasına neden olur. Bunun tersine, bu tür durumlarda önerilecek olan, kalplerdeki imanı uyandırmak için çalışmaya başlamak, kişiyi kuşatmış ortamı daha sağlıklı bir ortama çevirmek, böylelikle herkesin Allah'ın rızasına ulaşmasını sağlamak için uğraşmaktır.

İmanın hâkim olduğu bu tür ortamlarda, her birimizin nefsi önünde değil, arkasında yer alır ki, bu iki durum arasında büyük bir fark vardır. Bu durumda, nedenler değişir ve birçok problemle karşılaşılmadan bunlardan ders alınır.

Her birimizin, sahâbenin İslâm'dan önceki ve sonraki durumunu, onların bu temel değişimi yaşamalarına neden olan sebepleri düşünmesi gerekir. Ashab, cahiliyedeki Ömer b. el-Hattâb hakkında şöyle diyordu: "Ömer'in eşeği iman etmedikçe, Ömer iman etmez!" Peki, onlar hangi temele dayanarak bunu söylüyorlardı? Şüphesiz Ömer o sırada bu durumda idi; ancak iman kalbine girdiğinde, kalbinin kapakları açıldığında Ömer, yüce İslâmın bir simgesi oldu.

Nefis Azgınlığının Etkisi

Şüphesiz Allah, nefsi, takvaya da kötülüklere de uygun yaratmıştır. Rabbimiz şöyle buyurmaktadır: *"Nefse ve ona birtakım kabiliyetler verip de iyilik ve kötülüklerini ilham edene yemin ederim ki, nefsini kötülüklerden arındıran kurtuluşa ermiş, onu kötülüklere gömen de ziyan etmiştir."*[90]

Nefis, iman ve takva bağıyla bağlanmadan bırakıldığında, nefsin azgınlığına engel olacak hiçbir sınır kalmaz. Nefsin, Salih'in kavmi Semûd'a ne yaptığını düşün. Onlar, Salih *aleyhisselâm*'ın peygamberliğini yalanladılar, Allah'a iman etmekten yüz çevirdiler ve Salih'ten kendilerine doğruluğunu gösterecek bir mucize istediler. Bunun üzerine Allah da onlar için, peygamberin doğruluğuna açık bir şekilde işaret eden, görülebilen bir mucize olarak kayadan bir deve çıkardı. Allah, peygamberi Salih *aleyhisselâm*'ın diliyle şöyle buyurur: *"Ey kavmim! İşte size mucize olarak Allah'ın devesi. Onu bırakın, Allah'ın arzında yesin (içsin). Ona kötülük dokundurmayın; sonra sizi yakın bir azap yakalar."*[91]

Peki, onlar ne yaptılar? Rablerine teslim olup peygamberlerine iman ettiler mi? *"Derken o dişi deveyi ayaklarını keserek öldürdüler ve Rablerinin emrinden dışarı çıktılar da 'Ey Salih! Eğer sen gerçekten peygamberlerdensen bizi tehdit ettiğin azabı bize getir' dediler."*[92]

Onların başına ne geldi? *"Bunun üzerine onları o (gürültülü) sarsıntı yakaladı da yurtlarında diz üstü dona*

90 Şems 91/7-10.
91 Hûd 11/64.
92 A'râf 7/77.

kaldılar. Salih o zaman onlardan yüz çevirdi ve şöyle dedi: Ey kavmim! And olsun ki ben size Rabbimin vahyettiklerini tebliğ ettim ve size öğüt verdim; fakat siz öğüt verenleri sevmiyorsunuz."[93]

Onlar bu derece bir azgınlığa nasıl ulaştı?

Kur'ân, bu soruya cevap verir ve onların nefislerini tezkiye etmediklerini, nihayet azgınlık seviyesine ulaştıklarında, azgınlıklarının deveyi öldürmelerine neden olduğunu canlandırarak anlatır: *"Nefse ve ona birtakım kabiliyetler verip de iyilik ve kötülüklerini ilham edene yemin ederim ki, nefsini kötülüklerden arındıran kurtuluşa ermiş, onu kötülüklere gömen de ziyan etmiştir. Semûd kavmi azgınlığı yüzünden (Allah'ın elçisini) yalanladı."*[94]

Nefsin, Yusuf'un kardeşlerine ne yaptığını düşün! *"Gömleğinin üstünde sahte bir kan ile geldiler. (Yakub) dedi ki: Bilakis nefisleriniz size (kötü) bir işi güzel gösterdi. Artık (bana düşen) hakkıyla sabretmektir. Anlattığınız karşısında (bana) yardım edecek olan, ancak Allah'tır."*[95]

Yine nefsin, Sâmirî'ye ne yaptığını düşün! *"Musa 'Ya senin zorun nedir, ey Sâmirî?' dedi. O da 'Ben, onların görmediklerini gördüm. Zira o elçinin izinden bir avuç (toprak) alıp onu (erimiş mücevheratın içine) attım. Bunu bana nefsim hoş gösterdi' dedi."*[96]

---

93   A'râf 7/78-79.

94   Şems 91/7-11.

95   Yusuf 12/18.

96   Tâhâ 20/95-96.

Ancak Âdem'in iki oğlunun durumu buna işaret etmez. Onlar, aynı ortamda yetişmiş iki kardeş idiler. Fakat onlardan biri nefsini Allah korkusu ile dizginlerken, diğeri ise nefsine bir gem vurmamıştı. Böylece nefsi de onu kontrol altına almış ve esir etmişti. Sonra nefsi onu, -üstünlük sağlamak ve isteklerini gerçekleştirmek için- kardeşini öldürmeye zorladı, o da nefsine itaat etti. Yüce Allah şöyle buyurmaktadır: *"Nihayet nefsi onu, kardeşini öldürmeye itti ve onu öldürdü; bu yüzden de kaybedenlerden oldu. Derken Allah, kardeşinin cesedini nasıl gömeceğini ona göstermek için yeri eşeleyen bir karga gönderdi. (Katil kardeş) 'Yazıklar olsun bana! Şu karga kadar da olamadım mı ki, kardeşimin cesedini gömeyim!' dedi ve ettiğine yananlardan oldu."*[97]

Yüce Allah, nefislerde hidayete ve kötülüklere uygun kabiliyetler yaratmıştır. Yeryüzünde bu özellikleri taşımayan hatta bunlarla birlikte yaşamayan hiç kimse yoktur. Bu, insanların çoğunun nefsinin arzularının ardından gittiği ve kötülük işleme konusundaki isteklerinin, onların doğruya ulaşma eğilimlerini yok ettiği anlamına gelmez. Evet, zaman geçtikçe kalp katılaşır; ancak bu, Allah'ın, ölümünden sonra yeryüzünü diriltmesi gibi onların nefislerini tezkiye ile dönüştürmeyeceği anlamına gelmez. Allah, kalpleri de bu şekilde diriltir: *"Bilin ki Allah, ölümünden sonra yeryüzünü canlandırıyor. Düşünesiniz diye gerçekten, size âyetleri açıkladık."*[98]

---

97 Mâide 5/30-31.

98 Hadîd 57/17.

Bir Mum Gibi Olma!

İnsanların arasında, onların sorunlarını çözmek için çalışmak, onların hizmeti ile meşgul olmak, herkes tarafından istenilen büyük bir iştir. Ancak bu hareket imana dayalı bir nedene değil, aksine âdet, hayâ ya da bunun dışındaki herhangi bir nedene dayanıyorsa, şüphesiz kişinin nefsinde olumsuz bir etkiye neden olur.

Rasûlullah *sallallahu aleyhi ve sellem*, şu hadisiyle bizi bundan sakındırmıştır: *"İnsanlara iyiliği öğretip kendisini unutan kimse, insanları aydınlatan ve kendisini yakan bir fitile benzer."*[99]

Râfiî der ki: "En büyük hata, çevrendekilerin hayatını düzenlerken, kalbindeki düzensizliği bırakmandır."[100]

İman, Bütün Hayırların Anahtarıdır

İmanın, başarının anahtarı ve her problemin çözümünün başlangıcı olduğunu söylerken, yeni bir şey iddia etmiyoruz. Kur'ân, iman ve takvaya teşvik eden âyetlerle doludur ve o, bizi buna uygun sonuçlara sevk eder:

"Ey iman edenler! Allah'tan korkun ve doğru söz söyleyin. (Böyle davranırsanız) Allah işlerinizi düzeltir ve günahlarınızı bağışlar. Kim Allah'a ve Rasûlü'ne itaat ederse, büyük bir kurtuluşa ermiş olur."[101]

---

99 Heysemî, *Mecmau'z-Zevâid*, I, 439. Hadis sahihtir. Bk. Elbânî, *Sahîhu'l-Câmii's-Sagîr*, no: 5837.

100 Rafiî, *Vahyu'l-Kalem*, II, 42.

101 Ahzâb 33/70-71.

"Kim Allah'tan korkarsa, Allah ona bir çıkış yolu ihsan eder ve ona beklemediği yerden rızık verir."[102]

Her kim güzel bir ahlâka sahip olmak istiyorsa, bu işe imanla başlasın. Rasûlullah *sallallahu aleyhi ve sellem* şöyle buyurur: *"Mü'minlerin iman olarak en üstünü, ahlâkı en güzel olandır."*[103] Günahları terk edemeyen kimse, iman okuluna yazılsın. Rasûlullah *sallallahu aleyhi ve sellem* şöyle buyurur: *"Gece namazına devam edin! Çünkü o, sizden önceki salih kimselerin alışkanlığı, Allah Teâlâ'ya yakınlık, günaha engel, küçük günahlara kefâret ve bedenden hastalığı atan bir ilaçtır."*[104]

İyilikleri işleme konusundaki çaba sadece mü'minde görülür. Rasûlullah *sallallahu aleyhi ve sellem* şöyle buyurur: *"Bir adamın mescidlere devam ettiğini görürseniz, onun imanına şehadet edin."*[105]

İman, Mucizeler Meydana Getirir

Şüphesiz iman kalbe girdiğinde, bütün zulümleri çıkarır, bütün arzuları yakar. Çünkü o, her şeyin sahibi olan Allah'ın nurudur. Rabbimiz şöyle buyurmaktadır: *"Bilakis biz, hakkı bâtılın tepesine bindiririz de o, bâtılın işini bitirir."*[106]

---

102 Talâk 65/2-3.
103 Ahmed b. Hanbel, II, 250, 472, 527. Hadis sahihtir. Bk. Elbânî, *Sahîhu'l-Câmii's-Sagîr*, no: 123.
104 Tirmizî, Daavât 102. Hadis sahihtir. Bk. Elbânî, *Sahîhu'l-Câmii's-Sagîr*, no: 4079.
105 Tirmizî, Tefsîru'l-Kur'ân 10; İbn Mâce, Mesâcid 19; Ahmed b. Hanbel, III, 68, 76. Hadis sahihtir. Bk. Elbânî, *Sahîhu'l-Câmii's-Sagîr*, no: 634.
106 Enbiyâ 21/18.

Firavun'un sihirbazları, ücret ve yüksek bir mertebe elde etmek için gelmişlerdi: **"Şayet biz üstün gelirsek, muhakkak bize bir ücret vardır, değil mi?"**[107] Ancak iman onların kalplerine girdiğinde, onları mü'minlere dönüştürdü. Nefislerini gökyüzüne doğru çıkarttı, böylece dünyayı ve dünyada bulunan her şeyi basit gördüler. Allah'a karşı isyanlarından dolayı pişman oldular, Allah'ın katındaki nimetlere ulaşmak için çaba gösterdiler: **"Bize, hatalarımızı ve senin bize zorla yaptırdığın büyüyü bağışlaması için Rabbimize iman ettik. Allah hem daha hayırlı hem daha bâkidir."**[108]

Şüphesiz iman mucizeler meydana getirir; bütün sınırları, zaman, imkân, güç ve yeryüzü ölçülerini aşar.

Ashab-ı Uhdud kıssasına bak! Mü'minlerin böyle korkunç bir tarzda ölmeyi önemsememelerine sebep neydi?

Sahâbenin durumunu düşün! Onları, yurtlarını, mallarını, kabilelerini terk etmeye ve içinde kimseyi tanımadıkları, hiçbir mallarının olmadığı yeni bir vatana hicret etmeye iten şey neydi?

Suheyb er-Rûmî'nin durumunu düşün! O, hicret etmek istediğinde, Kureyşliler ona engel olmak istediler. Ona "Ey Süheyb! Bize geldiğinde malın yoktu. Şimdi de kendinle birlikte servetini götürmek istiyorsun. Vallahi bu asla olamaz!" dediler. Bunun üzerine Süheyb onlara "Eğer size malımı verirsem, beni bırakır mısınız?" diye sordu. "Evet, bırakırız" dediler. Süheyb dedi ki: Bunun üzerine malımı onlara verdim, onlar da beni bıraktılar. Hemen yola çıktım. Medine'ye geldiğimde, haber

---

107 Şuarâ 26/41.

108 Tâhâ 20/73.

Rasûlullah *sallallahu aleyhi ve sellem*'e ulaşmıştı. Rasûlullah *sallallahu aleyhi ve sellem* iki kez **"Süheyb kazandı! Süheyb kazandı!"** buyurdu. Süheyb ve onun gibiler hakkında **"İnsanlardan öyleleri de var ki, Allah'ın rızasını almak için kendini feda eder"**[109] âyeti nazil oldu.[110]

İmanın, Hansa'nın kişiliğini nasıl değiştirdiğine bak! Hansa, cahiliye döneminde Sahr adında bir kardeşini kaybetmişti. Dünyaları feryat ve figanla dolduruyor, hüzünlü bir şiir okuyordu. Bir yerinde şöyle diyordu:

"Güneşin doğuşu bana Sahr'ı hatırlatıyor,

Ben de onu her güneş batarken hatırlıyorum.

Eğer etrafımda kardeşlerine ağlayanlar

Çok olmasa idi, kendimi öldürürdüm."

Fakat Müslüman olduktan sonra bu kadını tekrar görüyoruz. Bu sefer onu, ciğerparelerini savaş meydanlarına kendi isteği ve rızası ile hatta teşvik ederek ittiğini görüyoruz.

Tarihçilerin rivayetine göre Hansa, başkumandan Sa'd bin Ebi Vakkâs'ın sancağı altında Kadisiye savaşlarına katıldı. Yanında da dört oğlu vardı. Kasvetli bir gecede çocuklarını başına topladı, onlara öğüt verdi, onları savaşa ve düşman karşısında sebat göstermeye teşvik etti. Çocuklarına şöyle diyordu: "Oğullarım! Sizler isteyerek Müslüman oldunuz, isteyerek hicret ettiniz. Kendisinden başka ilah olmayan Allah'a yemin ederim ki, sizler bir ananın oğulları olduğunuz gibi bir babanın da oğullarısınız. Babanıza hıyanet etmedim, dayınızı

---

109 Bakara 2/207.

110 İbn Kesîr, *Tefsîru'l-Kur'âni'l-Azîm*, I, 216.

utandırmadım, soyunuzu kirletmedim, nesebinizi bozmadım. Kâfirlerle savaşta Allah'ın Müslümanlara ne kadar bol sevap vereceğini bilirsiniz. Bilin ki, bâki yurt, fâni yurttan hayırlıdır. Allah Teâlâ şöyle buyuruyor: *'Ey iman edenler! Sabredin; (düşman karşısında) sebat gösterin; (cihad için) hazırlıklı ve uyanık bulunun ve Allah'tan korkun ki başarıya erişebilesiniz.'*[111] Yarın sabah Allah'ın izni ile Allah yolunda düşmanla çarpışmaya gidin! Allah'tan yardım isteyin. Savaşın kızıştığını gördüğünüz zaman ortasına atılın, düşmanın komutanını hedef alın. O zaman ebediyet yurdundaki ganimeti elde edersiniz..."

Sabah olunca ateşli kalplerle savaşa tutuştular. Nihayet birer birer şehid oldular. Bir günde annelerine dört kahramanın kara haberi geldi. Yanağına vurmadı, yakasını yırtmadı. Haberi, sabırlı insanların imanı, mü'minlerin sabrı ile karşıladı ve şöyle dedi: "Şehadetleriyle beni şereflendiren Allah'a hamd olsun! Rabbimden bizi rahmet deryasında bir araya getirmesini ümit ederim!"[112]

Müslim'in, *Sahîh*'inde rivayet ettiği kısa bir kıssada, imanın etkisini gösteren açık bir delil vardır. Bir adam, Rasûlullah *sallallahu aleyhi ve sellem*'e misafir oldu. Rasûlullah *sallallahu aleyhi ve sellem*, onun için bir koyunun sağılmasını emretti. Adam sütü içti. Sonra ikinci bir koyunun daha sağılmasını emretti, adam o sütü de içti. Sonra üçüncü, sonra dördüncü... Adam bu şekilde yedi koyunun sütünü içti. Adam yattığında, kalbi İslâm'a ısınmıştı. Sabah olunca, Allah'a ve Rasûlü'ne iman ettiğini ilan ederek Müslüman

111   Âl-i İmrân 3/200.

112   Dr. Yusuf el-Karadâvî, *el-İman ve'l-Hayât*, s. 268-269.

oldu. Rasûlullah *sallallahu aleyhi ve sellem*, sabahleyin onun için bir koyunun sağılmasını emretti. Adam, koyunun sütünü içti, sonra başka bir koyun daha sağıldı, ancak bunun sütünü tamamen içemedi. Bunun üzerine Rasûlullah *sallallahu aleyhi ve sellem* şu etkili cümleyi söyledi: ***"Mü'min, bir mideye içer, kâfir ise yedi mideye içer."***[113] Bir gün ve gece içinde, karnını doldurma konusunda çaba gösteren adam, tıka basa karnını doyurma kötülüğünden kurtuldu, dürüst, terbiyeli ve kanaatkâr biri oldu. Peki, onda değişen neydi? Onun kalbi değişmişti; kâfirdi, Müslüman olmuştu. İmandan daha çabuk etki bırakan başka bir şey var mı?"[114]

Davranışları Düzeltme ve Sorunları Çözmede İmanın Rolü

Bireyin yapmakta olduğu yanlış bir davranışı düzeltmenin başlangıcı, ister bu birey küçük ya da büyük olsun, isterse bu yaşam tarzı geçici ya da kalıcı olsun, ancak imanla olur.

Müslümanın Yapabileceği Yanlış Davranışlar Üç Bölüme Ayrılır

Birinci Bölüm

Mescidlerde cemaatle birlikte namaz kılma konusunda tembellik, sabah namazını uykusundan dolayı kaçırma, dış görünüşe fazla önem verme, lüks bir yaşam tarzı için yoğun çaba gösterme, konuşurken dikkat etmeme, boş söz ve gıybette bulunma, helâl ve haramı araştırmama, dinî görevleri yerine getirmede ihmalkârlık, Kur'ân okumada ve

---

113 Buhârî, Et'ime 12; Müslim, Eşribe 182-186.

114 Dr. Yusuf el-Karadâvî, *el-İman ve'l-Hayât*, s. 267.

nafile ibadetleri yerine getirmede ağır davranma, kardeşlik bağlarında zayıflık gösterme, kardeşlerinin haklarını gözetmeme, anne-babaya saygı ve akrabalarının haklarını yerine getirmede dikkatsiz davranmak gibi daha önce yapmadığı, yeni, geçici davranışlar...

İkinci Bölüm

İnsan nefsinde yer alan, genetik olarak ya da sık sık tekrarlamakla kazanmış olduğu ve aklındaki duygu alanına hâkim olan, köklü özelliklere yansıyan ve isteyerek yerine getirmesi konusunda güç kazandığı davranışlar... Cimrilik, korkaklık, bencillik, öfke, aşırı heyecan, duygusallık, sorumsuzluk, herhangi bir etken karşısında aceleci davranma, yeterince sabır ve tahammül gösterememe, başkalarına yardım etmekten hoşlanmama gibi.

Üçüncü Bölüm

Kalbe yerleşmiş kibir, gurur, riyâ, nifak, arzularına uyma gibi davranışlar.

Müslümanın yapabileceği bütün yanlış davranışlar, işte bu üç bölüm altında toplanabilir.

Peki, imanın bu bölümlerdeki rolü nedir?

Birinci bölümün teşhisi; nefsin zayıf olduğu zamanlarda içine düştüğü bir hâl olmasıdır. Nefsin zayıflığından kastedilen, nefsin, istekleri karşısındaki zayıflığı ve sürekli yenilgisidir.

Diğer bir ifadeyle bu durum, kişinin iradesindeki zaafa yansır, onun sürekli olarak nefsi karşısında fikir değiştirmesine neden olur.

Bu durumun tedavisi, nefsin isteklerine karşı koyabilecek ve ona hâkim olabilecek bir dereceye ulaşıncaya kadar iradeyi güçlendirmektir.

İnsanın, iradesini güçlendirmek için, gözlerinin önüne koyabileceği, uğrunda çabalayacağı, inanabileceği, ona ihtiyaç duyması ve onu gerçekleştirmek için uğraşacağı açık bir hedefinin olması gerekir.

İnsan, herhangi bir davaya inandığında, sevdiklerinden birçok şeyi onun uğrunda feda eder. Peki, bu dava iman, Allah'a iman, Allah'ın rızasını kazanma, cennetini isteme, cehenneminden korkma olursa, o kimsenin durumu nasıl olur?

Bu sebeple, bu tür durumlar için en faydalı tedavi, Allah'a olan imanı canlandırmak ve kalplerdeki imanı artırmaya çalışmaktır.

İman canlandırıldığında, bu tür davranışları tedavi etmek için planlar geliştirmeye, o kimseyle görüşmeye, onu kınamaya, aksi sonuçlara ulaştırıp hatalarını sürdürmesine ve diğer insanlara aldırmamasına, bu hataları işleyen kimselerle karşılaştığında kaçmasına neden olacak şekilde onu incitecek sözler söylemeye gerek kalmadan birçoğu kendiliğinden yok olur.

Böylesi bir durumda olan kimseyi, son derece ilerlemiş bir hastalığa neden olan bir mikroba yakalanmış, karakteri ve davranışları dışında hareket eden, yakalandığı geçici hastalığın üzerinde açığa çıktığı sağlam bir kişiye benzetebiliriz.

Bu şahıs, bu mikrobu yenebilecek, onu yok edebilecek ve hastalığın izlerini silebilecek dereceye ulaşmak için bağışıklık mekanizmasını güçlendirecek bir ilaca ihtiyaç duyar.

Halîmî, Rasûlullah *sallallahu aleyhi ve sellem*'in *"Mü'minlerin iman olarak en üstünü, ahlâkı en güzel olandır"*[115] hadisi hakkında şu yorumu yapar: "Bu hadis, en iyi ahlâkın iman olduğuna ve ahlâk yoksunluğunun iman eksikliği olduğuna işaret eder."[116]

Özellikleri Değiştirme Tarzı

Yanlış davranışların ikinci bölümünde, bu davranışları işleyen kimsenin, nefsini düzeltmediğini, anne-babasından kalıtsal olarak aldıklarından kendisini arıtmadığını, bu davranışları çevresindeki kötü ortamdan kazanmış olduğunu ya da bu yanlış davranışlar içinde yetiştiğini görürüz. Bu davranışlar nefsinde yer etmiş, en ufak bir uğraş göstermeden, doğal bir şekilde onlarla hareket etmeye başlamıştır.

Bu kimse genellikle kendisiyle nefsi arasında olanları -hatta bazı zamanlarda başka kimselerin önünde- dile getirir. O, -örneğin- kendisini korkak görür, cesur olmayı ümit eder. Tembel olduğunu görür, aktif biri olacağını hayal eder. Nefsinin, kimi cümleler ve durumlardan çabucak etkilendiğini düşünür ve insanlarla olan ilişkilerinde doğal biri olmayı diler. Çabuk öfkelenen, asabi biri olduğunu görür, yumuşak huylu biri olmayı ümit eder.

Bu kimse, istediği bu özellikleri uzun bir süre yerine getirip kendi içinde bir ahlâk haline getirmedikçe ve bilinçaltına sokmadıkça, nefsine yerleşmiş olan kınanan özelliklerden kurtulamaz ve övülen özellikleri elde edemez.

---

115 Ahmed b. Hanbel, II, 250, 472, 527. Hadis sahihtir. Bk. Elbânî, *Sahîhu'l-Câmii's-Sagîr*, no: 123.

116 Beyhâkî, *Şuabu'l-Îmân*, I, 61.

"İnsan, bisiklete binmeyi öğrenmeye çalıştığında, öğreniminin başlangıcında bir hayli zorluk çeker. Bisiklete binmeye çalışan kimsenin çektiği zorluk, dengesini koruma konusundadır. Ancak bu işte, 'alıştırma yapmakla' ustalık kazandığında, bilincinde olmadan, denge sorunu konusunda herhangi bir endişe çekmeden bunu gerçekleştirebilir.

Bu durum, bisiklete binmede meydana geldiği gibi araba kullanma ya da daktiloda yazmayı öğrenmede de meydana gelir. Aynı şey, dil öğrenimimiz konusunda da geçerlidir. Bütün bu durumlarda, iş, bilinç durumundan bilinçaltına dönüşür."[117]

Allah'ın Yüce Kitabı'ndaki âyetleri düşünen kimse, kimi anlamların çeşitli üslûplarla tekrarının, bilinçlerde yer etmesi ve düşünüldüğünde, kesin bir bilgi olması için Kur'ân'ın bir tarzı olduğunu görür.

Arzu edilen fiili tekrarlamanın nefse yerleşen özelliklerden biri olması için uzun bir süre gerekir. İnsan, bütün durumlarda düzen ve tertibin önemine inandığında, uzun bir süre bu fiili yerine getirip kendisi için bir alışkanlık hâlini almadıkça bu özelliğe sahip olamaz.

Rasûlullah *sallallahu aleyhi ve sellem* şöyle buyurur: *"İlim ancak öğrenmekle, hilm ancak yumuşak davranmakla olur. Her kim hayrı ararsa, ona hayır verilir. Her kim kötülükten sakınırsa, korunur."*[118]

---

117 Cevdet Saîd, *Kün ke İbn Âdem*, s. 33-34.
118 Taberânî, *el-Mu'cemu'l-Evsat*, III, 118. Hadis sahihtir. Bk. Elbânî, *Sahîhu'l-Câmii's-Sagîr*, no: 2328

Rasûlullah *sallallahu aleyhi ve sellem* şöyle buyurur: ***"Kim iffetli davranır (istemezse), Allah onu iffetli kılar. Kim istiğna gösterirse (kendisine verilenle yetinirse), Allah onu zengin kılar. Kim sabırlı davranırsa, Allah ona sabır verir..."***[119]

Dolayısıyla nefis ve onun alıştığı şeyler farklıdır.

Olay, -Cevdet Said'in dediği gibi- sadece bir düşüncenin varlığıyla sınırlandırılamaz. Aksine, bunun insanın yaşam tarzına dâhil olan, imana dönüşebilen bir fikir olması gerekir. İnsanlar, adalet ve eşitlikten çok sık bahsederler, ancak uygulama esnasında, içlerindeki derin milliyetçiliği daha çok gösterirler.

Ebu Hâmid el-Gazzâlî şöyle demiştir: "Güzel ahlâk, alıştırmayla kazanılabilir. Bu, sonuçta tabiî bir özellik haline gelmesi için başlangıçta ahlâkın gerektirdiği fiilleri yerine getirmekle olur. Bu, kalp ile organlar arasındaki şaşırtıcı ilişkilerden biridir.

Bu, bir örnekle anlaşılır: Yazı yazmakta kabiliyetli olmak isteyen kimsenin, -kâtip oluncaya kadar- bir çalışma metodu vardır. Usta bir kâtibi meşgul edecek derecede olmadığı sürece, elindeki yarayla meşgul olmaz. Uzun bir süre, güzel bir uyum içinde olduğu yazı yazma işiyle uğraşır. Sorumluluk alarak bir kâtibi taklit eder ve onun özelliklerini kazanıncaya kadar yazmaya devam eder. Böylelikle başlangıçta sorumluluktan tat aldığı gibi sonunda da doğal olarak güzel bir tat alır.

Aynı şekilde cömert, terbiyeli, halîm ve mütevazı olmak isteyen kimsenin, bu özellik kendisinin bir karakteri oluncaya kadar bu özelliklere sahip kimselerin fiillerini yapmaya

---

119 Buhârî, Zekât 18, 50; Müslim, Zekât 124.

çalışması gerekir. Bunu isteyen kimse için bunun dışında bir tedavi yoktur."[120]

Müslümanları meşgul eden gerçek sorun, ilmin amelden ayrılmasıdır. İçimizden birinin helâl ve haramı, hakları ve görevleri hatta fazilet ve müstehapları bildiğini, fırsat bulduğunda başkalarına anlatmak için birçok Kur'ân âyeti ve hadisi ezberlemiş olduğunu görürsün. Bu gerçeği incelediğimizde, onun çağırdığı şeyden uzak olduğunu, çünkü nefsini eğitmediğini ve bu şekilde yaşamaya devam ettiğini görürüz. Dolayısıyla terbiye, eğitimden farklıdır. Bir kimse, kendisinin bir alışkanlığı veya huyu oluncaya kadar uzun bir süre bir özellikle uğraşmadıkça, onu elde edemez.

Davranış Terbiyesinde İmanın Rolü

Kuşkusuz nefsi daha önce yapmadığı fiilleri yerine getirmeye zorlama konusunda büyük çaba harcamak gerekir. Nefis, herhangi bir şekilde bu zorunluluktan kurtulmaya çalışacaktır. Böylece kişisel dürtülerin varlığının ve bu çabalara katlanma amacının önemi anlaşılır.

İşte bu kişisel dürtü, Allah'a olan imandır. İman kalpte bulunup oradaki alanını artırdığında, şüphesiz o kişiyi bütün hayırlara yönlendirir.

Rasûlullah *sallallahu aleyhi ve sellem*'in birçok yönlendirmesinin, *"Kim Allah'a ve ahiret gününe iman ediyorsa..."* şeklinde başladığını görmüyor musun?

Muhammed Mustafa *sallallahu aleyhi ve sellem*, bizim dikkatimizi, güçlü bir dürtüye ihtiyaç duyan hayırlı ameller

---

120 Gazzâlî, *İhyâu Ulûmi'd-Dîn*, III, 96-97.

işlemeye ve kötülükleri terk etmeye çekiyor ki, işte bu, iman ve takvadır. Bunlar olmadan, bizim bu amelleri yerine getirebilmemiz zordur.

Bunun örneği, Ebu Hureyre *radıyallahu anh*'ın, Rasûlullah *sallallahu aleyhi ve sellem*'den rivayet ettiği şu hadistir: ***"Kim Allah'a ve ahiret gününe inanıyorsa komşusuna ihsanda (iyilikte) bulunsun. Kim Allah'a ve ahiret gününe inanıyorsa, misafirine ikram etsin. Kim Allah'a ve ahiret gününe inanıyorsa, ya hayır söylesin ya da sussun."*** [121]

Aynı şekilde Kur'ân da bu iyilikleri işlemek için itici olan gücün iman olduğuna dikkat çeker.

Rabbimiz şöyle buyurmaktadır:

"İşte bununla içinizden Allah'a ve ahiret gününe inanan kimselere öğüt verilmektedir." [122]

"Allah'a ve ahiret gününe inanan bir toplumun -babaları, oğulları, kardeşleri yahut akrabaları da olsa- Allah'a ve Rasûlü'ne düşman olanlarla dostluk ettiğini göremezsin. İşte onların kalbine Allah, iman yazmış ve katından bir ruh ile onları desteklemiştir." [123]

İman ve Kalplerin Hastalığı

Yanlış davranışlar sınıflamasının üçüncü bölümünde, nefse yerleşmiş, etkisi davranışlara yansıyan, kalbe zarar veren hastalık ya da hastalıkları görürüz. Bu durumdan herhangi bir

---

121 Buhârî, Edeb 31, 85, Rikâk 23; Müslim, Îmân 74, 75; Ebu Davud, Edeb 132; Tirmizî, Sıfatu'l-Kıyâme 50; İbn Mâce, Edeb 4; Dârimî, Et'ime 11.

122 Bakara 2/232.

123 Mücâdele 58/22.

toplumun kendisini kurtarması zor olsa da bu, çok sık görülen bir durum değildir.

Bu tür durumların tedavisi, kolay şeyleri emretmek değildir. Çünkü hastalıklar kalbe yerleşmiş, ona hâkim olmuş, akla kök salmış, bilinç alanına ve kesin bilgiye/inanca yayılmıştır.

Bu hastalıkların en önemlileri, kibir, nefisle övünme ve kişinin, kendisinin çevresinde bulunan herkesten üstün olduğunu hissetmesidir.

Bu tedavisi mümkün olmayan hastalıkların nedenleri, bazen kişinin soyuyla övünmesini sağlayan bir aile, makam ve kültürü, bazen de kendini yaşıtlarından üstün görmesi, insanların kendisine yaptıkları övgü ve iş ortamında devam eden başarıları vs. olur. Bu tür nedenlerden dolayı, aklına, kendisinin diğer insanlardan üstün olduğu inancı yerleşir. Bu inanca akseden, kendiliğinden oluşan davranışlara devam eder. Bu nedenle kibir, insanın cennete girmesine mani olan en büyük engeldir. Hadiste, *"Kalbinde zerre kadar kibir olan cennete giremez"* buyurulur.[124]

İmam Ebu Hâmid el-Gazzâlî şöyle demiştir: "Kibir, cennete karşı bir perdedir. Çünkü o, kul ile mü'minlerin ahlâkı arasına girer. Oysa bu özellikler, cennet kapılarıdır. Kibir ve nefsi üstün görme bütün bu kapıları kapatır. Çünkü kibirli bir kimse, kibrinden dolayı kendisi için istemiş olduğu şeyi mü'minler için isteyemez. Kibrinden dolayı kötü bir alışkanlığı terk edemez, doğru sözlü olamaz. Kibrinden dolayı haseti terk edemez, güzel nasihatte bulunamaz. Nasihatı kabul edemez, insanları çekiştirmeyi, haklarında gıybet yapmayı bırakamaz.

---

124 Müslim, Zekât 147-149.

Bu kötü ahlâka sahip olan kibirli bir kimse, saygınlığını korumak zorundadır. Övülen bir ahlâka sahip olan kimse ise, izzetini kaybetme korkusundan dolayı kibir duyamaz."[125]

Şüphesiz kibir, Rasûlullah *sallallahu aleyhi ve sellem*'in buyurduğu gibi kişinin doğruyu reddetmesine neden olan tehlikeli ve kronik bir hastalıktır: ***"Kibir, hakkı inkâr eden ve halkı küçük gören kimsenin yaptığı inkâr ve büyüklenmedir."***[126]

Kibir, insanların boğazını saran, anlayışlarına engel olan çaresiz bir hastalıktır. Kibir, insanların nefislerini, eşit olduğu diğer insanların seviyesinden daha yukarı çıkaran, onlara, kendilerinin diğer insanlar gibi olmadığı, farklı varlıklar olduğu inancını veren bir duygudur ki, bu, İblis'in yoludur. Kibir, nefsini, aileni, toplumunu ve mezhebini insanların üzerinde görmen, salih amellerde bulunup bulunmamalarına bakmadan, onların Allah'ın dostları ve Allah'ın üstün kıldığı kimseler olduğuna, sizden olmayan kimsenin cennete girmeyeceğine, diğer insanların herhangi bir şeye sahip olmadığına inanmandır. Kibir, diğer insanları küçük görmene ve kendi nefsini birtakım ayrıcalıklarla korumana, insanlığa uygulanması gereken kanunların kendine uygulanmasını reddetmene neden olur..."[127]

---

125 Gazzâlî, *İhyâu Ulûmi'd-Dîn*, III, 344-345.
126 Ebu Davud, Libâs 29; Hâkim, *Müstedrek*, IV, 201. Hadis sahihtir. Bk. Elbânî, *Sahîhu'l-Câmii's-Sagîr*, no: 4608.
127 Cevdet Saîd, *Kün ke İbn Âdem*, s. 35.

Kibirli Kimselerle İlgili Örnekler

Kibrin, insana neler yaptığını öğrenmek istersen, onun Firavun ve taraftarlarına ne yaptığına bak! Onlara, Yüce Allah'tan şüphe götürmeyen, açık âyetler gelmişti. Peki, onlar Musa *aleyhisselâm*'ı niçin yalanlayıp reddetmiş ve onunla savaşmışlardı? Yüce Allah şöyle buyurmaktadır: ***"Mucizelerimiz onların gözleri önüne serilince 'Bu, apaçık bir büyüdür' dediler. Kendileri de bunlara yakînen inandıkları hâlde, zulüm ve kibirlerinden ötürü onları inkâr ettiler. Bozguncuların sonunun nice olduğuna bir bak!"***[128]

Kibir onlara engel olmuştu; onlar, yeryüzünde büyüklenmek istediler. Hûd *aleyhisselâm*'ın kavmi Âd gibi Allah'ın emirlerini yalanlayanların durumu böyleydi: ***"Âd kavmine gelince, yeryüzünde haksız yere büyüklük tasladılar ve 'Bizden daha kuvvetli kim var?' dediler."***[129]

Rasûlullah *sallallahu aleyhi ve sellem*, sol eliyle yemek yiyen bir adamı gördüğünde, ondan sağ eliyle yemek yemesini istedi. Rasûlullah *sallallahu aleyhi ve sellem*, ona bunu yapabileceğini öğretmek istiyordu. Ancak adam Rasûlullah *sallallahu aleyhi ve sellem*'in emrine itaat etmedi, yapamayacağını iddia ederek reddetti. Bunun üzerine Rasûlullah *sallallahu aleyhi ve sellem* ona ***"Yapamayasın!"*** dedi. Adamı, Rasûlullah *sallallahu aleyhi ve sellem*'in emrine itaat etmekten alıkoyan sadece kibirdi.[130]

Bu hastalık herhangi bir kimsede belirdiğinde, şüphesiz tedavisi son derece zor olur. Bu zorluk, o kimsenin, kesin bir

---

128 Neml 27/13-14.

129 Fussilet 41/15.

130 Müslim, Eşribe 107.

şekilde kendisinin başkalarından daha üstün olduğuna olan inancı içinde gizlidir. O, kişiliğini yüceltir, potansiyeline inanır. Bu nedenle kimseden bir nasihat kabul etmez, diğer insanlar kendisiyle karşılaştığında onlardan memnun olduğunu ifade etmez. Onların kendisine yaptığı nasihate karşılık kişiliğini yüceltme konusunda kendisini koruyan bir eğilim taşıması, onları basit bir şekilde haklı çıkarır.

Bu tür bir durumu tedavi etmek için bu kimsenin nefsi hakkındaki düşüncelerinde şiddetli bir sarsıntı meydana getirmek gerekir. Böylece sabit düşünceleri sarsılır, insanlardan daha üstün ve güçlü olduğu yönünde zihninde oluşan çatı, temel sütunlar üstüne düşer.

Nefsi ve potansiyeli hakkındaki bilgisini şüpheye düşürme, nefsine karşı olan inancını bilincinden çıkarma konusunda sert bir sarsıntının alternatifi yoktur. Onun kibrini ancak bir dış kuvvet kırabilir.

İbn Kayyim şöyle der: "Allah, bu kulu için hayır dilediğinde, onu, kibrini kıracak ve Allah'ın gücünü öğreneceği bir günah içine atar. Onun başını eğer, kullarına karşı olan kendini beğenme, kibir ve üstünlük hastalığını ondan çıkarır. Böylece bu günah onun için birçok ibadetten daha hayırlı olur. Artık amansız olan hastalıktan kurtulmak için ilacı içme seviyesine ulaşmıştır."[131]

Bu meydana gelinceye kadar, o kimsenin bedeni, hastalık izlerinin hafifleyeceği bir iman atmosferinde kalır ve nefsini daha önemli durumlara karşı hazırlar.

---

131 *Tehzîbu Medârici's-Sâlikîn*, s. 170.

Riyânın Tedavisi

-Kalbe yerleşen bir diğer hastalık olan- riyânın tedavisi, kibir tedavisinden daha kolaydır. Çünkü bu hastalığın temel sebebi, dünya sevgisi, şöhret ve insanların gözlerinde yücelmektir.

İmanın gücü ve Allah'tan duyulan korku ile bu tür bir durumun tedavisi tamamlanır.

Rabbimiz şöyle buyurmaktadır: *"Ey iman edenler! Allah'a ve ahiret gününe inanmadığı hâlde malını gösteriş için harcayan kimse gibi başa kakmak ve incitmek suretiyle, yaptığınız hayırlarınızı boşa çıkarmayın."*[132]

Allah'a olan imanın zayıflığı ve Allah'tan korkmama hastalığına yakalanmış olan kimse insanların gözünde derecesini yükseltmek için gösterişte bulunur: *"Allah'a ve ahiret gününe inanmadıkları hâlde mallarını, insanlara gösteriş için sarfedenler de (ahirette azaba dûçâr olurlar)."*[133]

O hâlde bunun tedavisi, imanı artırmak ve Allah'tan korkmaktır.

Allah için ihlâslı bir şekilde çalışmanın, bunun karşılığında dünyevî herhangi bir menfaat beklememenin yolu, Allah'tan korkmaktır. Rabbimiz şöyle buyurmaktadır: *"Onlar, kendi canları çekmesine rağmen yemeği yoksula, yetime ve esire yedirirler. 'Biz sizi Allah rızası için doyuruyoruz; sizden ne bir karşılık ne de bir teşekkür bekliyoruz.*

---

132 Bakara 2/264.

133 Nisâ 4/38.

Biz, çetin ve belalı bir günde Rabbimizden (O'nun aza-
bına uğramaktan) korkarız' (derler)."[134]

Bu temiz kişiler, Rablerine karşı duydukları korku sebe-
biyle kendi canları çekmesine rağmen başkalarına yedirirler.
Onları doyurmanın karşılığında, bir teşekkür ya da övgü
ifadesi şeklinde dahi olsa hiç kimseden herhangi bir karşılık
beklemezler.

Sonuç olarak, İslâm'dan beslenen davranışların, bazı mü-
dahalelerle imanı tedavi etmesi mümkündür. Bu tür çoğun-
lukla daha büyük bir şekle sokulmuş yönlendirmeler, kişinin
nefsini değiştirmesine yardım eden, alışılmış olanları terk etme
ve alışkanlıkları değiştirme acısına dayanan itici bir güç olarak
imana ihtiyaç duyar.

Sağlıklı bir ortama oranla imanı şekillendiren son bölüm-
de, hastalığın şiddeti azalır. Bu, o kişiye, nefsine karşı çıkma,
hastalığını ifade etme ve hastalığını tedavi etme konusunda
karar verme fırsatı tanır.

Tedaviye İmanla Başlamamanın Tehlikesi

İmanın, yanlış davranışlardan birçoğu için bir tedavi oldu-
ğunu ya da çaresiz durumların tedavisinde ilk adım olduğunu
daha önce gördük.

Hepimiz, başarılı doktorun, yayılması sırasında hastalığı
teşhis eden doktor olduğunu biliriz. O, her belirtiyi eşit şekilde
incelemez, ancak hastalığa neden olan ilacı tanımlar. Bunun
sonucu olarak belirtiler yok olur, tersi gerçekleşmez.

---

134 İnsan 76/8-10.

Belirtiler yok olmuş, sakinleştiricilerle hastalık hafiflemiş, sindirilmiş ve kronik bir durum almıştır. Bundan sonra hastalık, bir kez daha ortaya çıkmak için uygun zamanı bekler.

Benzer şekilde kalp de hevâdan dolayı hastalandığında, belirtiler kesinlikle organlarda açığa çıkar. Bu belirtileri tedavi etmek istediğimizde, nedenini tedavi etmemiz, dünyevî arzuları kalpten çıkarmamız gerekir.

Bunun anlamı, herhangi birinin tuhaf bir tutum ya da yanlış bir davranışını gördüğümüzde, derhal onu eleştirmemiz ve bu davranışını değiştirmesini istememiz değildir. Çünkü böyle davranmamız, onun inatlaşmasına, içinde bulunduğu durumun doğruluğunu ispata kalkışmasına neden olur. Nefsini kontrol etmek yerine, gururu ona günah işletir. Böylece çevresindekileri karalamaya kalkışır. Bütün bunlar, bizim temel olanı terk etmemiz ve tâli olanla başlamamızdan kaynaklanır. Nitekim daha büyük olan kötülüğü -hevânın üstün gelmesini- bıraktık ve daha küçük olan kötülüklerle uğraştık.

Bazıları, o kimsenin bu davranışı engellenmedikçe yaptığı kötülüğü göremeyeceğini söylüyor. Bu doğrudur; kötülüğü engellemek, dinî bir görevdir. Kötülüğü engellemenin dereceleri vardır; ancak biz, onun dikkatini kötülüğü engelleme metodunu değiştirmeye çevirmesini ve bu kötülüğün ortaya çıkmasına sebep olan nedenin tedavisi üzerinde yoğunlaşmasını istemiyoruz.

Bu nedenle iyiliği emretmekle başlayacak, amellerin salih olması için kalpleri düzeltmek için çalışacağız.

İKİNCİ BÖLÜM

İMANLA NASIL BAŞLAYACAĞIZ?

GİRİŞ

BAŞLANGIÇ ŞARTLARI HAKKINDA

İnsanı herhangi bir işi yapmaya iten şeyin iman ya da hevâ olduğunu, bireyin tutum ve davranışlarının, kalbindeki iman ve hevâ oranında aksettiğini gördük. Yine herhangi bir kimsede iman zayıflığı belirtilerinin varlığı durumunda, ilk olarak, salih kimselerin onu tedavi etmek için hastalığın köküne yönelmeleri gerektiğini ifade etmiştik ki, Rasûlullah *sallallahu aleyhi ve sellem*'in şu hadisi bunun delilidir: ***"Dikkat edin! Bedende bir et parçası vardır ki, o parça iyi olduğunda bütün beden iyi olur. O bozuk olduğunda, bütün beden bozulmuş olur. İyi bilin ki, bu (et parçası) kalptir."***[135]

Bu hadis, organların düzgün olmasının, kalbin düzgün olmasından; organların bozuk olmasının, aynı şekilde kalbin bozuk olmasından kaynaklandığına işaret etmektedir.

---

135 Buhârî, İmân 39, Büyû' 2; Müslim, Müsâkât 107, 108.

Kalbin düzeltilmesinden kastedilen, arzu ve isteklerden, şüphelerden kurtulması ve sağlıklı bir kalp olmasıdır.

Kalbin düzeltilmesinin başlangıcı, sadece kalpteki Allah'a olan iman alanını artırmaktır. Bu, kalpte yer almış hevânın, yönetim ve idare merkezi olan kalbe teslim olması ve onun emirlerine cevap vermesi için iman seviyesini yüksek bir seviyeye getirmekle gerçekleşir. Böylelikle ameller kolay ve basit bir şekilde yapılabilir.

İnsanın İhmalkârlığında Dünyevî Çekiciliğin Etkisi

Kalplerimizin ihtiyaç duyduğu iman yükünün boyutunu anlayabilmemiz için insanın yaratılışını, onun ruh ve çamurdan oluştuğunu düşünmemiz gerekir. Ruh, Allah'ın ruhundan üflenmiştir, çamur ise topraktan bir bölümdür. Rabbimiz şöyle buyurmaktadır: *"Rabbin meleklere demişti ki: Ben muhakkak çamurdan bir insan yaratacağım. Onu tamamlayıp içine de ruhumdan üfürdüğüm zaman derhal ona secdeye kapanın!"*[136]

İnsandan istenen, Allah'a bağlanması, insanı gökyüzüne bağlayacak olan Urvetu'l-Vüska'ya (Kur'ân'a) tutunmasıdır: *"İyi davranışlar içinde kendini bütünüyle Allah'a veren kimse, gerçekten en sağlam kulpa yapışmıştır."*[137] Bunu yaptığında, Allah'a bağlı, O'nunla ilişkide olan Rabbânî bir kul olur. Ancak nefsini dünyaya bırakırsa, dünya onu cezbeder.

Dünya ile olan bağı arttıkça, gökyüzü ile olan bağı zayıflar.

---

136 Sâd 38/71-72.
137 Lokman 31/22.

Dünyanın çekicilikleri çoktur. Kur'ân, birçok yerde bunları ifade eder. Bunlardan biri de Kur'ân'ın şu âyetidir: *"Nefsanî arzulara, (özellikle) kadınlara, oğullara, yığın yığın biriktirilmiş altın ve gümüşe, salma atlara, sağmal hayvanlara ve ekinlere karşı düşkünlük insanlara çekici kılındı. Bunlar, dünya hayatının geçici menfaatleridir. Hâlbuki varılacak güzel yer, Allah'ın katındadır."*[138]

Mal, çocuklar, kadınlar, altın, ekinler, gelirler, arabalar... Bütün bunlar, insanı dünyaya çeken, kalbini dünyaya bağlayan, elde ettiğinde sevinç veren, kaybettiğinde üzülmesine neden olan çekiciliklerdir.

Kişinin, dünyaya olan sevgisi arttıkça, ahiretteki nasibine olan sevgisi azalır ve ona gösterdiği ihmalkârlık artar.

Rasûlullah *sallallahu aleyhi ve sellem* şöyle buyurmuştur: *"Kim dünyasını severse, ahiretine zarar verir. Kim de ahiretini severse, dünyasına zarar verir. Kalıcı olanı, fani olana tercih edin!"*[139]

Şüphesiz dünyanın çekicilikleri çoktur. Kim onlara teslim olursa, Allah ile olan ilişkisini zayıflatmış olur. Sonunda, *"Artık onun Allah nezdinde hiçbir değeri yoktur"*[140] seviyesine ulaşır.

---

138 Âl-i İmrân 3/14.
139 Ahmed b. Hanbel, IV, 412; İbn Hibbân, *Sahîh*, II, 486; Hâkim, *Müstedrek*, IV, 343, 354. Elbânî hadisin zayıf olduğunu belirtmiştir. Bk. Elbânî, *Zâifu'l-Câmii's-Sagîr*, no: 5340.
140 Âl-i İmrân 3/28.

Kim de dünyanın çekiciliklerinden kurtulursa, o, Allah'a bağlı Rabbânî bir kul olur. Yüce Allah şöyle buyurmaktadır: *"Eğer inanmışsanız, üstün gelecek olan sizsiniz."*[141]

Başlangıç, Kalbi Uyarmaktır

Kalbin Allah'a olan hareketi için doğru başlangıç sadece uyarmakla olur. Gafili uyarmak, sarhoşu ayıltmak, yatmakta olanı kaldırmak gerekir. Herkesin Allah'a olan ihtiyacını hissetmesi ve Allah'ın hesabından kurtulması için herkesi uyarmak gerekir.

İbn Kayyim şöyle der: "Kulluğun ilk aşaması, uyanıklıktır. Uyanıklık, uyuyan gafillerin dikkatini çekmek için kalbi rahatsız etmektir. Allah'a yemin olsun ki, bu korkudan daha etkili, değeri ve önemi daha büyük, davranışlara daha faydalı bir şey yoktur. Kim bunu hissederse, Allah'a yemin olsun ki, kurtuluşu hissetmiştir. Eğer hissetmezse, o gaflet sarhoşluğundadır. Dikkat ederse, kendisini büyülemiş olan dünyadan, Allah'ın rızasını kazanmak için yolculuğa çıkar. Bil ki, kendisine bir davetçi gelmeden önce, kul gaflet uykusundadır. Kalbi uykudadır, organları uyanıktır. Uyuyan bu kimse için ilk aşama, uykudan uyanmak ve dikkat etmektir. Bu, âyette zikredilen Allah için ayağa kalkmak gibidir: *'(Rasûlüm! Onlara) de ki: Size bir tek öğüt vereceğim: İkişerli olarak, teker teker Allah'a yönelin ve düşünün!'*[142] Allah için ayağa kalkmak, gaflet uykusundan uyanmak ve sakin bir durumdan sonra ilerlemektir..."[143]

---

141 Âl-i İmrân 3/139.

142 Sebe 34/46.

143 *Tehzîbu Medârici's-Sâlikîn*, s. 101.

Bu uyanıklık olmadan, yatan kişi uyumaya, gafil kimse çevresinde olanlardan ve kendisini bekleyen sondan habersiz kalmaya devam eder.

Bunlar olmadan yapılan ibadetler ruhsuz olur, kalpte istenen etki oluşmaz. Kalbi etkilese bile, bu etki çok kısa bir sürede yok olur.

Bu, çok namaz kılmamıza ve Kur'ân okumamıza rağmen etkisini niçin kalplerimizde ve davranışlarımızda görmediğimizi, nefislerimize ve çevremizdekilere açıklar.

Her birimiz, namazına, zikrine, Kur'ân okumasına baksın ve bu ifadenin kendi nefsi hakkında doğru olup olmadığını söylesin. Bu amelleri yerine getirdikten sonraki durumu, önceki durumundan daha iyi oluyor mu?

Bu ibadetleri ve diğerlerini yerine getirebilmeyi gerektiren, kalpteki imanın fazlalığıdır: *"Mü'minler ancak, Allah anıldığı zaman yürekleri titreyen, kendilerine Allah'ın âyetleri okunduğunda imanlarını artıran ve yalnız Rablerine dayanıp güvenen kimselerdir."*[144]

İbadet ve itaatlerin kalpte istenen etkiyi oluşturması için öncelikle hayatın bu şartlara uygun olup ona göre hareket etmesi, sonra hayat ve korkudan daha fazla bunun etkisine alışması gerekir.

O hâlde başlangıç, ibadet ve itaatleri, sadece organlarla yerine getirilen virdleri artırmak değil, aksine kalbin hayata döndürülmesidir. Bu ise hevâyı yok eden ve iradeyi onun esaretinden kurtaran büyük bir imana ihtiyaç duyar.

---

144 Enfâl 8/2.

Kalbin Canlılık Belirtileri

İman nurunun kalbe girmesi için bireyin araştırabileceği birtakım belirtiler vardır. Eğer bu belirtileri bulamazsa, o zaman bir kez daha kalbini canlandıracak güçlü bir başlangıca ihtiyaç duyan biri olduğunu öğrenir.

* İbn Mes'ûd *radıyallahu anh*'ın şöyle dediği rivayet edilmiştir: "Ey Allah'ın Rasûlü! Allah Teâlâ, *'Allah kimin gönlünü İslâm'a açmışsa o, Rabbinden bir nur üzerinde değil midir?'*[145] buyuruyor. Gönül nasıl açılır?" dedik. Rasûlullah *sallallahu aleyhi ve sellem* *"Nur, kalbe girdiğinde, gönül yarılır ve açılır"* buyurdu. Biz "Ey Allah'ın Rasûlü! Bunun belirtisi nedir?" diye sorduk. Rasûlullah *sallallahu aleyhi ve sellem* şöyle buyurdu: *"Ebedî yurda (cennete) dönmek, gurur yurdundan (dünyadan) sakınmak, ölüm gelmeden önce ona hazırlanmaktır."*[146]

* Rasûlullah *sallallahu aleyhi ve sellem* bu belirtilerden bazılarını açıklamıştır: *"En sağlam iman bağı, Allah için dostluk ve Allah için düşmanlık göstermek, Allah için sevmek ve Allah için buğzetmektir."*[147]

* Bu belirtilerden biri de Allah'ın ve Rasûlü'nün, kişiye her şeyden daha sevgili olmasıdır: *"De ki: Eğer babalarınız, oğullarınız, kardeşleriniz, eşleriniz, hısım akrabanız, kazandığınız mallar, kesada uğramasından korktuğunuz ticaret, hoşlandığınız meskenler size Allah'tan, Rasûlü'nden ve Allah yolunda cihad etmekten daha*

---

145 Zümer 39/22.

146 Hâkim, *Müstedrek*, IV, 347; Beyhakî, *Şuabu'l-İmân*, VII, 352.

147 Tayâlisî, *Müsned*, s. 101; Taberânî, *el-Mu'cemu'l-Evsat*, IV, 376. Hadis sahihtir. Bk. Elbânî, *Silsiletu'l-Ehâdîsi's-Sahîha*, no: 1728.

sevgili ise, artık Allah emrini getirinceye kadar bekleyin. Allah fâsıklar topluluğunu hidayete erdirmez.[148]

* Küfrün bütün biçimlerinden hoşlanmamak ve küfre düşmekten korkmak da kalbin canlılık belirtilerindendir. Rasûlullah *sallallahu aleyhi ve sellem* şöyle buyurmuştur: *"Kimde üç şey bulunursa, imanın lezzetini tatmış olur: Allah ile Rasûl'ü kendisine başkalarından daha sevgili olan kimse; bir kulu yalnız Allah için seven kimse; Allah kendisini kâfirlikten kurtardıktan sonra yine kâfirliğe dönmekten ateşe atılacakmışçasına hoşlanmayan kimse."*[149]

* Kalbin canlılık belirtilerinden bir diğeri de Allah'ın yaratmış olduğu herhangi bir varlıktan korkmamaktır: *"Şu hâlde, eğer iman etmiş kimseler iseniz onlardan korkmayın, benden korkun."*[150]

Gerçek iman, kişinin Allah dışında kimseden korkmamasını sağlar. Rabbimiz şöyle buyurmaktadır: *"Eğer (gerçek) mü'minler iseniz, bilin ki Allah, kendisinden korkmanıza daha layıktır."*[151] Mü'min, Allah'tan başkasına güvenmez: *"Eğer mü'minler iseniz ancak Allah'a güvenin."*[152]

* Bütün işlerde şeriatın hükmüne tam bir şekilde kulak vermek de kalbin canlılık belirtilerindendir: *"Eğer bir hususta anlaşmazlığa düşerseniz -Allah'a ve ahirete gerçekten*

---

148   Tevbe 9/24.
149   Buhârî, Îmân 9, 14; Müslim, Îmân 67, 68.
150   Âl-i İmrân 3/175.
151   Tevbe 9/13.
152   Mâide 5/23.

inanıyorsanız- onu Allah'a ve Rasûl'e götürün (onların talimatına göre hâlledin)."[153]

Kalbin derinliklerindeki iman, kişinin günah işlemesine engel olur: *"Ey iman edenler! Allah'tan korkun. Eğer gerçekten inanıyorsanız mevcut faiz alacaklarınızı terk edin."*[154]

Bu, mü'minin hata veya günah işlemeyeceği anlamına gelmez; aksine o da çamurun cazibesine kapılan bir insandır. Ancak günahından derhal dönmesi ve Allah'a tevbe etmesi konusunda diğerlerinden farklıdır. Hatada ısrar etmez, günahın tekrarlanmasını onaylamaz: *"Eğer inanmış insanlarsanız, Allah, bir daha buna benzer tutumu tekrarlamaktan sizi sakındırıp uyarır."*[155]

Bu ve diğer maddî belirtiler, insanın uygulamasında ve davranışlarında görülür. Bu, -kitabın başında bir kısmına işaret ettiğimiz- kalbî belirtilerin yanında hassas bir ölçü de oluşturur. Aramızdan herhangi biri, kalbini uyarmaya ve imanını güçlendirmeye ne kadar ihtiyaç duyduğunu öğrenmek için nefsini bunlarla karşılaştırabilir.

Başlangıcın Şartları

İman zayıflığı dairesinden çıkmak istediğimizde, bu yola girmek için nefislerimizde önemli bir şartı yerine getirmemiz gerekir.

---

153 Nisâ 4/59.

154 Bakara 2/278.

155 Nur 24/17.

Bu şart, durumu değiştirmek ve kalbi düzeltmek, kalbe canlılık kazandırmak için samimi bir azim ve sağlam bir isteğin varlığıdır. Bu, mücadeleyi gördükten sonra o kimsenin bu yolda güçlü bir şekilde yürümesine neden olacaktır.

Bu isteğin hareket kaynağı, onun gerçekten canlı bir kalp taşıdığına inanması, kalbin katkıda bulunmadığı, organlarla yaptığı amellerin kendisini kandırmamasıdır.

İbn Kayyim şöyle der: "Şüphesiz kalbin katkıda bulunmadığı, murakabe ve Allah'a yaklaşma düşüncesi taşımayan, sadece organların fiilleriyle yerine getirilen amellerin, dünya ve ahiret faydası az, sıkıntısı çoktur. Bu, Allah'ın emrine uygun olmayan ve ihlâs taşımayan bir amel gibidir. Bu amel, -çok olsa bile- yorucudur, fayda sağlamaz. Böyle bir amel, elekte kalan çerçöp gibidir; görünüşü büyük, faydası azdır. Kuşkusuz Allah, zihnini vermediği sürece kulun namazını kabul etmez. Bu nedenle, tavaf ve hac gibi diğer amellerde de kalbin katkıda bulunması ve huşunun yer alması gerekir."[156]

Kur'ân, sağlam bir isteğin başlangıcın anahtarı olduğunu destekleyen birçok âyet içermektedir. Rabbimiz şöyle buyurmaktadır: ***"Bunlar barıştırmak isterlerse Allah aralarını bulur."***[157]

Kur'ân, evrenin, Allah'ın isimlerini, sıfatlarını insanlara hatırlatan âyetlerle dolu olduğunu hatırlatır. Ancak bunların tamamı, hidayet istemedikçe kişiye fayda sağlamaz. Kendisini bu konuda muhtaç görmeyen, âyetlerin sayısı ya da eşsizliği ne olursa olsun, onun için parmağını bile kıpırdatmaz:

---

156 *Tehzîbu Medârici's-Sâlikîn*, s. 153.

157 Nisâ 4/35.

"De ki: 'Göklerde ve yerde neler var, bakın (da ibret alın)!' Fakat inanmayan bir topluma deliller ve uyarılar fayda sağlamaz."[158]

O hâlde başlangıç, sağlam bir istektir. Enes *radıyallahu anh*'ın şöyle dediği rivayet edilmiştir: Rasûlullah *sallallahu aleyhi ve sellem*, ashabına nasihatte bulunuyordu. O sırada üç kişi oradan geçiyordu. Onlardan biri geldi ve Rasûlullah *sallallahu aleyhi ve sellem*'in yanına oturdu. İkinci adam biraz gitti, sonra o da oturdu. Üçüncüsü yüzünü çevirerek gitti. Bunun üzerine Rasûlullah *sallallahu aleyhi ve sellem* şöyle buyurdu: *"Size bu üç kişiyi anlatayım mı? Gelip de oturan, tevbe etmiş, Allah da onun tevbesini kabul etmiştir. Biraz gidip sonra oturana gelince, o utandı, Allah da onun mahcubiyetini (utanmasını) kabul etti. Yüzünü çevirerek gidene gelince, o kendisini üstün gördü, Allah da onun işine son verdi."*[159]

İsteğin Güçlü Belirtileri

Kur'ân, isteğin güçlü belirtilerini şu âyette açıklamıştır: *"Fakat koşarak ve (Allah'tan) korkarak sana gelenle de ilgilenmiyorsun."*[160]

- Sana gelenle: Nefsiyle.

- İhtiyacından dolayı korkarak koşuyor.

---

158 Yunus 10/101.
159 Heysemî, *Mecmau'z-Zevâid,* X, 231. Heysemî hadisin ravilerinin güvenilir kimseler olduklarını belirtmiştir.
160 Abese 80/8-10.

- Korkarak: Onu güven dolu bir sahile çıkaracak kurtuluş gücünü istiyor.

-İlk bölümde işaret ettiğimiz gibi- nefislerde isteği oluşturmak ve ortaya çıkarmak mümkündür. Sürekli olarak Allah'tan yardım istemekle birlikte, uyarının devamıyla canlı bir kalbe ve hazineye ulaşabiliriz.

Kalpleri Canlandırma Vasıtaları

Okuyucu, ilerleyen sayfalarda kalpleri canlandırmak için anılan vasıtaların yeni olmadığını, bunların Kitap ve sünnete uygun olduğunu görecektir. Bütün bunlar, sadece fiilî uygulamaya uygun bir şekilde bu vasıtaları ifade etmektedir.

İçimizden biri, bu vasıtalarda dengeli bir şekilde ilerlemek istediğinde, bunlara verdiği önem oranında, her şeyi bilen ve her şeyden haberdar olan Allah'ın izniyle hazineye ulaşması hızlanacaktır.

Bu vasıtalarda dengeli bir şekilde ilerlemenin öneminin yanısıra, geriye ilk üç vasıtaya gösterilmesi gereken itina kalır ki, bunlar, "Allah'tan çok korkmak, Kur'ân'ı düşünerek okumak ve gece namazı"dır.

Bu üç vasıta, bu aşamadaki temel prensiplerdir. Bunlar olmadan ilerleme olmaz. Bu, en basit şekliyle kulun her gün yerine getirmesi istenen, farz ve itaatlerden oluşan amellerdir.

BİRİNCİ KISIM
ALLAH'TAN ÇOK KORKMAK

Uyuyanın uyanması, hevâsından dolayı sarhoş olanın ayılması, kalbi dünyaya bağlı olanın bağını koparması için onu rahatsız edecek ve uyaracak, geniş, etkili bir şey gerekir. Bu etki ve yük, bizi rahatsız edecek ve korkutacak bir dereceye ulaştıracak olan Allah korkusudur. Hûd sûresi ve kardeşlerinin Rasûlullah *sallallahu aleyhi ve sellem*'i ihtiyarlattığı gibi kalpler onunla titrer, saçlar onunla ağarır.

Korku, amel işlemeyi ve dikkat etmeyi sağalar. Korku-suzluk, duyguları sarsar, gözyaşlarını yok eder. Sonra yoluna devam eder. Yolculuğundan sonra, içinde bulunduğumuz uyku ve gaflete döner. İşte bu, herhangi bir vaaz dinlediğinde, bir zühd kitabı okuduğunda, bir cenazeye katıldığında ya da önünde bir olay meydana geldiğinde birçoğumuzun içinde bulunduğu durumdur. Bu, ulaşılması gereken derecedeki bir amel için korkunun yeterli bir neden olduğunu gösterir. Eğer o kimse bu dereceye ulaşmamışsa, bu korkunun etkisi geçici olacak ve sebepten ayrıldıktan sonra bıraktığı iz yok olacaktır.

Korku, Davetlerin Başlangıcıdır

Rasûllerin, nebilerin ve davetçilerin hayatlarını okuyan kimse, onların hepsinin davetlerine, kavimlerini, üzerinde bulundukları inanç ve fiillere devam etmeleri hâlinde kendilerini bekleyen son ile uyarmaya başladıklarını görür. İşte Nuh *aleyhisselâm*: *"'Kendilerine yakıcı bir azap gelmeden önce kavmini uyar' diye Nuh'u kendi kavmine gönderdik. O da şöyle söyledi: 'Ey Milletim! Şüphesiz ben, size gönderilmiş apaçık bir uyarıcıyım.'"*[161]

İşte İbrahim *aleyhisselâm*: *"Şüphesiz İbrahim de onun (Nuh'un) milletinden idi. Çünkü Rabbine kalb-i selîm ile geldi. Hani o, babasına ve kavmine 'Siz kime kulluk ediyorsunuz?' demişti. 'Allah'tan başka birtakım uydurma ilâhlar mı istiyorsunuz? O hâlde Âlemlerin Rabbi hakkındaki görüşünüz nedir?'"*[162]

Hûd *aleyhisselâm*'ın, kavmine söylediklerine bak: *"Âd kavminin kardeşini (Hûd'u) an. Zira o, kendinden önce ve sonra uyarıcıların da gelip geçtiği Ahkaf bölgesindeki kavmine 'Allah'tan başkasına kulluk etmeyin. Ben sizin büyük bir günün azabına uğramanızdan korkuyorum' demişti."*[163]

Musa *aleyhisselâm* da Firavun'a gönderilmişti: *"Şüphesiz Firavun'un kavmine de uyarıcılar gelmişti."*[164]

---

161 Nuh 71/1-2.

162 Sâffât 37/83-87.

163 Ahkâf 46/21.

164 Kamer 54/41.

Rasûlullah *sallallahu aleyhi ve sellem*'de bizim için güzel bir örneklik vardır. Buhârî, *Sahîh*'inde, İbn Abbâs *radıyallahu anh*'ın şöyle dediğini rivayet eder: *"(Önce) en yakın akrabanı uyar"*[165] âyeti nâzil olduğunda, Rasûlullah *sallallahu aleyhi ve sellem* Safa tepesine çıktı ve şöyle seslenmeye başladı: *"Ey Fihr oğulları! Ey Adiy oğulları!"* Bu ses üzerine toplandılar. Oraya gelemeyen kimseler, ne olduğuna bakmaları için bir elçi gönderdiler. Bir süre sonra Ebu Leheb ve Kureyş'in ileri gelenleri geldiler. Rasûlullah *sallallahu aleyhi ve sellem* *"Ben size, 'Şu vadide atlılar var, sizlere saldırmak istiyorlar' desem, beni tasdik eder misiniz?"* dedi. "Evet, senden doğrudan başka bir şey duymadık" dediler. Rasûlullah *sallallahu aleyhi ve sellem* *"O hâlde ben, sizi, önünüzde bekleyen şiddetli bir azapla uyarıyorum!"* buyurdu.[166]

Diğer bir rivayete göre, Rasûlullah *sallallahu aleyhi ve sellem* şöyle buyurmuştur: *"Ey Kureyş topluluğu! Kendinizi cehennemden koruyun. Çünkü ben, sizin için ne bir zarar ne de bir fayda verme gücüne sahibim. Ey Abdumenaf oğulları topluluğu! Kendinizi cehennemden koruyun. Çünkü ben, sizin için ne bir zarar ne de bir fayda verme gücüne sahibim. Ey Abdulmuttalib oğulları topluluğu! Kendinizi cehennemden koruyun. Çünkü ben, sizin için ne bir zarar ne de bir fayda verme gücüne sahibim. Ey Muhammed'in kızı Fatıma! Sen de kendini cehennemden koru. Çünkü ben senin için ne bir zarar ne de bir fayda verme gücüne sahibim. Senin*

---

165 Şuarâ 26/214.

166 Buhârî, Tefsîru Sûre, 26 (2).

için sadece akrabalık bağım vardır, onun gereklerini yapacağım."[167]

Bu metot, bu yüzyıldaki davetçilerin imamının -Hasan el-Bennâ'nın- davet başlangıcıydı. -Mısır'ın kuzeybatısında bir şehir olan- İsmailiyye'de davetine başladığında, orada, hasta ve yaşlı kimseler dışında kimsenin gelmediği bir mescid vardı. Binlerce gencin iş çıkışından sonra gidecekleri tek yer, kahvehanelerdi. Davet, gençlere ihtiyaç duyduğundan, kahvehanelere yönelmek gerekiyordu.

Tıklım tıklım dolu bir kahvehaneye girdi. Nargilelerin birinden yanmakta olan bir ateş parçası alıp yukarı fırlattı. Ateş parçası, oturanların arasında bulunan bir masanın üzerine düştü. Ateş parçası dağıldı, orada bulunanlar ürktü. Korkmuş bir şekilde yerlerinden kalktılar, ateş parçasının geldiği yere baktılar. Bir sandalye üzerinde ayağa kalkmış bir genç gördüler. Bu genç, onlara şöyle diyordu: "Eğer bu küçük ateş parçası, sizin bu derece korkmanıza neden olduysa, acaba ateş sizi her tarafınızdan, üstünüzden, ayaklarınızın altından kuşattığında, sizi sarıp onu uzaklaştıramadığınızda ne yapacaksınız? Bugün siz, bu küçük ateş parçasından kaçabilirsiniz. Peki, kaçışın olmadığı cehennem ateşinde ne yapacaksınız?.." Hasan el-Bennâ, nasihatine devam etti. Hassas kulaklara, açık kalplere, ansızın meydana gelen olaydan dolayı son derece uyanık olan duygulara sesleniyordu. Bu olayın, orada bulunanların nefislerinde derin bir etkisi vardı. Derhal ona yönelip adını, yaptığı işi, kaldığı yeri sordular. Çevresini sarmaya başladılar, onu dinlemekten hoşlanıyorlardı. Onlara Hasan el-Bennâ'yı sevdiren, onun genç olması, herhangi bir karşılık istemeyen,

---

167 Ahmed b. Hanbel, II, 360. Hadis sahihtir. Bk. Elbânî, *Sahîhu'l-Câmii's-Sagîr,* no: 7983.

gönüllü biri olmasıydı. O, kendi nefsi için bir şey istemiyordu. Cümleleri, kahvehanede birbirini izliyordu. Nihayet çevresindekiler arttığında, kendileri için toplantı düzenlemeye başladılar. Kahvehane onlara dar geldiğinde, bir cemiyet kurmaya karar verdiler ve bu cemiyetin adının, "Müslüman Kardeşler" olması üzerinde ittifak ettiler.[168]

Şüphesiz Allah'tan korkmak, uyuyan kimseleri uyandırmak ve gaflette olanların dikkatini çekmek için en sağlam metottur. Bütün peygamberler ve samimi davetçiler bu metodu kullanmışlardır. Böylelikle Allah da onların eliyle kapalı kalpleri, kör gözleri ve sağır kulakları açmıştır.

Allah korkusu, dünya sevgisine yenik düşen, hevâsının kalbini esir aldığı kimseler için başarılı bir tedavidir. Bu, kalbin Allah'a doğru yönelişi için gerçek bir başlangıçtır. Rasûlullah *sallallahu aleyhi ve sellem* şöyle buyurmuştur: *"Kim (Allah'tan) korkarsa, (cenneti elde etmek için) hemen yola koyulur. Kim de yola koyulursa, arzusuna ulaşır. Dikkat edin! Allah'ın ticaret için ortaya koyduğu mal pahalıdır. Dikkat edin! Allah'ın ticaret eşyası ise cennettir."*[169]

İbrahim b. Şeyban'ın şöyle dediği rivayet edilmiştir: "Korku, kalbe yerleştiğinde, kalpteki şehvet bölgelerini yakar, dünya isteğini uzaklaştırır ve dilin dünya hakkında konuşmasını engeller."[170]

168 Mahmud Abdulhalîm, *el-İhvânu'l-Müslimîn, Ehdasun Saneati't-Târîh*, I, 66.
169 Tirmizî, Sıfatu'l-Kıyâmet 18. Hadis sahihtir. Bk. Elbânî, *Silsiletu'l-Ehâdîsi's-Sahîha*, no: 2335.
170 Beyhakî, *Şuabu'l-Îmân*, I, 513.

Zünnûn (el-Mısrî) şöyle demiştir: "Korku kendilerinde yok olmadığı sürece, insanlar doğru yol üzerindedirler. Korkuyu kaybettiklerinde, doğru yolu da kaybetmişlerdir."[171]

Eğer Allah korkusu bu derece önemli olmasaydı, Allah, peygamberlerini ve Allah dostlarını bu şekilde övmezdi: *"Onlar (bütün bu peygamberler), hayır işlerinde koşuşurlar, umarak ve korkarak bize yalvarırlardı; onlar, bize karşı derin saygı içindeydiler."*[172]

"Onlar Allah'ın gözetilmesini emrettiği şeyleri gözeten, Rablerinden sakınan ve kötü hesaptan korkan kimselerdir."[173]

Allah, kendisinden duydukları korku nedeniyle meleklerini de över: *"Onlar, Allah korkusundan titrerler!"*[174]

Allah, gafletlerinden dolayı da kâfirleri azarlamış, Peygamberi'nin dilinde şöyle buyurmuştur: *"Size ne oluyor ki, Allah'a büyüklüğü yakıştıramıyorsunuz?"*[175] Tefsirde, "Size ne oluyor ki, Allah'ın büyüklüğünden korkmuyorsunuz?" şeklinde ifade edilmiştir.[176]

Şüphesiz Âdemoğlunu (Habil'i), kardeşini öldürmekten engelleyen şey, Allah korkusuydu. Kardeşi (Kâbil) onu öldürmek istediğinde şöyle dedi: *"And olsun ki sen, öldürmek için bana elini uzatsan (bile) ben sana, öldürmek*

---

171   *Tehzîbu Medârici's-Sâlikîn*, s. 27.

172   Enbiyâ 21/90.

173   Ra'd 13/21.

174   Enbiyâ 21/28.

175   Nuh 71/13.

176   Beyhakî, *Şuabu'l-Îmân*, I, 463.

için el uzatacak değilim. Ben, Âlemlerin Rabbi olan Allah'tan korkarım."[177]

İsrailoğulları'ndan iki adamın, zalimlerin yanına girmeleri ve onlarla savaşmaları için kavimlerini teşvik etmelerine neden olan, Allah korkusuydu: *"Korkanların içinden Allah'ın kendilerine lütufta bulunduğu iki kişi şöyle dedi: Onların üzerine kapıdan girin; oraya bir girdiniz mi artık siz zaferi kazanmışsınızdır. Eğer mü'minler iseniz ancak Allah'a güvenin."*[178]

Tâlut'la birlikte olan az sayıda kimsenin sebat etmesine yardım eden hatta Câlût ve ordusunu yenilgiye uğratan da Allah korkusuydu: *"Allah'ın huzuruna varacaklarına inananlar 'Nice az sayıda bir birlik Allah'ın izniyle çok sayıdaki birliği yenmiştir. Allah sabredenlerle beraberdir' dediler."*[179]

Kulları, Allah için ihlâslı bir şekilde amel işlemeye ve dünyevî bir karşılık ya da teşekkür beklememeye iten neden de Allah korkusudur: *"Biz sizi Allah rızası için doyuruyoruz; sizden ne bir karşılık ne de bir teşekkür bekliyoruz."*[180] Niçin? *"Biz, çetin ve belalı bir günde Rabbimizden (O'nun azabına uğramaktan) korkarız."*[181]

Allah korkusu, kendilerine vaatte bulunulan neslin en önemli özelliğidir: *"Rableri de onlara 'Zalimleri mutlaka*

---

177 Mâide 5/28.

178 Mâide 5/23.

179 Bakara 2/249.

180 İnsan 76/9.

181 İnsan 76/10.

helâk edeceğiz!' diye vahyetti. Ve (ey inananlar!) On-lardan sonra sizi mutlaka o yerde yerleştireceğiz. İşte bu, makamımdan korkan ve tehdidimden sakınan kim-selere mahsustur."[182]

Allah korkusu, Yüce Allah'ın bize tavsiyesidir: *"Sizden önce kendilerine kitap verilenlere ve size 'Allah'tan korkun' diye emrettik."*[183]

Allah korkusu, kıyamet günü başarıdır: *"Her kim Allah'a ve Rasûlü'ne itaat eder, Allah'a saygı duyar ve O'ndan sakınırsa, işte asıl bunlar mutluluğa erenlerdir."*[184]

Allah korkusu, Abdullah b. Mes'ûd *radıyallahu anh*'ın dediği gibi hikmetin başıdır: "En hayırlı azık, takvadır; hikmetin başı ise Allah korkusudur."[185]

Kur'ân, İslâm'dan yüz çeviren birçok kimsenin durumunun, ahiret korkusu duymamalarından kaynaklandığını açıklar. Olay, sadece onların göreceği bir âyet ya da ikna olacakları bir mucize değildir: *"Hayır! Aslında onlar ahiretten korkmuyorlar."*[186]

Eğer ahiretten korksalardı şu isteklerde bulunmazlardı: *"Böyle iken onlara ne oluyor ki, âdeta aslandan ür-küp kaçan yaban eşekleri gibi (hâlâ) öğütten yüz çevi-riyorlar? Daha doğrusu onlardan her biri, kendisine,*

---

182 İbrahim 14/13-14.

183 Nisâ 4/131.

184 Nur 24/52.

185 Beyhakî, *Şuabu'l-Îmân*, I, 470.

186 Müddessir 74/53.

(önünde) açılmış sahifeler (ilâhî vahiy) verilmesini istiyor. Hayır! Aslında onlar ahiretten korkmuyorlar."[187]

Allah Korkusu, İtaatin Hedefidir

Rabbimiz şöyle buyurmaktadır: *"Muhakkak ki Allah yanında en değerli olanınız, O'ndan en çok korkanınızdır."*[188] Dolayısıyla kullar, kalplerindeki takva oranında Rablerine yaklaşır veya uzaklaşırlar.

Bunun için ibadet ve itaatlerde bulunmanın hedefi, kalplerdeki Allah korkusu ve takvayı artırmaktır. Yüce Allah şöyle buyurmaktadır: *"Ey insanlar! Sizi ve sizden öncekileri yaratan Rabbinize kulluk edin. Umulur ki, böylece korunmuş (Allah'ın azabından kendinizi kurtarmış) olursunuz."*[189]

Kullardan istenen, kalplerinin etkilenmediği bir şekilde organlarıyla birtakım itaat ve ibadetlerde bulunmaları değildir: *"Onların ne etleri ne de kanları Allah'a ulaşır; fakat O'na sadece sizin takvânız ulaşır."*[190] Hac esnasında, kurban kanı dökmekten kastedilen, kalplerdeki takvayı artırmaktır.

Aynı durum diğer ibadetler için de geçerlidir. Mesela; oruç hakkında Rabbimiz şöyle buyurmaktadır: *"Ey iman edenler!*

187 Müddessir 74/49-53.

188 Hucurât 49/13.

189 Bakara 2/21.

190 Hac 22/37.

Oruç sizden önce gelip geçmiş ümmetlere farz kılındığı gibi size de farz kılındı. Umulur ki korunursunuz."[191]

Kur'ân okuma: *"Rablerinin huzurunda toplanacaklarından korkanları onunla (Kur'ân ile) uyar. Onlar için Rablerinden başka ne bir dost ne de bir aracı vardır; belki sakınırlar."*[192]

Secdeler: *"Ağlayarak yüz üstü yere kapanırlar. (Kur'ân okumak) onların saygısını artırır."*[193]

İbadetlerin amacı, takvadır. Allah Teâlâ şöyle buyurur: *"Bilin ki azığın en hayırlısı takvâdır."*[194] Takvanın gölgesinde, kalplerin idaresi ve Allah'ın emirlerine kulak vermek kolaylaşır: *"İşte bununla içinizden Allah'a ve ahiret gününe inanan kimselere öğüt verilmektedir."*[195]

Allah Korkusu, Bütün Hayırların Başıdır

Ebu Süleyman der ki: "Dünya ve ahiretteki bütün hayırların başı, Allah korkusudur."[196]

Ahmed b. Âsım el-Antakî şöyle der: "Korku azlığı, kalpteki keder azlığındandır. Kalpteki keder azaldığında, evin harap olması gibi kalp de harap olur."[197]

---

191 Bakara 2/183.
192 En'âm 6/51.
193 İsrâ 17/109.
194 Bakara 2/197.
195 Bakara 2/232.
196 Beyhakî, *Şuabu'l-Îmân*, I, 115.
197 Beyhakî, *Şuabu'l-Îmân*, I, 514.

Mâlik b. Dînâr da der ki: "Keder, salih ameli aşılar."[198]

İbrahim et-Teymî'nin şöyle dediği rivayet edilmiştir: "Kederlenmeyenin, cennetlik olmamaktan dolayı korkması gerekir. Çünkü onlar, *'Bizden tasayı gideren Allah'a hamd olsun'*[199] derler. Endişelenmeyenin, cennetlik olmamaktan dolayı korkması gerekir. Çünkü onlar, *'Daha önce biz, aile çevremiz içinde bile (ilahî azaptan) korkardık'*[200] derler."[201]

Korkanların Hâlleri

Yüce Allah'tan çok korkmak, peygamberlerin ve salihlerin özelliğidir. Rasûlullah *sallallahu aleyhi ve sellem* şöyle buyurmuştur: *"Ben, sizin görmediğinizi görür, işitmediğinizi işitirim. Gökyüzü çatırdadı ve çatırdamakta da haklı idi. Çünkü gökyüzünde dört parmaklık bir yer kalmamıştı ki, secde eder vaziyette melekler orayı doldurmamış olsun. Vallahi benim bildiklerimi bilmiş olsaydınız, az güler ve çok ağlardınız. Yataklar üzerinde kadınlardan zevk almaz, sokaklara dökülür ve Allah'a yalvarır, yakarırdınız."*[202]

İbn Abbâs *radıyallahu anh*'ın şöyle dediği rivayet edilmiştir: Ebu Bekir *radıyallahu anh* "Ey Allah'ın Rasûlü! Yaşlandığını görüyorum" dedi. Bunun üzerine Rasûlullah *sallallahu aleyhi ve sellem* *"Beni, Hûd, Vâkıa, Mürselât, Nebe (amme*

198 Beyhakî, *Şuabu'l-Îmân*, I, 514.
199 Fâtır 35/34.
200 Tûr 52/26.
201 Beyhakî, *Şuabu'l-Îmân*, I, 517.
202 Tirmizî, Zühd 9. Tirmizî, hadisin hasen olduğunu söylemiştir.

ÖNCE İMAN

yetesâelûn) ve Tekvir (ize'ş-şemsu kuvvirat) sûreleri ihtiyarlattı" cevabını verdi.[203]

Abdullah b. eş-Şıhhîr b. Avf *radıyallahu anh* der ki: "Rasûlullah *sallallahu aleyhi ve sellem'*i, göğsünde, kaynayan tencerenin çıkardığı uğultu gibi uğultu olduğu hâlde namaz kılarken gördüm."[204]

Peygamber *sallallahu aleyhi ve sellem*, bir kabrin etrafında toplanmış, bir adamı defneden kimselerin yanına uğradı, ancak hemen onların yanından kalktı. Sonra kabre döndü, gözlerinden yaşlar dökülürken *"Ey kardeşlerim! Böylesi bir gün için hazırlanın!"* buyurdu.[205]

İşte peygamberlerin atası İbrahim *aleyhisselâm* hakkında Kur'ân şöyle der: *"İbrahim cidden yumuşak huylu, bağrı yanık, kendisini Allah'a vermiş biri idi."*[206]

İbn Kayyim der ki: Sahâbenin durumunu düşünen kimse, onların şiddetli korkuyla birlikte, mümkün olduğu kadar çok amelde bulunduklarını görür. Biz, ihmalkârlığı hatta aşırılığı, güven ile bir araya getirdik. (Ebu Bekir) es-Sıddîk *radıyallahu anh* şöyle der: "Mü'minin yanında bir kıl olmayı isterdim." Yine onun dilini tuttuğu ve "Beni bu noktaya getiren budur!" dediği rivayet edilmiştir. O, çok ağlar ve "Ağlayın! Eğer ağlayamıyorsanız, ağlar gibi yapın!" derdi. Katâde der ki: "Bana

---

203 Tirmizî, Tefsîru'l-Kur'ân 56; Hâkim, *Müstedrek*, II, 374. Ayrıca bk. Elbânî, *Sahîhu'l-Câmii's-Sagîr,* no: 3723.
204 Ebu Davûd, Salât 161; İbn Hibbân, *Sahîh*, III, 30; Hâkim, *Müstedrek*, I, 396. Hâkim, "Bu hadis, Müslim'in şartlarına göre sahihtir" demiş, Zehebî de ona muvafakat etmiştir.
205 Ahmed b. Hanbel, IV, 294. Hadis hasendir. Bk. Elbânî, *Sahîhu'l-Câmii's-Sagîr*, no: 2659.
206 Hûd 11/75.

ulaştığına göre, Ebû Bekir *radıyallahu anh* şöyle derdi: "Keşke hayvanların yediği bir ot olsaydım!"[207]

Ömer *radıyallahu anh*, Tûr sûresini okurken, **"Rabbinin azabı mutlaka vukû bulacaktır"**[208] âyetine ulaşınca, şiddetli bir şekilde ağladı. Hatta hastalandı da insanlar onu ziyaret ettiler.

Hz. Ömer, ölüm döşeğinde iken, oğluna şöyle dedi: "Yazıklar olsun sana! Yanağımı toprağa koy. Belki Allah beni bağışlar." Sonra üç defa "Eğer Allah beni bağışlamazsa, yazıklar olsun anneme!" dedi, sonra vefat etti.

Ömer *radıyallahu anh*, geceleyin Kur'ân okurken, korktuğu âyetlere geldiğinde günlerce evde kalırdı. İnsanlar onun hasta olduğunu zannederek, onu ziyaret ederlerdi. Ömer *radıyallahu anh*'ın yüzünde, ağlamaktan dolayı oluşmuş iki siyah çizgi vardı. İbn Abbâs *radıyallahu anh*, ona "Allah sana topraklar bahşetsin, sana fetihler versin, şöyle şöyle yapsın…" deyince Ömer *radıyallahu anh* "Ne karşılık ne bir günah, sadece kurtulmak istiyorum!" dedi.

Osman b. Affân *radıyallahu anh*, bir kabrin yanında durduğunda, sakalları ıslanıncaya kadar ağlar ve "Eğer cennet ile cehennem arasında olup nereye gitmemin emredildiğini bilmesem, nereye gideceğimi öğrenmeden önce toprak olmayı isterdim" derdi.

Ebu'd-Derdâ *radıyallahu anh* şöyle derdi: "Nefsim hakkında kıyamet günü en çok korktuğum, bana 'Ey Ebu'd-Derdâ! Biliyordun. Bildiklerin konusunda ne yaptın?' diye sorulmasıdır." Ardından şöyle dedi: "Sizler, ölümden sonra

---

207 İbn Kayyim, *ed-Dâu ve'd-Devâ*, s. 80.
208 Tûr 52/7.

ne ile karşılaşacağınızı bilseydiniz, isteyerek bir yemeği yemez, isteyerek bir şey içmez, gölgelenmek için bir eve girmez, göğüslerinize vurmak için vadilere çıkar, kendiniz için ağlardınız. Ben, büyüyen sonra da yenilen bir ot olmayı isterdim."

Temîm ed-Dârî, bir gece Câsiye sûresini okudu. *"Yoksa kötülük işleyenler ölümlerinde ve sağlıklarında kendilerini, inanıp iyi ameller işleyen kimseler ile bir mi tutacağımızı sandılar?"*[209] âyetine geldiğinde, bu âyeti sabaha kadar tekrarlamaya ve ağlamaya başladı.

Bir adam, Abdullah b. Mes'ûd *radıyallahu anh*'ın yanında iken "Kitabı sağından verilenlerden mi, yoksa mukarrabinlerden olmaktan mı hoşlanıyorum, bilmiyorum" dedi. Bunun üzerine Abdullah *radıyallahu anh* (kendisini kastederek) "Şurada, öldüğünde dirilmek istemeyen bir adam var" dedi.[210]

Ebu Hureyre *radıyallahu anh*, hastalığında ağladı. Ona "Ey Ebu Hureyre! Niçin ağlıyorsun?" diye sorulunca, "Sizin bu dünyanızdan ayrıldığıma ağlamıyorum. Yolculuğumun uzunluğundan, azığımın azlığından dolayı ağlıyorum. Cennet ve cehennemin üzerindeki bir yokuştayım ve beni nereye sokacaklarını bilmiyorum" dedi.[211]

-Ömer b. Abdülaziz'in hanımı- Fâtıma bint Abdülmelik, Mugîra b. Hakîm'e şöyle dedi: "Ey Mugîra! İnsanların içinde, Ömer'den daha fazla namaz kılan ve oruç tutan insanlar var. Ancak Ömer'den daha çok, Rabbinden korkan bir kimseyi asla görmedim. O, akşam namazını kıldığında, mescidde

---

209 Câsiye 45/21.
210 *Hayâtu's-Sahâbe*, II, 372.
211 *Hayâtu's-Sahâbe*, II, 377.

oturur, sonra ellerini kaldırırdı. Gözleri kapanıncaya kadar ağlardı. Sonra kendine gelir, tekrar ellerini kaldırır, gözleri kapanıncaya kadar ağlardı."[212]

Bir gün Ömer ağladı, Fâtıma da ağladı. Ardından ev halkı da ağladı. Kimse ne için ağladığını bilmiyordu. Bunu anladıklarında, Fâtıma, Ömer'e "Babam sana feda olsun ey mü'minlerin emiri! Niçin ağlıyorsun?" diye sordu. Ömer "Ey Fâtıma! Allah'ın huzurunda bir topluluğun cennete, bir topluluğun da cehenneme gideceğini hatırladım" dedi. Sonra bir çığlık attı ve bayıldı.[213]

Mervezî şöyle der: "Ebu Abdullah -yani İmam Ahmed b. Hanbel- ölümü hatırladığında sesi kısılırdı. O, şöyle diyordu: 'Korku, beni yemekten ve içmekten alıkoyuyor. Ölümü hatırladığımda, dünyanın işlerinin tamamı basitleşiyor. Dünya, yemek dışında bir yemek, elbise dışında bir elbise! O, birkaç gün sadece. Ona sahip olmamak bir şey değil. Eğer bir yol bulsaydım, adımın anılmayacağı bir yere giderdim.'"[214]

Niçin Allah Korkusu?

Bir kimse, "Takva ve doğruluk üzerinde oldukları hâlde, bu salihlerin korkusu ne içindi?" diye sorabilir.

Şüphesiz Allah korkusunun birçok nedeni, çok sayıda alanı vardır. Allah'tan duyduğumuz korkunun ve hüznün devam etmesi için sürekli bir şekilde bunları düşünmemiz gerekir.

Allah korkusuna neden olan şeylerden bazıları şunlardır:

---

212 *Siyeru A'lâmi'n-Nübelâ*, V, 137.

213 *Salâhu'l-Ümmet*, IV, 213.

214 *Siyeru A'lâmi'n-Nübelâ*, XI, 215-216.

1. Kulluk Hakkındaki İhmalkârlık
Sonucunda Duyulan Korku

Yüce Allah bizi yaratmış ve bütün varlıklara üstün kılmıştır: *"Biz, hakikaten insanoğlunu şan ve şeref sahibi kıldık."*[215] Melekleri, babamız Âdem'e secde ettirmiş, Âdem'e secde etmeyi reddettiğinde, İblis'i kovmuş ve rahmetinden çıkarmıştır. Allah, bizi en güzel şekilde yarattı ve bize yaşam koşullarını sağladı. Bizim için koruyucu melekler tayin etti: *"Oysa yaptıklarınızı bilen değerli yazıcılar var."*[216] Bize rızık sağladı: *"Semada da rızkınız ve size vaat edilen başka şeyler vardır."*[217] Güneş, ay, dağlar, nehirler, denizler, hayvanlar, ağaçlar ve madenler gibi yeryüzünde ve gökyüzündeki her şeyi bizim emrimize verdi: *"O, göklerde ve yerde ne varsa hepsini, kendi katından (bir lütfu olmak üzere) size boyun eğdirmiştir. Elbette bunda düşünen bir toplum için ibretler vardır."*[218] Bunlar, sayılamayacak ve hesaplanamayacak nimetlerdir: *"Allah'ın nimetini saymaya kalksanız, onu sayamazsınız."*[219]

Bütün bunlar ne için?

Allah'ın bizi amaçsız ve hedefsiz yaratmış olması mümkün olabilir mi? Bizi, eğlenmemiz, oyalanmamız, boş şeylerle ilgilenip sonra ölmemiz için mi yarattı?

---

215 İsrâ 17/70.

216 İnfitâr 82/10.

217 Zâriyât 51/22.

218 Câsiye 45/13.

219 Nahl 16/18.

Rabbimiz şöyle buyuruyor: *"Sizi sadece boş yere ya-rattığımızı ve sizin hakikaten huzurumuza geri getiril-meyeceğinizi mi sandınız?"*[220]

Allah, bu yüce gökyüzünü, yeryüzünü ve içinde bulunan türlü türlü nimetleri, sadece yaratmış olmak için mi yarattı? Bütün bunlar sebepsiz yere mi yaratıldı? *"Biz gökleri, yeri ve bunlar arasında bulunanları, oyun ve eğlence olsun diye yaratmadık. Onları sadece gerçek bir sebeple ya-rattık. Fakat onların çoğu bilmiyorlar."*[221]

"İnsan, yediğine bir baksın!"[222]

Baksın ve yediği şeylerdeki gariplikleri, yediğine ulaşa-bilmesi için içinden çıkılmaz ne kadar çok olay olduğunu dü-şünsün.

Bedenine ve bedenindeki eşsizliğe baksın! Kalbine, onun bütün hücrelerin görevlerini yerine getirmesi için bedenin dört bir yanına kanı oksijenle nasıl pompaladığına, pompalamayı bıraktığında hayatın nasıl durduğuna baksın.

Akla, akıldaki anlayış, düşünce ve karar alma merkez-lerine baksın! Göze ve onda bulunan eşsiz işaretlere baksın ve kendisine "Nasıl bakıyor? Nasıl işitiyor? Nasıl konuşuyor? Hatta nasıl kokluyor ve kokuları ayırt edebiliyor?" diye sorsun.

Bağışıklık sistemine ve onun kendisini hastalıklardan nasıl koruduğuna baksın! Allah'ın bu derece hassas ve eşsiz yarat-mış olduğu bedenin diğer sistemlerini düşünsün.

---

220 Mü'minûn 23/115.

221 Duhân 44/38-39.

222 Abese 80/24.

Bütün bunlara baksın: **"Kendi nefislerinizde de öyle. Görmüyor musunuz?"**[223]

Çevresindeki evrene, gökten inen suya baksın! Eğer su olmasaydı, yeryüzünde hayat devam etmezdi: **"Her canlı şeyi sudan yarattığımızı görüp düşünmediler mi?"**[224]

İnsan, güneşe ve aya, onların dönüş hassaslığına baksın: **"İkisinde de akıp giden iki kaynak vardır."**[225]

Hepsi, belirli bir sistem üzere ilerliyor: **"Ne güneş aya yetişebilir ne de gece gündüzü geçebilir. Her biri bir yörüngede yüzerler."**[226]

Güneş, bir gün bile ışıklarını göndermekte gecikmiyor. Geceler birbiri ardınca gelip gündüzün aydınlığını karartmıyor.

İçimizden biri bütün bunlara ve sayılamayacak, hesaplanamayacak diğer nimetlere baksın, sonra şu soruya cevap versin: **"Ey insanlar! Allah'ın size olan nimetini hatırlayın; Allah'tan başka size gökten ve yerden rızık verecek bir yaratıcı var mı? O'ndan başka ilah yoktur. Nasıl oluyor da (tevhidden küfre) çevriliyorsunuz!"**[227]

Allah, yaratandır, rızık verendir: **"İşte bunlar Allah'ın yarattıklarıdır. Şimdi (ey kâfirler!) O'ndan başkasının ne yarattığını bana gösterin!"**[228]

---

223 Zâriyât 51/21.

224 Enbiyâ 21/30.

225 Rahmân 55/50.

226 Yâsîn 36/40.

227 Fâtır 35/3.

228 Lokman 31/11.

Fakat... Niçin yaratıldık? Bütün bunlar bizim için niye hazırlandı?

Hangi görev için bütün şeyler emrimize verildi, hayat koşullarımız sağlandı?

Rabbimiz şöyle buyuruyor: *"Ben cinleri ve insanları, ancak bana kulluk etsinler diye yarattım."*[229]

O hâlde yüce amaç, irademiz ve seçimimizle, bizi yaratana kulluktur.

Şüphesiz bu, göklerin, yeryüzünün ve dağların yüklenmekten kaçındığı ve insanın yüklendiği emanettir. Nefsin ve eğilimlerinin, şeytan ve vesveselerinin varlığı gölgesinde, Allah Teâlâ'ya itaat etme ve O'na kulluk için gönüllü olarak teslim olma emaneti...

Allah, hepimizden bu sözü aldı: *"Kıyamet gününde, 'Biz bundan habersizdik' demeyesiniz diye Rabbin Âdem oğullarından, onların bellerinden zürriyetlerini çıkardı, onları kendilerine şahit tuttu ve dedi ki: 'Ben sizin Rabbiniz değil miyim?' (Onlar da) 'Evet (buna) şahit olduk' dediler."*[230]

Yeryüzüne ayak basan her doğan kimsenin fıtratına, onu Allah'ın birliğine götürecek büyük bir eğilim koydu: *"Sen yüzünü hanîf olarak dine, Allah insanları hangi fıtrat üzere yaratmış ise ona çevir. Allah'ın yaratışında değişme*

---

229 Zâriyât 51/56.
230 A'râf 7/172.

yoktur. İşte dosdoğru din budur; fakat insanların çoğu bilmezler."[231]

Bütün evrenin buna şahit olmasını sağladı: *"İnsanlara ufuklarda ve kendi nefislerinde âyetlerimizi göstereceğiz ki onun (Kur'ân'ın) gerçek olduğu onlara iyice belli olsun. Rabbinin her şeye şahit olması, yetmez mi?"*[232]

İnsanlara bu amacı hatırlatmak için peygamberler gönderdi, kitaplar indirdi: *"(Yerine göre) müjdeleyici ve sakındırıcı olarak peygamberler gönderdik."*[233]

Peki, Rabbiniz hakkındaki görüşünüz nedir?

Rabbimiz buyuruyor ki: *"O hâlde Âlemlerin Rabbi hakkındaki görüşünüz nedir?"*[234]

Ey insanlar! Kendisinden uzaklaştığınız, O'na kulluğu terk ettiğiniz, sizden istenmeyenlerle meşgul olduğunuz hâlde, Rabbiniz hakkındaki görüşünüz nedir?

Size nimet üstüne nimet veren ancak sizin bunun karşılığında ibadet ve şükürde bulunmadığınız Rabbiniz hakkındaki görüşünüz nedir?

Ebu Hureyre *radıyallahu anh*'dan rivayet edildiğine göre, Rasûlullah *sallallahu aleyhi ve sellem* şöyle buyurmuştur: *"Kıyamet gününde nimetlerden kula sorulacak ilk şey,*

231 Rûm 30/30.
232 Fussilet 41/53.
233 Nisâ 4/165.
234 Saffât 37/87.

ona *'Sana vücudunu sağlıklı kılmadık mı? Sana soğuk sulardan içirmedik mi?' denilmesidir."*[235]

Şüphesiz olay gerçekten önemlidir: *"De ki: Bu, büyük bir haberdir. Ama siz ondan yüz çeviriyorsunuz."*[236]

Ağlamaya ve feryat etmeye çağırır: *"Şimdi siz bu söze (Kur'ân'a) mı şaşıyorsunuz? Gülüyorsunuz da ağlamıyorsunuz! Ve siz gaflet içinde oyalanmaktasınız!"*[237]

Rasûlullah *sallallahu aleyhi ve sellem* şöyle buyurmuştur: *"Eğer bir adam, Allah rızası için, doğduğu günden yaşlanıp öldüğü güne kadar yüzüstü sürüklense, kıyamet günü yaptığını küçük görür."*[238]

İçimizden biri bunu yapabilir mi?

Rasûlullah *sallallahu aleyhi ve sellem* şöyle buyurmuştur: *"Eğer Allah, sahip olduğu göklerin halkına ve yeryüzünün halkına azap etseydi, onlara zulüm etmiş olmadan azap etmiş olurdu..."*[239]

Kuşkusuz bu evrende varlığımızın amacı, Allah'a kulluk etmek ve O'nun dinini hâkim kılmaktır: *"'Dini ayakta tutun ve onda ayrılığa düşmeyin' diye Nuh'a tavsiye ettiğini,*

---

235 Tirmizî, Tefsîru'l-Kur'ân 88. Hadis sahihtir. Bk. Elbânî, *Sahîhu'l-Câmii's-Sagîr*, no: 2022.

236 Sâd 38/67-68.

237 Necm 53/59-61.

238 Ahmed b. Hanbel, IV, 185. Hadis hasendir. Bk. Elbânî, *Sahîhu'l-Câmii's-Sagîr*, no: 5249.

239 Ebu Davud, Sünne 17; Ahmed b. Hanbel, V, 182, 185, 189. Hadis sahihtir. Bk. Elbânî, *Sahîhu'l-Câmii's-Sagîr*, no: 5244.

sana vahyettiğimizi, İbrahim'e, Musa'ya ve İsa'ya tavsiye ettiğimizi Allah size de din kıldı."[240]

Allah'a olan kulluktan yüz çevirdiğimizde ve O'na itaati terk ettiğimizde, hakkımızda azap gerçekleşir: *"(Rasûlüm!) De ki: (Kulluk ve) yalvarmanız olmasa, Rabbim size ne diye değer versin? (Ey inkârcılar! Size Rasûl'ün bildirdiklerini) kesinkes yalan saydınız; onun için azap yakanızı bırakmayacaktır!"*[241]

Peki, Allah'ın nimetlerine şükür konusunu ihmal ettiğimizde ve O'na kulluk hakkını yerine getirmedikten sonra, O'nun azabından korkmayacak mıyız?

2. Allah'a Saygıdan Dolayı Duyulan Korku

Yüce Allah, Nuh *aleyhisselâm*'ın dilinden şöyle buyurur: *"Size ne oluyor ki, Allah'a büyüklüğü yakıştıramıyorsunuz?"* [242]

Kul, Rabbine her yaklaştığında, O'nun isimlerini ve sıfatlarını öğrendiğinde, O'nun eksiksizliğini dile getirdiğinde, O'na olan saygısı ve O'ndan duyduğu korku artar.

Allah, günleri insanlar arasında sırayla değiştirir. *"De ki: Mülkün gerçek sahibi olan Allah'ım! Sen mülkü dilediğine verirsin ve mülkü dilediğinden geri alırsın. Dilediğini yüceltir, dilediğini de alçaltırsın. Her türlü iyilik senin elindedir. Gerçekten sen her şeye kadirsin."*[243]

---

240 Şûrâ 42/13.

241 Furkân 25/77.

242 Nuh 71/13.

243 Âl-i İmrân 3/26.

Devletlerin altını üstüne getirir; bir devlet gider, diğeri gelir. Meleklerden olan elçileri, O'nun emrini yerine getirmek için yükselir ve yeryüzüne inerler. O'nun emirleri, iradesine uygun âyetlerin ardından birbirini izler. Dilediği şey, dilediği şekilde, dilediği zamanda, hiçbir fazlalık veya eksiklik, gecikme veya ilerleme olmaksızın, O'nun istediği biçimde olur. O'nun emri ve hâkimiyeti, göklerde ve yeryüzünde, denizlerde, havada, dünyanın diğer bölümlerinde ve zerrelerde uygulanır. Onları çevirir, serbest bırakır ve dilediği şey oralarda gerçekleşir."[244]

"Allah, gökten yere kadar her işi düzenleyip yönetir. Sonra (bütün bu işler) sizin sayageldiklerinize göre bin yıl tutan bir günde O'nun nezdine çıkar."[245]

O, yerlerdeki, göklerdeki, denizlerdeki ve dağ katmanlarının altındaki hiçbir taneye dahi azap etmez: *"Gaybın anahtarları Allah'ın yanındadır; onları O'ndan başkası bilmez. O, karada ve denizde ne varsa bilir; O'nun ilmi dışında bir yaprak bile düşmez. O, yerin karanlıkları içindeki tek bir taneyi dahi bilir. Yaş ve kuru ne varsa hepsi apaçık bir kitaptadır."*[246]

İbn Kayyim şöyle der:

"O, âlim'dir; ilmi kuşatmıştır

Kâinatta gizli ya da açık olanları.

Yine bilir O, yarın ne olacağını

Ne olduğunu ve şu anda ne olacağını.

---

244 *el-Vâbilu's-Sayyib*, s. 126.

245 Secde 32/5.

246 En'âm 6/59.

Yine bilir O, neyin olmadığını

Eğer aksi olsaydı, nasıl imkân sahibi olurdu."

Allah, her şeyi ilmiyle kuşatmıştır. Her şeyi saymış, her şeyi rahmet ve hikmet olarak yaymıştır. Dillerin farklılığına ve ihtiyaçların çeşitliliğine rağmen, sesleri işitme duygusu vermiştir. Hiçbir şey O'nun için farklı, hiçbir şey O'nun için aynı değildir. Dillerin farklılığına, ihtiyaçların çokluğuna rağmen varlıkların seslerini işitir. Hiçbir şey O'nun işitmesini engellemez. İsteklerin çokluğuna rağmen karıştırmaz. Israrla isteyen ihtiyaç sahiplerinden usanmaz. Sözün gizlisi de açığı da O'nun için birdir. Açık olan bir ses, O'nu gizli olan sesi işitmekten alıkoyamaz.[247]

"Sözünüzü ister gizleyin, ister açığa vurun; bilin ki O, kalplerin içindekini bilmektedir."[248]

Mü'minlerin annesi Âişe *radıyallahu anhâ* şöyle demiştir: "Bütün sesleri işiten Allah ne yücedir! Bir kadın, Rasûlullah *sallallahu aleyhi ve sellem*'e gelip bazı sözlerini işittirip bazılarını gizledi. Bunun üzerine Allah ***'Kocası hakkında seninle tartışan ve Allah'a şikâyette bulunan kadının sözünü Allah işitmiştir'***[249] âyetini indirdi."

İbn Kayyim şöyle der:

"O, işitendir; görür ve işitir

Bütün kâinatta gizli ve açık olanları.

---

247 *Mevâridu'z-Zam'ân*, s. 53.

248 Mülk 67/13.

249 Mücâdele 58/1.

O, varlıklardan gelen her sesi işitir

Gizli ya da açık, O'nun için eştir.

O'nun işitmesi geniştir, bütün sesleri kaplar

Uzak ya da yakın hiçbir şey O'ndan saklanamaz."[250]

O'nun bakışı, bütün görülenleri kapsar. Karanlık bir gecede, siyah bir karıncanın ayak izini görür. Yarattıklarını, onların oluşumunu, organlarını ve hareketlerini görür. Karanlık gecede, sivrisineğin kanatlarını görür.

"Allah, gözlerin hain bakışını ve kalplerin gizlediğini bilir."[251]

Eğer göklerdeki varlıklar, yeryüzündeki varlıklar, ilk yarattığı ve son yarattıkları, insanlar ve cinler, Allah'tan korkan bir adamın kalbinde yer alsalardı, bu, Allah'ın mülkünde hiçbir şey artırmazdı. Yine eğer göklerdeki varlıklar, yeryüzündeki varlıklar, ilk yarattığı ve son yarattıkları, insanlar ve cinler, günah işleyen bir adamın kalbinde yer alsalardı, bu da Allah'ın mülkünden hiçbir şey eksiltmezdi.[252]

Hiçbir açık şey yoktur ki, Allah, onun üzerinde olmasın; hiçbir gizli şey yoktur ki, Allah, onun altında olmasın. Hiçbir ilk yoktur ki, Allah ondan önce olmasın; hiçbir son yoktur ki, Allah ondan sonra olmasın. Ne gökyüzü ne de yeryüzü O'ndan gizlenebilir. Açık ya da gizli hiçbir şey O'na gizli kalamaz:

---

250 İbn Kayyim, *en-Nûniyye*.

251 Mü'min 40/19.

252 *el-Vâbilu's-Sayyib*, s. 128.

"O ilktir, sondur, zâhirdir, bâtındır. O, her şeyi bilendir. O, gökleri ve yeri altı günde yaratan, sonra Arş'ın üzerine istivâ edendir. Yere gireni ve ondan çıkanı, gökten ineni ve oraya yükseleni bilir. Nerede olsanız, O sizinle beraberdir. Allah yaptıklarınızı görür."[253]

O'nun dışında her şey helâk olacaktır; O'nun mülkü dışında her mülk yok olacaktır. O'nun ihsanı dışında her bağış sona erecektir. O'nun izni ve rahmeti dışında itaat edilemez; O'nun ilmi ve hikmeti dışında isyan edilemez. İtaat edilir, ödüllendirir. İsyan edilir ve terk edilir, bağışlar. O'nun bütün azabı adalet, bütün nimetleri ihsandır. En yakın tanık ve en uzak koruyucudur. Nefisleri değiştirir, alınlardan tutar, sözleri kaydeder ve ölümleri yazar: *"Bir şey yaratmak istediği zaman Onun yaptığı 'Ol' demekten ibarettir. Hemen oluverir. Her şeyin mülkü kendi elinde olan Allah'ın şanı ne kadar yücedir! Siz de O'na döneceksiniz."*[254]

Anılmaya, ibadet edilmeye, övülmeye, şükredilmeye layıktır. Dileyene yardım eder, dilediğine acır, isteyene bol bol verir. Güçlü olmak isteyeni korur, gelmek isteyene ikramda bulunur. İntikam isteyene âdil olur. Hilmi, ilminden; affı, kudretinden; bağışlaması, izzetinden; yasağı, hikmetinden; dostluğu, ihsan ve rahmetinden sonradır.

"Kulların O'nun üzerinde gerekli bir hakkı vardır

Hayır, O'nun katında hiçbir çaba yok olmaz.

Eğer azap olurlarsa, O'nun adaletiyle; eğer nimet verirse

---

253 Hadîd 57/3-4.

254 Yâsîn 36/82-83.

İhsanıyladır; O, ihsanı geniş olandır."[255]

O, her şeyden büyük, her şeyden yüce, her şeyden aziz, her şeyden güçlü, her şeyden bilgili, herkesten daha çok hikmet sahibidir.

Yarattıklarından hiçbiri O'nu âciz bırakamaz, O'nu geçemez; nerede olursa olsun, her şey O'nun avucundadır.[256]

Sözleri, doğru ve adil olarak tamamlandı. O'nun özellikleri, yarattıklarının özellikleriyle benzerlik ve örneklik açısından kıyaslandığında, O'nun zâtı, herhangi bir kimseye asla benzememe konusunda karşılaştırılamayacak kadar yüceldi. O'nun fiilleri, adalet, hikmet, rahmet, ihsan ve üstünlük olarak bütün mahlûkatı kuşattı.

O'nun bütün sıfatları, eksiksiz sıfatlardır; O'nu bütün yüce sıfatlarla niteleriz.

O, kullarına kendisini birçok şekilde tanıttı. Onlara âyetler ve çeşitli işaretler gösterdi.

Rabbimiz şöyle buyurmaktadır: ***"De ki: 'Eğer biliyorsanız (söyleyin bakalım), bu dünya ve onda bulunanlar kime aittir?' 'Allah'a aittir' diyecekler. 'Öyle ise siz hiç düşünüp taşınmaz mısınız!' de. Yedi kat göklerin Rabbi, azametli Arş'ın Rabbi kimdir?' diye sor. '(Bunlar da) Allah'ındır' diyecekler. 'Şu hâlde siz Allah'tan korkmaz mısınız!' de. 'Eğer biliyorsanız (söyleyin), her şeyin melekûtu (mülkiyeti ve yönetimi) kendisinin elinde olan, kendisi her şeyi koruyup kollayan fakat kendisi***

---

255 *el-Vâbilu's-Sayyib*, s. 128.
256 *Mevârîdu'z-Zam'ân*, s. 61-62.

korunmayan (buna muhtaç olmayan) kimdir?' diye sor. '(Bunların hepsi) Allah'ındır' diyecekler. 'Öyle ise nasıl olup da büyüye kapılıyorsunuz?' de."²⁵⁷

Rasûlullah *sallallahu aleyhi ve sellem* şöyle buyurmuştur: **"Şüphesiz Allah, ayakları yere batmış ve boynu Arş'ın altında iki kat olmuş bir horoz hakkında konuşmam için bana izin verdi. O, 'Seni tesbih ederim! Ne büyüksün!' diyor, ona 'Benim hakkımda yalan söyleyenleri sen bilmezsin!' diye cevap veriliyordu."**²⁵⁸

Allah'ın büyüklüğünü ve yüceliğini hissetmek, O'nun isimlerini ve sıfatlarını bilmek, kulun kalbinde, her şeyin kendisine boyun eğdiği bu Yüce İlah'a karşı korku, saygı ve endişe doğurur: **"Göklerde ve yerde bulunanlar da onların gölgeleri de sabah-akşam ister istemez sadece Allah'a secde ederler."**²⁵⁹

3. Günahların Sonucundan Korkmak

Bu, Yüce Allah'tan korkma kapsamında büyük bir alandır.

Hangimiz günah işlemedi?

Hangi gün bizden birinin gözü Allah'ın haram kıldığı bir şeye takılmadı?

Hangimiz gıybet, dedikodu, alay ve küçümsemede bulunmadı ya da biri hakkında el-kol hareketleriyle işaret etmedi?

---

257 Mü'minûn 23/84-89.
258 Hâkim, *Müstedrek*, IV, 330. Hadis sahihtir. Bk. Elbânî, *Sahîhu'l-Câmii's-Sagîr*, no: 1714.
259 Ra'd 13/15.

Hangimiz bir Müslüman hakkında ömrü boyunca kötü zanda bulunmadı?

Hangimiz önemsemeyerek ve tembellik yaparak dinin farzlarından birini terk etmedi?

Hangimiz anne-babası, akrabaları ya da komşuları hatta eşi ve çocukları hakkında hata etmedi?

Hangimiz hayatı boyunca tattığı bütün şeylerde helâli araştırdı?

Hangimiz iyiliği emretme ve kötülüğü terk etme görevinde ve bütün Müslümanlara nasihatte bulunmakta ağır davranmadı?

Hangimiz hayatında bir kez olsun bir kimseye zulmetmedi?

Hangimiz herhangi bir gün Allah'ın emrettiklerine uygun olarak hevâsına tâbi olmadı?

Hangimiz her yerde zulüm görmekte olan Müslümanlara yardım etme görevini ihmal etmedi?

Hangimiz bir söz verip onu tutmamazlık etmedi?

Hangimiz herhangi bir gün ameli, sözü, imkânları ya da itaatinde şaşırmadı?

Hangimiz bir başkasına haset etmedi, onun elinden nimetin alınmasından dolayı sevinmedi?

Hangimiz bir Müslümanı küçümsemedi ya da aşağılamadı?

Hangimiz bir kardeşinin namusunu korudu ve yokluğunda onu savundu?

Hangimiz bütün haklar konusunda, bütün sözleri yerine getirdi?

Hangimiz ilmiyle, ibadetiyle, soyu ya da nesebiyle övünmeyip Allah katında kendisi için ayrı bir derecenin olduğunu düşünmedi?

Hangimiz herhangi bir gün, nefsinde, kendisinin Allah katında diğer insanlardan daha üstün olduğunu hissetmedi?

Hangimiz bir başkasına olan hizmeti ya da ihsanı konusunda karşılık beklemedi?

Hangimiz bunlardan birini ya da tamamını hayatının herhangi bir gününde yapmadı?

Biz geçmişten hiçbir şey hatırlamazsak da bilelim ki, Allah unutmaz: *"Allah onları bir bir saymıştır. Onlar ise unutmuşlardır."*[260]

"Bu, yüzünüze karşı gerçeği söyleyen kitabımızdır. Çünkü biz, yaptıklarınızı kaydediyorduk."[261]

Sen ve ben günahlarımız konusunda şüphe etmiyoruz, ancak iyiliklerimiz konusunda şüphe içindeyiz!

Abdullah b. Mes'ûd *radıyallahu anh*'dan rivayet edildiğine göre, Rasûlullah *sallallahu aleyhi ve sellem* şöyle buyurmuştur: *"Küçük günahlardan sakının. Çünkü onlar, bir adamda toplanırlar da sonunda onu helâk ederler."* (Daha sonra) Rasûlullah *sallallahu aleyhi ve sellem* onlara boş bir toprak parçasına yerleşen bir topluluğu ve onların

---

260 Mücâdele, 58/6.

261 Câsiye, 45/29.

yaptıklarını örnek olarak vermiştir: *"Adam gidip bir çöp getirmeye başlar. Bir diğeri, elinde çöple gelir. Nihayet bu çöplerden bir yığın toplar, bir ateş yakar ve onda yemeklerini pişirirler."*[262]

Rasûlullah *sallallahu aleyhi ve sellem "Bir kadın, bir kedi sebebiyle azaba uğradı. Onu ölünceye kadar hapsetti ve bundan dolayı cehenneme girdi. Onu hapsettiğinde ne doyurdu ne su verdi ne de haşerelerden yemesi için izin verdi"*[263] buyururken, biz nasıl olur da günahlarımızdan dolayı korkmayız?

Yüce Allah *"Bu sebeple, onun emrine aykırı davrananlar, başlarına bir belâ gelmesinden veya kendilerine çok elemli bir azap isabet etmesinden sakınsınlar"*[264] buyururken, nasıl günahlarımızdan dolayı korkmayız?

Rasûlullah *sallallahu aleyhi ve sellem*'in duâlarından biri de şöyleydi: *"Yaptıklarımın şerrinden sana sığınırım!"*

Yine Rasûlullah *sallallahu aleyhi ve sellem* şöyle duâ ederdi: *"Nefislerimizin şerrinden ve amellerimizin kötülüklerinden Allah'a sığınırız!"*

Şüphesiz tek bir kelime bile, onu söyleyen kimseyi cehennemde yetmiş yıl dibe atar. Rasûlullah *sallallahu aleyhi ve sellem* şöyle buyurur: *"Kişi bazen önemsiz gördüğü bir sözü söyler de o sözden dolayı cehennemde yetmiş yıl dibe atılır."*[265]

---

262 Ahmed b. Hanbel, I, 402.

263 Buhârî, Müsâkât 9, Enbiyâ 54; Müslim, Selâm 152, 152, Birr 133, 134.

264 Nur 24/63.

265 Tirmizî, Zühd 10. Hadis sahihtir. Bk. Elbânî, *Sahîhu'l-Câmii's-Sagîr*, no: 1618.

Gözümüzde bir değeri olmayan, ancak Allah katında büyük olan yaptığımız o kadar çok hata ve fiil var ki! *"Bunun önemsiz olduğunu sanıyorsunuz. Hâlbuki bu, Allah katında çok büyük (bir suç)tur."*[266]

Enes b. Mâlik *radıyallahu anh* şöyle demiştir: "Siz, birtakım ameller işliyorsunuz ki, onlar sizin gözünüzde kıldan daha incedir (daha önemsizdir). Oysa biz onları Rasûlullah *sallallahu aleyhi ve sellem* zamanında büyük günahlardan sayardık."[267]

Bilâl b. Sa'd'ın şöyle dediği rivayet edilmiştir: "Günahın küçüklüğüne bakma! Fakat kime isyan ettiğine bak!"[268]

İbn Kayyim şöyle der: Burada, insanların günah konusunda yanıldığı ince bir nokta vardır ki, onlar bunun etkisini hemen görmezler. Onun etkisi daha sonra gelir ancak unutulur. Subhanallah! Oysa bu noktaların helâk ettiği ne kadar çok insan vardır! Ne kadar çok nimetten uzaklaştırılan ne kadar çok azabı hak eden olmuştur! Cahillerin yanı sıra, âlim ve erdem sahibi birçok kimse buna aldanmıştır. Aldananlar, zehirin ve iyileşen yaranın üzerini pislikle kapatmanın öldürmesi gibi günahın kendilerini bir süre sonra helâk edeceğini anlamadılar. Ahmed b. Hanbel, Ebu'd-Derdâ *radıyallahu anh*'ın şöyle dediğini nakletmiştir: "Allah'a, O'nu görüyormuş gibi ibadet edin. Nefislerinizi ölülerden sayın. Bilin ki, geçiminizi temin eden az bir şey, sizin haddi aşmanıza neden olacak çok maldan daha hayırlıdır. Bilin ki, doğruluk ve iyilik hiç bir zaman silinmez; günahsa asla unutulmaz."

---

266 Nur 24/15.

267 Buhârî, Rikâk 32.

268 İbn Kayyim, *ed-Dâu ve'd-Devâ*, s. 100.

Bununla birlikte, günahın gecikmeden hemen gelen bir karşılığı vardır. Süleyman et-Teymî şöyle der: "Bir kimse gizli olarak bir günah işlediğinde, üzerinde bu günahın rezilliği olduğu hâlde sabaha çıkar."

Zünnûn (el-Mısrî) de şöyle der: "Kim gizli yerlerde Allah'ı terk ederse, Allah onun örtüsünü herkesin önünde açar."[269]

Yüce Allah şöyle buyurmaktadır: *"Nitekim onlardan her birini günahı sebebiyle cezalandırdık."*[270]

"Ne sizin kuruntularınız ne de ehl-i kitabın kuruntuları (gerçektir); kim bir kötülük yaparsa onun cezasını görür..."[271]

Kur'ân, bu gerçeği anlatan âyetlerle doludur: *"Allah onlara zulmetmedi fakat onlar kendilerine zulmediyorlardı. Sonunda yaptıklarının cezası onlara ulaştı ve alay etmekte oldukları şey onları çepeçevre kuşatıverdi."*[272]

Kulun başına bir bela geldiğinde, hemen günahlarına dönüp bunlardan nasıl temizleneceğini düşünmesi gerekir. Rabbimiz şöyle buyurmaktadır: *"(Bedir'de) iki katını (düşmanınızın) başına getirdiğiniz bir musibet, (Uhud'da) kendi başınıza geldiği için mi 'Bu nasıl oluyor!' dediniz? De ki: 'O, kendi kusurunuzdandır. Şüphesiz Allah'ın her şeye gücü yeter.'"*[273]

---

269 *ed-Dâu ve'd-Devâ*, s. 102-103.

270 Ankebût 29/40.

271 Nisâ 4/123.

272 Nahl 16/33-34.

273 Âl-i İmrân 3/165.

"Bu, zulümleri yüzünden onlara verdiğimiz cezadır." [274]

İbn Kayyim şöyle der: "Anne-babamızı (Âdem ile Havva'yı) lezzet, neşe ve mutluluk yurdu olan cennetten çıkaran ve onların acı, hüzün ve felâket yurduna gitmelerine neden olan neydi?

İblis'in, göklerin melekleri arasından çıkarılmasına, kovulmasına, lanet edilmesine, içinin ve dışının bozulmasına; şeklinin, en kötü ve en çirkin şekle dönüşmesine; içinin, dışından daha kötü ve çirkin olmasına; yakın iken uzaklaştırılmasına; rahmetten lanete, güzellikten çirkinliğe, cennetten, cehenneme atılmasına; imandan küfre dönmesine; Yüce Dost'un dostluğundan, en büyük düşmanı olmasına; tesbih, yüceltme ve tehlil ile uğraşırken, küfür, şirk, yalan ve kötülük ile uğraşmasına; iman elbisesi içindeyken, küfür, fısk ve isyan elbisesi giymesine neden olan neydi? O, Allah'ın emrini umursamadı ve Allah'ın gözünden düştü. Allah'ın gazabı onu sardı ve onu fırlattı. Ondan hoşlanmadı ve onu yere düşürdü. Böylelikle bütün fasık ve günahkârlar için bir önder oldu. İbadet ve yücelikten sonra kendi nefsi için önder olmaya razı oldu.

Yeryüzündeki insanların tamamını hatta dağların ve suyun üstündekileri bile boğan kimdi? Âd kavminin üzerine rüzgârı gönderen hatta onları yeryüzüne, hurma ağacı kütükleri gibi fırlatan kimdi?

Semud kavminin üzerine bir çığlığı gönderip onların kalplerini vücutlarından koparan kimdi?

---

274 En'âm 6/146.

Köpeklerin feryatlarını meleklerin işiteceği derecede, Lut kavminin köylerini yerlerinden söküp sonra üzerlerine atan, altını üstüne getiren, ardından hepsini helâk eden, sonra gökyüzünden üzerlerine yağmur gibi taş yağdıran, azaptan dolayı hiçbir ümmetin toplanmadığı şekilde bir araya gelmelerine neden olan şeyleri yapan kimdi?

Şuayb *aleyhisselâm*'ın kavmine, güneşlik gibi azap bulutlarını gönderen, başlarını kaldırdıklarında, üzerlerine tutuşmuş ateş gönderen kimdi?

Firavun'u ve kavmini denizde boğan kimdi?

Karun'u, evini, malını ve ailesini yerin dibine geçiren kimdi?

Şehrin bir tarafından gelen adamın kavmini, insanlar birbirlerini sakinleştirmeye çalıştıkları hâlde bir çığlıkla helâk eden kimdi?"[275]

Rabbimiz şöyle buyurmaktadır: ***"Nitekim onlardan her birini günahı sebebiyle cezalandırdık. Kiminin üzerine taşlar savuran rüzgârlar gönderdik, kimini korkunç bir ses yakaladı, kimini yerin dibine geçirdik, kimini de suda boğduk. Allah onlara zulmetmiyor, asıl onlar kendilerine zulmediyorlardı."***[276]

Cübeyr b. Nüfeyr'in şöyle dediği rivayet edilmiştir: "Kıbrıs adası fethedildiğinde, oranın halkı başka başka yerlere gönderilerek birbirlerinden ayrıldı. Bu yüzden insanlardan bir kısmı ağlıyordu. O sırada Ebu'd-Derdâ *radıyallahu anh*'ı gördüm. Tek başına oturmuş, ağlıyordu. 'Ey Ebu'd-Derdâ! Allah'ın,

---

275 Bk. *ed-Dâu ve'd-Devâ*, s. 84-86.
276 Ankebût 29/40.

İslâm'ı ve Müslümanları üstün kıldığı böyle bir günde niçin ağlıyorsun?' diye sordum. Ebu'd-Derdâ 'Allah iyiliğini versin *ey Cübeyr!* Allah katında, O'nun emirlerini terk edenlerin bir değeri yoktur. Bunlar saltanat sahibi, güçlü ve herkese galip gelen bir milletti. *Allah'ın emrini terk ettiklerinden dolayı, işte gördüğün bu duruma düştüler'* dedi."[277]

Sevbân *radıyallahu anh'*dan rivayet edildiğine göre, Rasûlullah *sallallahu aleyhi ve sellem* şöyle buyurmuştur: **"Şüphesiz kul, işlediği günah sebebiyle rızıktan mahrum kalır."**[278]

Seleften biri şöyle derdi: "Ben, Allah'a isyan ettiğimde, bunun etkisini bineğim ve hanımımda görürüm."

Günahların sonucundan dolayı duyulan korkunun sürekli Müslümanın içinde olması gerekir. Böylece bu korku, onun şu sözü tekrarlayarak sürekli olarak günahtan Allah'a sığınmasına neden olur: "Allah'ım! Öfkenden rızana, cezandan affına, senden de sana sığınıyorum."

Bu korku, ölünceye ve meleklerden müjde haberini işitinceye kadar asla sona ermez: **"Korkmayın, üzülmeyin, size vaat edilen cennetle sevinin!"**[279]

Biz, geçmiş günahlardan dolayı başımıza ne geleceğini bilmiyoruz. Allah onları affedecek mi, affetmeyecek mi? Hiçbirimize gökyüzünden bağışlandığı ya da güvende olduğu haberi ulaşmadı. **"Yoksa, 'Ne hükmederseniz mutlaka sizindir'**

---

277 *ed-Dâu ve'd-Devâ*, s. 86.
278 İbn Mâce, Fiten 22; Hâkim, *Müstedrek*, I, 493. Hâkim hadisin sahih olduğunu belirtmiş, Zehebî de ona muvafakat etmiştir.
279 Fussilet 41/30.

diye sizin lehinize olarak tarafımızdan verilmiş, kıyamet gününe kadar geçerli kesin sözler mi var? Sor onlara: Bu iddiayı onların hangisi savunacak?"[280]

O hâlde, Üveys el-Karanî'nin tavsiyesini aklımızdan çıkarmamalıyız: "Bütün insanları öldürmüş gibi, Allah'ın emrinde ol!"[281]

4. Allah'ın Gazabından Korkmak

Yüce Allah şöyle buyurmaktadır: *"Yoksa o ülkelerin halkı geceleyin uyurlarken kendilerine azabımızın gelmeyeceğinden emin mi oldular? Ya da o ülkelerin halkı kuşluk vakti eğlenirlerken kendilerine azabımızın gelmeyeceğinden emin mi oldular? Allah'ın azabından emin mi oldular? Fakat ziyana uğrayan topluluktan başkası, Allah'ın (böyle) mühlet vermesinden emin olamaz."*[282]

Yüce Allah'ın hilmi, gazabını; mağfireti, cezasını geçmiştir. Bununla birlikte, Allah'ın gazabına neden olan kimi fiiller vardır:

"Böylece bizi öfkelendirince onlardan intikam aldık, hepsini suda boğduk."[283]

---

280 Kalem 68/39-40.

281 *Salâhu'l-Ümme*, IV, 190.

282 A'râf 7/97-99.

283 Zuhruf 43/55.

İşte onlar, Allah'a isyan etmek, Musa *aleyhisselâm*'ı ve getirdiği âyetleri yalanlamakla Allah'ı öfkelendirdiklerinde, Allah ani azabıyla onlardan intikam aldı ve onların hepsini boğdu.[284]

Onların günahları, Allah'ın gazabını üzerlerine çekecek dereceye ulaşmıştı. Bu nedenle Allah da onlardan intikam aldı. Yüce Allah şöyle buyurmaktadır: *"Rabbin, haksızlık eden memleketleri (onların halkını) yakaladığında, onun yakalayışı işte böyle (şiddetlidir). Şüphesiz onun yakalaması pek elem vericidir, pek çetindir!"*[285]

Rasûlullah *sallallahu aleyhi ve sellem*'in dualarından biri de şöyleydi: *"Allah'ım! Ben nimetinin yok olmasından, himayenin değişmesinden ve intikamınla bütün öfkenin gelmesinden sana sığınırım."*[286]

İnsanın günah işlemekten uzak olması, onun Allah'ın gazabından uzak ve emniyet içinde olduğu anlamına gelmez. Bazen bu itaatkâr ve salih kimse, topluma yayılmış kötülükleri terk ederek, onları düzeltmeye çaba göstermeksizin, bir kenara çekilip nefsiyle baş başa kalabilir. Ancak Yüce Allah şöyle buyurmaktadır: *"Bir de öyle bir fitneden sakının ki o, içinizden sadece zulmedenlere erişmekle kalmaz (umuma sirayet ve hepsini perişan eder)."*[287]

İbn Ebi'd-Dünyâ, İbrahim b. Amr es-San'ânî'nin şöyle dediğini rivayet etmiştir: "Allah, Yûşa b. Nûn'a 'Ben, kavminin iyilerinden kırk bin kişiyi, kötülerinden ise altmış bin kişiyi

---

284 *et-Tefsîru'l-Müyesser*, s. 493.

285 Hûd 11/102.

286 Müslim, Zikr 96.

287 Enfâl 8/25.

helâk edeceğim' diye vahyetti. Yûşa *aleyhisselâm* 'Ey Rabbim! Bunlar kötü (anladım), ancak niçin iyiler(i helâk edeceksin)?' diye sorunca, Allah 'Onlar, benim öfkelendiğime öfkelenmediler; onlarla birlikte yiyip içiyorlar' buyurdu."[288]

Mis'ar'ın şöyle dediği rivayet edilmiştir: "Bir meleğe, bir köyü yerin dibine geçirmesi emredildi. Melek 'Ey Rabbim! Bu köyde, sana kullukta bulunan falan var' dedi. Bunun üzerine Allah ona 'O, benim rızam için bir tek kılını bile dökmedi!' diye vahyetti.[289]

Zeynep bint Cahş *radıyallahu anh*'ın şöyle dediği rivayet edilmiştir: "Ey Allah'ın Rasûlü! İçimizde salihler olduğu hâlde helâk olur muyuz?" diye sordum. Rasûlullah *sallallahu aleyhi ve sellem* **"Evet, kötülükler artarsa (öyle olur)"** buyurdu.[290]

Bu nedenle iyiliği emretme ve kötülükten alıkoymayı terk etmek, Allah'ın öfkesine neden olan temel davranışlardandır.

Huzeyfe *radıyallahu anh*'dan rivayet edildiğine göre, Peygamber *sallallahu aleyhi ve sellem* şöyle buyurmuştur: **"Canım kudret elinde olan Allah'a yemin ederim ki, mutlaka (insanlara) iyilikleri emredecek ve kötülüklerden sakındıracaksınız. Böyle yapmazsanız, Allah size bir ceza gönderir; O'na dua edersiniz, ancak duanız kabul edilmez."**[291]

---

288 *ed-Dâu ve'd-Devâ*, s. 90.

289 *ed-Dâu ve'd-Devâ*, s. 91.

290 Buhârî, Enbiyâ 7, Menâkıb 25, Fiten 4, 28; Müslim, Fiten 1, 2.

291 Tirmizî, Fiten 9. Hadis hasendir. Bk. Elbânî, *Sahîhu'l-Câmii's-Sagîr*, no: 7070.

Amr ez-Zâhid şöyle demiştir: "Allah'ı öfkelendiren ve yapmanı emretmediği şeyi işlemen ve sana bir zarar ya da fayda veremeyecek kimseden korkman, nefsinden gafil olduğunu ve Allah'tan yüz çevirdiğini gösterir."[292]

Allah, Sizi Nefislerinize Karşı Uyarır

İbn Ömer *radıyallahu anh* şöyle demiştir: Rasûlullah *sallallahu aleyhi ve sellem*'in şöyle buyurduğunu işittim: ***"Iyne yoluyla alışveriş yaptığınız, öküzlerin kuyruğuna yapıştığınız, tarımı seçtiğiniz ve cihadı terk ettiğiniz zaman Allah size öyle bir zillet verir ki, dininize dönünceye kadar onu üzerinizden kaldırmaz."***[293]

Ömer *radıyallahu anh*'ın halifeliği sırasında Medine'de deprem oldu. Ömer "Ey insanlar, bu da ne? Ne çabuk yeni şeyler icat ettiniz? Eğer tekrar olursa, orada yaşayamazsınız!" dedi.

Ka'b "Yeryüzü ancak günahlar işlendiğinde sallanır. Allah'ın bunu bilip kendisinden ayrılmasından korkar!" dedi.

Ömer b. Abdülaziz, diğer şehirlere şöyle bir mektup yazdı: "Şüphesiz bu sarsıntı, Allah'ın kullarını azarlamasıdır. Şehirlere, şu ve şu günlerde, şu ve şu aylarda çıkmalarını yazdım. Kimin yanında bir şey varsa, onu sadaka olarak versin. Şüphesiz Yüce Allah şöyle buyuruyor: ***"Temizlenen, Rabbinin***

---

292 *ed-Dâu ve'd-Devâ*, s. 96.
293 Ebu Davud, Büyû' 56. İyne: Tüccarın malını veresiye olarak belli bir vade ile müşteriye satıp, sonra bu malı müşteriden daha ucuz bir fiyatla satın almasıdır. (Çeviren)

adını anıp O'na kulluk eden kimse kuşkusuz kurtuluşa ermiştir."[294]

Bu nedenle, Âdem *aleyhisselâm*'ın söylediğini söyleyin: *"Ey Rabbimiz! Biz kendimize zulmettik. Eğer bizi bağışlamaz ve bize acımazsan mutlaka ziyan edenlerden oluruz.*"[295]

Yunus *aleyhisselâm*'ın söylediğini söyleyin: *"Senden başka hiçbir ilah yoktur. Seni tenzih ederim. Gerçekten ben zalimlerden oldum!*"[296]

Hava rüzgârlı ve bulutlu olduğunda, bu, Rasûlullah *sallallahu aleyhi ve sellem*'in yüzünde belli olur, ileri geri gidip gelmeye başlardı. Yağmur yağdığı zaman sevinir ve bu düşünceli hâli kendisinden giderdi. Âişe *radıyallahu anhâ* ona bunun nedenini sorduğunda, Rasûlullah *sallallahu aleyhi ve sellem* şöyle buyurdu: *"Gerçekten ümmetimin başına bir azabın gelmesinden korktum.*"[297]

Ubeydullah b. Ebi'n-Nadr dedi ki: Babam bana, Enes'in zamanında aniden karanlık olduğunu hatta gündüzün gece gibi olduğunu anlattı. Dedi ki: Ortalık açıldıktan sonra Enes *radıyallahu anh*'ın yanına gittim ve "Ey Ebu Hamza! Rasûlullah *sallallahu aleyhi ve sellem*'in zamanında da böyle bir şey oldu mu?" diye sordum. Enes *radıyallahu anh* "Allah korusun!

---

294 A'lâ 87/14-15.

295 A'râf 7/23.

296 Enbiyâ 21/87. Bk. *ed-Dâu ve'd-Devâ*, s. 92-93.

297 Müslim, İstiskâ 14.

Rüzgâr şiddetlendiğinde, hangimiz mescide ilk girecek diye koşuştururduk" dedi.[298]

Ebu Zekeriyya el-Halkânî'nin şöyle dediği rivayet edilmiştir: "Ali b. Bekkâr'ın yanındaydık. Ben ona bir şey sorarken, aniden bir bulut geçti. Bana "Bu bulut gidinceye kadar sus! Onda, üzerimize atılacak olan taşların olmasından korkmuyor musun?" dedi.[299]

5. Aklının Başından Alınmasından Korkmak

"Sanıyorlar mı ki, onlara verdiğimiz servet ve oğullar ile kendilerine faydalar sağlamak için can atıyoruz? Hayır, onlar işin farkına varamıyorlar."[300]

Yüce Allah, kullarını tekrar tekrar uyarıyor: *"(Kötülüklerinden) belki dönerler diye onları iyilik ve kötülüklerle imtihan ettik."*[301]

Eğer insanlar Allah'a dönmezlerse, Allah, hayır üzere olduğunu zannetmeleri için gururlarını, gafletlerini aşamalı bir şekilde artıracak olan dünyanın kapılarını onlara açar. Böylelikle içinde bulundukları duruma devam ederler, nihayet onlar bu durumda iken Allah onların canlarını alır:

"And olsun ki, senden önceki ümmetlere de elçiler gönderdik. Ardından boyun eğsinler diye onları darlık ve hastalıklara uğrattık. Hiç olmazsa, onlara bu şekilde azabımız geldiği zaman boyun eğselerdi!

---

298 *Şuabu'l-Îmân*, I, 547.

299 *Şuabu'l-Îmân*, I, 547.

300 Mü'minûn 23/55-56.

301 A'râf 7/168.

Fakat kalpleri iyice katılaştı ve şeytan da onlara yaptıklarını cazip gösterdi. Kendilerine yapılan uyarıları unuttuklarında, (indirmiş olduğumuz sıkıntı ve musibetleri kaldırıp) üzerlerine her şeyin kapılarını açtık. Nihayet kendilerine verilenler yüzünden şımardıkları zaman onları ansızın yakaladık, birdenbire onlar bütün ümitlerini yitirdiler. Böylece zulmeden toplumun kökü kesildi. Hamd, Âlemlerin Rabbi Allah'a mahsustur."[302]

Aklın başından gitmesine neden olan birçok kapı vardır. Hiç kimse kendisinin aşamalı bir şekilde bu sona gitmediğinden emin olamaz.

Yüce Allah, Peygamber *sallallahu aleyhi ve sellem*'in dilinden şöyle buyurur: ***"Bilmiyorum, belki de o (azabın ertelenmesi), sizi denemek ve bir zamana kadar sizi (imkânlardan) faydalandırmak içindir."***[303]

İbn Kayyim şöyle der: "Kulun, ihsan ve lütuf gördüğü, ebedî mutluluğu elde etmesi için kendisine destek olan nimetler ile aklını başından alan nimetleri birbirinden ayırması gerekir. Nimetlerle aklı başından giden nice kimse vardır ki, hissetmezler! Allah'ın ihtiyaçlarını gidermesinden, kendisini örtmesinden dolayı gururlu bir şekilde, üzerinde bulundukları bilgisizliği övmekle akılları başlarından gitmiştir. Onlara göre bu üç şey, mutluluk ve başarı işaretidir. İşte onların ilmi budur.

Kulun, kendisini Allah ile birlikte bir araya getiren şeyin gerçek nimet olduğunu bilmesi gerekir. Eğer bu nimetleri terk etmez ve dilediğine sahip olursa, bunun nimet şeklinde bir

---

302 En'âm 6/42-45.

303 Enbiyâ 21/111.

bela, bağış şeklinde bir sıkıntı olduğunu bilmesi ve sakınması gerekir. Bunun aklını başından alan bir nimet olduğunu, böylelikle lütuf ile aleyhine kullanılacak delil arasında kaldığını bilir. Bunları birbirine karıştıran o kadar çok kimse var ki!

Şüphesiz kul, Allah'ın lütfu ile aleyhine kullanılacak olan delil arasındadır. Bunlardan ayrılamaz. *"Kendilerine Kitap ve hikmeti öğreten bir Peygamber göndermekle Allah, mü'minlere büyük bir lütufta bulunmuştur."*[304]

"Sizi imana erdirdiği için asıl Allah size lütufta bulunmuştur."[305]

Allah'ın rızasını ve emirlerini yerine getiren, iç-dış bütün kuvvetler lütuftur. Bunun dışındakiler, aleyhine bir delildir. Allah'a davet ve dine yardım konusunda etkisi olan her durum, Allah'ın bir lütfudur. Bunun dışındakiler, aleyhine bir delildir. İnsanların bütün kabul ettikleri, yücelttikleri ve sevdikleri, itaat edip pişman oldukları nefsin ve amellerin kusurlarını bilmeleri ve insanlara nasihatte bulunmak için çaba göstermeleri, Allah'a boyun eğmelerine neden oluyorsa, nimettir. Bunun dışındakiler, aleyhine bir delildir.

Allah Teâlâ ile birlikte olunan her durum ya da Allah'a ulaştıran her makam, O'nun isteklerine göre şekillenen kulun her dileği, beraberinde Allah'ın rızasını ve bunun gerektirdiklerini içeriyorsa, Allah'ın bir lütfudur. Beraberinde Allah'ın rızasını ve bunun gerektirdiklerini içermeyen, nefsin hoşlandığı, huzur duyduğu ve dayandığı şey ise kulun kendisi aleyhine delildir.

---

304 Âl-i İmrân 3/164.

305 Hucurât 49/17.

Kulun, bu önemli, büyük durumu düşünmesi, ihsanlarla sıkıntıları, aleyhine kullanılacak olan delillerle nimetleri ayırt etmesi gerekir. Oysa halktan ve seyr-i sülûk içinde bulunanlardan bunları birbirine karıştıran birçok kişi vardır."[306]

6. Amelin Boşa Çıkmasından Duyulan Korku

Korkunun kapsamına giren konulardan biri de kulun hissetmediği hâlde amelinin boşa çıkmasından duyduğu korkudur.

Amellerin boşa çıkmasına sebep olan birçok neden vardır. Bunlardan bazıları şunlardır:

a. Riya

Yüce Allah şöyle buyurmaktadır: *"Ey iman edenler! Allah'a ve ahiret gününe inanmadığı hâlde malını gösteriş için harcayan kimse gibi başa kakmak ve incitmek suretiyle yaptığınız hayırlarınızı boşa çıkarmayın."*[307]

Ömer *radıyallahu anh* mescide girdiğinde, Muâz b. Cebel *radıyallahu anh'ın* Rasûlullah *sallallahu aleyhi ve sellem'*in kabri yanında ağlamakta olduğunu gördü. "Niçin ağlıyorsun?" diye sordu. Muâz dedi ki: Rasûlullah *sallallahu aleyhi ve sellem'*in şöyle buyurduğunu işittim: *'Şüphesiz riyanın azı dahi şirktir. Allah, takva sahibi ve gizlenen öyle kullarını sever ki, onlar görünmedikleri zaman aranmazlar. Hazır bulundukları zaman da tanınmazlar. Onların kalpleri hidayet kandilleridir. Her zor meselenin altından kalkarlar.'*[308]

---

306 *Tehzîbu Medârici's-Sâlikin*, s. 116-117.

307 Bakara 2/264.

308 Hâkim, *Müstedrek*, I, 44, IV, 364. Hadisin isnadı sahihtir.

Kur'ân, riyakârların yaptıkları amellerin meyvesi olan yorgunluk ve uykusuzluğu gördükleri zaman duydukları üzüntüye, mal kazanmak için çalışıp sonunda hurma ve üzüm ağaçlarıyla dolu, içinden nehirler akan bir bahçe sahibi olduktan sonra bunu kaybeden kimseyi örnek vermiştir. Bu güzel bahçe -şüphesiz- onun yorgunluğunun ve çektiği sıkıntının, buna sahip oluncaya kadar yaşadığı uykusuzluğun bir sonucudur. Hâlen bakıma ve ihtiyaçlarının giderilmesine ihtiyaç duyan küçük çocukları varken, yaşlandıktan sonra bu bahçeden faydalanmayı bekleyen kimsenin, meyvelerin toplanma zamanı geldiğinde bahçesine bir ateş düşer ve onu kasıp kavurur.

İnsanın başına gelen ne tür bir kederdir bu? Hangi acı insana bunu hissettirir?

İşte riyakâr böyledir. O, malından, zamanından ve sağlığından harcar; meyvesini ahirette almayı beklediği ameller için çaba gösterir, ter akıtır. Bu adam, -meyvelerin devşirildiği gün olan- kıyamet gününde gördüğü hayalden hatta azaptan dolayı şaşkına döner. Bütün bunların nedeni, onun bu amelleri insanların yanında bir dereceye ulaşmak, kendisine "âlim," "cömert," "hayır sahibi," "mücahid," "alçakgönüllü" vs. denilmesi için yapmış olmasıdır.

Rabbimiz şöyle buyurmaktadır: ***"Sizden biriniz arzu eder mi ki, hurma ve üzüm ağaçlarıyla dolu, arasından sular akan ve kendisi için orada her çeşit meyveden (bir miktar) bulunan bir bahçesi olsun da bakıma muhtaç çoluk çocuğu varken kendisine ihtiyarlık gelip çatsın, bahçeyi de içinde ateş bulunan bir kasırga isabet ederek yakıp kül etsin! (Elbette bunu kimse*** *arzu etmez.) İşte düşünüp anlayasınız diye Allah size âyetleri açıklar."*[309]

b. Amelle Övünme

İbn Ömer *radıyallahu anh*'dan rivayet edildiğine göre, Rasûlullah *sallallahu aleyhi ve sellem* şöyle buyurmuştur: *"Helâk eden üç şey, kurtaran üç şey, affettiren üç şey ve üç derece vardır."* Ardından helâk edenleri zikretmiş ve şöyle buyurmuştur: *"Helâk edenlere gelince; bunlar, itaat edilen cimrilik, kendisine uyulan hevâ ve kişinin kendisini beğenmesidir (ucb)."*[310]

Âişe *radıyallahu anhâ*, "Bir kimse ne zaman kötü olur?" diye sorulunca, "Kendisinin iyi olduğunu düşündüğünde (kötü olur)" demiştir.

"Allah katında seni alçaltan bir günah, kendisiyle Allah'a karşı övündüğün bir itaatten daha hayırlıdır. Gece uyuyup sabah pişman olman, gece namaz kılıp sabah bununla övünmenden daha hayırlıdır. Çünkü övünen kimsenin ameli Allah katına çıkmaz. Gülmen ve günahını itiraf etmen, ağlayıp küstahlıkta bulunmandan daha hayırlıdır. Allah, günahkârların sızlamasını, kibir denizinde yüzen kimselerin şiirlerinden daha çok sever."[311]

---

309 Bakara 2/266.
310 Taberânî, *el-Mu'cemu'l-Evsat*, VI, 47. Hadis hasendir. Bk. Elbânî, *Sahîhu'l-Câmii's-Sagîr*, no: 3045, *Silsiletu'l-Ehâdîsi's-Sahîha*, no: 1802.
311 *Tehzîbu Medârici's-Sâlikîn*, s. 120.

c. Allah'a Ortak Koşmak

Allah'a ortak koşmanın birçok çeşidi vardır. Bazen içimizden biri şirke düşer ve -Allah korusun- amelini kaybeder. Allah şöyle buyurur:

"Eğer onlar da Allah'a ortak koşsalardı yapmakta oldukları amelleri elbette boşa giderdi."[312]

Gün boyunca oruç tutan, güneş batmadan birkaç dakika önce birkaç damla su içen kimse gibi, kulun çabalaması ve birçok iyiliği bir araya toplamasından sonra Allah'a ortak koşup yaptığı bütün iyilikleri yok etmesi ve yeniden başlaması gerçekten korkunç bir durumdur.

Rabbimiz şöyle buyurmaktadır: *"Şüphesiz sana da senden öncekilere de şöyle vahyolunmuştur ki, and olsun Allah'a ortak koşarsan, işlerin mutlaka boşa gider ve hüsranda kalanlardan olursun!"*[313]

d. İyilikleri Başa Kakmak

"Ey iman edenler! Allah'a ve ahiret gününe inanmadığı hâlde malını gösteriş için harcayan kimse gibi başa kakmak ve incitmek suretiyle yaptığınız hayırlarınızı boşa çıkarmayın."[314]

Sa'dî, bu âyetin tefsirinde şöyle demiştir: "Allah, kullarına olan lütuf ve rahmetinden dolayı, onların sadakalarını başa kakma ve incitme suretiyle mahvetmelerini yasaklamıştır. Bu, kötü amellerin iyi amelleri yok ettiğine delildir:

---

312 En'âm 6/88.

313 Zümer 39/65.

314 Bakara 2/264.

'Birbirinize bağırdığınız gibi, Peygamber'e yüksek sesle bağırmayın; yoksa siz farkına varmadan amelleriniz boşa gidiverir.'[315]

İyiliklerin kötü amelleri yok etmesi gibi kötü ameller de kendisinden önce yapılmış olan iyi amelleri yok eder. Yukarıdaki âyetle birlikte, *'İşlerinizi boşa çıkarmayın'*[316] âyeti, amelin boşa gitmemesi için, amelleri eksiksiz yapmaya ve onları bozacak her şeyden korumaya teşvik eder."[317]

İbn Sîrîn, bir adamın, bir başkasına "Senin için yaptım, senin için!" dediğini duyunca, ona "Sus! Hesaplanacağı zaman onun bilinmesinde bir hayır yok!" dedi.[318]

7. Amellerin Kabul Edilmemesinden Korkmak

Tam bir gayret gösterdikten sonra bile amellerin kabul edilmemesi korkusunun sürekli içimizde olması gerekir. Hiç kimse, Allah'ın, amelini kabul edeceğini ya da reddedeceğini bilemez.

Yüce Allah şöyle buyurmaktadır: *"Ve Rablerine dönecekleri için yapmakta oldukları işleri kalpleri çarparak yapanlar..."*[319]

Yani bir ihsanda bulundukları zaman, şartlarını yerine getirmekte hatalı davranmış olmalarından dolayı kendilerinden

---

315 Hucurât 49/2.
316 Muhammed 47/33.
317 Sa'dî, *Teysîru'l-Kerîmi'r-Rahmân*, s. 113.
318 Kurtubî, *el-Câmiu li Ahkâmi'l-Kur'ân*, III, 102.
319 Mü'minûn 23/60.

kabul edilmeyeceği korkusu içindedirler. Bu, korkma ve ihtiyat kâbilindendir.[320]

Âişe *radıyallahu anhâ*, Rasûlullah *sallallahu aleyhi ve sellem*'e bu âyet hakkında şöyle bir soru sordu ve "Ey Allah'ın Rasûlü! 'Kalpleri çarparak yapanlar,' Allah'tan korktuğu hâlde hırsızlık yapan, zina eden ve içki içenler midir?" dedi. Rasûlullah *sallallahu aleyhi ve sellem* **"Hayır ey Ebu Bekir'in kızı, Sıddîk'ın kızı! Ancak o, Allah'tan korkarak namaz kılan, oruç tutan ve sadaka verendir"** buyurdu.[321]

Sahâbe ve sâlihlerin hâli böyleydi. İşte Ebu Derdâ! O şöyle diyordu: "Allah'ın tek bir namazımı kabul etmiş olmasından emin olmam, bana dünyadan ve içindekilerden daha sevimli gelir. Çünkü Yüce Allah şöyle buyurmaktadır: **'Allah ancak takvâ sahiplerinden kabul eder.'**"[322]

Hatta bu korku, onların kendi nefislerini nifak ile itham etmelerine neden olmuştu.

İbn Ebî Müleyke şöyle demiştir: "Rasûlullah *sallallahu aleyhi ve sellem*'in ashabından otuz kişiye yetiştim. Hepsi de kendisi hakkında nifaktan korkuyordu."

Ömer b. el-Hattâb *radıyallahu anh*, Huzeyfe *radıyallahu anh*'a "Allah için söyle! Allah'ın Rasûlü (münafıkların isimleri arasında) benim adımı sana verdi mi?" dedi. Huzeyfe "Hayır! Senden sonra kimseye de (bu konuda) cevap vermeyeceğim (temize çıkarmayacağım)" dedi.

---

320 İbn Kesîr, *Tefsîru'l-Kur'ân'i'l-Azîm*, III, 234.
321 Tirmizî, *Tefsîru'l-Kur'ân* 23; Ahmed b. Hanbel, VI, 159, 205.
322 Mâide 5/27.

İbrahim et-Teymî demiştir ki: "Sözümü amelimle karşılaştırmaktan çekinmemin nedeni, yalancı olmaktan duyacağım korkudur."[323]

Yahya b. Muâz da şöyle demiştir: "Mü'min, dünyada nasıl sevinebilir? Bir kötülük işlese, onun kendisini helâk edeceğinden korkar. Bir iyilik işlese, kendisinden kabul edilmeyeceğinden korkar. O, ya kötüdür ya da iyi."[324]

İbn Avn şöyle demiştir: "Amellerin çokluğuna güvenme! Çünkü sen, onların kabul edilip edilmeyeceğini bilemezsin. Günahlarından emin olma! Çünkü sen, onların bağışlanıp bağışlanmayacağını bilemezsin. Unuttuğun amelin hakkında Allah'ın ne yapacağını bilemezsin."[325]

8. Terk Edilmekten ve Yardım Görmemekten Korkmak

Yüce Allah şöyle buyurmaktadır: ***"Eğer onlar (savaşa) çıkmak isteselerdi elbette bunun için bir hazırlık yaparlardı. Fakat Allah onların davranışlarını çirkin gördü ve onları geri koydu; onlara 'Oturanlarla (kadın ve çocuklarla) beraber oturun!' denildi."***[326]

Müslüman, bütün işlerinde ve hâllerinde Allah'ın yardımına muhtaçtır. Bunun alternatifi başarısızlıktır ki, o da içimizden birinin Allah'ı terk edip nefsiyle baş başa kalması ve bu konuda O'ndan yardım istememesidir. Cehaleti ve zulmü, rahatı ve arzularını sevdiğinden dolayı Allah'ı terk eder.

---

323 *ed-Dâu ve'd-Devâ*, s. 83.

324 *Şuabu'l-Îmân*, I, 504.

325 *el-Mehacce fi Seyri'd-Delce*, s. 98.

326 Tevbe 9/46.

Nefsine güvenen bir kul, yardımdan uzaktır.

Rasûlullah *sallallahu aleyhi ve sellem*, duâsında şöyle derdi: **"Şüphesiz sen beni nefsime bırakırsan, beni zaafa, eksikliğe, günaha ve yanlışa bırakmış olursun. Ben, sadece senin rahmetine güveniyorum..."**[327]

Bedir savaşından önceki gece Rasûlullah *sallallahu aleyhi ve sellem* şöyle dua etmişti: **"Allah'ım, bizi terk etme..."**

Rasûlullah *sallallahu aleyhi ve sellem*, Fâtıma *radıyallahu anhâ*'ya şöyle dedi: **"Sabaha çıktığında ve akşama ulaştığında, sana söylemeni tavsiye ettiğim şu sözlere kulak vermeni ne engelliyor? Ya Hayy, ya Kayyûm! Hâlimi tümüyle düzeltmem için senin rahmetine sığınıyorum! Beni göz açıp kapayıncaya kadar (bile olsa) nefsime bırakma!"**[328]

İbn Kayyim der ki: "Başarı ve başarısızlık hakkında düşünen bir kimse, bütün durumlarda ve bütün zamanlarda, göz açıp kapayacak bir süre dahi olsa kendisinin Allah'ın yardımına muhtaç olduğunu görür. Kişinin imanı ve tevhidi, Allah'ın elindedir. Göz açıp kapayacak kadar bile yalnız kalırsa, tevhid tahtı devrilir ve iman kubbesi yere düşer. İşte o zaman Allah'ın yardımını zorunlu olarak ister ve tek başına kaldığından O'na sığınır. Başını öne eğmiş bir şekilde, O'na teslim olmak için kendisini O'nun kapısının önüne atar. Önünde boyun eğmiş,

---

327 Ahmed b. Hanbel, V, 191; Hâkim, *Müstedrek*, I, 697. Hâkim, "Hadisin isnadı sahihtir" demiştir. Elbânî ise hadisi hasen kabul etmiştir. Bk. *Sahîhu't-Tergîb ve't-Terhîb*, no: 657.

328 Nesâî, *es-Sünenü'l-Kübrâ*, VI, 147; Hâkim, *Müstedrek*, I, 730. Hâkim, "Bu hadis, Buhârî ve Müslim'in şartlarına göre sahihtir" demiştir. Elbânî de hadisi sahih kabul etmiştir. Bk. *Sahîhu't-Tergîb ve't-Terhîb*, no: 654.

itaatkâr ve hareketsiz bir şekilde durur. Kendisi için ne bir zarar ne bir fayda ne ölüm ne de yaşam sağlar."[329]

"Hidayet imamları, amellerinin ve insanlar için yaptıkları iyiliklerin övülmesini yasaklamışlar, tek ve ortağı olmayan Allah'a şükredilmesini emretmişlerdi. Çünkü bütün nimetler O'ndandır. Ömer b. Abdülaziz, buna son derece önem verirdi. Bir defasında, hac yapmak için toplanmış olan insanlara bir mektup yazıp onlara okutturdu. Mektupta, onlara iyi davranılmasını, haksızlıkların giderilmesini emrediyordu. Mektupta şöyle yazıyordu: Bütün bunlar için şükretmeyin; bütün bunlar sadece Allah'tandır. Çünkü eğer o beni nefsime bıraksaydı, ben de başkaları gibi olurdum."[330]

Üzerimize Allah'ın yardımını çekmek ve O'nun rahmetine girmek için, amel işlemekle birlikte sürekli olarak Allah'ın yardımının gelmemesinden korkmamız gerekir. Rabbimiz şöyle buyurmaktadır: *"Onu (Lût'u) rahmetimize kabul ettik; çünkü o, salihlerdendi."*[331]

Aramızda, herhangi bir amelde bulunmak için hazırlanan nice iyi kimseler vardır ki, nefsine, imkânlarına ve hazırlığına güvendiğinden ayağı kayıp denize düşer. Allah'a tevekkül etmeyi, O'nun yardımını elde etmeyi ve rahmetinin üzerine yağması için çalışmayı unutur. Böylece sonuç, başarısızlık olur.

9. İmanın Gitmesinden Korkmak

Bir kimse Allah'ın azabından emin olabilir mi? *"Allah'ın azabından emin mi oldular? Fakat ziyana uğrayan*

---

329 *Tehzîbu Medârici's-Sâlikîn*, s. 218.

330 İbn Receb, *Şerhu Hadîsi mâ Zi'bâni Câian*, s. 42.

331 Enbiyâ 21/75.

topluluktan başkası, Allah'ın (böyle) mühlet verme-sinden emin olamaz."[332]

Bir kimse Allah'ın azabından emin olsaydı, bu, İbrahim *aleyhisselâm* olurdu. Onun duasını düşün: *"Beni ve oğulla-rımı putlara tapmaktan uzak tut!"*[333]

Emin olsaydı, Yusuf *aleyhisselâm* Allah'ın azabından emin olurdu. O, Rabbine şöyle dua ediyordu: *"Beni Müslüman olarak öldür ve beni salihler arasına kat!"*[334]

Emin olsaydı, Peygamberlerin Efendisi *sallallahu aleyhi ve sellem* emin olurdu. O, sık sık *"Ey kalpleri evirip çeviren! Kalbimi dinin üzere sabit kıl!"*[335] diye dua ediyordu.

Rasûlullah *sallallahu aleyhi ve sellem*'in dualarından biri de şöyleydi: *"Allah'ım! Sana teslim oldum, sana inan-dım, sana tevekkül ettim, sana yöneldim ve ancak se-ninle düşmana karşı mücadele ettim. Allah'ım! Beni sapıklığa düşürmenden, senin izzetine sığınırım. Sen-den başka ilâh yoktur. Ölmeyecek diri ancak sensin. Cinlerle insanlar ölürler."*[336]

Ebu Hureyre *radıyallahu anh*, hayatının son anlarında şöyle diyordu: "Allah'ım! Müslüman iken zina etmekten ya da büyük bir günah işlemekten sana sığınırım!" Arkadaşla-rından biri "Ey Ebu Hureyre, senin gibi biri mi bunu söylüyor

---

332 A'râf 7/99.

333 İbrahim 14/35.

334 Yusuf 12/101.

335 Tirmizî, Kader 7, Daavât 90, 125; Hâkim, *Müstedrek*, I, 706, 707. Hadis sahihtir. Bk. Elbânî, *Sahîhu'l-Câmii's-Sagîr*, no: 7987.

336 Müslim, Zikr 67.

ya da korkuyor! Sen yeterince yaşlandın ve artık şehvetten de kesildin. Sen, Rasûlullah *sallallahu aleyhi ve sellem* ile konuştun, ona biat ettin ve dini ondan öğrendin" dediler. Ebu Hureyre "Yazıklar olsun sana! Şeytan hayattayken ben emin değilim!" dedi.

Cübeyr b. Nüfeyr, Ebu'd-Derdâ *radıyallahu anh*'ın Humus'taki evine girdiğinde, onun, namazgâhında namaz kılmakta olduğunu gördü. Ebu'd-Derdâ *radıyallahu anh* oturduğunda, onun nifaktan dolayı Allah'a sığındığını gördü. Namazını bitirdiğinde, Cübeyr "Allah seni bağışlasın ey Ebu'd-Derdâ! Nifaktan sana ne?" dedi. Ebu'd-Derdâ *radıyallahu anh* üç defa "Allah'ım bağışla!" dedikten sonra şöyle devam etti: "Belalardan kim emin olabilir? Belalardan kim emin olabilir? Allah'a yemin olsun ki, kişi bir an denenir de hemen dininden döner."

Ebu'd-Derdâ *radıyallahu anh* şöyle derdi: "Bana ne oluyor ki, imanın tadını üzerinizde görmüyorum? Nefsim elinde olan Allah'a yemin ederim ki, eğer orman ayısı imanı tatsaydı, imanın tadı onda görülürdü. İmanı hakkında korkan kula ihsan edilir, imanından emin olan kuldan imanı alınır."

Hasan el-Basrî şöyle derdi: "Allah'a yemin olsun ki, yeryüzünde sabaha çıkan ve akşamı eden hiçbir mü'min yoktur ki, nefsi hakkında nifaktan korkmasın. Nifaktan emin olan ancak münafıktır."

İbn Mübârek de şöyle derdi: "Bilgili kimseler şu dört şeyden emin olmazlar: Allah'ın, hakkında ne yapacağını bilmedikleri, geçmiş bir günah; ne tür felaketler barındırdığını bilmedikleri bir hayat; bir aldatma ve kandırma olma ihtimali taşıyan, verilen bir bağış; kendisi için süslü olduğundan hidayet olarak gördüğü sapıklık. Kalbin an be an sapması ve hissetmediği hâlde dininin kişiden çekilip alınması, gözün açılıp kapanmasından daha hızlıdır."[337]

Bu nedenle ilimde derinleşenlerin duası şöyledir: *"Rabbimiz! Bizi doğru yola ilettikten sonra kalplerimizi eğriltme. Bize tarafından rahmet bağışla. Lütfu en bol olan sensin."*[338]

10. Kötü Sondan Korkmak

Hiç kimse hangi amellerle hayatının sona ereceğini bilemez. Bu konuda Rasûlullah *sallallahu aleyhi ve sellem*'in şu hadisi bizim için yeterlidir: *"Kendisinden başka ilâh olmayan Allah'a yemin ederim ki, sizden biri (hayatı boyunca) cennet ehlinin ameliyle amel eder. Öyle ki, kendisiyle cennet arasında bir arşınlık mesafe kaldığı zaman, ona yazısı galebe çalar ve cehennem ehlinin amelini işleyerek cehenneme girer. Yine sizden biri (hayatı boyunca) cehennem ehlinin amelini işler. Öyle ki, kendisiyle cehennem arasında bir arşınlık mesafe kaldığı zaman, ona yazısı galebe çalar ve cennet ehlinin amelini işleyerek cennete girer."*[339]

İbn Receb şöyle der: "Bu sebeple selef-i sâlihin kötü sondan çok korkardı. Sahâbeden biri ölümü esnasında ağladı. Bunun sebebini kendisine sorduklarında şöyle dedi: 'Ben, Rasûlullah *sallallahu aleyhi ve sellem*'in *'Şüphesiz Allah Teâlâ, insanları iki gruba ayırdı ve 'Şunlar cennet ehli,*

---

337 Beyhâkî, *Şuabu'l-Îmân*, I, 506-507.

338 Âl-i İmrân 3/8.

339 Buhârî, Kader 1, Tevhîd 28; Müslim, Kader 1.

şunlar da cehennem ehli' buyurdu' sözünü işittim. Ben bu iki gruptan hangisinde olduğumu bilmiyorum (bunun için ağlıyorum)." Süfyan es-Sevrî, işlemiş olduğu amellerden ve nasıl bir sonla öleceğini bilmediğinden dolayı endişe duyar ve ağlayarak şöyle derdi: "Ümmü'l-Kitap'ta (Levh-i Mahfuz'da) şakî olarak yazılmış olmaktan korkuyorum." Yine ağlayarak şöyle derdi: "Ölüm anında imanımı kaybetmekten korkuyorum."

Sehl et-Tüsterî şöyle der: "Mürid, günaha düşmekten; ârif ise küfre düşmekten korkar." İşte bütün bunlardan dolayı sahâbe ve onlardan sonra gelen selef-i sâlihin, nefisleri için nifaka düşmekten korkar ve kalplerinde bundan dolayı büyük bir korku taşırlardı. Mü'min, nefsi için küçük nifaka düşmekten korktuğu gibi bu hâlin hayatının son anlarında da üzerinde olmasından ve büyük nifaka düşmekten korkar."[340]

Bazıları şöyle demiştir: "Evin dış kapısında şehid olarak öleceğimi; odanın kapısında da Müslüman olarak öleceğimi bilsem, odanın kapısında Müslüman olarak ölmeyi tercih ederim. Çünkü odanın kapısı ile evin dış kapısı arasındaki mesafede kalbimin hangi durumlara uğrayacağını bilemem."

Sehl şöyle derdi: "Sıddıkların kötü sondan korkması, her düşünce ve her harekettedir. Onlar, Allah'ın **'Kalpleri çarparak yapanlar'**[341] diye nitelediği kimselerdir."[342]

---

340 İbn Receb, *Câmiu'l-Ulûm ve'l-Hikem*, s. 70-71.

341 Mü'minûn 23/60.

342 Gazzâlî, *İhyâu Ulûmi'd-Dîn*, IV, 255-256.

11. Ölümle Karşılaşmaktan Korkmak

Ölüm, musibettir. Yüce Allah şöyle buyurmaktadır: **"Başınıza ölüm musibeti gelmişse..."**[343]

Ölümü uzaklaştırmanın ya da ondan kaçmanın bir yolu yoktur: **"De ki: Sizin kendisinden kaçtığınız ölüm, muhakkak sizi bulacaktır."**[344]

Akıllı kimsenin, ansızın yakalanmamak için her an ölümün gelişini beklemesi gerekir.

Şüphesiz ölümü sürekli olarak gözetlemek, bu yolculuk için korku ve keder ile hazırlanmayı sağlayacaktır. Çünkü onunla ne zaman karşılaşacağımızı, nerede onunla buluşacağımızı ve hangi durumda olacağımızı bilmiyoruz.

12. Ölüm Anı, Ruhun Alınması ve Gidilecek Olan Yerin Bilinmemesinden Duyulan Korku

İmam Ebu Hâmid el-Gazzâlî şöyle der: "Bil ki, eğer zavallı kulun üzerinde endişe, korku ve azap korkusu olmasa, sadece ölüm anı bile tek başına onun acı çekmesine, canının sıkılmasına, dalgınlık ve gafletten uzaklaşmasına yeter. Gerçekten onun hakkında uzun uzun düşünmesi, özellikle aldığı her nefeste onun için büyük hazırlıklarda bulunması gerekir. Nitekim hikmet ehlinden bazıları şöyle der: 'Endişe, acı bir yemektir; onun seni ne zaman kaplayacağını bilemezsin.' Garip olan, insanın, en büyük lezzetler içinde, en iyi eğlence meclislerinde olsa bile, bir askerin gelip kendisine saldırmasını, canını sıkacak beş odunla vurmasını, hayatını bozmasını beklemesidir.

---

343 Mâide 5/106.

344 Cuma 62/8.

O, almakta olduğu her nefeste, gafil olduğu esnada ölüm meleğinin son nefesini getirmesini beklemektedir.

Son nefes, ruha inen acıdan ibarettir. Onun bütün bölümlerini kaplar. Hatta bedenin derinliklerine yayılmış olan ruhun bölümlerinden bu acının kaplamadığı hiçbir şey kalmaz. Bedenin bütün damarlarını çeker. Tek bir damar çekse dahi, bu onun için büyük bir acı olur. O hâlde çekilen ruhun kendisi olursa acaba nasıl olur? Tek bir damarı değil, bütün damarları çeker; sonra bütün organları parça parça ölür. Önce ayakları soğur, sonra bacakları, sonra dizleri. Her organ birer birer kendinden geçer, birer birer acı çeker. Nihayet boğazına ulaşır. Bu sırada dünyaya ve ailesine olan bakışları kesilir. Tevbe kapısı kapanır, onu üzüntü ve pişmanlık kaplar."[345]

O hâlde, Peygamber *sallallahu aleyhi ve sellem* **"Allah'ım! Bize ölüm sancılarını kolaylaştır!"**[346] derken, nasıl oluyor da ölüm anından korkmuyoruz?

Rivayet edildiğine göre, salihlerden biri, hasta olanlara çoğu kez "Ölümü nasıl buluyorsun?" diye sorardı. Kendisi hastalandığında, ona "Sen ölümü nasıl buluyorsun?" diye soruldu. O da "Sanki gökler yeryüzünün üzerine sıkıştırılmış, sanki nefsim bir iğne deliğinden çıkıyor" dedi.

Ömer *radıyallahu anh*, Ka'bu'l-Ahbâr'a "Ey Ka'b! Bize ölümden bahset!" dedi. Ka'b "Peki, ey Mü'minlerin Emiri! Ölüm, insanın karnına giren dikenleri bol bir dal gibidir. Her bir dikeni, bir damara batar. Sonra o adamı şiddetli bir şekilde çeker. Böylece alacağını alır, bırakacağını bırakır" dedi.

---

345 Gazzâlî, *İhyâu Ulûmi'd-Dîn*, V, 61-62.

346 Tirmizî, Cenâiz 8.

Ölüm acılarından korkma, ölüm meleğinin şeklinden korkmayı ve bu korkunun kalbe yerleşmesini de içerir.

Kurtubî der ki: "Ölüm meleği, onun verdiği korku ve dehşetin kalbe girmesi, korkunun büyüklüğü ve görünüşünün dehşetinden dolayı anlatılamayacak bir olaydır. Bu olayın hakikatini ancak onu gören ve onu hisseden bilir."[347]

Rivayet edildiğine göre, İbrahim Halil *aleyhisselâm*, ölüm meleğine "Günahkârların ruhunu aldığın esnadaki yüzünü bana gösterebilir misin?" diye sordu. Melek "Buna dayanamazsın" dedi. İbrahim *aleyhisselâm* "Evet, dayanırım" dedi. Melek "Benden uzaklaş!" dedi. İbrahim *aleyhisselâm* ondan uzaklaştı, sonra baktı. Bir de ne görsün, melek, koyu saçlı, çirkin kokulu, siyah elbiseli, siyah bir adam şeklinde. Ağzından ve boğazından ateş kıvılcımları ve duman çıkıyor. Bunu gören İbrahim *aleyhisselâm* bayıldı. Sonra ayıldı ve ölüm meleği ilk şekline döndü. İbrahim *aleyhisselâm* "Ey ölüm meleği! Günahkâr kimse ölüm esnasında senin yüzünün şekliyle karşılaşsa, bu bile ona yeter!" dedi.[348]

Sürekli hatırlamamız gereken ölüm acıları ve meleğin görünüşü gibi önemli olaylar korkumuza korku katacaktır. Bu korku, bu sırada dünya imtihanının sonucudur. Acaba bizler meleklerin kendilerine *"Korkmayın, üzülmeyin, size vaat edilen cennetle sevinin!"*[349] diyeceği kimselerden olacak mıyız?

---

347 *et-Tezkira*, I, 113.

348 Gazzâlî, *İhyâu Ulûmi'd-Dîn*, V, 65.

349 Fussilet 41/30.

Yoksa şu kimselerden mi olacağız? *"Melekler yüzlerine ve arkalarına vurarak ve 'Tadın yakıcı cehennem azabını' (diyerek) o kâfirlerin canlarını alırken onları bir görseydin!"*[350]

Peygamber *sallallahu aleyhi ve sellem* şöyle buyurmuştur: *"Kim Allah'a kavuşmayı severse, Allah da ona kavuşmayı sever. Kim Allah'a kavuşmaktan hoşlanmazsa, Allah da ona kavuşmaktan hoşlanmaz!"* Âişe *radıyallahu anhâ* "Biz ölmekten hoşlanmayız" dedi. Rasûlullah *sallallahu aleyhi ve sellem "Bunu kastetmiyorum. Ancak mü'mine ölüm gelince, Allah'ın rızası ve ikramıyla müjdelenir. Ona, önünde (ölümden sonra kendisini bekleyen) şeyden daha sevgili bir şey yoktur. Böylece o, Allah'a kavuşmayı sever, Allah da ona kavuşmayı sever. Kâfir ise, ölüm kendisine gelince Allah'ın azabı ve cezasıyla müjdelenir. Bu sebeple ona önünde (kendisini bekleyenlerden) daha kötü gelen bir şey yoktur. Allah'a kavuşmaktan hoşlanmaz, Allah da ona kavuşmaktan hoşlanmaz"* buyurdu.[351]

Ne dersin, acaba bizden birine "Ey Allah'ın dostu, Allah'ın rızasını ve sevabını sana müjdeliyorum" ya da "Ey Allah'ın düşmanı, Allah'ın gazabını ve azabını sana müjdeliyorum" denecek mi?[352]

Ebu Hureyre *radıyallahu anh*'dan rivayet edildiğine göre, Rasûlullah *sallallahu aleyhi ve sellem* şöyle buyurmuştur: *"Mü'min kulun ruhu çıktığında, onu iki melek karşılar,*

350 Enfâl 8/50.

351 Buhârî, Rikâk 41; Müslim, Zikr 15.

352 Bk. Muhâsibî, *et-Tevehhüm.*

yukarıya çıkarırlar. -Onun kokusunun güzelliğini ve miski anlattı.- *Semâ ehli 'Yeryüzünden güzel bir ruh geldi. Allah, sana ve kendisini yaşattığın bedene rahmet etsin' derler. Ardından onu Rabbine götürürler. Sonra Allah 'Bunu, hududun sonuna kadar götürün' buyurur. Kâfirin de ruhu çıktığında,* -onun pis kokusunu anlattı- *semâ ehli 'Yeryüzünden pis bir ruh geldi' derler. 'Bunu hududun sonuna kadar götürün' denilir.*"[353]

13. Kabrin Kucaklaması ve Meleklerin Sorularından Duyulan Korku

Kabir kucaklar ve sıkıştırır. Rasûlullah *sallallahu aleyhi ve sellem*'in buyurduğu gibi, kimse ondan kurtulamaz: *"Şüphesiz kabrin sıkıştırması vardır. Ondan biri kurtulacak olsaydı, Sa'd b. Muâz kurtulurdu.*"[354]

Kabirde, kula soru soracak iki de melek vardır.

Atâ b. Yesâr'dan rivayet edildiğine göre, Rasûlullah *sallallahu aleyhi ve sellem*, Ömer b. el-Hattâb *radıyallahu anh*'a *"Ey Ömer! Öldüğünde, kavmin seni götürüp bir arşın ve bir karışlık yer için sana üç arşın ölçtüklerinde, sonra gelip seni yıkayıp kefenleyip güzel kokular sürdüklerinde, ardından seni kabre koyuncaya kadar taşıdıklarında, sonra üzerine toprak atıp defnettiklerinde hâlin nice olur? Seni bırakıp gittiklerinde, kabrin iki genci, Münker ve Nekir gelir. Onların sesi, gürleyen bir şimşek gibidir. Gözleri, gözleri kamaştıran bir yıldırım gibidir. Saçlarını çekerler ve kabri*

---

353 Müslim, Cennet 75.
354 Ahmed b. Hanbel, V, 66. Hadisin ravileri güvenilir kimselerdir.

parmaklarıyla araştırırlar. Öfkeyle hareket ederler. O zaman senin hâlin nasıl olur ey Ömer?" dedi. Bunun üzerine Ömer *radıyallahu anh* "Şu an olduğu gibi, o zaman da aklım yanımda olacak mı?" diye sordu. Rasûlullah *sallallahu aleyhi ve sellem* **"Evet"** deyince, Ömer *radıyallahu anh* "O hâlde ben onlara yeterim!" cevabını verdi.[355]

Kabir -Rasûlullah *sallallahu aleyhi ve sellem*'in buyurduğu gibi- cehennem çukurlarından bir çukur ya da cennet bahçelerinden bir bahçedir.[356] Orada, sabah-akşam, kula cennetteki ya da cehennemdeki yeri gösterilir.

İbn Ömer *radıyallahu anh*'dan rivayet edildiğine göre, Rasûlullah *sallallahu aleyhi ve sellem* şöyle buyurmuştur: **"Sizden biri öldüğünde, sabah-akşam ona yeri gösterilir. Cennetliklerdense cennetlik olacak, cehennemliklerdense cehennemlik olacaktır. Ona 'Allah seni (kıyamet gününde) oraya gönderinceye kadar, işte senin yerin budur' denilir."**[357]

14. Kıyamet Günü Olacaklardan Korkmak

Rabbimiz şöyle buyurmaktadır: **"Ey insanlar! Rabbinizden korkun! Çünkü kıyamet vaktinin depremi müthiş bir şeydir."**[358]

O, kritik bir gündür: **"Öyle bir gün ki, insanlar o günde Âlemlerin Rabbinin huzurunda divan duracaklardır."**[359]

---

355 Heysemî, *Buğyetu'l-Bâhis*, I, 379.

356 Tirmizî, Sıfatu'l-Kıyâme 76. Tirmizî hadisin garib olduğunu söylemiştir.

357 Buhârî, Cenâiz 89, Bed'u'l-Halk 8; Müslim, Cennet 65, 66.

358 Hac 22/1.

359 Mutaffifîn 83/6.

Başlangıçtan itibaren, insanlığın babasından (Âdem'den) son insana kadar herkes diriltilecek ve o gün herkes toplanacaktır: *"O gün, bütün insanların bir araya toplandığı bir gündür ve o gün, (bütün mahlûkatın) hazır bulunduğu bir gündür."*[360]

Muhâsibî der ki: "Ölülerin hazırlanması, yeryüzünün ve gökyüzünün boşaltılmasının ardından, herkes sakinleşir. İşitilecek bir ses, görülecek bir kimse yoktur. Yüceliği ve büyüklüğüyle tek başına, sadece ezelî olarak kalacak olan Allah vardır. Sonra bütün varlıklara seslenen kimsenin sesiyle ruhun kendine gelir. Sesin, kulaklarına ve aklına nasıl düştüğünü düşün. Aklınla, yüce yerden yeryüzüne çağrıldığını anlarsın ancak gelen çağrıdan dolayı aklın karışır. Sesten korkarken, yeryüzünün başının üzerinde açıldığını görürsün. Kabrin tozu içinde hızlı bir şekilde sıçrarsın. Ayakların üzerinde durur, gözlerinle sesin geldiği yöne bakarsın. Bütün varlıklar seninle birlikte tek bir hareketle harekete geçmiştir. Onlar, imtihanlarının geçtiği yeryüzünün tozuyla birlikte geçip giderler. Hepsinin korku ve endişeyle hareket ettiğini sanırsın. Nefsinin rezil ve alçak olduğunu düşünürsün. Dertlerin ve endişelerinle, artık hepsi çıplak, yalın ayak, sessiz olan insan kalabalığı içerisindesin. Boyun eğmiş ve sakin bir hâlde, korku ve endişe içinde onların sadece ayak seslerini işitirsin. Yeryüzünün varlıkları yerinden çıkarılmıştır, onları zillet ve aşağılık kaplamıştır. Allah'ın kullarına yeryüzünde boyun eğmeleri ve onların ihtiyaçlarını gidermelerinden sonra onlar, varlık ve değer olarak bir araya gelenlerden daha alçak ve daha aşağıdır. Nihayet yeryüzünün, insanlar, cinler, şeytanlar, vahşi hayvanlar ve zehirli hayvanlardan oluşan varlıkları hazırlandığında, hep birlikte arz ve

---

360 Hûd 11/103.

hesap yerine giderler. Gökyüzünün yıldızları onların üzerine dağılmış, güneş ve ay ışığını kaybetmiş, yeryüzünün bütün ışıkları kararmış, nuru sönmüştür. Sen ve diğer varlıklar bu hâlde iken, dünya semâsı onların üzerindedir. Büyüklüğüyle onların başları üzerinde döner. Sen gözlerinle bu dehşete bakarsın. Sonra kalınlığına rağmen beş yüz yıl parçalanması sürer. Onun parçalanmasını kulaklarınla işitirsin. Sonra yırtılır ve ayrılır. Melekler onun dört bir yanında ayaktadır. Allah, onu erimiş bir altın oluncaya kadar eritir, Yüce Rabbimizin buyurduğu gibi kıyamet gününün dehşetinden sarı bir renkle birleşir:

"Gök yarılıp da kızarmış yağ renginde gül gibi olduğu zaman."[361]

Muhâsibî, sözlerine şöyle devam eder: "Sonra iman ve ahlâk konusundaki kitaplar dağıtılır, teraziler kurulur. Mizanın büyüklüğüne rağmen dik duruşunu düşün. Kalbin, kitabının nerede yer alacağını, sağda mı yoksa solda mı olacağını beklemektedir. Sen diğer insanlarla birlikte ayakta iken, meleğe baktığında, onun zebanilerin getirilmesini emrettiğini görürsün. Ellerinde demirden zincirlerle geldiklerini görürsün. Kalbin korku ve dehşetten kendini kaybeder. Sen bu durumda iken, birdenbire adın söylenir. İlk ve son varlıkların başı üzerinde 'Falan oğlu falan nerede?' diye seslenilir. İşte o zaman, telaş ve titremeyle ayakta durduğunu düşün. Onların elinin, kollarının üzerinde olduğunu, seni aldıklarında sert bir şekilde tuttuklarını düşün. Nefsinin onların elinde zorlandığını düşün. Nihayet seni Rahmân'ın Arşı'na götürürler ve seni elleriyle atarlar. Allah, yüce kelâmıyla sana 'Ey âdemoğlu, yaklaş bana!' der. O'nun nurunda kaybolursun. Yüce, ulu, büyük,

---

361   Rahmân 55/37.

kerim Rabbin huzurunda, titreyen ve mahzun bir kalple durursun. Tıpkı bir annenin doğurduğu bebek gibi. Sana sürekli ihsanda bulunan ve ihtiyaçlarını gideren Mevlâ'dan ne kadar korkuyor ve utanıyorsun? Sana yaptığın çirkin fiilleri ve büyük suçları sorduğunda hangi dille O'na cevap vereceksin?"[362]

15. Cehennemde Hapsedilmekten Korkmak

Rabbimiz şöyle buyurmaktadır: *"Ey inananlar! Kendinizi ve ailenizi, yakıtı insanlar ve taşlar olan ateşten koruyun. Onun başında, acımasız, güçlü, Allah'ın kendilerine buyurduğuna karşı gelmeyen ve emredildiklerini yapan melekler vardır."*[363]

Acaba sırattan geçecek, onu aşabilecek miyiz yoksa cehenneme mi düşeceğiz, ne dersin?

Yüce Allah şöyle buyurmaktadır: *"Kazandıkları sebebiyle hiçbir nefsin felâkete dûçar olmaması için Kur'ân ile nasihat et. O nefis için Allah'tan başka ne dost vardır, ne de şefaatçi. O, bütün varını fidye olarak verse, yine de ondan kabul edilmez. Onlar kazandıkları (günahlar) yüzünden helâke sürüklenmiş kimselerdir. İnkâr ettiklerinden dolayı onlar için kaynar sudan ibaret bir içecek ve elem verici bir azap vardır."*[364]

O, ne kötü bir hapishane ve ne kötü bir yerdir! Cehennemin azabı kötüdür, sıcaklığı şiddetlidir. Dibi derin, yerleri demirdendir. Bir taş atılır, yetmiş yıl sonra bile onun dibine

362 *et-Tefekkür mine'l-Müşâhede ile'ş-Şuhûd*, s. 80-82. (Hâris el-Muhâsibî'nin *et-Tevehhüm* adlı eserinden özetle iktibas edilmiştir.)

363 Tahrîm 66/6.

364 En'âm 6/70.

ulaşamaz. Yolları dardır. Suları helâk eder; orada ateşler yanar; çığlıklar ve inlemeler yükselir. Kapıları sağlamdır, sütunları uzatılmıştır. Orada Allah'ın öfkesi, gazabı ve intikamı vardır.

İnsanlar dizleri üstüne çökmüş, zalim sonunu görmüştür.

Allah'ın dinini yalanlayanlar, üç dalı olan bir ağaç gölgesine giderler. Onları, yanan bir ateş kuşatır. Orada inlemeler ve gürültüler işitirler. Çılgınca bağrışlar ve öfkeler görürler. Zebaniler onları çağırır: *"İçinde ebedî kalacağınız cehennemin kapılarından girin; kibirlenenlerin yeri ne kötü!"*[365] Hâviye onları bir araya getirir, zebaniler onları yakalar: *"O gün günahkârların zincire vurulmuş olduğunu görürsün. Onların gömlekleri katrandandır, yüzlerini de ateş bürümektedir."*[366] Boyunlarındaki zincirler ve bukağılarla sürüklenirler. Alınlarından ve ayaklarından çekilirler. Önce sıcak su sonra ateşle yakılırlar. Başlarına sıcak su dökülür. Onunla karınlarındakiler ve derileri eritilir. Onların ateşten sopaları vardır. Onunla cehennemliklerin üstleri, yanları ve sırtları dağlanır. Ateşin dokunmasını tadarlar. Yemekleri zakkum ve dikenli bir ottur. Ne şişmanlarlar ne de açlıklarını giderirler. İçecekleri, sıcak su, irin ve cerahattır. Onlar orada *"Rabbimiz! Bizi çıkar, (önce) yaptığımızın yerine iyi işler yapalım"*[367] diye feryat ederler.

Orada helâki ve ölmeyi temenni ederler. Ancak nerede özgürlük ve kaçış! *"'Ey Mâlik! Rabbin bizim işimizi bitirsin!' diye seslenirler."*[368] Sonra çığlıkları yükselir, iniltileri artar.

---

365 Zümer 39/72.

366 İbrahim 14/49-50.

367 Fâtır 35/37.

368 Zuhruf 43/77.

Onlarla arzuları arasında bir engel vardır. Ümitsizlikleri artar ve nefislerine dönerler. **"Şimdi sızlansak da sabretsek de birdir. Çünkü bizim için sığınacak bir yer yoktur."**[369]

Gerçekten o, yanan bir ateştir. Ondan kaçmak isteyen uyuyamaz.

Cehennemden korkmak, salih kimseler için işin özüdür: **"O (cehennem), insanlık için, sizden ileri gitmek ya da geri kalmak isteyen kimseler için büyük uyarıcı musibetlerden biridir."**[370]

Musa b. Sa'd der ki: "Biz, Süfyân'ın yanında oturduğumuzda, onda gördüğümüz korku ve endişeden dolayı, çevremizi bir ateşin kuşattığını düşünürdük."[371]

Hasan el-Basrî konuştuğunda, sanki ahireti görüyor, oranın sahnelerini anlatıyordu. O, sanki ateş sadece onu yakacakmış gibi ağlardı. Yanımıza geldiğinde, sanki çok yakın bir arkadaşını defnetmekten gelir gibiydi. Oturduğunda, başı vurulmaya hazır bir esir gibi olurdu.[372]

Allah Korkusunu Kazanmak İçin Fiili Vasıtalar

Anlatılanlar, kalbin Allah'a olan yolculuğunun sadece onu uykudan uyandırmak ve içinde bulunduğu gafletten kaldırmakla başlatılamayacağını göstermiştir. Bunun için temel araç, Allah korkusu kırbacını kullanmaktır. Dikkati

---

369 İbrahim 14/21.

370 Müddessir 74/35-37.

371 *Mecelletu'n-Nûru'l-Kevniyye*, Sayı: 180. (Dr. Salih b. Hâmid'in Mescid-i Haram'daki hutbesinden nakledilmiştir.)

372 *Salâhu'l-Ümme*, IV, 197.

yerine geldiğinde, içindeki yaşam canlandığında ve yolculuğuna başladığında, bu araçlar, kişinin sürekli uyanık durumda kalması ve tevbeye devam etmesi için kullanılır.

Bunun anlamı, başlangıçta işaret ettiğimiz dereceye ulaşmak için bu aracın üzerine yoğunlaşmanın uygun olduğudur.

Diğer vasıtalarla birlikte korkan ve titreyen kalp, bunun için faydalıdır hatta bu amacın anahtarıdır. Kur'ân'dan faydalanmak için bu kalbe ihtiyaç vardır. Rabbimiz şöyle buyurmaktadır: *"Tehdidimden korkanlara Kur'ân'la öğüt ver."*[373]

Namazın da aynı şekilde bu kalbe ihtiyacı vardır: *"Sabır ve namaz ile Allah'tan yardım isteyin. Şüphesiz o (sabır ve namaz), Allah'a saygıdan kalbi ürperenler dışında herkese zor ve ağır gelen bir görevdir."*[374]

İnfaka devam etmek için de bu kalbe ihtiyaç vardır. Yüce Allah şöyle buyurmaktadır: *"Bedevilerden, Allah'a ve ahiret gününe inanan, sarfettiğini, Allah katında ibadet ve Peygamber'in dualarına nail olmaya vesile sayanlar da vardır."*[375]

Ayetlerden faydalanmak, ancak tevbe eden bir kalp ile mümkündür. Rabbimiz şöyle buyurmaktadır: *"İşte bunda, ahiret azabından korkanlar için elbette bir ibret vardır."*[376]

---

373 Kâf 50/45.

374 Bakara 2/45.

375 Tevbe 9/99.

376 Hûd 11/103.

Bu aracı izleyen diğer bütün araçlar, bu kalbin varlığına bağlı oldukları oranda önemlidir. Evet, herhangi birimiz bu araçlardan birinden etkilenebilir, ancak bu bir anlıktır. Etkenin yokluğuyla bu etki de biter. Diğer bir açıdan, bu aracın etkisi istenen şekilde durumu değiştiremez.

Niçin?

Çünkü hassas, korkan bir adamın korkusunun gitmesi ya da azalması mümkündür. Bunun için, kurtulmak isteyen kimse, her vaaza ya da her nasihate kulak verir, bunların kullanılmasından hoşlanır. Korkusunu sağlayacak şeyi onlardan aldığı sürece, Rabbimizin buyurduğu gibi onları terk etmez: **"Belleyici kulaklar onu bellesin diye."**[377] Ancak şimdi bunun tersine bir durum içindedir. Çünkü kendisine yakın bir tehlikeyi hissetmemektedir.

Allah'ın şu âyetini düşün: **"Bu (Kur'ân), bütün insanlığa bir açıklamadır; takvâ sahipleri için de bir hidayet ve bir öğüttür."**[378]

Tek bir âyetin etkisi, dinleyenlerin durumunun farklılığına göre değişir.

Başlangıçta devamlı bir biçimde ve belirli bir süre bu metot üzerinde yoğunlaşmak gerekir. Bundan sonra kalpteki korku düzeyini korumak için onun bir bölümü kullanılır.

İbn Kayyim şöyle der: "Kulun, Allah'a yönelişi ve Allah'ı zikri zayıfladığında, nasihate -korkutma ve teşvik etmeye- olan ihtiyacı artar. İhtiyacı, Allah'ı hatırlamasını, korku ve yönelişi

---

377 Hâkka 69/12.

378 Âl-i İmrân 3/138.

artırmadıysa, Allah'a yönelişi ve Allah'ı zikri ne zamana kadar yeterli olacak? Allah'a yönelen kimsenin ihtiyacı, emir ve yasakları bilme yönünde artar. Allah'a yönelen, Allah'ı zikreden kimse, emir ve yasaklara ihtiyaç duyar. Allah'tan yüz çeviren, gafil kimse ise, korku ve yönlendirmeye ihtiyaç duyar."[379]

Allah Korkusunu Kazanmakta Fiilî Uygulamalar

Allah korkusunu kazanmak için kullanılacak olan fiilî uygulamalar, dört bölüme ayrılır:

1. Ölümü çokça hatırlamak,

2. Zühd ve rekâik kitaplarını okumak ve onlardaki nasihatlere kulak vermek,

3. Günahları hesaplamak,

4. Korkunun faktörleri hakkında düşünmek.

1. Ölümü Çokça Hatırlamak

Kuşkusuz bizden ayrılmayan güven duygusunun nedenlerinden biri, kıyamet gününün uzak olduğunu ve hâlen yaşayacağımız bir hayatın var olduğunu düşünmemizdir. Herkes kendisinden yaşça daha büyük olana bakıyor, başkalarının ulaştığı zamana kadar yaşayacağını ümit ediyor.

Enes *radıyallahu anh*'dan rivayet edildiğine göre, Rasûlullah *sallallahu aleyhi ve sellem* şöyle buyurmuştur:

---

379 *Tehzîbu Medârici's-Sâlikîn*, s. 239-240.

"İnsanoğlu yaşlandıkça onda iki şey gençleşir: Mala karşı hırs ve hayata karşı hırs."[380]

Bu nedenle güven dairesinden korku dairesine çıkışın başlangıcı, nefsin her an başına gelme ihtimali olan ölümü sürekli olarak hissetmesidir. Rasûlullah *sallallahu aleyhi ve sellem* şöyle buyurmuştur: ***"Lezzetleri yok edip bitiren ölümü çok hatırlayın. Çünkü ölüm, hayatının zor anlarında onu hatırlayana genişlik, rahat anlarında onu hatırlayana darlık verir."***[381]

"Ölüm, lezzetleri yok eder; çünkü o, hatırlanmakla hayatı zehir eder; öyle ki, kulun hayata olan güvenini keser de Allah Teâlâ'ya yöneltir."[382]

İbn Ömer *radıyallahu anh* der ki: On kişinin onuncusu olarak Rasûlullah'a geldim. Ensardan bir kişi "Ey Allah'ın Rasûlü! İnsanların en zekisi ve en cömerdi kimdir?" diye sordu. Rasûlullah *sallallahu aleyhi ve sellem* ***"Ölümü en çok hatırlayan, onun için en çok hazırlık yapandır. Onlar, dünyanın şerefiyle ve ahiretin onuruyla giden zeki kimselerdir"*** buyurdu.[383]

Ömer b. Abdülaziz her gece fakihleri toplardı. Ölümü, kıyameti ve ahireti hatırlar, sonra önlerinde bir cenaze varmış gibi ağlarlardı.

---

380 Müslim, Zekât 114; Tirmizî, Zühd 28, Sıfatu'l-Kıyâme 22; İbn Mâce, Zühd 27; Ebu Ya'lâ, *Müsned*, V, 242; İbn Hibbân, *Sahîh*, VIII, 25; Taberânî, *el-Mu'cemu'l-kebîr*, VII, 213.

381 *İhyâu Ulûmi'd-Dîn*, V, 44.

382 Beyhakî, *Şuabu'l-Îmân*, I, 498. Hadis hasendir. Bk. Elbânî, *Sahîhu'l-Câmi*, no: 1211.

383 İbn Mâce kısa olarak, İbn Ebi'd-Dünya tam olarak 'iyi (ceyyid.' bir senedle rivayet etmiştir.

Safiyye *radıyallahu anhâ* şöyle der: "Bir kadın, kalbinin katılığından dolayı Âişe *radıyallahu anhâ*'ya şikâyet etti. Hz. Âişe 'Kalbini yumuşatacak olan ölümü çok hatırla!' dedi. Kadın, Hz. Âişe'nin dediklerini yaptı, kalbi yumuşadı."

Bir kişi, Âişe *radıyallahu anhâ*'ya "Kalp katılığının ilacı nedir?" diye sordu. Hz. Âişe, ona hastaları ziyaret etmesini, cenazelere eşlik etmesini ve ölümü beklemesini tavsiye etti.[384]

Ölümü çokça hatırlamaktan beklenen amaç, bu gerçeğin bilinç alanından bilinçaltı alanına geçmesi ya da insanın kesin bilgisine dâhil olmasıdır. Böylelikle düşüncelerinin ve davranışlarının, herhangi bir zorlama olmaksızın bundan kaynaklanmasıdır.

İbn Hibbân şöyle der: "Akıllı insan, yolunu gözleyen, adım adım gelmesini beklediği, göz ucuyla baktığı şeyi hatırlamayı unutmaz. Hayattaki zor anlardan, musibet anındaki sıkıntıdan korkmayan yakın komşusuna büyük hürmette bulunur. Çünkü itaatkâr ve güçlü melekler ona gelecek, ona ölüm darbesini vuracak ve onu sevdiklerinin arasından, kendisi için hiçbir fayda sağlamayan, onu savunamayan ailesinden ve kardeşlerinden çekip alacaklardır. Ölümün ortadan kaldırdığı birçok millet ve hasara uğrattığı birçok yer vardır. Dul bıraktığı birçok eş, yetim bıraktığı birçok kişi ve yalnız bıraktığı birçok kardeş vardır.

Bu yüzden akıllı kimse, sonu, söylediklerimize ulaştıran duruma aldanmaz. Belirttiğimiz sonuca neden olan bir yaşam sürmez, varacağı yerin durumunu unutmaz. Ölüm kendisini

---

384 İbnu'l-Cevzî, *Zemmu'l-Hevâ*, s. 62.

çağırdığında, hiçbir gücün ona karşı gelemeyeceğinden, kimsenin ondan kaçamayacağından emindir.

Ebu Ca'fer el-Bağdâdî şöyle demiştir: Sind'deki bir sarayın kapısında şu şiir yazılıydı:

"Ölüm gökten indi,

Kavmi aldı ve gitti."

Ben "Bu ne?" diye sordum. "Saray halkının hepsi öldü, bu yazı kapının üstünde kaldı. Kimin yazdığı bilinmiyor" dediler.[385]

İbnu's-Semmâk şöyle dedi: "İlk çağlarda balık tutan bir balıkçı vardı. Bir defasında ağını denize attı, ardından ağını çekti. Bir de ne görsün, ağında bir insanın kafatası! Balıkçı ona bakmaya ve ağlamaya başladı. 'Şerefli miydin? Ancak ölüm seni şerefine rağmen bırakmadı. Zengin miydin? O seni zenginliğine rağmen de bırakmadı. Fakir miydin? O seni fakirliğine rağmen de bırakmadı. Cömert miydin? O seni cömertliğine rağmen de bırakmadı. Güçlü müydün? O seni gücüne rağmen de bırakmadı. Âlim miydin? O seni ilmine rağmen de bırakmadı.' Bu sözleri tekrarlıyor ve ağlıyordu."[386]

Küreyzî şöyle diyordu:

"Mirasçılar için mallarımızı topladık,

Zamanın harap etmesi için evler inşa ettik.

Nefis dünyayı üstlendi, ancak öğrendi

385 *Ravzatu'l-Ukalâ*, s. 285.
386 *Ravzatu'l-Ukalâ*, s. 286.

Dünyadaki selametin, ondakileri bırakmak olduğunu.

Yerleşmek nefsi kurtarmaz yok olmaktan,

Kurtarmaz, onu kurtaracak olan olaylardan kaçmak da.

Hiçbir nefsin yanlışı yoktur,

Günlük ya da gecelik bir arzu dışında."[387]

"Ölümün hatırlanmasına rağmen, herhangi birimizin bir an dahi ölümden uzak olduğunu düşünmesi ahmaklıktır."[388]

Ebu'd-Derdâ *radıyallahu anh* dedi ki: "Ölümü hatırladığında, nefsini de ölmüşlerden say!"

Ömer *radıyallahu anh* şöyle derdi: "Her gün 'Falan ve falan öldü' denilir. Elbet bir gün 'Ömer öldü!' denilecek."

Ali *radıyallahu anh* şöyle derdi: "Sen kaçmakta, ölüm gelmekte ise, buluşma anı hemen gelir!"[389]

"Kabirlere girmekle birlikte, bu ve benzeri fikirleri düşünmek, hastaları ziyaret etmek, kalpteki ölüm fikrini yeniler. Hatta gözlerinin önündeymiş gibi ona hâkim olur. Bu sırada, onun için hazırlanıp dünyadan sakınabilir. Aksi hâlde kalbin görünüşü ve tatlı dil, ölüme karşı uyanık olmakta yeterince fayda sağlamaz. Kalbi dünyalık bir şey istediğinde, kişinin derhal ondan ayrılacağı durumu düşünmesi gerekir. Tıpkı İbn Muti'nin bir gün evine bakıp güzelliğine hayran olduktan sonra ağlayıp söylediği şu sözler gibi: 'Allah'a yemin olsun ki, eğer

387   *Ravzatu'l-Ukalâ*, s. 286.

388   Karadâvî, *et-Tevbe ilallah*, s. 270.

389   *Şerhu Risâleti'l-Müsterşidîn*, s. 111.

ölüm olmasaydı, senin varlığından dolayı mutlu olurdum. Eğer kabrin sıkıştırmasına karşı yardım edecek bir şey olsaydı, dünya gönlümüzü ferahlatırdı!' Sonra şiddetle ağladı hatta sesi her taraftan duyuldu."[390]

Ölümü Hatırlamanın Nefisleri Düzeltmedeki Etkisi

Dr. Ömer el-Aşkar şöyle der: "Muhakkak ki ölümü düşünmenin, nefisleri düzeltme ve arındırmada büyük etkisi vardır. Çünkü nefis, dünyanın ve dünya lezzetlerinin etkisi altındadır. Bu hayatta daha uzun kalmayı ister. Bu istek, onu günahlara ve isyanlara teşvik etmiş, itaatinde başarısız olmuştur. Ölüm, sürekli olarak kulun aklında olduğunda, dünya onun gözünde küçülür; bu da onun nefsini arındırmak ve onun yanlışlarını düzeltmek için çaba göstermesini sağlar."[391]

Dekkâk der ki: "Ölümü çokça hatırlayan kimseye şu üç şey ikram edilir: Çabuk tevbe etme, kalbin kanaati ve ibadet zevki. Ölümü unutan kimseye de şu üç şey verilir: Tevbeyi geciktirme, yeterli olan dünyalığa razı olmama ve ibadette tembellik."[392]

Ölümü Sürekli Olarak Hatırlamak
İçin Gerekli Fiilî Uygulamalar

a. Kabirleri Ziyaret Etmek

İbn Mes'ûd *radıyallahu anh*'dan rivayet edildiğine göre, Rasûlullah *sallallahu aleyhi ve sellem* şöyle buyurmuştur: ***"Ben size kabir ziyaretini yasaklamıştım,***

---

390 *İhyâu Ulûmi'd-Dîn*, V, 48.

391 *el-Kıyametu's-Suğra*, s. 81.

392 Kurtubî, *et-Tezkira*, I, 27.

şimdi kabirleri ziyaret edin. Çünkü kabir ziyareti, dünya bağını kırar, ahireti hatırlatır."[393]

Kalpler için, özellikle katılaştıklarında, kabirleri ziyaretten daha çok fayda veren bir şey yoktur.[394]

Kişi, kabirlerin arasında, kendisinden önce ölmüş olan arkadaşlarını ve akrabalarını hatırlar. "Onların ölümünü, toprak altındaki mücadelelerini düşünür. Onların makamlarında ve içinde bulundukları durumda yüzlerinin aldığı şekli düşünür. Toprağın onların güzel görünüşlerini nasıl yok ettiğini, organlarının kabirlere nasıl dağıldığını, kadınlarını nasıl dul bıraktıklarını, çocuklarını nasıl yetim koyduklarını, mallarını nasıl kaybettiklerini, mescidlerden ve toplantılardan nasıl kaybolduklarını, sözlerinin nasıl bittiğini düşünür. Bir kimse, bir kimseyi düşündüğünde, kalbinde onun durumu ve ölüm şekline bir yer ayırdığında, yüzünü aklına getirmeye çalıştığında ve onun coşkusunu ve sesini hatırladığında, hayatını ve ölümünü, ölümü unutmasını, cazip şeylere kanmasını, gücüne ve gençliğine dayanmasını, gülme ve eğlenceye olan merakını, onu beklemekte olan rezil bir ölüm ve hızlı bir helâkten gafil olmasını, nasıl konuştuğunu aklına getirir. Şimdi onun ayakları ve eklemleri yok olmuştur. Kurtlar onun dilini yerken nasıl konuşabilir? Toprak onun dişlerini çürütürken nasıl gülebilir? Kendisiyle ölüm arasında tek bir anın kaldığı bir zamanda, onlarca yıldır nefsinin ihtiyaç duymadığı bir şeye onu nasıl çevirebilir? O, kendisini hesaba çekmediği bir zamanda ölüm kendisine gelip meleğin yüzünü görünceye kadar kendisinden istenilenler konusunda gafildi. Melek, onun kulağına ya cennet ya da cehennem diye seslendi. İşte bu sırada,

---

393 Müslim, Cenâiz 106.

394 Kurtubî, *et-Tezkira*, I, 32.

kendisinin de onlar gibi olduğunu, gafletinin onların gafletine benzediğini, sonunun da onların sonu gibi olacağını görür."[395]

İbnu'l-Cevzî şöyle der: "Kardeşim! Bundan sonra durumunun ne olacağını bilmek istiyorsan, kabirleri gez! Yok olmuş kabirlere bak! Kabrinin, onların arasında olduğunu farzet, sonra kabrinde neye ihtiyacın olduğuna bak! Orada uzun zaman kalacağından, senin için en önemli şey, salih ameldir. Bunun dışındaki şeylere gelince; senin dünyalık hiçbir şeye ihtiyacın yoktur. Onlar, kabirde senin için bir yük ve kederdir. İçinde bulunduğun hâle bak! Eğer bu hâlin ölüm ve kabre uygun ise, devam et! Eğer bu ikisi için uygun değilse, hemen Allah'a tevbe et ve durumunu düzeltecek olan şeye dön!"[396]

b. Ölüleri Yıkamak ve Cenazelere Katılmak

Ebu Zerr *radıyallahu anh*'ın şöyle dediği rivayet edilmiştir: Rasûlullah *sallallahu aleyhi ve sellem* bana şöyle buyurdu: ***"Sana ahireti hatırlatacak olan kabirleri ziyaret et ve ölüleri yıka! Şüphesiz yakın bir dostun cesediyle ilgilenmek, etkili bir öğüttür. Cenaze namazı kıl; belki bu seni hüzünlendirir. Çünkü üzgün kimse, kıyamet günü Allah'ın gölgesindedir."***[397]

Ölüleri yıkama fırsatını beklemek, onların namazını kılmak, onları kabirlerine taşıyıp orada defnetmek, üzerlerine toprak atmak ve bunu bir alışkanlık hâline getirmek, kişinin sürekli olarak ölümü hatırlamasına vesile olur.

---

395 *İhyâu Ulûmi'd-Dîn*, V, 47-48.

396 *Bustânu'l-Vâizîn*, s. 268.

397 Hâkim, *Müstedrek*, IV, 366. Hâkim hadisin isnadının sahih olduğunu söylemiş, Zehebî de ona muvafakat etmiştir.

c. Ölüm Düşüncesi

Bu, her gün -ya da günün her bölümünde- kendimiz için boş bir vakit ayırıp sessiz ve gürültüden uzak bir yerde ölümü ve ölüm meleğinin ruhumuzu almak için geldiğini düşünmemizle olur. Aynı şekilde, bu haberin eş, çocuklar, aile ve arkadaşlar üzerinde meydana getireceği etkiyi, buna karşılık onların ne yapacağını düşünmemizle gerçekleşir. Başımızı ve bedenimizi, bütün vücudumuzu yıkayan gassalı hayal ederiz. Biz o sırada onun ellerine teslim olmuşuzdur. Nihayet işini bitirdiğinde, ailemiz ve arkadaşlarımız bizi taşırlar, namazımızı kılar ve hemen kabre koyup defneder sonra üzerimize toprak saçar ve giderler. Yine Münker ve Nekir'in korkunç bir yüz ifadesiyle gelişini ve onların sorularına nasıl cevap vereceğimizi hayal ederiz.

Kurtubî şöyle der: "Ey aldanan kimse! Ölüm acılarının, inleme ve sancıların seni sardığını farzet. Birileri 'Falan nasihat etmişti, falan günahlarını saymıştı' der. Birileri de 'Filanın dili tutuldu. Komşularını tanımıyor, kardeşleriyle konuşmuyor' der. Sanki ben, onların konuşmalarını işittiğini ancak onlara cevap veremediğini görüyorum. Sonra kızın bir esir gibi ağlar ve 'Sevgili babacığım! Senden sonra kim bana bakacak? Kim ihtiyaçlarımı görecek? Allah'a yemin ederim ki, sen işitiyor ancak cevap veremiyorsun' der. Düşün ey Âdemoğlu! Seni yatağından alıp yıkanacağın tahtanın üzerine koyduklarında, gassal seni yıkayıp kefeni giydirdiğinde, ailen ve komşuların seni terk ettiklerinde, dostların ve kardeşlerin senin için ağlayıp gassal 'Falanın hanımı nerede? Yetimler nerede? Babanız sizi terk etti, bugünden sonra onu bir daha göremeyeceksiniz!' dediğinde, hâlin nice olur?"[398]

---

398 Kurtubî, et-Tezkira, I, 47.

d. Ölümü Karşılamak İçin Fiilî Hazırlık

Ölüm, Allah'ın Yüce Kitab'ında adlandırdığı gibi bir musibettir: **"Başınıza ölüm musibeti gelmişse..."**[399]

Akıllı kimse, bu kaçınılmaz musibeti ihmal etmeyendir. Musibet için hazırlık, kurtuluş ve başarı nedenidir. Ölü, ailesinin karşılaştığı gibi ölüm musibetiyle karşı karşıyadır. Ölünün karşı karşıya olduğu tehlike, amelinin kesilmiş ve kaçırdığı fırsatları yakalama imkânını kaybetmiş olmasıdır. Ailesinin karşı karşıya olduğu musibet ise, ayrılık acısı ve ölen kimsenin neden olduğu faydanın yok olmasıdır.

Fakat insan ölüm için hazırlandığında, ölüm onun için bir musibet sayılmaz. Hatta bazen onun rahatı ve başarısı olur. İnsanın, sevdiklerinin ölümü için hazırlanması, sabra ve sebata götüren bir yoldur ve musibetten sevap elde etmesidir.[400]

Ölüm için fiilî hazırlık şu şekillerde olur:

a. Vasiyet yazma ve kısaltmak ya da ilavede bulunmak için sürekli vasiyeti kontrol etme.

İbn Ömer radıyallahu anh'dan rivayet edildiğine göre, Rasûlullah sallallahu aleyhi ve sellem şöyle buyurmuştur: **"Hakkında vasiyet edebileceği bir malı bulunan Müslüman kimsenin, vasiyeti yanında yazılı olmaksızın iki gece geçirme hakkı yoktur."**[401] İbn Ömer dedi ki: "Rasûlullah sallallahu aleyhi ve sellem'den bunu işittikten sonra, yanımda vasiyetim olmadan bir gece dahi geçirmedim."

---

399 Mâide 5/106.

400 *Fi Riyâzi'l-Cenne*, I, 158-159.

401 Buhârî, Vesâyâ 1; Müslim, Vasiyyet 1.

Kişi bu vasiyete, ailesi ve çocuklarından istediği şeyleri, kendisinden sonra hayatlarını nasıl düzenleyeceklerini, malını ve parasını nasıl harcayacaklarını yazar.

b. Ölümünden sonra faydası olacak sadaka-i câriye hakkında düşünmek.

c. Bir kefen satın almak ve arada bir ona bakmak.

d. Ölümünden sonra evinin işlerini düzenlemesi için eşiyle birlikte oturmak.

e. Borçlarını ödemekte acele etmek.

f. Kısaltma ya da yeni bir ilavede bulunmak için sürekli olarak vasiyetini kontrol etmek.

Selef-i sâlihin, ölüm için fiilî bir hazırlıkta bulunmaya çok önem verirdi. Habîb Ebu Muhammed el-Fârisî, hanımına şöyle diyordu: "Eğer bugün ölürsem, yıkaması için beni falana gönder. Şöyle şöyle yap!" Hanımına "Bir rüya mı görmüştü de böyle söylüyordu?" diye sorulunca, hanımı "O, bunu her gün söylüyordu" dedi.[402]

e. İsteklerin Yazılması

Bir kimse ölüm meleğinin kendisine geldiğini, ruhunu almaya başladığını, kabre girdiğinde meleklerin sorularıyla karşılaştığını ve kabre hazırlık için salih amelde bulunmanın gerekliliğini gözünün önünde rahatlıkla canlandırabilir. Rabbimiz şöyle buyurmaktadır: *"İyi işler yapanlara gelince,*

---

402   Bk. *Sıfatu's-Safve.*

onlar da kendileri için (cennetteki yerlerini) hazırla-mış olurlar."[403]

Salih amellerin değerine göre, hazırlık yeri ya cennet bah-çelerinden bir bahçe ya da ateş çukurlarından bir çukurdur.

Kaçırmış olduğu iyi amellerden dolayı çekeceği üzüntüyü gözlerinin önüne getirebilir. Aynı şekilde, Rabbimizin buyur-duğu gibi terk etmiş olduğu salih ameller için dünyaya tek-rar dönmek istediğini de hayal edebilir: ***"Nihayet onlardan (müşriklerden) birine ölüm gelip çattığında 'Rabbim! Beni geri gönder' der."***[404]

Kişi, kendisini kabirde farzedip henüz oradayken namaz, oruç, zikir, infak, hac ve umre ibadetlerini yerine getirmek için dünyaya tekrar dönmeyi istemesine neden olan isteklerini ya-zar. Malı ve gelirleri, çocukları, *eşi*, anne-babası, komşuları ve akrabalarıyla olan ilişkilerini doğru bir şekilde yapmış olmayı; İslâm için çalışmayı, İslâm'ı tebliğ çalışmalarında bulunmayı ister. Aynı şekilde zulmetmiş olduğu kimseleri düşünür. Bu konudaki istekleri hassas bir şekilde saydıktan sonra dünya-ya geri dönmek ister. Ancak istediği bu şeyleri, bütün ölülerin arzu ettiğini görür. Bu arzular listesiyle başlar ve bunları birer birer gerçekleştirmek için bir plan hazırlar. Sürekli olarak, ölü-mün amelle olan bağını koparacağını düşünür.

Yezîd er-Rakkâşî, nefsine hitaben şöyle derdi: "Yazıklar ol-sun ey Yezîd! Ölümden sonra kim senin için namaz kılacak?

---

403   Rûm 30/44.

404   Mü'minûn 23/99.

Ölümden sonra kim senin için oruç tutacak? Ölümden sonra kim senin için Rabbinden razı olacak?"[405]

f. Ölümü ve Ölmekte Olanların Durumlarını Düşünmek

İbnu'l-Cevzî şöyle der: "Ölümü esnasında (bayıldıktan sonra) kendine gelen kimse, tarif edilemeyecek bir uyanıklık ve belirlenemeyecek bir endişe içindedir. Geçmiş zamanına üzülür ve kaçırdığı fırsatları yakalamak için kendisine izin verilmesini ister. Ölüme yakın olduğu oranda tevbesinde samimidir. Maalesef, neredeyse ölümden önce kendini öldürmek üzeredir.

Rahat zamanlarda bu durumlardan birini bulabiliyorsan, takva ile bütün bu istenen amelleri elde edebilirsin. Akıllı kimse, bu anı düşünür ve buna göre çalışır. Aslında bunun zihninde oluşumunu hazırlayamasa da uyanıklığı oranında bunu gözlerinin önüne getirir. Şüphesiz bu, hevâya engel olmaya ve bu şekilde diriltilmesine neden olur. Ancak bu anı düşünen kimse, ölümün esiri gibi onu gözlerinin önüne yerleştirir."[406]

Rivayet edildiğine göre, Hasan el-Basrî bir hastayı ziyaret etti. Ancak onu ölüm döşeğinde buldu. Ölümün hasta üzerinde bıraktığı değişikliği ve şiddeti gördü. Ailesinin yanına döndüğünde, rengi değişmişti. Ona "Allah sana rahmet etsin, yemek hazır!" dediler. Hasan "Ey ev halkım! Yemek ve içecek sizin olsun. Allah'a yemin olsun ki, ben öyle bir ölüm gördüm ki, onunla karşılaşıncaya kadar amel işleyeceğim" dedi.[407]

---

405 Kurtubî, *et-Tezkira*, I, 26-27.

406 *Saydu'l-Hâtır*, s. 212-213.

407 Kurtubî, *et-Tezkira*, I, 32.

Kurtubî der ki: "Şüphesiz ölüye, onun çektiği ölüm acılarına ve ruhunun çekilişine bakmak ve ölümünden sonra yüzünün aldığı şekli düşünmek, nefislerin tattığı lezzetleri yok eder, kalplerden sevinci atar, bedenden uykuyu ve rahatı siler. Amel işlemeye ve çabayı artırmaya neden olur."[408]

g. Hastalığı ve Hasta Olanların Durumlarını Düşünmek

Hayatında hiç hastalanmamış nadir insan vardır. Hepimiz, ağızdaki hayat tadının değişmesine, gücün kesilmesine, enerjinin azalmasına, ibadet ve görevleri yerine getirmede ağırlaşmaya ve sağlıklı ve zinde olunan zamanlarda kolaylıkla ve basit bir şekilde yerine getirilen birçok işin yapılmamasına neden olan hastalık anındaki durumumuzu ve hastalık anından daha şiddetli olan ölüm anını düşündüğümüzde, hastalığın da ölüm gibi aniden geldiğini görürüz. İnsan, hastalık anında sağlığının geri geleceğine inandığı gibi ölüm anında da ahiret amelleri konusundaki çabası için dünyaya tekrar döneceğini ümit eder.

Yakalanmış olduğu hastalığı düşünmekle birlikte, hastaları ziyarete devam etmesi ve yaşlı kimseleri görmesi gerekir. Bu, faydalı ve başarılı bir metottur. Hastaneler hastalarla doludur. Oralarda, insanın gördüğü zaman hayatını boğazına tıkan, ona dünya gerçeğini gösteren birçok sıkıntılı durum vardır.

h. Ümitleri ve Hayalleri Kısa Tutma Oturumları

Hepimizin nefsiyle sakin bir oturum yapması, bu oturumda objektif bir bakışla hayatına bakması, arzularını, ümitlerini gözden geçirmesi ve arkasına bakıp bu ümitlerin nerede duracağını ya da nerede sona ereceğini bilmesi gerekir.

408　Kurtubî, *et-Tezkira*, I, 32.

Bir kimse, eş, çocuklar, makam, servet, şöhret sahibi olmak gibi emelleri olsa ve bunları gerçekleştirmek için çaba gösterse de bunları koruyamaz. Çünkü ölüm her an ona gelebilir, bunları bir araya getirmek ve elde etmek için harcamış olduğu hayattan onları ayırır.

Sonra bu arzular ve istekler, kişinin gerçekleştirmek için ardından koştuğu bu dünyevî menfaatler onun için ne yapabilir? Dünyada kişisel bir başarı ve gurur mu? Bütün bunlar ölümle sona erecektir. Tıpkı denildiği gibi: "Ölünün gururlanmasına gerek yok. Çünkü zengin-fakir, yöneten-yönetilen herkes topraktadır."

Rasûlullah *sallallahu aleyhi ve sellem*'in şu hadisini düşün: ***"Cebrâil bana geldi ve 'Ey Muhammed! Dilediğin gibi yaşa, nasılsa öleceksin. Dilediğini sev, nasılsa ayrılacaksın. Dilediğini yap, nasılsa karşılığını bulacaksın. Bil ki, mü'minin şerefi, geceleyin namaz kılması, izzeti ise insanlara ihtiyaç duymamasıdır' dedi."***[409]

O hâlde bunun faydası nedir? Ölüm bizi bir anda dünyadan ayırabilecek iken, daha büyük bir parçasını elde etmek için dünyanın arkasından koşturmanın gereği nedir? O an, ne elde etmek için yorulduğumuz paradan ne tadını almak için mücadele ettiğimiz makamdan ne de kendileri için birçok şeyi fedâ ettiğimiz çocuklardan faydalanacağız.

Her geçen gün, aramızda bulunan insanlara veda edildiğini görmüyor musun? Onların da bizim gibi gelecek istekleri ve arzuları vardı. Aniden onlara ölüm geldi ve hayalleriyle aralarına girdi.

---

409 Hâkim, *Müstedrek*, IV, 360. Bk. Elbânî, *Silsiletu'l-Ehâdîsi's-Sahîha*, no: 831.

İbn Ömer *radıyallahu anh*'ın şöyle dediği rivayet edilmiştir: Rasûlullah *sallallahu aleyhi ve sellem* omzumdan tuttu ve **"Dünyada bir garip veya bir yolcu gibi ol!"** buyurdu. İbn Ömer *radıyallahu anh* şöyle derdi: "Akşama ulaştın mı, sabahı bekleme; sabaha ulaştın mı, akşamı bekleme. Sağlıklı olduğun sırada hasta hâlin; hayatta iken de ölüm için hazırlık yap."[410]

Ma'rûf, bir adama "Bize öğle namazını kıldır!" dedi. Adam "Eğer size öğle namazını kıldırırsam, ikindi namazını kıldırmam!" dedi. Bunun üzerine Ma'rûf "Sanki ikindi vaktine kadar yaşayacağından emin bir şekilde bunu ümit ediyorsun. Emellerin uzun tutulmasından Allah'a sığınırız" dedi.[411]

Abdullah b. Amr *radıyallahu anh*'ın şöyle dediği rivayet edilmiştir: Ben bir duvarı tamir ederken, Rasûlullah *sallallahu aleyhi ve sellem* yanıma geldi ve **"Ey Abdullah b. Amr! Bu ne? (Sana gelmekte olan ölüm) iş(i), bundan (buna gelecek olan yıkılma işinden) daha süratlidir"** buyurdu.[412]

Recâ b. Hayve'den rivayet edildiğine göre, Ebu'd-Derdâ "Ey Şam halkı! Size nasihat eden kardeşinizin sözünden faydalanın" dedi. Recâ dedi ki: Bunun üzerine hemen toplandılar. Ebu'd-Derdâ şöyle dedi: "İçerisinde oturamayacağınız binalar inşa etmeye, tüketemeyeceğiniz şeyleri biriktirmeye, ulaşamayacağınız emeller peşinde koşmaya utanmıyor musunuz? Şüphesiz sizden öncekiler sizden sağlam binalar inşa ediyor, daha uzun emeller peşinde koşuyor, daha çok mal

---

410   Buhârî, Rikâk 3; Tirmizî, Zühd 25; Ahmed b. Hanbel, II, 132; İbn Hibbân, *Sahîh*, II, 471; Beyhakî, *es-Sünenü'l-kübrâ*, III, 369.

411   *Saydu'l-Hâtır*, s. 213.

412   Buhârî, *Edebu'l-Müfred*, s. 162; Tirmizî, Zühd 25.

biriktiriyorlardı. Emelleri yıkıldı, biriktirdikleri toprak, evleri kabir oldu."[413]

Abdullah b. Şumeyt dedi ki: Babamın şöyle dediğini işittim:

"Ey sağlığını uzun süre kaybetmediğinden dolayı aldanan! Hiç hastalanmadan ölen birini görmedin mi?

Ey sürenin uzunluğuna aldanan!

Hiç hazırlık yapmadan ruhu alınan birini görmedin mi?"

Şüphesiz sen uzun yaşamında yaptıklarını düşünürsen, tattığın lezzetleri unutursun. Sağlığına mı aldanıyorsun? Yoksa seni mutlu eden rahatına mı? Ya da emin olduğun ölüme mi? Yoksa seni sürükleyecek olan ölüm meleğine mi?

Şüphesiz ölüm meleği sana geldiğinde, ne sahip olduğun servet ne yakınlarının çokluğu onu senden uzaklaştırabilir. Ölüm anının, endişe, sıkıntı ve ihmalinden duyacağın pişmanlık olduğunu bilmiyor musun?"[414]

Hasan el-Basrî de demiştir ki: "Senden sonraki dünyaya bakmak seni memnun edecekse, senden öncekilerin bıraktığına bak!"[415]

413 İbn Ebi'd-Dünyâ, *Kasru'l-Emel*, s. 169-170.
414 İbn Ebi'd-Dünyâ, *Kasru'l-Emel*, s. 61-62.
415 İbn Ebi'd-Dünyâ, *Kasru'l-Emel*, s. 82.

2. Zühd ve Rekâik Kitaplarını Okumak ve Onlardaki Nasihatlere Kulak Vermek

İrbad b. Sâriye *radıyallahu anh*'ın şöyle dediği rivayet edilmiştir: "Rasûlullah *sallallahu aleyhi ve sellem* bize kalpleri titreten, gözleri yaşartan önemli bir vaazda bulundu."

"Vaazlar, kalplere vurulan bir kırbaçtır. Bedene vurulan kırbaç gibi kalplere etki eder. Bu vuruş, vakit geçtikten sonra aynı etkiyi göstermez. Fakat kuvveti ve zayıflığına göre acının etkisi kalır. Vuruşun şiddeti arttıkça, acının kalma süresi daha da uzar.

Zikir meclislerinden çıktıklarında seleften çoğunun üzerinde sekînet ve vakar olurdu.

Hasan el-Basrî insanların yanına konuşmak için çıktığında, sanki ahirete gözleriyle bakar, ardından kıyameti anlatırdı. İnsanlar onun yanından çıktıklarında, dünyayı bir hiç olarak görürlerdi."[416]

Vaazların insanlar üzerindeki etkisi kişiden kişiye değişir. Kimileri geçici bir süre ondan etkilenir. Vaaz sona erdiğinde, daha önceki gaflet hâline geri döner. Kimileri de bu metodu diğer metotlarla birlikte korkuyu elde etmek için kullanır. Vaaz, ona dünya gerçeğini gösteren ve kalbini uyandıran bir kırbaçtır ki, istenilen zaten budur.

Bir kimsenin, vakit darlığından dolayı zikir ve vaaz meclislerine düzenli bir şekilde katılamayacağı konusunda mazeret göstermemesi gerekir. Çünkü bunların yerini alan, birçok

---

yerde artık rahatlıkla bulunabilen işitsel ve görsel materyaller vardır.

Yine zühd ve rekâik kitapları da bunların bir alternatifidir. Kurtubî'nin *et-Tezkire*, Hâris el-Muhâsibî'nin *et-Tevehhüm*, İbn Kayyim'in *ed-Dâu ve'd-Devâ*, İbnu'l-Cevzî'nin *et-Tabsıra* ve *Bahru'd-Dumû'* adlı eserleri bunlara örnek gösterilebilir.

3. Günahları Hesaplamak (Yazmak)

Bu bölümün, önceki metotların kullanılmasından sonra uygulanması daha iyidir. Çünkü nefis, kendisine ahireti hatırlatacak bir ortam olmadığı sürece, incelmez, boyun eğmez ve günahlarını itiraf etmez.

Kulun sayması gereken birçok günah alanı vardır. Her birimizin bütün bu alanları düşünmesi, bu alanlarda işlediği günahları sayması, bir kâğıda kaydetmesi ve sürekli olarak gözlerinin önüne getirmesi gerekir.

Salihlerden biri şöyle demiştir: "Ne zaman yoldan saparsan, derhal günahlarına dön ki, yolunu bulasın."

Günahların yazılmış olduğu kâğıtlara başvurmakla nefis alçalır ve boyun eğer. Allah'a güzel bir şekilde tevbe etmesine neden olan güçlü bir Allah korkusu hisseder.

Günah Alanları

1. Organların Günahları: Gıybet, dedikodu, yalan, alay, diğer insanlarla dalga geçmek gibi dilin işlediği; Allah'ın haram kıldığına bakmak gibi gözün işlediği; kulakların, ellerin, ayakların ve cinsel organın işlediği günahlar gibi.

2. Kalplerin Günahları: Diğer insanlara karşı büyüklenme, onlara haset etme, taşkınlıkta bulunma, insanlara karşı övünme, nefsine hayran olma, şaşaa, kibir, gurur, nifak ve riya gibi.

3. Hakları Yerine Getirmede İhmalkârlık: Anne-baba, eş, çocuklar ve akrabaların hakkı, iyiliği emretme ve kötülükten alıkoyma, Allah'a davet, dünyanın herhangi bir yerinde baskı altında bulunan Müslümanlara yardım etme gibi farzlar konusunda işlenen günahlar.

4. İbadetlerin Hakkını Yerine Getirmede İhmalkârlık: Namazdaki huşû azlığı gibi.

5. Nimetlere Şükür Hakkında İhmalkârlık: Bu, Allah hakkında ne kadar ihmalkâr davrandığını bilmesi için kulun ısrarla araştırması gereken önemli bir konudur.

Ancak kişi bu ihmalin ne kadar büyük olduğunu, hayatının herhangi bir alanında Allah'ın nimetlerini saymakla öğrenebilir. Bunları kaydeder ve bu nimetlerin çokluğundan dolayı sayamayacak bir dereceye ulaşıncaya kadar çaba gösterir. Rabbimiz bu konuda şöyle buyurur: *"Allah'ın nimetini saymaya kalksanız, onu sayamazsınız."*[417]

Nimetlerden sayabileceklerini saydıktan sonra, nimetlerden sahip olduklarını düşünmesi gerekir. Böylelikle üzerindeki Allah'ın nimetleri hakkında ne kadar ihmalkâr davrandığını öğrenecek, güçlü bir Allah korkusu onu kuşatacaktır. Derinlerden bir ses "Üzerimdeki nimetlerini senin için misafir edeceğim; günahlarımı misafir edeceğim. Beni bağışla! Çünkü günahları bağışlayacak senden başka kimse yoktur!" der.

---

417 Nahl 16/18.

4. Korkunun Faktörleri Hakkında Düşünmek

Bizim Allah'tan korkmamızı sağlayan olan birçok neden vardır. Önceki sayfalarda, bunlardan üzerinde düşünmemiz gereken on beş faktöre işaret ettik. Her bir bölüm için belirli bir zaman ayrıldı. Bunu, içimizden herhangi birinin nefsiyle birlikte oturup düşünmesi için oturumlar şeklinde yaptık.

İşte buna bir örnek: Kıyamet anı ve Allah'ın önünde sorguya çekilmeyi hatırlatan oturum.

İnsan, nefsinin kıyamet alanında olduğunu, adının söylendiğini ve meleklerin onu Allah'ın önünde sorgu için getirdiklerini canlandırsın.

Allah'a karşı utancını, unutmuş olduğu günahlarını ve amellerini gördüğü zaman hissedeceği korkuyu gözlerinin önüne getirsin. Allah'ın, kendisine soracağı şeyleri düşünsün: *"Rabbin hakkı için, mutlaka onların hepsini yaptıklarından dolayı sorguya çekeceğiz."*[418]

Rasûlullah *sallallahu aleyhi ve sellem*'in hadisini aklına getirsin: *"Sizden herkes, Rabbi ile arasında bir tercüman olmaksızın konuşacaktır. Kişi o zaman (ateşe karşı bir kurtuluş yolu bulmak üzere) sağına bakar, hayatta iken gönderdiği (hayır) amellerden başka bir şey göremez. Soluna bakar, orada da hayatta iken işlediği (kötü) amellerden başka bir şey göremez. Önüne bakar, karşısında (kendisini beklemekte olan) ateşi görür. O hâlde yarım hurma ile de olsa kendinizi ateşten koruyun!"*[419]

---

418 Hicr 15/92-93.

419 Zekât 9, Menâkıb 25, Rikâk 49, Tevhîd 36; Müslim, Zekât 67.

Allah'ın huzurunda sorulacak olan sorulara verilecek cevaplarını hazırladığını düşünsün.

Yüce Allah ona namazını ve namazdaki huşûsunun derecesini sorduğunda, nasıl cevap verecek?

Zamanını nerede geçirdiğini sorduğunda, nasıl cevap verecek? Malını nereden kazanıp nerede harcadığını, eşine ve çocuklarına olan tutumunu, orucunu, zekâtını ve haccını, anne-baba, akrabalar ve komşular gibi diğer insanlara olan hakkını yerine getirip getirmediğini sorduğunda, nasıl cevap verecek?

Dünyanın dört bir yanında Müslümanların üzerindeki baskıyı ve zulmü kaldırmak için ne yaptığını sorduğunda, nasıl cevap verecek?

İyiliği emretme ve kötülükten alıkoyma görevini yapıp yapmadığını sorduğunda, nasıl cevap verecek?

İşlemiş olduğu günahlardan temize çıkarılmasını nasıl isteyecek?

Bunun dışındaki diğer sorular da insanın Allah'ın nimetleri hakkında utanç duymasını ve ihmalkâr olduğunu hissetmesini sağlar. Böylece Allah ile buluşmak için tevbe ve hazırlığa kalkışır:

"Artık her kim Rabbine kavuşmayı umuyorsa, iyi iş yapsın ve Rabbine ibadette hiçbir şeyi ortak koşmasın."[420]

---

420 Kehf 18/110.

Korku ile Ümit Arasında

Bir kimse, "Korkunun bu kadarı kalplere girdiğinde, bazılarımızın dünyayı terk etmesine ve insanlardan uzaklaşmasına neden oluyor. Bazı insanlar, diğerlerini ümitsizliğe, Allah'ın rahmetinden ümit kesmeye sevk ediyor. Bu ise büyük günahlardandır..." derken; diğer bir kimse de "Allah'ın rahmetinin genişliği, affı ve mağfiretinden bahseden birçok âyet varken, buradaki ümit noktası nerede?" diyebilir.

Bu soruya İmam Ebu Hâmid el-Gazzâlî şöyle cevap veriyor: "Korku ve ümidin üstünlüğü konusunda birçok rivayet olduğunu bil. Belki bir kimse bunlara bakar da hangisinin daha üstün olduğu konusunda şüphe duyabilir. Bir kimse 'Korku mu daha üstündür, yoksa ümit mi?' diye sorabilir. Bu soru, 'Ekmek mi yoksa su mu daha önemli?' diyen kimsenin sorusuna benzeyen yanlış bir sorudur. Bunun cevabı şudur: 'Ekmek, aç kimse için daha önemlidir. Su da susamış kimse için daha önemlidir. Eğer her iki durum da varsa, hangisinin hâkim olduğuna bakılır. Eğer açlık daha baskın ise, ekmek daha önemlidir. Eğer susuzluk daha baskın ise, su daha önemlidir. Eğer her ikisi de aynı ise, aynı derecede önemlidirler. Çünkü ulaşılmak istenenden kastedilen, nefse göre değil, amaca göredir. Korku ve ümit, kalbi tedavi eden iki ilaçtır. Bunların üstünlüğü, var olan hastalığa göredir. Eğer kalbe, Allah'ın düzenine karşı duyulan bir güven ve aldanma hâkim ise, korku daha üstündür. Eğer ümitsizlik, Allah'ın rahmetinden ümit kesme kalbe hâkim ise, ümit daha üstündür. Aynı şekilde eğer günah işlemek kula hâkim ise, korku daha üstündür.

Kısaca, bir başkası için istenen şeyin, 'daha üstün' kelimesiyle değil, 'daha uygun' kelimesiyle kullanılması gerekir. Biz şöyle diyoruz: İnsanların çoğu için korku, ümitten daha uygundur. Bu, günahların hâkim olmasından dolayı böyledir. Ama zâhir ve bâtın, gizli ve açık günahları terk eden müttakî kişiye gelince; uygun olan, onun korku ve ümidini dengede tutmasıdır. Bu nedenle, 'Eğer mü'minin korkusu ümidiyle tartılsa, eşit olurdu' denilmiştir. Rivayet edildiğine göre, Ali *radıyallahu anh* çocuklarından birine şöyle demiştir: 'Oğlum! Allah'tan öyle kork ki, yeryüzünün iyilikleriyle gelsen dahi senden kabul edilmeyeceğini düşün! Allah'a karşı öyle bir ümit besle ki, yeryüzünün kötülükleriyle gelsen dahi seni affedeceğini düşün!' Bu nedenle Ömer *radıyallahu anh* şöyle demiştir: 'Eğer, 'Tek bir kimse dışında herkes cehenneme girecek!' diye seslenilse, o kişinin ben olacağımı ümit ederim. Eğer, 'Tek bir kimse dışında herkes cennete girecek!' diye seslenilse, o kişinin ben olacağımdan korkarım.' Bu, korku ve ümitten, her ikisinin üstün olma ve baskın gelmesinden ibarettir. Ancak Ömer *radıyallahu anh* gibi korku ve ümit eşit tutulabilir. Günahkâr kimseye gelince; eğer o, kendisinin cehenneme girmeleri emredilen insanlardan biri olmadığını zannederse, bu onun aldandığına bir delildir."[421]

İbn Kayyim şöyle der: "Allah'a ulaşma yolculuğunda bulunan kalp, kuş gibidir. Sevgi onun başı, korku ve ümit kanatlarıdır. Baş ve kanatlar ne zaman selâmete kavuşursa, o kuş güzel uçar. Ne zaman baş kesilirse, o kuş ölür. Ne zaman kanatlarını kaybederse, o zaman her avcı ya da hayvan için korumasız kalır. Fakat selef, sağlıklı olduklarında korku kanadını ümit kanadından, dünyadan ayrılırken ise ümit kanadını, korku kanadından daha çok güçlendirmekten hoşlanırlardı."[422]

421 *İhyâu Ulûmi'd-Dîn*, IV, 254-255.
422 *Tehzîbu Medârici's-Sâlikîn*, s. 272.

Korkunun Amacı

Korkunun kalpleri uyarmak için bir metot olduğu ortaya çıktığına göre, korkunun amacı ve sınırları nedir?

Korkunun amacı, dünya sevgisini kalpten atmak, bir kez daha kalbe hayat vermek için kalpteki arzu alanlarını yakmaktır.

İmanı artıran en büyük vaaz ve araç olan Kur'ân-ı Kerîm'den faydalanmak ve Allah'ın temel şart kıldığı, uyanık, korkan bir kalbin varlığı için kalpleri uygun hâle getirmek de korkunun amaçlarındandır. Yüce Allah şöyle buyurur:

"Tehdidimden korkanlara Kur'ân'la öğüt ver."[423]

Dolayısıyla korku, başlangıçta imanı canlandırmak, daha sonra onunla birlikte hedefi elde etmek için kullandığımız bir metottur. Bu hedeflerden biri de şudur:

Övülen korku: "Bu korku, amele teşvik eder. Bütün şehvetleri/arzuları yok eder, kalbin dünyaya bağlanmasını bozar. Onu, günahları terk etmeyen ve itaat fiillerine teşvik etmeyen nefse danışmadan ve rahmetten ümit kesmeye neden olan ümitsizliğe ulaştırmadan, dünyadan sakındırır."[424]

En İyi Yol, Hz. Muhammed'in Yoludur

Şüphesiz en iyi yol, Rasûlü Emin *sallallahu aleyhi ve sellem*'in yoludur. O, bizi Allah'a yaklaştıracak ve O'na götürecek her şeyi bırakmıştır: *"Eğer ona itaat ederseniz, doğru yolu bulmuş olursunuz."*[425]

---

423 Kâf 50/45.

424 *İhyâu Ulûmi'd-Dîn*, IV, 257.

425 Nûr 24/54.

O, insanların en hayırlısı, en mükemmeli ve Rabbini en iyi bilendir. Onun yolu, en iyi yoldur. Onun ahlâkı, en iyi ahlâktır. Onun dostları, en iyi dostlardır.

Rasûlullah *sallallahu aleyhi ve sellem*'e baktığımızda, onun bizi Allah'tan korkmaya çağırdığını görürüz. O şöyle buyurur: ***"Allah'a yemin olsun ki, ben Allah'tan en çok korkanınız ve O'ndan en çok sakınanınızım."***[426]

Mü'minlerin annesi Âişe *radıyallahu anhâ* şöyle demiştir: "Hava değiştiğinde ve rüzgâr şiddetlendiğinde, Rasûlullah *sallallahu aleyhi ve sellem*'in yüzü değişirdi. Ayağa kalkar, odada bir ileri bir geri giderdi. Bütün bunlar, Allah'ın azabından korkmasındandı."[427]

Rasûlullah *sallallahu aleyhi ve sellem*, gecenin üçte biri geçtiğinde kalkar ve ***"Ey insanlar! Allah'ı zikredin! Allah'ı zikredin! 'Sarsıcı' kesinlikle gelecektir; 'takipçi' de onun arkasından gelecektir. 'Sarsıcı' kesinlikle gelecektir; 'takipçi' de onun arkasından gelecektir. Ölüm, içindeki (şiddet ve sıkıntı)larla gelecektir!"*** derdi.[428]

Enes *radıyallahu anh*'ın şöyle dediği rivayet edilmiştir: "(Bir defasında) Rasûlullah *sallallahu aleyhi ve sellem*, bize benzerini daha önce hiç işitmediğimiz kadar etkili bir hutbe verdi. Şöyle buyurdu: ***'Eğer benim bilmekte olduğum şeyleri bilseydiniz, muhakkak az güler, çok ağlardınız.'***

---

426 Buhârî, Nikâh 1; Müslim, Sıyâm 74.

427 Müslim, Salâtu'l-İstiskâ 14.

428 Tirmizî, Sıfatu'l-Kıyâme 23; Ahmed b. Hanbel, V, 136; Hâkim, Müstedrek, II, 457, 558. Hadis hasendir. Bk. Elbânî, *Sahîhu'l-Câmii's-Sagîr*, no: 7863.

Bunun üzerine Rasûlullah'ın ashabı yüzlerini elbiseleriyle örttüler. Onlar, içten gelen bir inleme ile ağlıyorlardı."[429]

Ali b. Ebî Tâlib *radıyallahu anh*, sahâbeyi tarif ederken şöyle diyor: "Muhammed *sallallahu aleyhi ve sellem*'in ashabını gördüm. Fakat bugün onlara benzeyen kimseyi görmüyorum. Onlar, saçları dağınık, tozlu-topraklı, gözlerinin arasında keçinin dizi gibi kararmış noktalar bulunduğu hâlde sabaha çıkarlardı. Bütün gece Allah'a secde ve kıyam ederler, Allah'ın Kitabı'nı okurlar ve alınları ile ayakları arasında (yani secdede) uyuklarlardı. Sabah olup Allah'ı zikrettiklerinde de rüzgârlı günde sallanan ağaç dalları gibi sallanırlardı. Gözleri yaşarır, elbiselerini ıslatacak kadar ağlarlardı. Allah'a yemin ederim ki, bu topluluk ise gaflet içerisinde gecelemiştir." Bu sözlerden sonra İbn Mülcem onu şehid edinceye kadar Ali'nin yüzünün güldüğünü kimse görmedi.[430]

Kalplerinden ayrılmayan bu şiddetli korkuya rağmen, onlar Rablerine karşı çok ümit besliyorlardı. Onlar, Allah'ın şu buyruğuyla birlikte yaşadılar:

"Kullarıma, benim çok bağışlayıcı ve pek esirgeyici olduğumu haber ver. Benim azabımın elem verici bir azap olduğunu da bildir."[431]

Onların kalpleri, korku ile ümit arasında dönüyordu. Tıpkı Allah'ın onlardan öncekileri anlattığı şu âyetlerde olduğu gibi:

429 Buhârî, Tefsîru Sûre 5 (12); Müslim, Fezâil 134.
430 *İhyâu Ulûmi'd-Dîn*, IV, 284.
431 Hicr 15/49-50.

"Onlar (bütün bu peygamberler), hayır işlerinde koşuşurlar, umarak ve korkarak bize yalvarırlardı; onlar, bize karşı derin saygı içindeydiler."[432]

Buna bir örnek de Yahya b. Muâz'ın şu sözüdür: "Kerîm olduğun hâlde senden nasıl korkarım? Aziz olduğun hâlde senden nasıl ümit ederim? Beni yok eden bir korku ile sana ulaştıran bir ümit arasındayım. Korkuyla ölmeme izin vermeyen bir ümidim, sevinerek yaşamama izin vermeyen bir korkum var."[433]

Onlar, rahatsız eden korku ve endişe veren ümitle birlikte, hayatlarını doğal bir şekilde geçirdiler. Nefisleriyle ilgilenmek bahanesiyle insanlardan uzaklaşmadılar, dünyayı terk etmediler; aksine evlendiler, soylarını devam ettirdiler, yeryüzüne dağıldılar. Aralarında tüccar, âlim ve sanatkârlar vardı. Hepimiz için bir örnek olan, Allah'tan korkanların efendisi Muhammed *sallallahu aleyhi ve sellem* bize dengeli olmamızı ve orta yolu tutmamızı, her hak sahibine hakkını vermemizi emrederken nasıl bunun aksi olsun? O, şöyle buyurmuştur: *"Bedeninin sende hakkı vardır. Gözlerinin sende hakkı vardır. Misafirinin sende hakkı vardır. Eşinin sende hakkı vardır."*[434]

Bu nedenle, -en hayırlı nesil olan- ashabın, Allah'a kulluğa yönelip geçim işleriyle uğraşmayı terk ettiklerine dair herhangi bir şey bize ulaşmamıştır. Anlayışının düzeltilmeye ve önceliklerinin yeniden düzenlenmesine ihtiyacı olan bir kimseyle karşılaştıklarında, hemen ona nasihat ediyor ve onu

---

432 Enbiyâ 21/90.

433 Bk. *Sıfatu's-Safve*.

434 Buhârî, Savm 55.

yönlendiriyorlardı. Nitekim Abdullah b. Mes'ûd *radıyallahu anh*'a, bazı kimselerin Kûfe'den çıkıp yakın bir yerde kendilerini ibadete verdikleri ulaşınca, hemen yanlarına gitti. İnzivaya çekilenler, onun gelişine çok sevindiler. Abdullah onlara "Niye böyle yapıyorsunuz?" diye sordu. "İbadet etmek için insan kalabalığından ayrılmaktan hoşlanıyoruz" dediler. Bunun üzerine Abdullah "Eğer insanlar sizin yaptığınızı yapacak olsa, kim düşmanla savaşır? Siz dönünceye kadar buradan ayrılmayacağım" dedi.[435]

Hasan el-Basrî, bir adamın ihtiyacını yerine getirmek için arkadaşlarından bazılarını gönderdi ve onlara "Sâbit el-Bünâni'ye gidin, onu yanınıza alın!" dedi. Arkadaşları, Sâbit'e gittiklerinde, Sâbit "Ben itikâftayım" dedi. Hemen Hasan'ın yanına dönüp bunu haber verdiler. Bunun üzerine Hasan "Ona, 'Ey kör! Müslüman kardeşinin ihtiyacını yerine getirmek için yürümenin, senin hac üstüne hac yapmandan daha hayırlı olduğunu bilmiyor musun?' deyin!" dedi. Sâbit'e tekrar gittiler; o da itikâfını bırakıp onlarla birlikte yola çıktı."[436]

Abdullah b. Ömer *radıyallahu anh*'a "Sahâbîler gülerler miydi?" diye sorulunca "Evet. Ancak onların kalplerindeki iman dağlar gibiydi" dedi.[437]

Onlardan biri, Allah'ın zikrini, yüceliğini, sevabını ve azabını kalbinde canlandırdığında, bedenine, helâl kazanmak, geçim sorumluluğu üzerinde olan kimseler için çalışmak gibi dünyası için faydalı olan şeyler girerdi. Oysa şimdi insanlar, ilim öğrenmek, cihad etmek, iyiliği emretmek, kötülükten

435 İbn Mübârek, *Kitâbu'z-Zühd*, s. 390.

436 *Câmiu'l-Ulûm ve'l-Hikem*, s. 363.

437 *Câmiu'l-Ulûm ve'l-Hikem*, s. 37.

alıkoymak gibi aslında birer ibadet olan fiillerden faydalanma konusunda yanlış yapıyorlar. Hz. Peygamber'in halifeleri hakkında Ali *radıyallahu anh* şöyle diyordu: "Onlar, ruhları Yüce Allah'a bağlı oldukları hâlde dünyayı bedenleriyle sahiplendiler..." Peki, onlar Peygamberlerin Efendisi'nin öğrencileri iken niçin böyle yapıyorlardı? Rasûlullah *sallallahu aleyhi ve sellem*'in zikir anında hâli değişir, zikrini tamamladıktan sonra insanların arasına karışır, onların haklarını yerine getirirdi. Câbir *radıyallahu anh*'ın şöyle dediği rivayet edilmiştir: "Peygamber *sallallahu aleyhi ve sellem*, hutbe verip kıyameti hatırlattığında, öfkesi artar, sesi yükselirdi. Sanki bir orduya '(Düşmanınız) akşam veya sabah size baskın yapacak!' diye tehlikeyi haber veren biri gibi olurdu."[438]

Âişe *radıyallahu anhâ*'ya "Rasûlullah *sallallahu aleyhi ve sellem*, hanımlarıyla baş başa kaldığında hâli nasıldı?" diye sorulunca, Âişe *radıyallahu anhâ* "O sizden biri gibi olurdu. Ancak o, insanların ahlâk olarak en üstünü, en çok gülen ve tebessüm edeni idi" dedi.

İşte bu şekilde Hz. Peygamberin halifeleri, kalpleriyle Allah için çalışıyor, bedenleriyle insanlar arasında yaşıyorlardı.[439]

---

438 Müslim, Cum'a 43.
439 *Letâifu'l-Meârif*, s. 18-19.

İKİNCİ KISIM
KUR'ÂN-I KERÎM'İ DÜŞÜNEREK OKUMAK

Kur'ân-ı Kerîm, imanı artırmada en üstün araçtır. Rabbimiz şöyle buyurmaktadır: ***"Mü'minler ancak, Allah anıldığı zaman yürekleri titreyen, kendilerine Allah'ın âyetleri okunduğunda imanlarını artıran ve yalnız Rablerine dayanıp güvenen kimselerdir."***[440]

Kur'ân, kalp hastalıkları için en faydalı ilaçtır: ***"Ey insanlar! Size Rabbinizden bir öğüt, gönüllerdekine bir şifa, mü'minler için bir hidayet ve rahmet gelmiştir."***[441]

Kur'ân, Allah'tan bir öğüttür. Kalplere ve gönüllere etki eden, Rabbânî bir öğütten daha önemli ve daha kolay bir şey var mıdır?

Edebî yönden ve etki açısından insanların öğütleri, öğüt olarak isimlendirilse de bunların Kur'ân'ın öğütlerine yaklaşması ya da aynı seviyeye gelmesi mümkün değildir. Kur'ân, gönüller için şifadır. Kalpteki hastalıkları, lekeleri ve pislikleri yok eder; nuruyla onları tedavi eder. Allah'ın insanları yaratmış olduğu

---

440 Enfâl 8/2.
441 Yunus 10/57.

mü'min fıtratı kalpte oluşturmak için çalışır. Kur'ân -Allah'ın izniyle- şüphe ve şehvet, hevâ ve sapkınlık, şirk, kalp ve nefis rahatsızlıkları, organ ve duygu, siyasî ve iktisadî rahatsızlıklar, toplumsal ahlâk, yaşam ve medeniyet rahatsızlıkları gibi çeşitli maddî ve psikolojik hastalıkları bulunan gönüllere ve kalplere şifa verir. Bu geniş, kapsayıcı anlamla birlikte, Kur'ân'ın şifasına bakmamız, onu bol bol elde etmemiz gerekir. Rabbimiz ne güzel buyurur: *"Biz, Kur'ân'dan öyle bir şey indiriyoruz ki o, mü'minler için şifa ve rahmettir."*[442]

Allah'a Götüren Yol, Kur'ân'da Apaçıktır

Allah'a, doğru ve güvenli bir yol ile ulaşmak isteyen kimsenin Kur'ân'a bakması gerekir: *"O, herkes için, sizden doğru yolda gitmek isteyenler için bir öğüttür."*[443] O, yola çıkan kimse için şüphe karanlıklarını dağıtan, hidayet yolunu aydınlatan bir nurdur: *"Gerçekten size Allah'tan bir nur, apaçık bir kitap geldi. Rızasını arayanı Allah onunla kurtuluş yollarına götürür ve onları iradesiyle karanlıklardan aydınlığa çıkarır, dosdoğru bir yola iletir."*[444]

Kul, Kur'ân ile Allah'a giden yolu görür: *"Bu (Kur'ân), Rabbinizden gelen basîretlerdir (kalp gözlerini açan beyanlardır); inanan bir kavim için hidayet ve rahmettir."*[445] Onunla doğru yola ulaşır: *"Gerçekten biz, doğru yola ileten hârikulâde güzel bir Kur'ân dinledik."*[446]

---

442 İsrâ 17/82. Bk. *Mefâtihu't-Teâmul mea'l-Kur'ân*, s. 28-29.

443 Tekvîr 81/27-28.

444 Mâide 5/15-16.

445 A'râf 7/203.

446 Cin 72/1-2.

Bu yolda yürümek isteyen kimsenin, Allah'ın dosdoğru yoluna tutunması gerekir: ***"Ey insanlar! Şüphesiz size Rabbinizden kesin bir delil geldi ve size apaçık bir nur indirdik. Allah'a iman edip O'na sımsıkı sarılanlara gelince, Allah onları kendinden bir rahmet ve lütuf (deryası) içine daldıracak ve onları kendine doğru (giden) bir yola götürecektir."***[447]

O, Rabbânî bir yoldur: ***"Okutmakta ve öğretmekte olduğunuz Kitap uyarınca Rabbe hâlis kullar olun."***[448] O, Allah'ın sağlam ipidir. Ona tutunan, gökyüzüne yükselir ve Rabbine yaklaşır.

Kur'ân, kendisini izleyen kimseyi, en kısa yoldan, en az çaba ile Allah'a götüren güvenilir bir delil, usta bir rehberdir. Rasûlullah *sallallahu aleyhi ve sellem* şöyle buyurmuştur: ***"Allah'ım! Ben senin kullarının oğluyum! Perçemim senin elindedir. Hükmünde kararlı, yargılamanda adilsin! Kendini adlandırdığın, kitabında indirdiğin ya da insanlardan herhangi birine öğrettiğin, katındaki gayb ilminde var olan, sana ait olan bütün isimlerle senden Kur'ân'ı kalbimin meskeni, gözlerimin nuru, hüznümün cilası, endişemin gidericisi kılmanı diliyorum!"***[449]

Şüphesiz Kur'ân yüce bir nimettir: ***"Kendilerine okunmakta olan Kitab'ı sana indirmemiz onlara yetmemiş***

---

447 Nisâ 4/174-175.

448 Âl-i İmrân 3/79.

449 İbn Hibban, *Sahîh,* III, 253; Hâkim, *Müstedrek,* I, 690; Heysemî, *Mecmau'z-Zevâid,* X, 136. Hâkim hadisi sahih kabul etmiştir.

mi? Elbette iman eden bir kavim için onda rahmet ve ibret vardır. "[450]

Ey Kur'ân'ı Terk Eden Zavallı!

Kur'ân'ı terk eden, kendilerini Allah'a ulaştıracak başka bir yol aramak için çaba harcayan zavallılar, aradıkları şeyin elleri arasında olduğunu gördüklerinde ne kadar da üzülecekler.

Şer'î bir delile dayanmadan, Allah'a giden yolu tanımlamak için çabaladılar, karmaşık yollar, işaretler ve ifadeler ortaya koydular. Güneşin, gündüzün ortasındaki netliği gibi, Allah'a götüren yolun Kur'ân'da apaçık olduğunu unuttular.

Bir kısmımız, Rabbine yaklaşmak için bu şeylerden etkilendi, geriye doğru yürüdü. Kendisi için bir yol ortaya koydu, bu yoldan ayrılmadı. Uzun bir süre sonra ayaklarının altına baktığında, yerinden ayrılmadığını gördü.

İbn Kayyim, bu anlamı şu sözleriyle ifade eder: "Senin, öncelikle kalbini dünya yurdundan taşıyıp ahiret yurduna yerleştirmen gerekir. Sonra Kur'ân'ın anlamlarını kabul etmen, keşfetmen, akletmen, onda geçenleri ve ne için indiğini düşünmen, Kur'ân'ın her âyetinden nasibini ve payını alman ve bunu kalbinin hastalığına uygulaman gerekir.

Bu, Yüce Dost'a ulaştıran, kısa, yakın, güvenilir ve kolay bir yoldur. Bu yolda yürüyene korku ve zarar, açlık ve susuzluk yoktur. Elbette bu yolda, diğer yollarda olan âfetler yoktur. Bu yolun üzerinde, yolcuları koruyan ve himaye eden Allah'ın gözcüleri ve koruyucuları vardır. İnsanların yollarını, bu yolların

---

450 Ankebût 29/51.

yanlışlarını, âfetlerini ve eşkiyalarını bilmeyen kimse bu yolun değerini bilemez."[451]

Habbâb b. Eret der ki: "Gücün yettiğince Allah'a yaklaş! Kuşkusuz Allah'a, O'nun hoşuna giden kelâmından başka bir şeyle yaklaşamazsın!"[452]

Kur'ân'ın, canlı kalpler üzerinde şaşırtıcı bir etkisi vardır: *"Biz, Kur'ân'dan öyle bir şey indiriyoruz ki o, mü'minler için şifa ve rahmettir; zalimlerin ise yalnızca ziyanını artırır."*[453]

Kur'ân'ın, kalplerde meydana getirdiği şeylere bir örnek vermemiz gerekirse, önümüzde sahâbe neslini buluruz. Bir kimse "Sahâbenin kalbinde meydana gelen büyük değişim ve bunun onların yaşamlarına aksetmesininin nedeni, Rasûlullah *sallallahu aleyhi ve sellem*'in aralarında bulunması idi" diyebilir.

Seyyid Kutub bu tür bir söze cevap olarak şöyle der: "Eğer Rasûlullah *sallallahu aleyhi ve sellem*'in şahsının varlığı, bu davanın hâkimiyeti ve meyvelerini toplamak için şart olsaydı, Allah bu davayı bütün insanlığın davası kılmazdı. Bu risaleti de en son risalet yapmazdı. Son zamana kadar yeryüzündeki bütün insanların işlerini bu risalete bırakmazdı...

Ancak Yüce Allah, Zikr'in korunmasını üstlenmiştir. Bu davanın, Rasûlullah *sallallahu aleyhi ve sellem*'den sonra gerçekleşeceğini, meyvesini vereceğini bildirmiştir. Allah, yirmi üç

---

451 *Tehzîbu Medârici's-Sâlikîn*, s. 293.
452 *Ruhbânu'l-Leyl*, s. 591.
453 İsrâ 17/82.

yıllık risâlet görevinden sonra Rasûlullah'ı yanına aldı. Bu dini ise onun ardından tâ kıyamete kadar bâki kıldı.

Bu ilk neslin beslendiği ana kaynak, Kur'ân idi. Rasûlullah *sallallahu aleyhi ve sellem*'in hadisleri ve sünnetleri ise, bu kaynağın işaretlerinden biriydi.

Âişe *radıyallahu anhâ*'ya, Rasûlullah *sallallahu aleyhi ve sellem*'in ahlâkı sorulduğunda, 'Onun ahlâkı Kur'ân idi'[454] diye cevap vermiştir."[455]

Sahâbenin, Kur'ân ile olan ilişkisi hakkında da şöyle der: "İlk dönemin örnek nesli, Kur'ân'ı kültür geliştirme, bilgi edinme, haz duyup tatmin olma gibi amaçlarla okumazdı.

Onlardan hiçbiri sadece kültürünü artırmak ya da ilmî ve fıkhî iddialarına yeni bir kaynak bulmak ve böylelikle sözlerini doldurmak için Kur'ân okumuyordu. Onlar, Kur'ân'ı sadece Allah'ın emrini öğrenmek için okuyorlardı. İçinde yaşadıkları toplumla, kendilerinin ve toplumun yaşadığı hayatla ilgili Allah'ın emirlerini öğrenmek için okuyorlardı. Bu kitabın emirlerini, bir askerin, savaş alanında günlük emri alır almaz hemen yerine getirmesi gibi derhal yerine getirmek için okuyorlardı. Onlardan hiçbiri tek bir şeye takılıp kalmıyordu. Çünkü ne kadar fazla dalarsa, omzuna o kadar görev ve yük alacağını hissediyordu. İbn Mes'ûd'dan rivayet edilen hadiste geçtiği gibi, on âyetle yetiniyor, onları ezberliyor ve onlarla amel ediyorlardı."[456]

---

454 Ahmed b. Hanbel, VI, 91, 163, 216.

455 Bkz. *Meâlim fi't-Tarîk*, s. 11-12.

456 İbn Kesîr, tefsirinin mukaddimesinde anlatır.

"İşte bu şuur... Verilen emri yerine getirmek için alma şuuru... Bu, onlara Kur'ân'daki varlık ve bilgi ufuklarını açıyordu. Eğer onlar Kur'ân'a, araştırma, bilgi edinme ve inceleme amacıyla yaklaşsalardı, gözlerinin önüne hiçbir şey açılmazdı. Böylece amel etmeleri kolaylaşır, mükellefiyetlerin ağırlığı hafiflerdi. Oysa Kur'ân onların özüne karışmıştı; içlerinde ve yaşamlarında onları pratik bir metoda bağlamıştı. Kur'ân zihinlerde sıkışıp kalan, sayfaların arasında boğulup duran bir kaynak olmaktan çıkmış, hareket eden bir kültüre dönüşmüştü. Böylelikle hayatın akış çizgisini değiştiren izler ve olaylar oluşturdu. Şüphesiz Kur'ân, ancak kendisine bu ruhla, amel etmekten doğan bilgi ruhuyla yönelenlere hazinelerini açar.

Kur'ân, aklın hoş vakit geçirmesi için gelen bir kitap değildir. Kur'ân, bir edebiyat ve sanat, hikâye ve tarih kitabı da değildir. -Her ne kadar bütün bunlar Kur'ân'da yer alıyorsa da- Kur'ân, hayat metodu olmak için gelmiştir. İlahî ve tertemiz bir metot olarak..."[457]

Kur'ân'dan Yararlanmanın Şartları

Eğer Kur'ân mucizeler meydana getiriyor, kalpleri canlandırıyorsa, ne oluyor da bizim kalplerimizde bunu yapmıyor? Şüphesiz Kur'ân'a, sahâbenin Kur'ân'a yaklaştığı benzer duygularla yaklaşmadığımız sürece, Kur'ân, onların kalplerinde yaptığını bizim kalplerimizde yapmayacaktır.

"Kur'ân'a, incelemek ve haz duymak için değil, Allah'ın emirlerini yaşamak ve uygulamak için başvurmalıyız. Allah'ın bizden nasıl olmamızı istediğini öğrenmek için ona başvurmalıyız. Bu yolda Kur'ân'daki edebî güzelliklerle, muhteşem

---

457 Bkz. *Meâlim fi't-Tarîk*, s. 14-15.

hikâyelerle, kıyamet sahneleriyle, vicdan mantığıyla ve bunun gibi incelemek ve haz duymak isteyen kimselerin aradığı şeylerle karşılaşacağız.

Ancak bütün bunlarla karşılaşmamız, bizi asıl hedefimizden uzaklaştırmayacaktır. Çünkü asıl hedefimiz, Kur'ân'ın bizden yapmamızı ve düşünmemizi istediği şeyleri düşünmektir. Allah hakkındaki bilgimiz nasıl olacak? Hayattaki pratik sistemimiz, ahlâkımız ve durumumuz nasıl olacak?"[458]

Kur'ân ile bu tür bir ilişkide bulunabilmemiz için temel bir şartın yerine getirilmesi gerekir. Bu şart, kalpleri Allah korkusuyla doldurmaktır.

Rabbimiz şöyle buyurmaktadır: ***"Tehdidimden korkanlara Kur'ân'la öğüt ver."***[459]

Bu anlamı ifade eden birçok âyet vardır. Bakara sûresinin ilk âyetlerinde bu şart açık olarak görülür: ***"Elif. Lâm. Mîm. O kitap (Kur'ân); onda asla şüphe yoktur. O, müttakîler (sakınanlar ve arınmak isteyenler) için bir yol göstericidir."***[460]

"Tâ. Hâ. Biz, Kur'ân'ı sana, güçlük çekesin diye değil, ancak Allah'tan korkanlara bir öğüt olsun diye indirdik."[461]

İşte bu Kur'ân, şu anda elimizde olan Kur'ân'dır. Ancak önemli olan, onunla ilişki içinde bulunan ve ona yönelen

---

458 *Meâlim fi't-Tarîk*, s. 18.

kalplerdir: *"De ki: O, inananlar için doğru yolu göste-*
ren bir kılavuzdur ve şifadır. İnanmayanlara gelince,
onların kulaklarında bir ağırlık vardır ve Kur'ân on-
lara kapalıdır. (Sanki) onlara uzak bir yerden bağırı-
lıyor (da Kur'ân'da ne söylendiğini anlamıyorlar.)"[462]

Kur'ân okumaktan beklenen amacın gerçekleşmesi
için, ona yönelen canlı bir kalbin olması gerekir: *"Biz ona*
(Peygamber'e) şiir öğretmedik. Zaten ona yaraşmaz-
dı da. Onun söyledikleri, ancak Allah'tan gelmiş bir
öğüt ve apaçık bir Kur'ân'dır. Diri olanları uyarsın ve
kâfirler cezayı hak etsinler diye."[463]

Dolayısıyla Kur'ân, en üstün öğüt ve en büyük uyarıcıdır.
Peki, ama kime?

Yüce Allah şöyle buyurmaktadır: *"(Allah'tan) korkan*
öğütten yararlanacak."[464] *"İşte bunda, ahiret azabından*
korkanlar için elbette bir ibret vardır."[465] Kur'ân'dan fayda-
lanacak olanlar, Allah'tan korkanlardır. Kur'ân, onların korkusu-
nu ve huşûsunu artırır.

Allah Teâlâ şöyle buyurur: *"Rablerinin huzurunda top-*
lanacaklarından korkanları onunla (Kur'ân ile) uyar.
Onlar için Rablerinden başka ne bir dost ne de bir ara-
cı vardır; belki sakınırlar."[466]

---

462   Fussilet 41/44.

463   Yâsîn 36/69-70.

464   A'lâ 87/10.

465   Hûd 11/103.

466   En'âm 6/51.

Bunun için, -büyük önemine rağmen- bu metodun düzenlenmesi, ikinci aşamada yer alır.

İlk metot, Âlemlerin Rabbinin kelâmına yönelmek için kalbi uygun duruma getirir, böylece doğru olan yere yerleşir. Korku kalpten ayrıldığında, kişinin Kur'ân'dan faydalanması zorlaşır. Allah'ın şu buyruğunu düşün: ***"Bu (Kur'ân), bütün insanlığa bir açıklamadır; takvâ sahipleri için de bir hidayet ve bir öğüttür."***[467]

İşte âyetler… İnsanların geneline hitap ettiğinde, akılların yöneldiği bir açıklama; Allah'tan korkanlara hitap ettiğinde ise, kalplerin yöneldiği bir hidayet ve öğüt seviyesindedir.

O hâlde Kur'ân'ın -gerçek- ilmine, havasına girmek istediğimizde, kalplerimizdeki Allah korkusunu artırarak Kur'ân'a yönelmeye hazırlanmalıyız.

Bir kimse "Kişi, işaret ettiğinize uygun şartları gerçekleştirmeden Kur'ân okuyor. Bununla birlikte, okuduğu âyetlerin birtakım anlamları aklına geliyor" diye itirazda bulunabilir.

Şüphesiz Kur'ân'dan belirli bir süre etkilenmek başka bir şey, onunla amel etmek başka bir şeydir. Kur'ân okumaktan kastedilen ise, onunla amel etmektir.

Âyetlerden çıkarılan anlamların pratik uygulamaya dönüşmesi için Kur'ân ile ilişkide olan kalbin, onunla amel etmesinin gerekliliğini hissetmesi gerekir.

Allah'tan korkan, hassas bir kimsedir. Kendisine güven telkin eden her nasihate kulak verir. Kendisini güvende hisseden ise, bunun aksini yapar.

---

467   Âl-i İmrân 3/138.

Bu konuda bir öğrenci örnek olarak verilebilir. Eğitim yılının başında ve sonundaki duyguları nasıl olur? Eğitim yılının başında, yılsonu imtihanlarını düşünür. Ancak imtihanlar için kalan zamanın uzunluğundan dolayı kendisine hâkim olan güven duygusuyla hareket eder. Bu öğrenci, ihtiyaç hissetmediğinden, çoğunlukla kalan kısa sürede ders çalışmaya zaman bulamaz, çevresindeki yönlendirmeleri ve kendisine yapılan nasihatleri önemsemez.

İmtihan günleri yaklaştığında, başarısız olmaktan duyduğu korku ve dikkati artar. Ders çalışma süresini uzatır, her insandan aldığı bütün nasihat ya da yönlendirmelere kulağını ve aklını verir. Bütün bunlar, imtihandan duyduğu korkunun artmış olmasından dolayıdır.

Evet... Yılın başında çevresindekilerin bazı nasihatlerini anlamıştır fakat bu nasihatler endişesizliği ve korkusunun azlığından dolayı onu çalışmaya itmemiştir.

Bu noktada şunu diyebiliriz: Biz, Kur'ân'dan faydalanmak, onun yönlendirmelerini hayatımızda uygulamak istediğimizde, ona korkan ve titreyen, her an ölümü bekleyen kalplerle yönelmek zorundayız. Rabbimiz şöyle buyurmaktadır: ***"Musa'nın öfkesi dinince levhaları aldı. Onlardaki yazıda Rablerinden korkanlar için hidayet ve rahmet (haberi) vardı."***[468]

İbn Kayyim şöyle der: "Mutluluk merkezi ve ekseni, tehdide inanmaktır. Kalp, tehditlere inanmayı bıraktığında, kimseden kurtuluş ümit etmeyecek derecede harap olur.

---

468 A'râf 7/154.

Allah Teâlâ, tehditlere inanan, ahiret azabından korkan kimsenin âyetlerden ve öğütten faydalanacağını bildirir. İşte uyarılmaları ve âyetlerden faydalanmaları istenenler onlardır. Rabbimiz şöyle buyurmaktadır: *'Sen ancak ondan korkanları uyarırsın.'*[469]

Kur'ân'la Nasıl Canlanırız?

Kur'ân'dan faydalanma şartını yerine getirmek istediğimizde, ona güzel bir şekilde yönelmeli, kulaklarımızı, akıllarımızı ve kalplerimizi ona vermeli, onun muhatabıymış gibi onunla ilişki içinde olmalıyız.

Rabbimiz şöyle buyurmaktadır: *"Şüphesiz ki bunda aklı olan veya hazır bulunup kulak veren kimseler için bir öğüt vardır."*[470]

Seyyid Kutub bu anlamı şu sözleriyle onaylar: "Bu Kur'ân, Müslüman ümmetin kuşakları tarafından dikkatle okunmalı, bilinçli bir şekilde algılanmalıdır. Bu Kur'ân, günümüzün meselelerini çözmek ve geleceğe uzanan yolumuzu aydınlatmak üzere sanki şimdi iniyormuşçasına canlı direktifler bütünü kabul edilerek üzerinde kafa yorulmalıdır. Yoksa Kur'ân sadece âhenkle okunması lazım gelen güzel sözler ya da bir daha geri gelmeyecek olan gerçeklerin tutanak defteri olarak düşünülmemelidir.

Biz bu Kur'ân'ı gerek bugün, gerekse yarınki hayatımızdaki yönlendirmelerini bulmak için okumadıkça, ondan asla faydalanamayız. Tıpkı ilk Müslüman topluluk gibi. Onlar Kur'ân'ı,

---

469 Nâziât 79/45. Bk. *Tehzîbu Medârici's-Sâlikîn.*
470 Kâf 50/37.

o günkü pratik hayatlarına ait direktifleri almak amacı ile okuyorlardı. Kur'ân'ı bu bilinçle okuduğumuz takdirde, aradığımız şeyi onda buluruz. Onda, akılların ucundan bile geçmeyen şaşırtıcı ifadeler buluruz. Onun kelimelerinin, cümlelerinin ve direktiflerinin canlı, nabzı atan ve hareket eden, yolumuzun kritik dönemeçlerine işaret eden canlı varlıklar olduklarını görürüz...

Kalplerimiz ile Kur'ân arasında kalın bir duvar vardır. Biz Kur'ân'ı sadece ibadet amacıyla ahenkle okunması gereken bir kitap kabul edip onu bu şekilde okur ve ona bu şekilde kulak verirsek, onun günlük beşerî hayatımızın uygulamalarıyla hiçbir ilgisi olmaz."[471]

Devamla şöyle der: "Şüphesiz Kur'ân, bu evren gibi sürekli bir âyettir. Evren, Allah'ın bakılan kitabı; Kur'ân ise Allah'ın okunan kitabıdır. Her ikisi de Eşsiz Yaratıcı'ya işaret ve tanıklıkta bulunur. Evren, hareket etmekte, Allah'ın kendisi için takdir etmiş olduğu görevi yerine getirmektedir. Güneş, kendi yörüngesinde akmakta, ay, yeryüzü, diğer yıldızlar ve gezegenler görevlerini yerine getirmektedirler. Zamanın uzaması, onların görevlerini yapmalarını engelleyemez. Kur'ân da insanlık için olan görevini yerine getirir. İşte hâlâ varlığını sürdürmektedir. İnsan da aynı insandır. İnsan, fıtratında ve gerçeğinde böyle olduğu sürece, Allah'ın hitabı olan bu Kur'ân da insana seslenecektir. Hitap değişmez; çünkü insan aynıdır, başka bir varlığa dönüşemez. Çevresindeki şartlar ve olaylar ne kadar değişirse değişsin, bu şartlar ve olaylara ne kadar etki ederse etsin ya da bunlardan ne kadar etkilenirse etkilensin, Kur'ân, değişmeyecek olan fıtratına ve hakikatine seslenir. Allah'ın

---

471 *Fî Zılâli'l-Kur'ân*, s. 348.

son hitabı olduğundan ve tabiatı, herhangi bir değişime uğramadan sabit olduğu hâlde hareket eden bu sabit evrene benzediğinden dolayı, insanın, bugünkü ve yarınki hayatına yön verebilir. Çünkü o, bunun için hazırlanmıştır."[472]

Düşünmeyi Terk Edenlere Uyarı

Rasûlullah *sallallahu aleyhi ve sellem* şöyle buyurur: ***"Namaz, nurdur; sadaka, kanıttır; sabır, ziyadır; Kur'ân ise lehine veya aleyhine bir delildir."***[473]

İbn Mes'ûd'un şöyle dediği rivayet edilmiştir: "Kıyamet günü Kur'ân gelir, kendisini okuyana şefaat eder ve onu cennete götürür ya da aleyhine tanıklıkta bulunur ve onu cehenneme götürür."

Ebu Musa el-Eş'arî şöyle demiştir: "Şüphesiz bu Kur'ân, sizin için sevap ya da günahtır. Kur'ân'a tabi olun, Kur'ân'ı kendinize uydurmayın (size tabi olmasın)! Kim Kur'ân'a tabi olursa, Kur'ân ona cennet bahçesini indirir. Kim de Kur'ân'ı kendisine uydurursa, Kur'ân onu başından tutar ve cehenneme fırlatır."

Seleften biri şöyle demiştir: "Bir kimse Kur'ân meclisinde oturduğunda oturduğu gibi kalkmaz; ya kazançlı ya da zarar etmiş olarak kalkar." Sonra şu âyeti okumuştur: ***"Biz, Kur'ân'dan öyle bir şey indiriyoruz ki o, mü'minler için şifa ve rahmettir; zalimlerin ise yalnızca ziyanını artırır."***[474]

472 *Fî Zılâli'l-Kur'ân*, s. 349.

473 Müslim, Tahâre 1.

474 İsrâ 17/82. Bk. İbn Receb, *Câmiu'l-Ulûm ve'l-Hikem*, s. 267.

Böylece, Rasûlullah *sallallahu aleyhi ve sellem*'in, *"Kur'ân ise lehine veya aleyhine bir delildir"* sözü anlaşılır. Kim âyetlerinden ve anlamlarından gafil bir şekilde Kur'ân'ı okursa, bu şekilde Kur'ân'ı kendi aleyhine bir delil kılmış olur. Bir direktif barındıran her âyete tabi olman gerekir. Her kim buna dikkat etmezse, kıyamet günü âyetler kendilerinin okunduğu ancak faydalanılmadığı yönünde kişinin aleyhinde tanıklık eder.

Tıpkı İbn Ömer *radıyallahu anh*'ın dediği gibi: "Kur'ân'ın her harfi, 'Ben, Allah'ın, benimle amel etmen ve öğütlerime kulak vermen için sana gönderdiği bir elçisiyim' der."[475]

Rabbimiz şöyle buyurmaktadır: *"Onlar Kur'ân'ı düşünmüyorlar mı? Yoksa kalpleri kilitli mi?"*[476]

Peygamber *sallallahu aleyhi ve sellem* şöyle buyurur: *"Ümmetim arasında, yüzleri tıraşlı, Kur'ân okuyan ancak okudukları Kur'ân'ın boğazlarından aşağıya inmediği insanlar vardır. Onlar, okun yaydan fırlayıp çıktığı gibi dinden çıkarlar. Onlar, ahlâk ve karakter olarak en kötü kimselerdir."*[477]

Rasûlullah *sallallahu aleyhi ve sellem*, ashabına Hâricîleri tanımladığında, onların Kur'ân'ı okuduklarını ancak okudukları Kur'ân'ın boğazlarından aşağıya inmediğini söylemişti. Bunun anlamı, eğer Kur'ân onların boğazlarını geçecek ve kalplerine girecek olsa, ondan faydalanacakları, orta yolu tutacakları, eğilim gösterdikleri tarafa meyletmeyecekleridir.

---

475   Mennâ el-Kattân, *Mebâhis fî Ulûmi'l-Kur'ân*, s. 186.

476   Muhammed 47/24.

477   Ahmed b. Hanbel, V, 176. Hadis sahihtir. Bk. Elbânî, *Sahîhu'l-Câmii's-Sagîr*, no: 2240.

-İbn Mes'ûd'un dediği gibi- Kur'ân'da öncekilerin ve sonrakilerin ilmi varsa bu niçin olmasın?[478]

Yine Abdullah b. Mes'ûd *radıyallahu anh* şöyle diyordu: "Şüphesiz Kur'ân okuyan, ancak okudukları köprücük kemiklerini geçmeyen topluluklar vardır. Kur'ân kalbe ulaşır ve oraya yerleşirse, faydalı olur."[479]

Hasan *radıyallahu anh* **"Sana bu mübarek Kitab'ı, âyetlerini düşünsünler ve aklı olanlar öğüt alsınlar diye indirdik"**[480] âyetini okuduktan sonra şöyle demiştir: "Kur'ân'ı düşünmek, harflerini ezberlemek ve harflerin hakkını vermekle değil, ancak ona tabi olmakla gerçekleşir. Hatta bir kimse 'Kur'ân'ın tamamını okudum, tek bir harf bile eksik okumadım' der. Allah'a yemin olsun ki, o, Kur'ân'ın tamamını eksiltmiştir. Onun ne ahlâkında ne de amelinde Kur'ân görebilirsin."[481]

Ahmed b. el-Hıvarî'nin şu sözünü düşün: "Ben Kur'ân okur, âyet âyet ona bakarım. Aklım âyetlere şaşırır. Bazı Kur'ân hâfızlarına hayret ediyorum. Rahmân'ın kelâmını okurken nasıl uykudan hoşlanılır ve dünyalık işlerle meşgul olunabilir? Eğer okuduklarını anlasalar ve bilselerdi, ondan lezzet alır, uykunun gitmesi için onunla yalvarır ve rızıklarından dolayı mutlu olurlardı."[482]

"Eğer beni sevdiğini iddia ediyorsan

---

478 *İhyâu Ulûmi'd-Dîn*, I, 424.

479 İbn Receb, ez-*Züll ve'l-İnkisâr*. Sözü, Müslim rivayet etmiştir.

480 Sâd 38/29.

481 *Ruhbânu'l-Leyl*, I, 604.

482 *Ruhbânu'l-Leyl*, 1, 597.

Niçin kitabımı terk ediyorsun?

Onda olanları düşünseydin

Hitabımın tadını görürdün."

Malik b. Dînâr şöyle derdi: "Ey Kur'ân'ı taşıyanlar! Kur'ân kalplerinize ne ekti? O Kur'ân ki, mü'minin baharıdır. Tıpkı yağmur yüklü bulutların yeryüzüne bahar getirmesi gibi. Allah, gökyüzünden yeryüzüne yağmur indiriyor, bu su otlara değiyor, tane canlanıyor. Değdiği yer titriyor, yeşilleniyor... Ey Kur'ân'ı taşıyanlar! Kur'ân sizin kalplerinize ne ekti? Sûre ashabı nerede? Nerede o iki sûredeki ashab! Bu sûrelerle ne kadar amel ettiniz?"[483]

Ebu Hâmid el-Gazzâlî şöyle demiştir: "Tevrat'ta şöyle geçer: Ey kulum! Benden utanmıyor musun? Sen yolda yürürken, bazı kardeşlerin sana bir kitap getirdi. Sen yoldan ayrıldın, onu harf harf okumak ve düşünmek için oturdun. Hatta hiçbir harfini kaçırmadın. Bu, sana indirdiğim kitaptır. Sözümü senin için nasıl açıkladığıma bak! Uzunluğunu ve genişliğini düşünmen için sana kaç defa tekrar ettim! Sonra sen ondan yüz çevirdin. Yoksa ben, senin için bazı kardeşlerinden daha mı değersizim? Ey kulum! Bazı kardeşlerin senin için oturdu. Tamamen ona dön ve kabul et. Onun sözüne kalbinle kulak ver! Eğer konuşan bir kimse ya da bir iş seni onun sözünden alıkoyarsa, elinle ona susmasını söyle. İşte ben sana yöneldim ve sana konuşuyorum. Sen ise kalbinle benden yüz çeviriyorsun. Yoksa beni, yanında bulunan bazı kardeşlerinden daha mı değersiz görüyorsun?"[484]

---

483 *Ruhbânu'l-Leyl*, 1, 594.
484 *İhyâu Ulûmi'd-Dîn*, I, 426.

Düşünmeyi Terk Edenin Mazereti Yoktur

Bir kimse, "Ben, ilmimin azlığı ve Kur'ân âyetlerinden birtakım sonuçlar çıkaramadığımdan dolayı Kur'ân üzerinde düşünemiyorum" derken, bir başkası "Ben ne okumayı ne de yazmayı biliyorum. O hâlde nasıl Kur'ân'ı öğrenip onu düşünebilirim" diyor.

İmam Kurtubî, *"Eğer biz bu Kur'ân'ı bir dağa indirseydik, muhakkak ki onu, Allah korkusundan baş eğerek, parça parça olmuş görürdün. Bu misalleri insanlara düşünsünler diye veriyoruz"*[485] âyetinin tefsirinde bu kimselere şöyle cevap verir:

"Yüce Allah, Kur'ân'ın verdiği öğütler üzerinde düşünmeye teşvik ediyor ve düşünmeyi terk etmenin geçerli bir mazeret olmadığını açıklıyor. Çünkü eğer dağlara akıl verilip bu Kur'ân ile dağlara hitap edilecek olsaydı, o dağların Kur'ân'ın verdiği öğütlere boyun eğdiğini, sağlam ve güçlü yapılarına rağmen Allah korkusundan ötürü başlarını eğerek paramparça olduklarını görürdün. *'Bu misalleri insanlara düşünsünler diye veriyoruz.'* Yani Allah bu Kur'ân'ı dağa indirseydi, dağ Allah'ın vaadinden dolayı boyun eğer, tehdidi karşısında da paramparça olurdu. Ancak sizler, ey Kur'ân'ın i'câzı karşısında hiçbir şey yapamayanlar, O'nun vaatlerini arzulamıyor, tehditlerinden korkmuyorsunuz."[486]

İnsanın durumu ve kültürünün boyutları ne olursa olsun, dağların durumu gibi olmaz. Allah, bu katı, sağlam dağların, Kur'ân'ın üzerlerine inmesi hâlinde duydukları korkudan dolayı paramparça olacaklarını bildirir.

---

485 Haşr 59/21.

486 *el-Câmiu li Ahkâmi'l-Kur'ân*, I, 30.

Allah, Kur'ân'ı bütün insanlara indirmiş, onu tek bir grubun düşünmesine özgü kılmamıştır. Aksi hâlde bu, bazı kimselerin Kur'ân'dan faydalanmaya güç yetirememeleri konusunda mazeret gösterdikleri bir iddia olurdu.

Oysa aklı olan herkes, hayatını onunla planlayabilir, faydalı ile zararlıyı birbirinden ayırabilir ve Kur'ân üzerinde düşünmeye güç yetirebilir.

Ebu İmrân el-Cevnî şöyle demiştir: "Allah'a yemin olsun ki, Rabbimiz bu Kur'ân'da olanları bize bıraktı. Eğer dağlara bıraksaydı, onları yıkar ve diz üstü çöktürürdü."

Mâlik b. Dinâr, *"Eğer biz bu Kur'ân'ı bir dağa indirseydik..."*[487] âyetini okudu, ardından şöyle dedi: "Size yemin ederim ki, kul, kalbi titremedikçe bu Kur'ân'a iman edemez!"[488]

Şüphesiz Kur'ân, hidayet kitabı ve hayat metodudur. Allah, dünyamızda ve ahiretimizde bize fayda verecek olan şeyleri göstermek için onu indirmiştir. Eğer bu şekilde ondan faydalanamazsak, o zaman dilin hareket etmesinin ne değeri kalır?

Kur'ân'ı gerçek anlamda okumak, harflerini okumak ve düşünmeyi terk etmek değildir; Kur'ân'ı okumak, ona uymaktır.

İbn Kayyim şöyle der: "Kur'ân'ı gerçekten okumak, onun anlamlarını okumak ve ona uymaktır. Haberlerine inanmak, emirlerini yerine getirmek, yasaklarına uymak, onu önder kılmaktır; seni nereye götürürse götürsün ona tâbi olmandır. Kur'ân'ı okumak, lafızlarını ve manasını okumayı içerir.

---

487 Haşr 59/21.
488 *ez-Züll ve'l-İnkisâr*, s. 49.

Manasını okumak, sadece lafzını okumaktan daha üstündür. Kur'ân'ı bu şekilde okuyanlar, dünya ve ahirette övülen Kur'ân ehlidir. Onlar, Kur'ân okuyan ve gerçekten ona uyanlardır."[489]

Kur'ân okumanın faziletinden bahseden metinlere yönelip onları incelediğimizde, bunlardan kastedilenin, düşünmeyi terk etmeye neden olmayan okumayı artırmak olduğunu görürüz. Bununla birlikte, Kur'ân okumaktan kastedilen gerçek hedefin, Kur'ân âyetlerini düşünmek olduğuna işaret eden birçok âyet vardır. Rabbimiz şöyle buyurmaktadır: *"Sana bu mübarek Kitab'ı, âyetlerini düşünsünler ve aklı olanlar öğüt alsınlar diye indirdik."*[490]

Yüce Allah şöyle buyurmaktadır: *"Onlar Kur'ân'ı düşünmüyorlar mı? Yoksa kalpleri kilitli mi?"*[491]

Ebu Hamza dedi ki: İbn Abbâs *radıyallahu anh*'a "Ben Kur'ân'ı hızlı okuyorum. Bir oturuşta Kur'ân'ı baştan sona okuyorum" dedim. Bunun üzerine İbn Abbâs *radıyallahu anh* "Bakara sûresini yavaş bir şekilde okuman ve düşünmen, bana dediğin şekilde Kur'ân'ın tamamını okumandan daha hoş gelir" dedi.[492]

Hasan şöyle dedi: "Ey Âdemoğlu, amacın, okuduğun sûrenin sonuna ulaşmak iken, kalbin nasıl yumuşar?"

Zeyd b. Sâbit *radıyallahu anh*'a "Kur'ân'ın yedi gün içinde okunması hakkında ne dersin?" diye soruldu. Zeyd "Bu

---

489 *Miftâhu Dâri's-Saâde*, I, 202-203.

490 Sâd 38/29.

491 Muhammed 47/24.

492 Muhammed b. Nasr, *Muhtasaru Kıyâmi'l-Leyl*, s. 64.

güzeldir. Ancak ben on beş günde ya da yirmi günde baştan sona okumayı daha çok severim. Peki, niçin böyle yaptığımı sor!" dedi. "Niçin böyle yapıyorsun?" diye sorulunca "Üzerinde durup düşünmek için" dedi.

Ali b. Ebî Tâlib *radıyallahu anh* şöyle derdi: "Tedebbür edilmeyen (üzerinde durup düşünülmeyen) okumada hayır yoktur."[493]

Mücâhid şöyle derdi: "Şüphesiz Kur'ân 'Bana uyduğun sürece seninle birlikteyim! Eğer benimle amel etmezsen, Allah, seni en kötü fiili işlerken cezalandırıncaya kadar seni izlerim' der."[494]

Salihlerin Kur'ân ile İlişkileri

Ashab-ı kiram ve onlara güzellikle tâbi olanlar, Kur'ân okumaktan kastedilen hedefin, onun üzerinde düşünerek okumak ve onunla amel etmek olduğuna kesin bir şekilde inanıyorlardı. Onların sözleri ve fiilleri buna işaret eder:

Abdullah b. Mes'ûd *radıyallahu anh* şöyle der: "Kur'ân'ın lafızlarını ezberlemek, bizim için zor, onunla amel etmek bizim için kolay olmuştu. Fakat bizden sonrakilere Kur'ân'ı ezberlemek kolay, onun gereğince amel etmek zor olacaktır."

İbn Ömer *radıyallahu anh* şöyle derdi: "Bu ümmetin ilkleri döneminde Rasûlullah *sallallahu aleyhi ve sellem*'in ashabından faziletli olan bir kimse, Kur'ân-ı Kerîm'den ancak bir sûre ya da ona yakın bir miktar ezberlerdi. Onlara Kur'ân gereğince amel etmek ihsan edilmişti. Bu ümmetin sonrakilerinin

---

493 Muhammed b. Nasr, *Muhtasaru Kıyâmi'l-Leyl*, s. 63-64.
494 Muhammed b. Nasr, *Muhtasaru Kıyâmi'l-Leyl*, s. 78.

ise küçüğü de körü de Kur'ân-ı Kerîm'i okuyacak fakat onun gereğince amel etmek, onlara ihsan edilmeyecektir."[495]

Ömer b. el-Hattâb *radıyallahu anh*, Bakara sûresini on iki yılda öğrendi. Bakara sûresini tamamladığında, bir deve kurban etmişti.[496]

Hasan el-Basrî şöyle dedi: "Ömer *radıyallahu anh*, geceleyin Kur'ân okurken bir âyete takılır, bayılıncaya kadar ağlar, evinden ayrılmazdı. Hatta insanlar, hasta olduğu düşüncesiyle onun ziyaret ederlerdi."

Ashabdan Kur'ân'ın hâmili olan birçok kimse vardı. Bunlardan Ebu Huzeyfe'nin âzâdlı kölesi Sâlim, Yemâme günü ashab-ı kiram, muhacirlerin bayrağını ona verdikten sonra şöyle diyordu: "-Eğer kaçarsam- ben ne kötü bir Kur'ân hâmiliyim!" Sağ kolu kesildi, bayrağı sol koluyla tuttu. O da kesildi. Bunun üzerine öldürülünceye kadar ona sarıldı.[497]

Temîm ed-Dârî bir makama atandığında, Câsiye sûresini okumaya başladı. ***"Yoksa kötülük işleyenler ölümlerinde ve sağlıklarında kendilerini, inanıp iyi ameller işleyen kimseler ile bir mi tutacağımızı sandılar? Ne kötü hüküm veriyorlar!"***[498] âyetine geldiğinde, bu âyeti tekrarlamaya başladı ve sabaha kadar ağladı.

Ubâde b. Hamza, babasının şöyle dediğini rivayet etmiştir: Esmâ *radıyallahu anhâ* beni çarşıya göndermişti. Ben giderken, o Tûr sûresine başlamış, ***"Allah bize lütfetti de***

---

495 *el-Câmiu li Ahkâmi'l-Kur'ân*, I, 31.

496 *el-Câmiu li Ahkâmi'l-Kur'ân*, I, 20.

497 *el-İsâbe fî Temyîzi's-Sahâbe*, III, 13.

498 Câsiye 45/21.

bizi vücudun içine işleyen azaptan korudu"[499] âyetine ulaşmıştı. Ben çarşıya gidip döndüğümde, o hâlâ ***"Allah bize lütfetti de bizi vücudun içine işleyen azaptan korudu"*** âyetini tekrarlıyordu.

İbn Teymiyye, kaledeki hücresinde, kitaplardan uzak iken, bütün vaktini Kur'ân ile geçiriyordu. Bu deneyimi hakkında şöyle diyordu: "Allah, bu kalede birçok âlimin temenni edip elde edemediği Kur'ân manalarını ve usûl ilmi ile ilgili birçok şeyi bana nasip eylemiştir. Zamanımın büyük bir bölümünü Kur'ân'ın anlamlarını düşünmeden geçirmiş olmaktan dolayı pişmanım."[500]

İslâm şâiri -Muhammed İkbal- Kur'ân ile olan bir anısını anlattıktan sonra şöyle der: "Her gün sabah namazından sonra Kur'ân okumaya niyet etmiştim. Babam beni görüyor ve ne yaptığımı soruyordu. Ben 'Kur'ân okuyorum' diyordum. Bu şekilde üst üste üç yıl geçti; o bana aynı şeyi soruyor, ben de aynı cevabı veriyordum. Bir gün ona 'Babacığım, niye bana hep aynı soruyu soruyorsun? Sana tek bir cevap veriyorum. Ancak bu cevap, senin yarın aynı soruyu sormana engel olmuyor!' dedim. Babam 'Ben, sadece sana 'Oğlum! Kur'ân'ı, sana indirilmiş gibi oku!' demek için soruyorum' dedi.

O günden itibaren, Kur'ân'ı anlamaya ve ona yaklaşmaya başladım. Kazandığım şeyler onun nurundan, söylediğim sözler onun incilerindendir."[501]

---

499 Tûr 52/27.
500 *Kitabu'l-Îmân*'ın önsözü, s. 20-21. (Kitabın muhakkiki Muhammed ez-Zebîdî'nin, Şeyhulislâm İbn Teymiyye hakkında yazdığı biyografiden)
501 *Ravâiu İkbâl*, s. 39.

Kur'ân'ı Düşünerek Okumak Fikirler Üretir

Şüphesiz Kur'ân'ı düşünerek okuyan, onun manasına göre yaşayan kimse, Kur'ân'ın, aklına hâkim olmasından ve hayallerini kontrol altına almasından dolayı birçok anlam ve fikirle karşılaşır.

İbn Kayyim der ki: "Kur'ân'ı düşünen kimseye gelince; o, kalbinin bakışlarını Kur'ân'a çevirmiştir. Onu düşünmek ve ak-letmek için fikirlerini toplamıştır ki, Kur'ân'ın nâzil olmasındaki hedef budur. Anlamadan ya da düşünmeden okumak değil-dir. Allah Teâlâ şöyle buyurur: *'Sana bu mübarek Kitab'ı, âyetlerini düşünsünler ve aklı olanlar öğüt alsınlar diye indirdik.'*[502] *'Onlar Kur'ân'ı düşünmüyorlar mı? Yoksa kalpleri kilitli mi?'*[503] *'Onlar bu sözü (Kur'ân'ı) hiç düşün-mediler mi?'*[504] *'Biz onu iyice anlayasınız diye Arapça bir Kur'ân yaptık.'*[505] Hasan el-Basrî dedi ki: 'Kur'ân, düşünülmesi ve kendisiyle amel edilmesi için indirilmiştir. Ancak (sonradan gelenler) sadece onun okunuşunu amel kabul ettiler.'

Kulun, yaşamında ve ölümünde, Kur'ân'ı düşünerek oku-masından daha faydalı, onu kurtaracak daha yakın bir yol yoktur. O, düşünerek okumakla Kur'ân âyetlerinin manaları hakkında birçok fikre sahip olmuştur. Kuşkusuz bu, kulun iyi ve kötü her özelliğe, iyi ve kötü yollara, bunların nedenlerine ve sonuçlarına, meyvelerine, bu yolda bulunanlara dikkat et-mesini sağlamıştır. İman sütunları kalbine yerleşmiş, binasını dikmiş, desteklerini sağlamlaştırmış, dünya ve ahiretin, cennet

502 Sâd 38/29.

503 Muhammed 47/24.

504 Mü'minûn 23/68.

505 Zuhruf 43/3.

ve cehennemin şeklini kalbine kurmuştur. Bu yapı, insanların arasında iken onu buna hazırlar, onların arasında iken kıyameti sakin karşılamasına neden olur, ona ibret alınacak yerleri gösterir, Allah'ın adalet ve ihsanına şahit tutar, Allah'ı, isimlerini, sıfatlarını ve fiillerini, Allah'ın sevdiklerini ve buğzettiklerini, Allah'a ulaştıran yolu, Allah'a ulaşmak isteyenlerin O'nu izlemesi gerektiğini, yoldaki eşkiyaları ve yoldaki afetleri öğretir. Yine ona nefsi ve özelliklerini, amelleri geçersiz kılan şeyleri ve amelleri doğrultan şeyleri, cennet ehlini, cehennem ehlini ve onların amellerini, onların durumlarını ve yüzlerini, mutlu ve mutsuz kimselerin derecelerini, insan gruplarını ve onların üzerinde toplandıkları şeyleri ve ayrıldıkları şeyleri öğretir.

Kısaca, kendisine dua edilen Rabbi, Rabbe giden yolu, O'nu izlemesi hâlinde kazanacağı ihsanları tanıtır.

Bunların karşılığında ona şu üç şeyi de öğretir: Şeytanın çağırdığı ameller, şeytana götüren yol, şeytanın çağrısına uyduktan sonra karşılaşacağı azap ve ihanet.

Kulun, bu altı gerekli şeyi öğrenmesi, onlara bakması ve onları incelemesi gerekir. Bu fikirler, ona, kıyamet alanında imiş gibi ahireti gösterir, âlimin ihtilaf ettiği her şeyde hak ve bâtılı birbirinden ayırma anlayışı verir. Ona hakkı hak, bâtılı bâtıl gösterir. Hidayet ile dalaleti ayıran Furkân ve nuru, sapıklık ile doğru yolu verir. Onun kalbine güç verir. Geniş bir hayat, mutluluk ve neşe verir. Böylelikle insanların arasında iken, başka bir ortamda olur."[506]

---

506 *Tehzîbu Medârici's-Sâlikîn*, s. 243-244.

Kur'ân'ı Anlamak İçin En Yakın Yol

Hasan el-Bennâ diyor ki: "Kur'ân'ı anlamak için en yakın yol, kalbindir. Çünkü mü'minin kalbi, kuşkusuz Allah'ın Kitabı için en üstün tefsirdir. Anlamanın en kolay ve en yakın yolu, Kur'ân okuyan kimsenin düşünerek ve huşû duyarak okumasıdır. Bu, ona doğruyu ve yanlışı gösterir, Kur'ân okuma esnasında düşünmediği şeyleri bir araya getirir. Bununla birlikte, sahih Nebevî sirete yoğunlaşması gerekir. Yani esbab-ı nüzûle özgü bir şekilde, onların siretteki yerlerine ve onunla olan ilişkisine bakması gerekir. Doğru bir anlayış kazanma yolunda bundan büyük bir yardım görecektir.

Bundan sonra tefsir kitaplarını okuduğunda, kendisine basit gelen bir lafzın anlamı ya da kapalı bir ifadenin manası üzerinde durup düşündüğünde ve Allah'ın Kitabı'nı doğru anlamaya yardımcı olacak bir kültürü elde etmeyi istediğinde, bunlar anlaması için yardımcı olacaktır. Bundan sonra anlam, kalbin özüne ışıklarını gönderecektir."[507]

Hasan el-Bennâ'dan önce İbn Kayyim bu manayı şu sözlerle ifade etmiştir: "Allah'a hicret yolculuğunun başı ve direği, kalbini meşgul edip sürekli düşünmeyerek, Kur'ân âyetleri üzerinde tefekkürde bulunmaktır. Kur'ân'ın manaları, kalbin düşünce mekânlarına yerleşir ve onun için bir tavır, kendisine uyulan bir komutan hâlini alırsa, işte o zaman kişinin yolculuğunu düzeltir, yolunu açar. Rüzgârla yarışacak derecede sakin olduğunu görürsün: *'Sen dağları görürsün de onları yerinde durur sanırsın. Oysa onlar bulutların yürümesi gibi yürümektedirler. (Bu,) her şeyi sapasağlam yapan*

---

507 *Mefâtîhu't-Teâmul mea'l-Kur'ân*, s. 140-141. (Hasan el-Bennâ'nın, Kur'ân Tefsiri adlı yazısının önsözünden.)

Allah'ın sanatıdır. Şüphesiz ki O, yaptıklarınızdan tamamıyla haberdardır.[508]

Eğer 'Sen büyük bir makama işaret ettin. Bu makamın kapısını benim için aç, perdesini çek! Harikalarına ve hazinelerine ulaşmak için Kur'ân üzerinde nasıl düşünecek ve anlayacaksın? Âlimlerin tefsirleri önümüzde; acaba onların açıklamadığı şeyler var mıdır?' diye sorarsan, ben şöyle cevap veririm:

Sana izleyeceğin, bu amaçta kendin için önder kabul edeceğin örnekler vereceğim. Allah Teâlâ şöyle buyurur: *'İbrahim'in ağırlanan misafirlerinin haberi sana geldi mi? (Bunlar meleklerdi.) Onlar İbrahim'in yanına girmişler, selam vermişlerdi. İbrahim de selamı almış, içinden, 'Bunlar, yabancılar' demişti. Hemen ailesinin yanına giderek semiz bir dana (kebabını) getirmiş, onların önüne koyup 'Yemez misiniz?' demişti. Derken onlardan korkmaya başladı. 'Korkma' dediler ve ona bilgin bir oğlan çocuğu müjdelediler. Karısı çığlık atarak geldi. Elini yüzüne çarparak 'Ben kısır bir kocakarıyım!' dedi. Onlar 'Bu böyledir. Rabbin söylemiştir. O, hikmet sahibidir, bilendir' dediler.*[509]

Sözüm sanadır. Bu âyetleri okuyup anlamlarını incelediğinde ve düşündüğünde, meleklerin İbrahim *aleyhisselâm*'a misafir kılığında gelip ona bilgili bir çocuğu müjdelediklerini, hanımının buna hayret ettiğini; meleklerin ise, 'Allah bunu söylemiştir' dediklerini görebilirsin; ancak düşünmen bundan öteye geçemez.

---

508 Neml 27/88.
509 Zâriyât 51/24-30.

Şimdi bu âyetlerdeki anlatacağım bazı sırlara kulak ver: Âyetler, İbrahim *aleyhisselâm*'a yapılan övgüleri, İbrahim *aleyhisselâm*'ın misafirlerin haklarını nasıl yerine getirdiğini, âyetlerin felsefeci ve bâtıl düşünceli kimselere nasıl bir cevap verdiğini, peygamberlik özelliklerinden büyük bir niteliği nasıl içerdiğini, İbrahim *aleyhisselâm*'ın ilim ve hikmetle cevap vermesine neden olan kemâl sıfatlara nasıl sahip olduğunu, en açık ve ince işaretlerle, öldükten sonra dirilişin gerçekleşeceğine nasıl işaret ettiğini, sonra bunun gerçekleşmesini, ardından Rabbimizin kendisini yalanlayan kavimlerden nasıl intikam aldığını içermektedir. Yine âyetler, İslâm ve iman ile aralarındaki farkı, Allah'ın tevhidini, gönderdiği elçilerin ve kıyamet gününün doğruluğunu içermektedir. Ancak mü'minlerin, kalbinde ahiret azabı korkusu bulunanların bu âyetlerden faydalanabileceğini, ahiret azabına inanmayan ve bundan korkmayanların ise bu âyetlerden asla faydalanamayacaklarını içermektedir."[510]

Sonra İbn Kayyim, *Zâdu'l-Muhâcir ila Rabbihi* adlı risalesinde bu sırları açıklamaya başlar.

Kur'ân'ı Düşünmek İçin Belirli Metotlar

Sadece dil ile Kur'ân okuma şeklinden, anlamlarını düşünme, hazinelerini çıkarma sırasında kalbin de hazır bulunması aşamasına geçiş, çaba, sabır ve -özellikle başlangıçta- ısrarlı olmaya ihtiyaç duyar. Aynı şekilde alıştırmaya, fiilî uygulamaya da ihtiyaç duyar. Doğru bir okuma ve okuma kaidelerini uygulamak için alıştırma yaparken, Kur'ân üzerinde düşünme tarzı hakkında da alıştırma yapmamız, Kur'ân'dan anlamlar

---

510 *Zâdu'l-Muhâcir ila Rabbihi*, s. 49-50.

çıkarmamız, bu anlamları fiilî görevlere çevirmemiz gerekmektedir. -Israrla devam etmemiz hâlinde- düşünerek okumaya yardım eden bazı özellikler vardır ki, bunlar şunlardır:

1. Kur'ân'dan faydalanma şartını gerçekleştirme,

2. Tilavet (okuma) âdâbı eğitimini alma,

3. Düşünme çabalarıyla birlikte doğru bir ilişki,

4. Düşünerek okumak için fiilî örneklere uyma.

1. Kur'ân'dan Faydalanma Şartını Gerçekleştirme

Önceki sayfalarda ayrıntılı bir şekilde bu noktaya işaret etmiştik. Burada bir kez daha vurguluyoruz ki, bu, düşünerek okumanın anahtarıdır.

Kur'ân'a doğru bir şekilde yönelen kimseler, Allah'tan ve O'nun azabından korkan kimselerdir.

Rasûlullah *sallallahu aleyhi ve sellem* şöyle buyurur: **"Kim korkarsa, akşam karanlığında yol alır. Kim akşam karanlığında yol alırsa, hedefine ulaşır..."**[511]

Evet... Bir kimse okuduğu ya da işittiği âyetlerden bazı fikirler çıkarabilir, bunlardan etkilenebilir. Fakat ihtiyaç duymadıkça, âyetlerin gereğini yerine getirmez. Ancak bu, korkan ve titreyen bir kalbe sahip olan kimse için geçerli değildir.

Rabbimiz şöyle buyurmaktadır: **"Tâ. Hâ. Biz, Kur'ân'ı sana, güçlük çekesin diye değil, ancak Allah'tan korkanlara bir öğüt olsun diye indirdik."**[512]

511　Tirmizî, Sıfatu'l-Kıyâme 18. Hadis sahihtir. Bk. Elbânî, *Silsiletu'l-Ehâdîsi's-Sahîha*, no: 2335.

512　Tâhâ 20/1-3.

2. Tilavet (Okuma) Âdâbı Eğitimini Alma

Okumaya başlamadan önce, kalplerimizi kuşatan, gözlerimizin Rabbânî nur ve feyizleri almasını engelleyen birtakım perdelerin olduğunu hissetmemiz gerekir. Bunun birçok nedeni vardır. En önemli nedeni, gaflet ve günahlardır. Bu ise bizim Allah'tan bağışlanma isteğinde bulunmamızı gerektirir. Rabbimiz şöyle buyurmaktadır: *"Hâlbuki sen onların içinde iken Allah, onlara azap edecek değildir. Ve onlar mağfiret dilerlerken de Allah onlara azap edici değildir."*[513]

Rabbânî nurdan yoksun olmak, azaptır... Anlamamak, azaptır... Bütün bunlar, dilden önce kalpten samimi olarak yapılan gerçek bir bağışlanma isteğine muhtaçtır. Belki böylelikle yol açılır ve nur girer.

Bağışlanma isteğinden sonra, Rasûlullah *sallallahu aleyhi ve sellem*'e salât ve selâm getirmemiz gerekir. Belki böylece, Allah'ın, sevgili kulu Mustafa *sallallahu aleyhi ve sellem*'e salât eden kimseye vaat ettiği rahmetine ulaşırız.

Sonra basit bir şey olsa dahi sadaka veririz. Çünkü sadaka, suyun ateşi söndürmesi gibi hataları söndürür, yok eder. Ardından Yüce Allah'a, bize güzel bir anlayış ve kalp huzuru bağışlaması için dua ederiz.

Tilavet âdâbının diğer şartlarına gelince; bunları, Salah el-Hâlidî'nin *Mefâtîhu't-Teâmul mea'l-Kur'ân* adlı eserinden nakledeceğiz. Bu şartlardan bazıları şunlardır:

1. Kur'ân okumak için, Allah'ın kullarına ifade ettiği, rahmetinden feyizlerin indiği uygun zamanı seçmek.

513 Enfâl 8/33.

En üstün zamanlar: Gecenin son üçte birlik bölümü olan sahur zamanı, ardından gece, fecr, sabah ve sonra da gündüzün kalan diğer vakitleri.

2. Uygun mekânı seçmek. Bu, Allah'ın bir evi (mescid) ya da meşgul ve rahatsız edilmeden yalnız kalabileceği, gürültü, çığlık ve dünyevî sözlerden, çocukların oyun ve eğlencelerinden uzak kalabileceği evinin bir köşesi olabilir.

Şüphesiz Kur'ân yağmur gibidir. Yağmurun, hazır bir yere etki edip katı şeylere ve kayaya etki etmemesi gibi, aynı şekilde Kur'ân'ın da etkileyebileceği düzgün bir çevreye inmesi gerekir. Orada etki oluşturur ve canlılık verir. Bu çevre, onu kabul edecek olan duygular ve kalplerdir.

3. Allah'a sığınmak ve O'ndan yardım dilemek; O'nun korumasını taleb etmek; O'na, zorda kalan ya da boğulmakta iken kurtulmak isteyen bir kimse gibi yönelmek; bütün güç ve kuvvetlerden, ilim ve akıldan, anlayış ve zekâdan arınmak; Allah kişiye düşünme, anlama, etkilenme ve tutunması yönünde ihsanda bulunmadıkça bütün bu şeylerin kendisine hiçbir faydası olmayacağına kesin bir şekilde inanmak.

4. Eûzu besmele çekmek. Allah'a olan istiâzenin mutlak anlamda gerçekleşmesi için, okuyucunun istiâzenin (sığınmanın) anlamını yaşaması, bunu düşünmesi, onu telaffuz ederken samimi olması gerekir. Bu, Allah'ın onu korumasını ve şeytanın tuzaklarından uzak tutmasını sağlar.

5. Nefsi meşgul eden şeylerden ve ihtiyaçlarından kurtulmak, okumaya yönelmeden önce nefsin isteklerini yerine getirmek. Çünkü ihtiyaçlar, giderilmediği zaman kalır, nefse rahat vermez ve nefsin ona takılmasına neden olur. Böylece

kalbin, düşünme, bilinç ve okuduğunu elde etmesini engeller. Kur'ân okuyucusunun -okuma esnasında- aç, susuz, tedirgin, endişeli ve sıkıntılı olmaması, çok soğuk ya da aşırı sıcak bir yerde bulunmaması, gelip gidenleri görebileceği halka açık bir yerde oturup onlarla meşgul olmaması, yemeğin gelmesini bekliyor olmaması ve duygularının onun gelmesiyle ilgileniyor olmaması gerekir.

6. Okuma esnasında düşüncelerini sınırlaması ve sadece Kur'ân ile birlikte bir düşünceye dalması, âyetler üzerindeki hayallerini kısa tutması, hayat biçimleri ve olgularıyla birlikte gezintiye çıkıp dolaşmasını engellemesi, bütün bilgi pencerelerini ve düşünme metotlarını, nefis, duygu, düşünce ve hayaldeki dünyalarını sadece Kur'ân için çalıştırması, bu düşünceden çıkmaya çalışan her şeyi tekrar eski konumuna getirmeye çalışması gerekir. Okuyucu bunu yaptığında, okumasından kendisi için büyük bir azık çıkarabilecek, parlak sonuçlar ve olgun meyveler devşirebilecektir.

7. Konularına ve bağlamlarına göre âyetlerden etkilenme ve heyecanlanma. Onun, müjde, ümit ve istek âyetlerini okuduğunda sevindiğini; korkutma ve tehdit âyetlerini okuduğunda ise üzülüp ağladığını görürsün. Nimet âyetlerini okuduğunda mutlu olur, azap âyetlerinde korkar. Duygularını, Rabbânî emir ve direktiflere, onlarla amel etmek, sakındırılan ve yasaklanan şeylerden ise uzak durmak için açar.

Nimet âyetini okuduğunda, Allah'tan nimete erişen kimselerden olmayı ister. Azap âyeti okuduğunda, ondan Allah'a sığınır. Kur'ân'ın sorularına cevap verir, emir ve sorumlulukları yerine getirir. Kâfirlerden ve onların özelliklerinden uzak durur, mü'minlere yönelir, onlara dostluk gösterir.

8. Okuyucunun, kendisinin âyetlerin muhatabı olduğunu hissetmesi. Bu, ona sorumluluklar yükler, bu duyguları yaşamasına neden olur. Bunun, nefsi ve bütün bedeni üzerindeki sonuçlarını ve etkilerini anlar. Böylelikle bir âyetin karşısında uzun bir süre durur ve onun kendisinden ne istediğini, kendisini neden sakındırdığını anlar. *"Ey iman edenler... Ey insanlar... Ey insan..."* ifadesiyle başlayan sorumluluk âyetleri onu durdurur. Bu âyetler karşısında bütün anlayış, etki ve sorgulama pencerelerini açar. Çünkü bu ifadelerden sonra uygulaması için bir emir, sakınması gereken bir yasak, bir azar ve uyarı ya da iyilik ve hidayete doğru bir yönlendirme vardır.[514]

3. Düşünme Çabalarıyla Birlikte Doğru Bir İlişki

Salah el-Hâlidî şöyle diyor: "Okuyucu, bütün varlığıyla birlikte Kur'ân'ı okuduğunda, Kur'ân'dan tüm bilgi sistemlerini ve cevaplarını aldığında, Kur'ân'dan birçok anlam ve telkin almış olacaktır. Zihnine ve duygularına, düşünceler, nükteler, bir anlık bakışlar ve işaretler yansıyacaktır. Bunun tadını alacak, huzur ve mutluluk bulacaktır. Hayatın anlamını öğrendiğinde, Allah'ın rahmeti ve nimetlerinin gölgesinde yaşayacaktır. O zaman mutluluğun tadını alacak, huzur ve inançla rahatlayacaktır.

Bulduğu, hissettiği ve yaşadığı bu şey, diğer âyetlere yöneldiğinde yok olacak ve son bulacaktır. Çünkü diğer âyetlerde yeni anlamlar bulacak, yeni tatlar alacaktır. Kur'ân'ın gölgesini terk edip dünyaya, dünyanın meşguliyetleri ve işlerine yöneldiğinde bunlar da yok olacak, son bulacaktır. Şeytan onu günaha, gaflete ve şehvete kaydırdığında da bu anlamlar yok olacaktır. Bunun için okuyucunun tek

---

514 *Mefâtihu't-Teâmul mea'l-Kur'ân*, s. 46-50.

tek yaşadığı şeyleri kaydetmesini, düşüncelerini, bakışlarını, bir anda aklına gelen nükteleri yazmasını, unutmadan ya da ayrılmadan önce bu anlamları ve hakikatleri kullanmasını istiyoruz. Bunu yapması durumunda iki mutluluk elde edecektir: Varlığıyla yaşadığı, duygularıyla tattığı, hisleriyle heyecanlandığı, onu hayatın gerçekleri ve tatlarına bırakan geniş bir mutluluk... Korumaya çalıştığı, çabaladığı, ihtiyaç hissettiği ve servet elde ettiği sırada yaşadığı ikinci mutluluk... Değerli, eski hazinelerden bir hazine saydığı; ilmi, bilgisi, hakikatleri ve inancından taşan bir sermaye; bol bol su veren, ihtiyaç duyup kendisine yöneldiğinde, ona azık, yakıt, güven, iman ve sebat veren bir pınar...

Kur'ân okuyucusunun yanında, okuma esnasında kâğıtlarının bulunmasını, bulduğu her şeyi oraya kaydetmesini, amacının en kısa sürede âyetin ya da âyetlerin sonuna varmak olmamasını tavsiye ediyoruz. Zamanı kısaltmak için çaba göstermesi, bazen onun Kur'ân'ı anlamasına bir engel oluşturur. Aynı şekilde okuyucunun çok okumak için gayret göstermesi de bir engel oluşturur. Ne kadar okuduğuna ve ne kadar düşündüğüne dikkat etmemesi, Kur'ân okurken geçirdiği zamanla ilgilenmemesi gerekir. Ashab, âlimler ve Kur'ân'ı düşünerek okuyan kimseler, bir âyeti düşünerek okuma konusunda acaba ne kadar zaman geçirdiler? Zamanlarına, duygularına verdikleri önem ve değere, tek bir anı dahi boşa geçirmekten sakınmalarına rağmen, onlar, saatlerce, bütün gece sürecek şekilde bir âyeti tekrarladılar. Bununla birlikte, Kur'ân'ın gölgesinde bir yaşam ve düşünce için bunu ciddi bir şekilde yaptılar; cömertlik, ihsan ve imanla zamanlarını ona ayırdılar."[515]

---

515 *Mefâtihu't-Teâmul mea'l-Kur'ân*, s. 123-124.

Başlangıçta, hepimizin okuduğu âyetlerle ilgili aklında düşünceler azaldığında rahatsız olmaması gerekir. Bu, beklenen bir durumdur. Kişi kendisini buna zorlamaz, her âyette durmaz. Âyeti, ne tekrarladığını bilen, uyumlu giden ve hazır olan zihniyle okur. Bunun sonucunda tek tek fikirlerin zihninde toplandığını görür. Her hatimde, okuyuşu sırasında kalbine gelen düşüncelerini kaydedeceği ve bunları nefsine sorumlu tutacağı, fiilî görevlere dönüştürüp amel etmesi için bir not defteri edinir.

İşaret ettiğimiz metodu izlediğinde ve buna sabrettiğinde, okuyucu, Kur'ân'ı birkaç defa hatmettikten sonra, başlangıçtaki düşünce seviyesi ile ondan sonraki seviye arasındaki büyük farkı hisseder. Rasûlullah *sallallahu aleyhi ve sellem* şöyle buyurmuştur: **"Kim hayrı ararsa, ona verilir."**[516]

Kur'ân'ı düşünerek okumak için yapılması gereken belirli görevlerden biri de Kur'ân okuyucusunun bilmediği kelimelerin anlamlarını öğrenmesidir. Bu konuda, Muhammed Hasaneyn Mahluf'un, *Kelimâtu'l-Kur'ân Tefsir ve Beyân* adlı kitabından faydalanabilir. Bu eser, okuyuşu kesip kitaplarda araştırma yapmamıza ihtiyaç bırakmadan, kelimelerin anlamlarını kolayca öğrenmemiz için bazı mushafların dipnotlarında basılmıştır.

4. Düşünerek Okumak İçin Fiilî Örneklere Uyma

Burada, düşünerek okumak için dengeli bir şekilde izleyebileceğimiz iki yol vardır. Bunlar:

---

516 Taberânî, *el-Mu'cemu'l-Evsat*, III, 118. Hadis sahihtir. Bk. Elbânî, *Sahîhu'l-Câmii's-Sagîr*, no: 2328.

a. Âyetleri, sırasına göre düşünmek; okuyucuya akseden anlamları çıkarmak, kaydetmek, fiilî görevlere dönüştürerek amel etmek.

b. Bir konu başlığı seçerek, konusuna göre düşünmek. Bu konu, bir Kur'ân halkasında iyi bir şekilde ortaya atılır, sonra orada bulunanlardan, okumalarında bu konuyu araştırmaları ve çevresinde döndükleri âyetleri toplamaları istenir.

Bu tür bir düşünme için kabul edilebilecek bazı başlıklar şunlardır:

1. Allah yolunda infak, kalplerin düzeltilmesi ve davranışların eğitilmesindeki etkisi.

2. İmtihan fıkhı: Anlamı, türleri ve imtihanla nasıl bir ilişki içinde olunacağı.

3. Allah'ın birliğini gösteren işaretler.

4. Bu hayattaki evrensel sünnetler.

5. Dünya ve ahirette takvanın sonucu.

6. Bireyin ve toplumun yaşamında günah ve isyanların etkisi.

7. İyilik kavramı ve hayatta uygulaması.

8. Kalplerin güçlendirilmesinde Kur'ân'ın rolü.

9. İyi günde kulluk, kötü günde kulluk.

10. Güce hâkim olan Allah.

11. Hidayet fıkhı.

12. Allah'a davet makamının şerefi.

13. İnsanın yaratılması.

14. Hidayet engelleri.

15. Başarı ve terk edilme nedenleri.

16. Kullarının üstünde bir güç olarak Allah.

17. Zorda kaldığında dua eden kimseye Allah karşılık verir mi?

18. Şükür ibadeti.

19. Kur'ân'dan faydalanma şartları.

20. Gökleri ve yeri eşsiz yaratan Allah.

21. Allah'ın yardımı ne zamandır? Yardım ve başarı konusundaki ilahî kanunlar.

22. Kalplerden alınacak ibretler.

23. Sabrın sonucu.

24. Nefse zulmetme gerçeği.

25. Zikrin önemi.

26. Allah'tan korkmak: Nedenler ve alanları.

27. İsrailoğulları'nın başarı ve âlemlere üstün tutulma nedenleri. Allah'ın onlara öfke duymasının, onları maymun ve domuzlara çevirmesinin nedenleri.

28. Ümmetlerin helâk nedenleri.

29. Mal ve çocuklar. Bunlarla nasıl güzel bir ilişki içinde olunabilir?

30. İstiğfar duaları.

31. Dünyanın hakikati.

32. Allah'ın nimetlerini saymaya kalkışırsanız, sayamazsınız.

33. Önce iman...

34. Allah'tan sadece âlim olan kulları korkar.

35. İnsanın günah işlemesinde şeytanın rolü.

36. Allah yolunda cihadın önemi ve en önemli şekilleri.

37. Evrenin ibadeti; evrenle nasıl bir ilişki içinde olmalıyız?

38. Düşünce alanları.

39. Allah, düşen her yaprağı bilir.

40. Allah'a muhtaç olma gerçeği.

41. "Eğer ona uyarsanız, doğru yolu bulursunuz." Sünnete tutunmanın önemi.

42. "Beni anmak için namaz kıl!"

43. Nifak gerçeği.

44. Hevâya uymanın tehlikesi.

45. İnsanın sapmasında kibrin rolü.

46. Rızık olayı. Rızıkla olan ilişkimiz.

47. Milliyetçilikle ilgili fiilî uygulamalar.

48. İlahî rahmetin biçimleri. "Rahmetim her şeyi kuşatmıştır."

49. Allah'a tevekkül gerçeği.

50. Sonuçları gözden geçirme: Önemi ve alanları.

Konulara Göre Düşünmek İçin Fiilî Uygulamalar

Bu konulara göre düşünme için ifade ettiğimiz bazı fiilî uygulamaları öncelikle yaşamamız, sonra bu konularla ilgili âyetleri günlük okuduğumuz bölümlerden çıkarmamız gerekir.

1. Örnek: Kuldan Başlamak "Kur'ân'ı İki Farklı Açıdan Okuma"

Cevdet Said, "Kur'ân'ı İki Farklı Açıdan Okuma" başlığı altında şunları söylüyor: "Biz, Kur'ân'ı iki farklı açıdan okuyabiliriz. Bir kez tarih ve tarihî olayların Allah tarafından yaratıldığı şeklinde; diğerinde ise tarih boyunca insanlar arasında meydana gelen olayların ve değişimlerin bizzat kendileri tarafından meydana geldiği şeklinde okuyacağız. Bize düşen, bu iki okuma biçimini birbirinden ayırmamızdır. Çünkü bu iki okuma biçimine göre tutumlar ve sonuçlar farklılaşmaktadır. Bu konuyu açıklamak için, burada Kur'ân'ın tarım ve beşerî üretim hakkında ortaya koyduğu âyetleri zikredeceğim:

'Şimdi bana, ektiğinizi haber verin. Onu siz mi bitiriyorsunuz, yoksa bitiren biz miyiz?'[517]

---

517 Vâkıa 56/63-64.

'Söyleyin öyleyse, (rahimlere) döktüğünüz meni nedir? Onu siz mi yaratıyorsunuz, yoksa yaratan biz miyiz?'[518]

Aslında bitkileri ve ağaçları Allah yaratmıştır. Toprağı ve suyu yaratan da O'dur. Fakat bahçeyi yapanlar bizleriz; yeryüzüne ve toprağın bağrına tohumu biz ekiyoruz. Ancak onu biz yapmıyor, biz koymuyoruz. Toprakta ve tohumlardaki yetişme yasalarını da biz belirlemiyoruz. Meyve verme ve olgunlaşma yasalarını da biz ortaya koymuyoruz. Bütün bunları Allah yarattı; ancak O, insanın çalışması olmadan ne buğday tarlası ne de meyve bahçeleri meydana getirir.

Allah'ın Fiili ve İnsanın Fiili

Aynı şekilde her ne kadar aşılama ve rahimlerde ceninlerin oluşması ile ilgili yasaları bizler koymamışsak da insanlar çiftleşmeden Allah bir insan yaratmaz.

Tarihî olayların meydana gelmesinde Allah Teâlâ'ya dayanan kısımları ve bunların meydana gelmesi konusunda insana dayanan kısımları görebilir, ardından şöyle diyebiliriz:

Şüphesiz ekinleri bitiren ve annelerin karnındaki ceninleri yaratan Allah'tır.

Yine şöyle diyebiliriz: Toprağı ekilmeye uygun hâle getiren ve tohumları ekenler insanlardır. Onlar evlenirler ve hanımlarının rahimlerine spermler yerleştirirler.

Dolayısıyla fiil bir yönüyle Allah'a, diğer yönüyle de insana dayanır. Yaratma fiili Allah'a; tarlalara tohumu, rahimlere spermi koyma ise insana dayanır. Bu iki fiili; Allah'a dayanan

---

518 Vâkıa 56/58-59.

yasalar ile bu yasaları uygulayan insanların fiillerini birbirinden ayırmamız gerekir. Yasaları ve sonuçları yaratan Allah'tır. İnsan ise, yasaları uygulayan, sonuçların gerçekleşmesi için çalışandır. Bu temele göre, Kur'ân'ı, insanların hayatında meydana gelen tarihî olayların ve değişimin Allah tarafından yaratıldığı; tarihî olayların, Allah'ın yasalarını uygulama sonucunda gerçekleştiği şeklinde iki farklı açıdan okuyabiliriz. Böylelikle yasaları yaratması ve onların insanlar tarafından kabul edilip uygulanması açısından olaylar bir yönüyle Allah'a dayandırılırken, bu yasaları uygulama ve kullanma yönüyle de insanlara dayandırılır. İnsanların yasaları uygulaması, bu olayların meydana gelmesine sebep olur; bu uygulama olmadıkça Allah Teâlâ olayların meydana gelmesine izin vermez.

Müslümanların, bu iki farklı okuma üzerinde düşünmeleri ve çocuklarına Kur'ân'ı hece harflerine göre tecvidli bir biçimde okumayı öğretip alıştırmaları gibi bunu da öğretmeleri ve alıştırmaları gerekir. Tâ ki bu ayrıntılar onlara karmaşık gelmesin, bu karışıklıklar Allah'a iftira etmelerine, insanların birbirlerini ilahlaştırmalarına ya da çalışmalarının ve çabalarının değerinin yok olmasına neden olmasın.

Şüphesiz Kur'ân'ın bu iki farklı açıdan okunması konusunun açığa çıkarılması büyük bir zorunluluktur. Hatta eğer bu iki okuma biçimini açıklayamaz ve bunların birbirine karışmasına neden olursak, Kur'ân-ı Kerîm araştırmalarından elde edilecek faydayı kaçırmış oluruz; bu da çalışmanın yok olmasına ve insanlığın çabasının kaybolmasına neden olur.

Bu iki okuma; Allah'ın yasaları yaratmasını okumak ve insanların bu yasalara uygun uygulamalarını okumak, Allah'ın şu âyetlerinde buyurduğu gibi kimi zaman açık ve net bir şekilde hatırlatılmaktadır:

'Bu da bir millet kendilerinde bulunanı (güzel ahlâk ve meziyetleri) değiştirinceye kadar Allah'ın onlara verdiği nimeti değiştirmeyeceğinden dolayıdır.'[519]

'Bir toplum kendilerindeki özellikleri değiştirinceye kadar Allah, onlarda bulunanı değiştirmez.'[520]

İnsanlığın, bedensel sağlık, zenginlik, zorluk ve rahatlık zamanlarında iyilik ve takvada yardımlaşma gibi faydalandığı birtakım nimetler vardır. Bu nimetlerin kanunları ve uygulama önerileri vardır. İnsanların, bu nimetlerin ellerinde kalması ve yok olmaması için bu kanunları ve önerileri anlaması, bunlara göre uygulama yapması gerekir. Bu nimetler yok olduğunda, şüphesiz Allah, insanlar çalışmalarını, çabalarını ve nefislerinde olanları değiştirmedikçe bunları onlara tekrar iade etmeyecektir.

Burada iki değişim âyeti vardır. Allah değişimi hem kendisine hem de insanlara nispet etmiştir. Fakat kendisine nispet ettiği değişimi, insanlara nispet ettiği değişimle ilişkilendirmemiştir. İnsanların öncelikle nefislerindekini değiştirmeleri gerekir ki, Allah da ikinci aşamada onları değiştirsin. Bu konu, Allah'ın şu âyetinde son derece açık ve nettir: *'Bir toplum kendilerindeki özellikleri değiştirinceye kadar Allah, onlarda bulunanı değiştirmez.'*[521] Âyet bu kadar açık ve net olmasına rağmen, insanların nefsindeki

---

519   Enfâl 8/53.

520   Ra'd 13/11.

521   Ra'd 13/11.

kapalılık giderilebilmiş değildir. Hâlâ Allah'ın kendilerini ve nefislerinde olanı değiştirmesini beklemektedirler.

Bu âyete azı dişlerimizle sarılmamız, sıkı sıkıya yapışmamız, açık ve net bir şekilde Kur'ân'ın iki farklı okuma biçimini anlamak için bu âyeti bir anahtar hâline getirmemiz gerekir. Bu iki okuma biçimi ile ilgili alıştırmalar ve deneyimler yapmamız gerekir; çünkü bu iki okuma biçimine önem vermemek, birçok probleme neden olacaktır.

İki Okuma Biçimi Arasındaki En Güvenilir Bağlantı

Şüphesiz çalışma ve uygulama, öğretme, anlama ve hatırlatma çabası -Allah'ın izniyle- karmaşıklığı giderir. İki yöntemden birisi anlatıldığında diğerinin de varlığını gerektirdiğinden, bu iki okuma biçimi arasında güçlü bir ilişki vardır. Eğer bizler, 'Allah herhangi bir topluluğu zenginlik, sağlık, sevgi ve isâr ile nimetlendirdi' dersek, sanki 'Kuşkusuz bu topluluk nefislerindeki fakirlik, hastalık, öfke ve bencillik etkenlerini değiştirmişlerdir' demiş oluruz. Aynı şekilde eğer, 'Allah, bir topluluğa fakirlik, hastalık, kin ve haksızlık gibi belalar vermiştir' dediğimizde, bunun anlamı, bu topluluğun kendi nefislerinde bu tür sonuçları ve ürünleri meydana getiren inanç, kavram ve anlayış biçimlerini taşıdıklarıdır. Yani onlar nefislerinde olanı değiştirmedikçe Allah onları değiştirmeyecektir.

Bu iki okuma biçiminin ilişkisi hakkındaki bir alıştırma için şöyle diyebiliriz: Allah şöyle buyurduğu zaman: **"De ki: Mülkün gerçek sahibi olan Allah'ım! Sen mülkü dilediğine verirsin ve mülkü dilediğinden geri alırsın. Dilediğini yüceltir, dilediğini de alçaltırsın. Her türlü iyilik senin elindedir. Gerçekten sen her şeye** *kadirsin.*"[522] Bu âyetle ilgili şöyle diyebiliriz: Allah bu âyette, yarattığı yasalardan, bu yasaların uygulanması sonucunda çıkan sonuç ve ürünlerden kendisine dayanan amel dışında bir şey zikretmedi. Allah Teâlâ, yüceliği ve mülkü kazanmak ve iyiliğe ulaşmak için insanların yapmaya kalkıştığı bir fiili zikretmediğinde, bu, Allah'ın mülkü dilediğine rastgele vereceği ve dilediğinden de rastgele alacağı anlamına gelmez. Aksine Yüce Allah, nefislerinde olan iyi durumu değiştiren kimselerden mülkü alır. Ancak Allah'ın bu konudaki yasalarını bilenler, onları uygulayanlar, bunun sonucunda meydana gelen ürünleri alırlar. Sağlıktan, zenginlikten, doğru bir yönetimden faydalanırlar. Yasaları bilmeyen ve bunları uygulamayanlara gelince; ellerindeki nimetler yok olur, onları sıkıntı sarar. Allah ne doğru söylemiştir: *'Allah onlara zulmetmedi fakat onlar kendilerine zulmediyorlardı.'*[523]

Yüce Allah'ın, *'O, seni yardımıyla ve mü'minlerle destekleyendir. Ve (Allah) onların kalplerini birleştirmiştir. Sen yeryüzünde bulunan her şeyi verseydin, yine onların gönüllerini birleştiremezdin. Fakat Allah onların aralarını bulup kaynaştırdı. Çünkü O, mutlak galiptir, hikmet sahibidir'*[524] âyetlerini okuduğumuzda, şöyle deriz: Evet, Allah onların kalplerinin arasını birleştirdi; fakat onların arasını olağanüstü bir şekilde değil, yasalarıyla birleştirdi. Bunu anlayamamak, insanların hayatını karartır: *'O vakit Allah'tan bir rahmet ile onlara yumuşak davrandın! Şayet sen kaba, katı yürekli olsaydın, hiç*

522 Âl-i İmrân 3/26.
523 Nahl 16/33.
524 Enfâl 8/62-63.

şüphesiz, etrafından dağılıp giderlerdi."525 Dolayısıyla
kalpleri birleştirme yasalarını uygulayanların çevrelerinde
dağılma meydana gelmez."526

Bu konuya başka bir başlık verebilir, konuyu "Kuldan
Başlama" diye adlandırabiliriz. Düzelme, bozulma; hida-
yet-dalalet, mutluluk-mutsuzluk, başarı-başarısızlık, sıkıntı-
rahatlık, işlerin kolaylığı ve zorluğu... Bütün bu durumlar,
başlangıçta ihtiyaç görmedikçe kulun elde edemeyeceği hu-
suslardır.

Rabbimiz şöyle buyurmaktadır: ***"Ne sizin kuruntuları-
nız ne de ehl-i kitabın kuruntuları (gerçektir); kim bir
kötülük yaparsa onun cezasını görür ve kendisi için
Allah'tan başka dost da yardımcı da bulamaz."***527

"Biz nankörden başkasını cezalandırır mıyız!"528

Durumundaki herhangi bir değişiklik, göğsünde duydu-
ğun herhangi bir yalnızlık ya da işlerindeki bir zorluk, ancak
herhangi bir zamanda yaptığın/ektiğin bir şeyin sonucu-
dur. Yüce Allah şöyle buyurmaktadır: ***"(Bedir'de) iki ka-
tını (düşmanınızın) başına getirdiğiniz bir musibet,
(Uhud'da) kendi başınıza geldiği için mi 'Bu nasıl olu-
yor!' dediniz?"***529

525 Âl-i İmrân 3/159.
526 *Kün ke İbn Âdem*, s. 115-121. (Özetle)
527 Nisâ 4/123.
528 Sebe 34/17.
529 Âl-i İmrân 3/165.

Allah, kimseye zulmetmez: *"Bu, dünyada iken kendi ellerinizle yapmış olduğunuzun karşılığıdır. Yoksa Allah kullarına zulmetmez."*[530]

Aksine, nefislerimize zulmedenler bizleriz: *"Şüphesiz ki Allah, insanlara hiçbir şekilde zulmetmez. Fakat insanlar kendilerine zulmederler."*[531]

Bu nedenle Allah, İsrailoğulları'nı âlemlere üstün kıldı, sabrettiklerinden ve Firavun'un yaptıklarına tahammül gösterdiklerinden dolayı onları yeryüzüne yerleştirdi: *"Sabırlarına karşılık Rabbinin İsrailoğulları'na verdiği güzel söz yerine geldi."*[532] *"And olsun biz, İsrailoğulları'na, bilerek (kendi zamanlarında) âlemlerin üstünde bir imtiyaz verdik."*[533]

Fakat bu nimeti koruyamadılar, zulüm ve taşkınlığa tekrar döndüler ve bunun sonucunda acı meyveyi devşirdiler.

Rabbimiz şöyle buyurmaktadır: *"Yahudilerin yaptıkları zulümden, bir de çok kimseyi Allah yolundan çevirmelerinden, men etmelerinden dolayı kendilerine (daha önce) helâl kılınmış bulunan temiz ve iyi şeyleri onlara haram kıldık."*[534]

"Bu, zulümleri yüzünden onlara verdiğimiz cezadır. Biz elbette doğru söyleyeniz."[535]

---

530 Âl-i İmrân 3/182.

531 Yunus 10/44.

532 A'râf 7/137.

533 Duhân 44/32.

534 Nisâ 4/160.

535 En'âm 6/146.

Kimseye müsamaha gösterilmez: *"Önceki sahiplerinden sonra yeryüzüne vâris olanlara hâlâ şu gerçek belli olmadı mı ki, eğer biz dileseydik onları da günahlarından dolayı musibetlere uğratırdık! Biz onların kalplerini mühürleriz de onlar (gerçekleri) işitmezler."*[536]

Kuşkusuz bu, herkese uygulanan bir kanundur: *"Ey iman edenler! Mü'minleri bırakıp da kâfirleri dost edinmeyin; (bunu yaparak) Allah'a, aleyhinizde apaçık bir delil mi vermek istiyorsunuz?"*[537]

Bunu yapmanız hâlinde, ilahî emir cezanızı ilan eder. Bu konuda kimseye müsamaha gösterilmez; istikameti ve takvası dışında hiç kimsenin üstünlüğü olamaz.

En'am sûresinde, İbrahim *aleyhisselâm* ve peygamberlerden olan zürriyetinden bahsedildikten sonra Yüce Allah şöyle buyurmaktadır: *"Onların babalarından, çocuklarından ve kardeşlerinden bazılarına da (üstün meziyetler verdik). Onları seçkin kıldık ve doğru yola ilettik. İşte bu, Allah'ın hidayetidir, kullarından dilediğini ona iletir. Eğer onlar da Allah'a ortak koşsalardı yapmakta oldukları amelleri elbette boşa giderdi."*[538]

O hâlde Allah'ın yanında olmayı ve O'nun dostluğunu isteyen kimsenin, istikamet üzere olması gerekir: *"Ey Musa! Korkma; çünkü benim huzurumda peygamberler korkmaz. Ancak kim haksızlık eder..."*[539]

---

536   A'râf 7/100.

537   Nisâ 4/144.

538   En'âm 6/87-88.

539   Neml 27/10-11.

Başlangıç ise kuldandır. Yüce Allah şöyle buyurmaktadır: *"Eğer kendilerine verilen öğüdü yerine getirselerdi, onlar için hem daha hayırlı hem de (imanlarını) daha pekiştirici olurdu. O zaman elbette kendilerine nezdimizden büyük mükâfat verirdik. Ve onları dosdoğru bir yola iletirdik."*[540]

Allah, yolunda infakta bulunanı, infak ettiğinden kat kat fazlasıyla mükâfatlandıracağını vaat etmiştir. Rabbimiz şöyle buyurmaktadır: *"Allah yolunda mallarını harcayanların örneği, yedi başak bitiren bir dane gibidir ki, her başakta yüz dane vardır. Allah dilediğine kat kat fazlasını verir. Allah'ın lütfu geniştir. O, herşeyi bilir."*[541]

Bütün bu ecirler, kulun vereceği bir taneye bağlıdır.

Aynı şekilde Allah'a yaklaşmak için, kulun kendisinden başlaması gerekir. Kudsî hadiste şöyle buyrulur: *"Kim bana bir karış yaklaşırsa, ben ona bir kol mesafesinde yaklaşırım..."*[542]

Kur'ân, bu kanunu iki bölümde açıklamıştır: *"O (peygamberlerin gönderildiği) ülkelerin halkı inansalar ve (günahtan) sakınsalardı, elbette onların üstüne gökten ve yerden nice bereket kapıları açardık. Fakat yalanladılar, biz de ettikleri yüzünden onları yakalayıverdik."*[543]

540 Nisâ 4/66-68.
541 Bakara 2/261.
542 Buhârî, Tevhîd 50; Müslim, Zikr 20, 22.
543 A'râf 7/96.

"Kim iyi bir iş yaparsa, bu kendi lehinedir. Kim de kötülük yaparsa aleyhinedir. Rabbin kullara zulmedici değildir."[544]

Burada, kötü herhangi bir amelin ya da herhangi bir hakkın yerine getirilmemesinin etkisini yok etmek için samimi bir şekilde istiğfara devam etmenin önemi ifade edilir. Bu izlerin yok edilmesi, buna bağlı cezanın sonucunu durdurur. Rabbimiz şöyle buyurmaktadır: *"Onlar mağfiret dilerlerken de Allah onlara azap edici değildir."*[545] Dolayısıyla azap, istiğfarla durur.

Yüce Allah, Nuh *aleyhisselâm*'ın dilinden şöyle buyurur: *"Dedim ki: Rabbinizden mağfiret dileyin; çünkü O, çok bağışlayıcıdır. (Mağfiret dileyin ki,) üzerinize gökten bol bol yağmur indirsin, mallarınızı ve oğullarınızı çoğaltsın, size bahçeler ihsan etsin, sizin için ırmaklar akıtsın."*[546]

Bir kimse, "O hâlde mü'minlerin başına niçin imtihanlar geliyor?" diye sorabilir. Hatta bu konuda Rasûlullah *sallallahu aleyhi ve sellem* şöyle buyuruyor: *"İnsanların en şiddetli imtihanlara uğrayanları peygamberler, sonra sırasıyla onlara yakın olanlardır. Kişi, dini oranında imtihanlara uğrar. Eğer dininde güçlü ise, imtihanı da şiddetli olur. Eğer dininde zayıflık varsa, dini oranında imtihana uğrar. Kul, hatasız olarak yeryüzünde yürüyünceye kadar, imtihan kulun peşini bırakmaz."*[547]

---

544 Fussilet 41/46.

545 Enfâl 8/33.

546 Nuh 70/10-12.

547 Tirmizî, Zühd 56; Ahmed b. Hanbel, I, 185. Hadis sahihtir. Bk. Elbânî,

Buna şöyle cevap verebiliriz: Suçluların imtihanı, Rabbimizin buyurduğu gibi onların cezasıdır: ***"Nihayet kendilerine verilenler yüzünden şımardıkları zaman onları ansızın yakaladık, birdenbire onlar bütün ümitlerini yitirdiler."***[548] İmtihan, mü'minler için temizlenme, temizlenmiş kimseler içinse derecelerdir.

Allah, mü'min kullarını, samimi olarak boyun eğmek, kendilerini Allah'a muhtaç hissetmek ve Allah'a kulluk anlamlarını bulup çıkarmak için imtihana çeker. Bu anlamlar derin olduğu sürece, o derin yerlerden bulup çıkarmak işleminin tamamlanması için imtihanlar da güç olur. Bu nedenle, insanlardan en şiddetli imtihanlara uğrayanlar, Allah'ı en iyi bilenler ve O'na en güçlü şekilde kulluk edenlerdir.

İmtihanın ortaya çıkardığı bu anlamları başka bir şey çıkaramaz. Bundan dolayı, kulun imtihanla elde edeceği dereceleri, başka bir şeyden elde etmesi mümkün değildir.

İmtihan, dıştan bakıldığında kötülük ve sıkıntı olsa da mü'min için birçok hayır barındırır. Onlar, dereceleri yükseltir, kalbi sağlamlaştırır, imanı artırır: ***"Bir kısım insanlar, mü'minlere 'Düşmanlarınız olan insanlar, size karşı asker topladılar; aman sakının onlardan!' dediklerinde bu, onların imanlarını bir kat daha artırdı ve 'Allah bize yeter. O ne güzel vekîldir!' dediler."***[549]

"Mü'minler ise, düşman birliklerini gördüklerinde 'İşte Allah ve Rasûlü'nün bize vaat ettiği! Allah ve Rasûlü doğru söylemiştir' dediler. Bu (orduların

Sahîhu'l-Câmii's-Sagîr, no: 992, *Silsiletu'l-Ehâdîsi's-Sahîha*, no: 143.

548 En'âm 6/44.

549 Âl-i İmrân 3/173.

gelişi), onların ancak imanlarını ve Allah'a bağlılık-larını artırdı."550

İmtihan, mahrum etme şeklinde bir ihsan; sıkıntı şeklinde bir bağıştır. Rabbimiz şöyle buyurmaktadır: *"Hoşunuza gitmediği hâlde savaş size farz kılındı. Sizin için daha hayırlı olduğu hâlde bir şeyi sevmemeniz mümkündür. Sizin için daha kötü olduğu hâlde bir şeyi sevmeniz de mümkündür. Allah bilir, siz bilmezsiniz.*"551

Mü'minin başına gelen imtihanın, günahlarından mı yoksa onun derecesini yükseltmekten mi kaynaklandığını nasıl bildiği sorusuna gelince; onun, zihnini bununla meşgul etmemesi gerekir. Çünkü kendisinden istenen kulluk, bütün durumlar içindir. İmtihan ise bu durumlardan biridir. Zaten imtihan, sabır ve Allah'a yalvarma değil midir?

Yüce Allah şöyle buyurmaktadır: *"Hiç olmazsa, onlara bu şekilde azabımız geldiği zaman boyun eğselerdi!*"552

"And olsun, biz onları sıkıntıya düşürdük de yine Rablerine boyun eğmediler, tazarru ve niyazda da bulunmuyorlar."553

Mü'minin başına gelen imtihanlara karşılık, nimetlerin, günahkâr ve azgın kimselerin üstüne peşpeşe geldiğini görürüz. Bu, Allah'ın onları fiillerinden dolayı azaba uğratmayacağı anlamına gelmez. Ancak dıştan bakıldığında "ihsan olarak

---

550 Ahzâb 33/22.
551 Bakara 2/216.
552 En'âm 6/43.
553 Mü'minûn 23/76.

görülen şey," mahrum etme şeklinin en şiddetlisidir. O, cehenneme adım adım yaklaştırma yollarından biridir.

Bundan dolayı Allah kullarını uyarır: *"Onlar, her yıl bir veya iki kez (çeşitli belalarla) imtihan edildiklerini görmüyorlar mı? Sonra da ne tevbe ediyorlar ne de ibret alıyorlar."*[554]

Allah'a döndüklerinde, gerçek çağrıya kulak verirler. Sapıklıklarına devam ederlerse, dünya onlar için açılır. Böylece Allah'a dönme konusunu düşünmek için burada bir alan oluşur: *"Âyetlerimizi yalanlayanları, hiç bilmeyecekleri yerden yavaş yavaş helâke götüreceğiz. Onlara mühlet veririm; (ama) benim cezam çetindir."*[555]

Rabbimiz şöyle buyurmaktadır: *"And olsun ki, senden önceki ümmetlere de elçiler gönderdik. Ardından boyun eğsinler diye onları darlık ve hastalıklara uğrattık. Hiç olmazsa, onlara bu şekilde azabımız geldiği zaman boyun eğselerdi! Fakat kalpleri iyice katılaştı ve şeytan da onlara yaptıklarını cazip gösterdi. Kendilerine yapılan uyarıları unuttuklarında, (indirmiş olduğumuz sıkıntı ve musibetleri kaldırıp) üzerlerine her şeyin kapılarını açtık. Nihayet kendilerine verilenler yüzünden şımardıkları zaman onları ansızın yakaladık, birdenbire onlar bütün ümitlerini yitirdiler."*[556]

Bazen mülk, nimetler, makam ve servet; dıştan aksi görünse de bir mahrumiyet, ayartma ve Allah'ın bir cezası olur.

---

554 Tevbe 9/126.

555 A'râf 7/182-183.

556 En'âm 6/42-44.

Yüce Allah şöyle buyurmaktadır: *"Sanıyorlar mı ki, onlara verdiğimiz servet ve oğullar ile kendilerine faydalar sağlamak için can atıyoruz? Hayır, onlar işin farkına varamıyorlar."*[557]

İbn Atâ'nın sözü ne kadar doğrudur: "Belki Allah sana verdi ve seni (rahmetinden) mahrum etti. Belki de (rahmetinden) seni mahrum etti, ardından verdi. Ne zaman mahrum olduğun konusunda bir anlayış kapısı açılırsa, mahrumiyet, ihsanın kaynağına döner."

Bu günahkâr kimselerin elde ettiği mal ve servet, sadece kapsamlı bir kötülük için örtüdür.

Bu anlaşıldığında, geriye maddî ve aklî imkânlar içindeki insanların derecelerinin, bu kanuna göre farklılık gösterdiği ortaya çıkar.

Allah'ın kullarına verdiği herhangi bir nimet, o kulun onurlandırıldığına işaret etmez. Aksine bu nimet, onun için bir denemedir. Onu geçmesi, bu konuda başarılı olması gerekir. Kulluğun özel bir türüne tutunması gerekir ki, bu da şükürdür. Kul, bu kulluğu yerine getirmeye kalkıştığında, imtihanda başarılı olmuş, sermayesini kat kat artırmış olur. Bu kulluğu yerine getirmezse, bu nimetler onun için kötü bir sonuç, kıyamet günü Allah katında ileri sürülecek bir delil olur. İşte o zaman, bu nimetten mahrum kalmış olmayı ümit edecektir. Çünkü gerçek bir şekilde bu nimetten faydalanamamış hatta bu nimet, onun hesabının ve azabın artmasına neden olmuştur.

Kullara nimetlerin verilmesi ve kulluğu gerektiren şeyleri yapmaları karşılığında mahrum etme de onlar için bir deneme olur. Bu denemeyi/testi geçmesi için özel bir kulluğa muhtaçtır. Mahrumiyet karşısında yapılan kulluk, ihsan karşısında yapılan kulluktan farklıdır. Kulluk, eğer deneme ihsan ve bolluk ise şükür biçiminde; mahrumiyet ve güçlük şeklinde ise rıza ve sabır şeklinde olur.

Rabbimiz şöyle buyurmaktadır: *"Bir deneme olarak sizi hayırla da şerle de imtihan ederiz. Ve siz, ancak bize döndürüleceksiniz."*[558]

Hayatının çeşitli bölümlerinde kula verilen her şey, onun için bir fitne ve imtihandır. Yüce Allah şöyle buyurmaktadır: *"Sizi yeryüzünün halifeleri kılan, size verdiği (nimetler) hususunda sizi denemek için kiminizi kiminizden derecelerle üstün kılan O'dur. Şüphesiz Rabbin, cezası çabuk olandır ve gerçekten O, bağışlayan, merhamet edendir."*[559]

Zenginlik, onur; fakirlik, küçümseme değildir. Her ikisi de denemenin maddeleridir. Rabbimiz şöyle buyurmaktadır: *"İnsan var ya, Rabbi kendisini imtihan edip de ikramda bulunduğunda ve bol nimet verdiğinde 'Rabbim bana ikram etti' der. Onu imtihan edip rızkını daralttığında ise 'Rabbim beni önemsemedi' der. Hayır! Doğrusu siz yetime ikram etmiyorsunuz."*[560]

Şükrün karşılığı, Rabbimizin buyurduğu gibi nimetin artırılmasıdır: *"Eğer şükrederseniz, elbette size (nimetimi)*

---

558   Enbiyâ 21/35.

559   En'âm 6/165.

560   Fecr 89/15-17.

artıracağım."[561] Sabrın karşılığı ise sınırsızdır: **"Yalnız sabredenlere, mükâfatları hesapsız ödenecektir."**[562]

Dünyanın tamamı, Allah katında bir sivrisinek kanadına eş değildir. Kulun dünyada geçirdiği her an karşılaştıklarının ahirette sonu yoktur.

Câbir *radıyallahu anh*'ın şöyle dediği rivayet edilmiştir: Rasûlullah *sallallahu aleyhi ve sellem* şöyle buyurdu: **"Kıyamet günü sıkıntısız (sağlıklı, rahat) kimseler, imtihan ehline sevapları verildiğinde, dünyada iken derilerinin makaslarla kesilmiş olmasını isteyecekler."**[563]

Kur'ân, bu örnekler etrafında dönen âyetlerle doludur. Neredeyse bu örnekler, her sûrede vardır. Bizim, kalplerimizdeki anlamlarının yer etmesi için bu örnekleri bulmaya çalışmamız ve üzerinde düşünmemiz gerekir.

2. Örnek: Kalplerdeki En Önemli Nokta veya Sadakatin Önemi

Kalp, Allah'ın ilahî ihsanı olan doğruluk ve hayrın görüldüğü alandır.

Bazı âyetler bu gerçeği tekrarlar. Bizim, bu âyetlerin üzerinde düşünmemiz, Kur'ân okuma virdlerimizden benzerlerini bulup çıkarmamız gerekir.

---

561 İbrahim 14/7.

562 Zümer 39/10.

563 Tirmizî, Zühd 58. Hadis hasendir Bk. Elbânî, *Sahîhu'l-Câmii's-Sagîr*, no: 8177.

Rabbimiz şöyle buyurmaktadır: *"Eğer Allah kalplerinizde hayır olduğunu bilirse, sizden alınandan (fidyeden) daha hayırlısını size verir ve sizi bağışlar..."*[564]

"Bunlar barıştırmak isterlerse Allah aralarını bulur..."[565]

"Kalplerinde olanı bilmiş, onlara güven duygusu vermiş ve onları pek yakın bir fetihle ödüllendirmiştir."[566]

"Allah sizi kasıtsız yeminlerinizden sorumlu tutmaz. Fakat kasıtlı yaptığınız yeminlerinizden dolayı sizi sorumlu tutar. Allah gafûrdur, halîmdir."[567]

Gizli şeylerde en önemli nokta, kalpte bulunan samimiyettir. Yüce Allah şöyle buyurmaktadır: *"Onlar, Allah'ın, kalplerindekini bildiği kimselerdir; onlara aldırma, kendilerine öğüt ver ve onlara, kendileri hakkında tesirli söz söyle."*[568]

Kulun, zayıflığı nedeniyle işlediği günah ile bilerek işlediği, ısrarla devam ettiği günah arasında büyük bir fark vardır ki, bunu ancak Allah bilir. Rabbimiz şöyle buyurmaktadır: *"Yanılarak yaptıklarınızda size vebal yok; fakat kalplerinizin bile bile yöneldiğinde günah vardır. Allah bağışlayandır, esirgeyendir."*[569]

---

564 Enfâl 8/70.

565 Nisâ 4/35.

566 Fetih 48/18.

567 Bakara 2/225.

568 Nisâ 4/63.

569 Ahzâb 33/5.

Karşılık, amelin türüne göredir: **"Onların kalplerinde bir hastalık vardır. Allah da onların hastalığını çoğaltmıştır."**[570]

Bazı kimseler, Allah'ın kendilerini hidayete ulaştırmadığı, başka yollara ulaştırdığı konusunda delil getirmeye çalışırken, buna cevap, kalplerdeki ifadedir. Çünkü o, Rahmân'ın inceleme alanıdır. Yüce Allah şöyle buyurmaktadır: **"'Aramızdan Allah'ın kendilerine lütuf ve ihsanda bulunduğu kimseler de bunlar mı!' demeleri için onların bir kısmını diğerleri ile işte böyle imtihan ettik. Allah şükredenleri daha iyi bilmez mi?"**[571]

Kalpte, hayrın bulunması gerekir: **"Allah onlarda bir hayır görseydi elbette onlara işittirirdi..."**[572] Eğer onlar bu durumda iken, kalplerinde hayır olmadığı hâlde onlara işittirseydi, **"Yine onlar yüz çevirerek dönerlerdi."**[573]

Nuh aleyhisselâm'ın kavmi, onunla birlikte olan zayıf kimselerin varlığından dolayı mazeret ileri sürdüklerinde, Nuh aleyhisselâm onlara şöyle dedi: **"Ben size 'Allah'ın hazineleri benim yanımdadır' demiyorum, gaybı da bilmem. 'Ben bir meleğim' de demiyorum. Sizin gözlerinizin hor gördüğü kimseler için, 'Allah onlara asla bir hayır vermeyecektir' diyemem. Onların kalplerinde olanı, Allah daha iyi bilir. Onları kovduğum takdirde ben gerçekten zalimlerden olurum."**[574]

---

570   Bakara 2/10.

571   En'âm 6/53.

572   Enfâl 8/23.

573   Enfâl 8/23.

574   Hûd 11/31.

Kur'ân, bu manayı şu âyetle destekler: *"Allah, peygamberliğini kime vereceğini daha iyi bilir."*[575]

"And olsun biz İsrailoğulları'na, bilerek, (kendi zamanlarında) âlemlerin üstünde bir imtiyaz verdik."[576]

Bu, selefin şu sözünü açıklar: "Ebu Bekir sizi çok namaz ya da çok oruçla değil, göğsünde kesinleşen şeyle geçti."

Kur'ân birçok yerde, gizli yerlerde yapılan şeylerin önemini, ihsan ve mahrumiyeti ifade eder. İnsanların birbirlerinden üstün olması, sadece kalplerdeki şeyler hakkındadır. Yüce Allah şöyle buyurmaktadır: *"Bilin ki Allah, gönlünüzdekileri bilir. Bu sebeple Allah'tan sakının."*[577]

Bu, kalbindeki hayır alanını artırması için herkesi çalışmaya çağıran açık bir kanundur.

3. Örnek: Başarı ve Başarısızlık Anahtarı

Başarı, doğru yol ve isabettir; ulaşılmaya çalışılan hedefi elde etmektir. Başarısızlık ise, yenilgi ve hedefe ulaşamamaktır.

Rasûlullah *sallallahu aleyhi ve sellem* şöyle buyurmuştur: *"Ey Ali! Allah'tan hidayet ve doğruluk iste. (O'ndan) hidayeti (istediğinde) yolun doğrusunu, (O'ndan) doğruluk (istediğinde) oku (hedefe nasıl) doğrulttuğunu hatırla!"*[578]

575 En'âm 6/124.
576 Duhan 44/32.
577 Bakara 2/235.
578 Ahmed b. Hanbel, I, 88; Hâkim, *Müstedrek*, IV, 298. Hadis sahihtir. Bk. Elbânî, *Sahîhu'l-Câmii's-Sagîr*, no: 7952.

Kur'ân, ilahî başarıyı ve başarısızlığı elde etmeye götüren yolu pek çok yerde açıklamıştır.

Başarı, hedefine ulaşmasında Allah'ın kuluna yardımı; başarısızlık ise, kendisine yardım etmeksizin onu nefsine bırakmasıdır. Kim nefsine terk edilmişse, zayıflığa, gevşekliğe, başarısızlığa, rahata yönelmeye ve isteklerini yerine getirmeye terk edilmiştir.

Başarı ya da başarısızlığı elde etme, daha önce işaret ettiğimiz gibi kuldan başlar.

Allah'a boyun eğmek ve güç ve kuvvete güvenmeyi terk etmek, başarıdır. Nefse, nefsin imkânlarına ve yeteneklerine güvenmek başarısızlıktır. Bu nedenle, Rasûlullah *sallallahu aleyhi ve sellem*'in dualarından biri de şöyle idi: **"Ya Hayy, ya Kayyûm! Hâlimi tümüyle düzeltmem için senin rahmetine sığınıyorum! Beni göz açıp kapayıncaya kadar (bile olsa) nefsime bırakma!"**[579]

Yine onun bir başka duası şöyle idi: **"Şüphesiz sen beni nefsime bırakırsan, zayıflığa, kusura, günaha, hataya bırakmış olursun. Ben ancak senin rahmetine güvenirim..."**[580]

İnsan, her gün başarı ile başarısızlık arasında gider, gelir. O, Allah'a güvenip gücüne ve kuvvetine güvenmeyi terk

---

579 Nesâî, *es-Sünenü'l-Kübrâ*, VI, 147; Hâkim, *Müstedrek*, I, 730. Hadis sahih bir isnadla rivayet edilmiştir. Hâkim de "Bu hadis, Buhârî ve Müslim'in şartlarına göre sahihtir" demiştir.

580 Ahmed b. Hanbel, V, 191; Hâkim, *Müstedrek*, I, 697. Hâkim, "Hadisin isnadı sahihtir" demiştir. Elbânî ise hadisi hasen kabul etmiştir. Bk. *Sahîhu't-Tergîb ve't-Terhîb*, no: 657.

ettiğinde, dilediği şeyde başarılı kılınır. Gurur ve büyüklenme hissettiğinde, nefsine kanıp başarısız olur.

Bu, açık bir kanundur. Yüce Allah şöyle buyurmaktadır: *"And olsun, sizler güçsüz olduğunuz hâlde Allah, Bedir'de de size yardım etmişti."*[581]

Allah, Yusuf *aleyhisselâm*'ın dilinden şöyle buyurur: *"Eğer onların hilelerini benden çevirmezsen, onlara meyleder ve cahillerden olurum!"*[582]

Onun bu isteğine hemen cevap verilir: *"Rabbi onun duasını kabul etti ve hilelerini ondan uzaklaştırdı. Çünkü O, çok iyi işiten, pek iyi bilendir."*[583]

Nitekim Tebük seferinden geri bırakılan üç kişi Allah'a güvendiklerinde, onlara bir ferahlık gelmişti: *"Ve (seferden) geri bırakılan üç kişinin de (tevbelerini kabul etti). Yeryüzü, genişliğine rağmen onlara dar gelmiş, vicdanları kendilerini sıktıkça sıkmıştı. Nihayet Allah'tan (O'nun azabından) yine Allah'a sığınmaktan başka çare olmadığını anlamışlardı. Sonra (eski hâllerine) dönmeleri için Allah onların tevbesini kabul etti."*[584]

Nefse güvenmeye ve kendini beğenmeye gelince; bunun sonucu da bilinmektedir: *"Hani çokluğunuz size kendinizi beğendirmiş fakat sizi hezimete uğramaktan kurtaramamıştı. Yeryüzü bütün genişliğine rağmen*

---

581 Âl-i İmrân 3/123.

582 Yusuf 12/33.

583 Yusuf 12/34.

584 Tevbe 9/118.

size dar gelmişti, sonunda (bozularak) gerisin geri dönmüştünüz."[585]

4. Örnek: İyilik Kavramı Hakkında

İyilik, kişi için büyük bir lütuftur.

İyilik sahibi olan, Allah'ın yanındadır: *"Hiç şüphe yok ki, Allah iyi davrananlarla beraberdir."*[586]

Allah'ın rahmetine yakındır: *"Muhakkak ki iyilik edenlere Allah'ın rahmeti çok yakındır."*[587]

İyilik sahibi, onunla Allah'ın sevgisine ulaşır: *"Allah güzel yapanları sever."*[588]

İyiliğin karşılığı iyiliktir: *"İyiliğin karşılığı iyilikten başka bir şey midir?"*[589]

İyilikten ilk faydalanan, iyilik sahibidir: *"Eğer iyilik ederseniz kendinize etmiş olursunuz."*[590]

İyilik, kederi giderir, belayı yok eder: *"Böylece ikisi de Allah'a teslimiyet gösterip babası oğlunu alnı üzerine yatırınca biz 'Ey İbrahim! Rüyayı gerçek yaptın; işte biz, iyi davrananları böylece mükâfatlandırırız' diye seslendik."*[591]

---

585 Tevbe 9/25.

586 Ankebût 29/69.

587 A'râf 7/56.

588 Bakara 2/195.

589 Rahmân 55/60.

590 İsrâ 17/7.

591 Sâffât 37/103-105.

İyilik sahibi için, cennette daha güzel nimetler vardır. O, Yüce Rabbinin yüzüne bakmanın tadını alır: *"Güzel davrananlara daha güzel karşılık, bir de fazlası vardır."*[592]

Allah'tan uzaklaşan kimse, iyiliğin büyük değerinden dolayı, ölümünden sonra iyilik sahibi kimselerden olmak için dünyaya geri dönmeyi ister: *"Yahut azabı gördüğünde 'Keşke benim için dönüş imkânı bulunsa da iyilerden olsam' diyeceği günden sakının."*[593]

İhsanın anlamı, lütuf ve bağıştır. Rasûlullah *sallallahu aleyhi ve sellem*'in buyurduğu gibi hayattaki her şeyi kapsar: *"Şüphesiz Allah her şeyde iyiliği farz kılmıştır."*[594]

Dolayısıyla iyilik, iyiliği içeren ibadetler, ahlâk ve ilişkilerle sınırlı değildir.

Rabbimiz şöyle buyurmaktadır: *"Kullarıma söyle, sözün en güzelini söylesinler."*[595]

"İnsanlara güzel söz söyleyin..."[596]

"Dinleyip de sözün en güzeline uyan kullarımı müjdele."[597]

"Sevdiğiniz şeylerden (Allah yolunda) harcamadıkça 'iyi'ye eremezsiniz."[598]

---

592 Yunus 10/26.

593 Zümer 39/58.

594 Müslim, Sayd 11.

595 İsrâ 17/53.

596 Bakara 2/83.

597 Zümer 39/18.

598 Âl-i İmrân 3/92.

İyilik yapan, mutluluk ve huzur içinde yaşar; onunla bir başkası arasında ne düşmanlık ne de öfke vardır. Yüce Allah şöyle buyurmaktadır: *"İyilikle kötülük bir olmaz. Sen (kötülüğü) en güzel bir şekilde önle. O zaman seninle arasında düşmanlık bulunan kimse, sanki candan bir dost olur."*[599]

İnsanlar, sorunlarının çözümü için iyi kimselere koşarlar: *"Bunun yorumunu bize haber ver. Çünkü biz seni güzel davrananlardan görüyoruz."*[600]

Önemli iyilik biçimlerinden biri de Allah'a davettir: *"(İnsanları) Allah'a çağıran, iyi iş yapan ve 'Ben Müslümanlardanım' diyenden kimin sözü daha güzeldir?"*[601]

Her şeyde bir iyilik olabilir; Kur'ân, iyiliğin üstünlüğü, nefis tezkiyesindeki önemi, çeşitleri ve alanları ile dünya ve ahiretteki sonucundan bahseden âyetlerle doludur.

5. Örnek: Zafer ve Başarı Kanunları

Yardım ve ona denk olan evrensel sünnetleri araştırmadan aşağıdaki âyetleri okursak, yardımı beklemek için evlerimizde otururuz: *"Zafer, yalnızca mutlak güç ve hikmet sahibi Allah katındandır."*[602]

"Allah size yardım ederse, artık size üstün gelecek hiç kimse yoktur"[603] âyetini okursak, yardımı beklemek için

---

599 Fussilet 41/34.

600 Yusuf 12/36.

601 Fussilet 41/33.

602 Âl-i İmrân 3/126.

603 Âl-i İmrân 3/160.

evlerimizde otururuz. Bu bekleyiş uzun sürecektir. Çünkü bu, bizim yardım sünnetini doğru bir şekilde anlamadığımızı gösterir.

Allah'ın katındaki yardım bir kanundur, bu konuda şüphe yoktur. Fakat bu yardımın gelmesi için insanların çaba göstermeleri ve yeterli güce ulaşıncaya kadar yapılması zorunlu olan işleri yapmaları gerekir.

Kur'ân, insanlardan gerçekleştirmeleri istenen diğer bölümü birçok âyette açıklar: *"Allah, kendisine (kendi dinine) yardım edenlere muhakkak surette yardım eder."*[604]

Allah'ın, düşmanı konusunda kula yardım etmesi için, kulun nefsine karşı Allah'tan yardım istemesi gerekir. Hasan el-Hudeybî'nin dediği gibi: "İslâm devletini, topraklarınızı kurutan kalplerinizde kurun." Kur'ân da aynı manayı şu âyette ifade eder:

"Eğer siz Allah'a (Allah'ın dinine) yardım ederseniz O da size yardım eder, ayaklarınızı kaydırmaz."[605]

Yardımın şartlarından biri de âyette geçen kulluktur: *"Allah, sizlerden iman edip iyi davranışlarda bulunanlara, kendilerinden öncekileri sahip ve hâkim kıldığı gibi onları da yeryüzüne sahip ve hâkim kılacağını, onlar için beğenip seçtiği dini (İslâm'ı) onların iyiliğine yerleştirip koruyacağını ve (geçirdikleri) korku döneminden sonra, bunun yerine onlara güven sağlayacağını*

604 Hac 22/40.
605 Muhammed 47/7.

vaat etti. Çünkü onlar, bana kulluk ederler; hiçbir şeyi bana eş tutmazlar."[606]

Şartları düşünen kimse, istenilenin, *"Onlar bana kulluk ederler; hiçbir şeyi bana eş tutmazlar"* âyetinde geçtiği üzere kulluk olduğunu görür. Allah, "bir şeyi" demedi; bu, kendisinde açık ve gizli şirk olma ihtimali bulunan her şeyi kapsar. İstenen, kulun yüzünü, tamamen Allah'a çevirmesi ve davranışlarında, amellerinde Allah'ın buyruğunun gerçekleşmesi için başka bir yöne çevirmemesidir: *"De ki: Şüphesiz benim namazım, ibadetim, hayatım ve ölümüm hepsi Âlemlerin Rabbi Allah içindir. O'nun ortağı yoktur. Bana sadece bu emrolundu ve ben Müslümanların ilkiyim."*[607]

İşte bu, hanifliktir; yani gerçeğe tam bir yönelme ve Allah'a teslim olmadır: *"İyi davranışlar içinde kendini bütünüyle Allah'a veren kimse, gerçekten en sağlam kulpa yapışmıştır. Zaten bütün işlerin sonu Allah'a varır."*[608]

Allah, Urvetu'l-Vüskaya (en sağlam kulpa) tutunmayan ve kendisine bağlı olmayan kullarına imkân tanımaz.

"And olsun Zikir'den sonra Zebur'da da 'Yeryüzüne iyi kullarım vâris olacaktır' diye yazmıştık. İşte bunda, (bize) kulluk eden bir kavim için bir mesaj vardır."[609]

Takva da Allah'ın yardımının şartlarından biridir: *"Şüphesiz ki yeryüzü Allah'ındır. Kullarından dilediğini*

---

606 Nur 24/55.

607 En'âm 6/162-163.

608 Lokmân 31/22.

609 Enbiyâ 21/105-106.

ona vâris kılar. Sonuç (Allah'tan korkup günahtan) sakınanlarındır."[610]

"Rableri de onlara 'Zalimleri mutlaka helâk edeceğiz!' diye vahyetti. Ve (ey inananlar!) Onlardan sonra sizi mutlaka o yerde yerleştireceğiz. İşte bu, makamımdan korkan ve tehdidimden sakınan kimselere mahsustur."[611]

Allah'a tam bir teslimiyetle birlikte, O'na güzel bir bağlılık ve Allah'a duyulan sürekli bir korku da yardımın şartlarındandır. Çünkü yardım, aynı zamanda güzel bir hazırlığı da gerekli kılar.

"Onlara (düşmanlara) karşı gücünüz yettiği kadar kuvvet ve cihad için bağlanıp beslenen atlar hazırlayın."[612]

Ancak bu şartları yerine getiren kimse Allah'tan gelecek olan yardımı almak için eğitilmiş olur. Yardımın gelme zamanı yaklaştığında, yeryüzünde onun önünde durabilecek bir kuvvet kalmaz: *"Allah size yardım ederse, artık size üstün gelecek hiç kimse yoktur.*"[613]

"Allah kuluna kâfi değil midir?"[614]

---

610 A'râf 7/128.

611 İbrahim 14/13-14.

612 Enfâl 8/60.

613 Âl-i İmrân 3/160.

614 Zümer 39/36.

6. Örnek: Hidayet ve Dalalet (Yoldan Sapma) Nedenleri

Kuşkusuz hidayet, Allah'ın kullarından dilediği kimselere bağışladığı bir armağan ve ihsandır. Yüce Allah şöyle buyurmaktadır: **"Doğru yolu göstermek bize aittir."**[615]

Hidayet, Allah'tan gelen apaçık bir ihsan olsa da kulun onu elde etmede bir istek göstermesini gerektirir. Bu, İbrahim *aleyhisselâm*'ın kıssasında oldukça açıktır:

"Ay'ı doğarken görünce, 'Rabbim budur' dedi. O da batınca, 'Rabbim bana doğru yolu göstermezse elbette yoldan sapan topluluklardan olurum' dedi."[616]

"Bir zaman İbrahim, babasına ve kavmine demişti ki: 'Ben sizin taptıklarınızdan uzağım. Ben yalnız beni yaratana taparım. Çünkü O, beni doğru yola iletecektir.' Bu sözü, ardından geleceklere devamlı kalacak bir miras olarak bıraktı ki, insanlar (onun dinine) dönsünler."[617]

İbrahim *aleyhisselâm*, kavmine Allah'a dönmeleri ve O'na hizmet etmelerini öğretmek için hidayet kanununu açıklamıştı.

Kudsî bir hadiste şöyle buyrulur: **"Ey kullarım! Hidayet verdiklerim dışında hepiniz doğru yoldan sapmışlardansınız."** İşte bu, ebedî bir gerçektir. Sonra hadis, bu Rabbânî bağışı elde etmesi için kuldan istenen ameli

---

615 Leyl 92/12.

616 En'âm 6/77.

617 Zuhruf 43/26-28.

açıklar. **"Öyleyse benden hidayet isteyin de size hidayet edeyim!"**[618]

Bu nedenle Rasûlullah *sallallahu aleyhi ve sellem*, hidayeti istemeyen bir kimseye davetle ilgilenmesi ve kendisinde bu sağlam isteğin yer aldığı kimseyi terk etmesinden dolayı uyarıldır: **"Kendini (sana) muhtaç görmeyene gelince, sen ona yöneliyorsun. Oysaki onun temizlenip arınmasından sen sorumlu değilsin. Fakat koşarak ve (Allah'tan) korkarak sana gelenle de ilgilenmiyorsun."**[619]

İnsanların doğrudan sapma ve uzaklaşma nedenlerine gelince; bu nedenlerden şu iki şey ayrılmaz: Cehalet ya da heva.

"Biz emaneti, göklere, yere ve dağlara teklif ettik de onlar bunu yüklenmekten çekindiler, (sorumluluğundan) korktular. Onu insan yüklendi. Doğrusu o, çok zalim, çok cahildir."[620]

Âyet, insanın emaneti taşımaya kalkışmasının nedenlerini, zulüm ve cehalet olarak açıklamaktadır.

Zulmün birçok çeşidi vardır. Yeryüzünde böbürlenmek zulümdür; şehvetlerin ardı sıra gitmek zulümdür; israf, zulümdür...

Kur'ân, yalanlayıcıların yalanlama nedenlerini, onların Allah'a iman etmeyi istememeleri şeklinde belirtir. Bunda şüphe yoktur. Ancak bunun yanında üzerinde bulundukları şeyi terk etmede bir istek göstermezler:

---

618 Müslim, Birr 55.

619 Abese 80/5-10.

620 Ahzâb 33/72.

"Fakat insan önündekini (kıyameti) yalanlamak ister." [621] Bu nedenle, *"'Kıyamet günü ne zamanmış?' diye sorar."*[622]

"And olsun (bu Mekkeli putperestler), bela ve felâket yağmuruna tutulmuş olan o beldeye uğramışlardır. Peki, onu görmüyorlar mıydı?"[623]

Evet, onlar bu beldeyi görüyorlardı ancak görmezden geliyorlardı; çünkü onlar iman etmek ve kıyamet gününde hesaba çekilmek istemiyorlardı: *"Hayır, onlar öldükten sonra dirilmeyi ummamaktadırlar."*[624]

Bu nedenle, ne zaman onlar için çaba gösterilse, ikna olmazlar. Çünkü olayın nedeni onların cehaleti değil, sadece hevâlarının peşinden gitmeleridir: *"Sen, onların hidayete ermelerine çok düşkünlük göstersen de bil ki Allah, saptırdığı kimseyi (dilemezse) hidayete erdirmez."*[625]

"Yemin olsun ki (Habibim) sen ehl-i kitaba her türlü âyeti (mucizeyi) getirsen yine de onlar senin kıblene dönmezler."[626]

Sebebin cehalet olmasına gelince; davetini güzel bir şekilde sunan, samimi bir davetçi bulunduğunda bunun ortadan kalkması kolaydır.

---

621 Kıyamet 75/5.

622 Kıyamet 75/6.

623 Furkân 25/40.

624 Furkân 25/40.

625 Nahl 16/37.

626 Bakara 2/145.

Kur'ân, bu prensibi tekrarlayan birçok âyetle doludur.

Niçin mucizeleri kendi gözleriyle gördükleri hâlde sihirbazlar iman etti de Firavun iman etmedi?

Niçin Süleyman *aleyhisselâm*'ın yanında camdan köşkü gördüğünde Sebe Melikesi iman etti?

Onun, çevresindeki askerlere söylediği şu sözü düşün: *"Onun tahtını bilemeyeceği bir hâle getirin; bakalım tanıyacak mı, yoksa tanıyamayanlar arasında mı (yola gelecek mi, yoksa yola gelmeyenlerden mi) olacak."*[627]

Süleyman *aleyhisselâm*, onlara şöyle diyordu: "Eğer cehaleti nedeniyle Allah'a kullukta bulunmuyorsa, peygamberliğin işaretlerini, şaşırtan ve üstün olan mucizeleri gördüğünde hidayete ulaşacaktır… Ancak eğer kibir ve zulmü nedeniyle Allah'a kullukta bulunmuyorsa, mucizeleri görse de hidayete ulaşmayacaktır." Bu köşkü gördüğünde, Belkıs iman etti.

Kur'ân, onun önceki küfrünün nedenini canlı bir şekilde ortaya koyar: *"Onu, Allah'tan başka taptığı şeyler (o zamana kadar tevhid dinine girmekten) alıkoymuştu. Çünkü kendisi inkârcı bir kavimdendi."*[628]

Kur'ân'ı düşünerek okuyan kimsenin, Kur'ândaki bu kaideyi, fiilî uygulamasını araştırması ve birçok yerde anılan hidayet engellerini öğrenmesi mümkündür.

---

627 Neml 27/41.
628 Neml 27/43.

7. Örnek: Nimetleri Koruma Konusunda Şükrün Önemi

Şükür, hikmettir: **"And olsun biz Lokman'a 'Allah'a şükret' diyerek hikmet verdik."**[629]

Şükür sayesinde azap uzaklaştırılır: **"Eğer siz iman eder ve şükrederseniz, Allah size neden azap etsin!"**[630]

Şükür, nimetlerin hedefidir: **"Bu, dedi, şükür mü edeceğim, yoksa nankörlük mü edeceğim diye beni sınamak üzere Rabbimin (gösterdiği) lütfundandır."**[631]

Şükür aynı zamanda nimetlerin sınırlanması ve artırılmasının nedenidir: **"Eğer şükrederseniz, elbette size (nimetimi) artıracağım."**[632]

Şükür, dünya ve ahiretteki her hayrın anahtarı olduğundan, İblis insanları ondan uzaklaştırmaya çalışır: **"İblis dedi ki: 'Öyleyse beni azdırmana karşılık, and içerim ki, ben de onları saptırmak için senin doğru yolunun üstüne oturacağım.'**

'Sonra elbette onlara önlerinden, arkalarından, sağlarından, sollarından sokulacağım ve sen, onların çoklarını şükredenlerden bulmayacaksın!' dedi."[633]

Allah Teâlâ'nın kullarından birine nimet olarak verdiği her ihsan ya da lütuf, sadece onu denemek içindir. Yüce Allah

---

629 Lokmân 31/12.
630 Nisâ 4/147.
631 Neml 27/40.
632 İbrahim 14/7.
633 A'râf 7/16-17.

şöyle buyurmaktadır: *"Şayet doğru yolda gitselerdi, bu hususta kendilerini denememiz için onlara bol su verirdik. Kim Rabbinin zikrinden yüz çevirirse, (Rabbin) onu gitgide artan çetin bir azaba uğratır."*[634]

"Umulur ki Rabbiniz düşmanınızı helâk eder ve onların yerine sizi yeryüzüne hâkim kılar da nasıl hareket edeceğinize bakar."[635]

Nimetlerin sınırlanmasının nedeni şükürdür. Nimetlerin kaybedilmesi, şükürden uzaklaşmakla olur. Allah katında, doğru yolda yürümeyen ve takvası olmayan hiç kimseye ikramda bulunulmaz. Bel'am, Sebe ve İsrailoğulları bu konuda fiilî örneklerdir.

Peki, şükür nasıl olur?

Şüphesiz şükür bir ameldir: *"Ey Davud ailesi! Şükredin."*[636]

Şükrün iki biçimi vardır: Her nimet için genel bir şükür ve her nimet için özel bir şükür.

Genel biçimine gelince; boyun eğme, yalvarma, takvayı artırma ve Allah'a sığınma ile ifade edilebilir.

Yüce Allah şöyle buyurmaktadır: *"And olsun, sizler güçsüz olduğunuz hâlde Allah, Bedir'de de size yardım etmişti. Öyle ise, Allah'tan sakının ki, O'na şükretmiş olasınız."*[637]

---

634 Cin 72/16-17.

635 A'râf 7/129.

636 Sebe 34/13.

637 Âl-i İmrân 3/123.

"Hani melekler demişlerdi: Ey Meryem! Allah seni seçti; seni tertemiz yarattı ve seni bütün dünya kadınlarına tercih etti. Ey Meryem! Rabbine ibadet et; secdeye kapan, (O'nun huzurunda) eğilenlerle beraber sen de eğil."[638]

Âişe *radıyallahu anhâ*, Rasûlullah *sallallahu aleyhi ve sellem*'in, ayakları şişinceye kadar gece namazını uzattığını gördüğünde, ona "Şüphesiz Allah senin geçmiş ve gelecek günahlarını bağışlamıştır" dedi. Buna Allah'ın sevgili kulu Mustafa *sallallahu aleyhi ve sellem*'in cevabı şöyle oldu: ***"Şükreden bir kul olmayayım mı?"***[639]

Nimete şükrün özel biçimine gelince; bu, nimetin kişiyi Allah'a yaklaştıracak bir aracı olarak kabul edilmesi, onu Rabbini razı edecek şeylerde kullanması, insanların faydası için bir etken olarak kullanması, onunla böbürlenmemesi ve güç gösterisinde bulunmaması ve Allah için doğruluğunu ve O'na olan sığınmasını artırması gerekir.

Musa *aleyhisselâm*, Firavun'un helâk edilmesi için dua ettiğinde, Yüce Allah şöyle buyurdu: ***"İkinizin de duası kabul olunmuştur. O hâlde siz doğruluğa devam edin ve sakın o bilmezlerin yoluna gitmeyin!"***[640]

Şüphesiz şükür, Kur'ân-ı Kerîm'de geniş bir alan kaplar. Bizim, şükürden bahseden âyetleri araştırmamız, birbirleriyle ilişkilendirmemiz, zihinlerde anlamının yer etmesi için şükreden ve şükürden yüz çevirenlerin örneklerini düşünmemiz gerekir.

---

638 Âl-i İmrân 3/42-43.

639 Buhârî, Teheccüd 6, Tefsîru Sûre 48 (2); Müslim, Sıfâtu'l-Münâfikîn 79-81.

640 Yunus 10/89.

Önemli Bir Soru

Birdenbire zihne şöyle önemli bir soru gelebilir: Kur'ân'ı okuyacağımız bu metotla, günlük okumamız gereken bölümün sonuna ulaşamayız. Bu nedenle okuyuşumuzdan elde edeceğimiz fayda az olacaktır. O hâlde bir açıdan Kur'ân'ı düşünerek okuma ile diğer açıdan her ay en az bir kere hatmetmenin arasını nasıl bulacağız?

Şüphesiz Kur'ân'ı okumaktaki esas amaç, onu düşünmek, kalpleri canlandıracak, yolları aydınlatacak, göğüslere şifa verecek yönlendirmeleriyle amel etmektir. Yüce Allah şöyle buyurmaktadır: *"Sana bu mübarek Kitab'ı, âyetlerini düşünsünler ve aklı olanlar öğüt alsınlar diye indirdik."*[641]

Nedenler ne olursa olsun, bunun yerini alacak hiçbir şey yoktur.

Kur'ân'ı dillerimizle ve dudaklarımızla defalarca okuduk; her birimizin amacı, Kur'ân'ın sonuna ulaşabilmekti. Hatta bazılarımız, özellikle Ramazan ayında Kur'ân'ı hatmetmede yarıştılar. Peki, bundan gerçekten ne kadar fayda görebildik?

Kur'ân bizde neyi değiştirdi?

Şüphesiz sadece dille -en küçük bir miktarda bile olsa kalbin katılmadığı- okumak, faydası az, boyutu büyük bir hurma kütüğü gibidir.

Düşünerek okumayı terk etmede ve bu okumanın kıyamet günü bizim aleyhimize bir delil olmasında hiç kimsenin ileriye süreceği bir mazereti yoktur.

---

641 Sâd 38/29.

Düşünerek okumanın en düşük seviyesi, okuma esnasında kalbin katkıda bulunması, insanın diliyle okuduğu şeyleri akletmesidir. Bunun için ilave bir zamana gerek yoktur; ihtiyaç duyacağı şey, nefis ve zihin hazırlığıdır.

Okumaya ve kalbin okumaya katkıda bulunmasına devam etmekle, zorlama olmadan anlamlar ve düşünceler zihne gelmeye başlar.

Başlangıçta, okuyucu düşüncelerin azlığından dolayı rahatsız olabilir, ancak bu, adım adım artacaktır. Allah, Kur'ân'ın gerçek dünyasına girmeyi ve âyetlerle amel etmeyi, Kur'ân'ın muhatabı olduğu duygularını bahşettiğinde, durumu değişecek, uykusunda ve uyanıklığında, sükûnetinde ve hareketliliğinde hayatının anlamına sahip olacaktır. Birçok âyet karşısında nutku tutulacak, birçok gerçek önüne serilecektir. Bu, hepimizin kat etmesi gereken ve biraz zamanımızı alacak olan bir aşamadır. Fakat birkaç hatimden sonra, aynı âyetlere ve bu âyetlerdeki ortak konulara baktığımızda, bu âyetler üzerinde çok durmadığımız hâlde anlamlarının zihinlerimizde oluştuğunu, âyetlerin bize yeni düşünceler verdiğini göreceğiz. Bu, başlangıçta olduğu gibi uzun bir zaman almayacaktır.

Gerçekten biz, uzun bir zamandır Kur'ân dünyasının dış kapısının önünde beklemekteyiz. Bu nedenle, -Allah'ın ihsanı ve lütfuyla- bize bu kapı açıldığında ve içeriye girdiğimizde, göreceğimiz hazineler ve harikalardan dolayı dehşete ve şaşkınlığa düşeceğiz.

Bu şaşkınlık, bu yeni dünyada neler olduğunu görünceye kadar vaktimizi alacaktır. Bundan sonra bu hayata alışacağız. Gerçeklerimizde Kur'ân'ın fiilî bir rolü olacak ve hayatımızın her alanına girecektir.

Şüphesiz bu, yaşadığımız hayatın dışında bir hayattır. Kur'ân'ın dünyasına giren kimse bu hayatı yaşayacaktır.

Akıl bir âyeti anlamakta tereddüte düştüğünde, Allah'ın bize doğru anlamı bahşetmesi için dua etmeli ve O'na yalvarmalı, sonra kastedilen manayı öğrenmek için tefsir kitaplarına başvurmalıyız.

Ma'kıl b. Yesâr *radıyallahu anh*'dan rivayet edildiğine göre, Rasûlullah *sallallahu aleyhi ve sellem* şöyle buyurmuştur: *"Kur'ân ile amel edin. Helâlini helâl, haramını haram kabul edin. Ona uyun. Ondaki hiçbir şeyi reddetmeyin. Kur'ân'da anlayamadığınız bir şeyi Allah'a ve benden sonraki ilim ehline sorun."*[642]

Şeytanın Aldatması

Şeytan, âyetleri düşünmeyen, onlardan anlamlar ve fiilî görevler çıkarmayan kimselerin içine bir kapıdan girip onları bunun âlimlerin uzmanlık alanı olduğu yönünde telkinlerle ikna etmeye çalışır.

Fakat Allah'ın sözlerini okuduğumuz sürece, bu kapıyı sürekli olarak kapalı tutabiliriz.

"Eğer biz bu Kur'ân'ı bir dağa indirseydik, muhakkak ki onu, Allah korkusundan baş eğerek, parça parça olmuş görürdün. Bu misalleri insanlara düşünsünler diye veriyoruz."[643]

642 Hâkim, *Müstedrek*, I, 757.

643 Haşr 59/21.

Bu âyetten sonra, hiç kimsenin düşünerek okumayı terk etmede bir mazereti yoktur.

Şeytanın girebileceği başka bir giriş daha vardır ki, o da şudur: Üç gün içinde Kur'ân'ı hatmeden sahâbe ve selef-i sâlihin, aynı vakit içinde bu hızlı okuyuş ile düşünmeyi nasıl bir araya getiriyordu?

Kişinin, Kur'ân dünyasına girmesi, onunla birlikte yaşaması, birlikte olması, onun boyasıyla boyanmasından sonra bu şekilde okuması, bir an gözünün önünden gitmeyecek şekilde anlamını önünde hazır bulmasını kolaylaştırır.

Abdullah b. Amr *radıyallahu anh*'ın şöyle dediği rivayet edilmiştir: "Ey Allah'ın Rasûlü! Ne kadar zamanda Kur'ân'ı(n tamamını) okuyayım?" *diye* sordum. Rasûlullah *sallallahu aleyhi ve sellem* şöyle buyurdu: ***"Her ay Kur'ân'ı(n tamamını) oku! Yirmi beş günde bir (tamamını) oku! On beş günde bir (tamamını) oku! On günde bir (tamamını) oku! Yedi günde bir (tamamını) oku! Üç günden daha az bir sürede Kur'ân'ı(n tamamını) okuyan, onu anlayamaz!"***[644]

Rasûlullah *sallallahu aleyhi ve sellem*'in ***"Üç günden daha az bir sürede Kur'ân'ı(n tamamını) okuyan, onu anlayamaz!"*** sözünü düşün. Bunun anlamı, Kur'ân'ı anlama ve düşünmenin, okuyuşa uygun olması gerektiğidir.

Düşünerek Okumanın Yerini Alacak Hiçbir Şey Yoktur

Bu adımda tökezlemenin, Kur'ân'ın dünyasına girmekte başarısız olmanın ve onunla birlikte gerçek bir diyoloğa

---

644 Ahmed b. Hanbel, II, 165. Hadis sahihtir. Bk. Elbânî, *Sahîhu'l-Câmii's-Sagîr*, no: 1157, *Silsiletu'l-Ehâdîsi's-Sahiha*, no: 11513.

girememenin, imanî eğitim yolunda istikrarsızlık olduğunu bilmemiz gerekir.

Bu manayı İbn Kayyim şu sözleriyle destekler: "Kalp için Kur'ân'ı düşünerek okuma ve tefekkür etmeden daha faydalı bir şey yoktur. Çünkü o, bütün yolcuların duraklarını, amelde bulunanların durumlarını ve arif kimselerin makamlarını içerir. O, sevgi ve gayret, korku ve ümit, yetkilendirme ve tevekkül, rıza ve vekâlet, şükür ve sabır, kalbin canlılığı ve kemâlini içeren diğer durumları aktarır.

Aynı şekilde kalbi bozan ve helâk eden, kınanan fiilleri ve bütün özellikleri engeller.

Eğer insanlar düşünerek Kur'ân'ı okumanın faydasını bilselerdi, her şeyi bırakarak sadece onunla ilgilenirlerdi. Onu düşünerek okuduğunda, kalbini iyileştirmek için ihtiyaç duyduğu bir âyete rast geldiğinde, gece olsa da onu yüz defa tekrarlar. Bir âyeti düşünerek ve anlayarak okumak, düşünmeden ve anlamadan okuyarak hatmetmekten daha hayırlıdır. Bu, kalp için en faydalı şeydir. İmanı elde etmesine ve Kur'ân'ın tadını almasına neden olur. İşte selefin sabaha kadar bir âyeti tekrarlamasının nedeni buydu.

Kaynaklarda geçtiğine göre, Rasûlullah *sallallahu aleyhi ve sellem*, sabaha kadar şu âyeti tekrar edip durmuştu:

"'Eğer kendilerine azap edersen şüphesiz onlar senin kullarındır (dilediğini yaparsın). Eğer onları bağışlarsan şüphesiz sen izzet ve hikmet sahibisin' dedi."[645]

---

645 Mâide 5/118. Hadis için bk. Nesâî, Sıfatu's-Salât 79; İbn Mâce, İkâmetu's-Salât 179; Ahmed b. Hanbel, V, 149, 156; Hâkim, *Müstedrek*, I, 367.

Dolayısıyla Kur'ân'ı düşünerek okumak, kalbin düzelmesinde bir kaidedir. Bu nedenle İbn Mes'ûd *radıyallahu anh* şöyle demiştir: "Kur'ân'ı şiir okur gibi okumayın! Onu bir bebeğin saçtığı gibi saçmayın! Mucizelerinde durun ve kalplerinizi onlarla hareketlendirin! Sizden hiçbirinizin amacı sûrenin sonuna varmak olmasın!"[646]

Her Gün Kur'ân Okumaya Devam Etmenin Önemi

Okunuşunun kolaylığı, bireye eşlik edebilmesi, herkesin kolaylıkla ulaşabilmesi, Kur'ân'ın ayırıcı özelliklerindendir. Yüce Allah, onu terk etmeye karşı bizi uyarmış ve onu okumaya devam etmemizi istemiştir.

"Peygamber der ki: Ey Rabbim! Kavmim bu Kur'ân'ı büsbütün terk etti."[647]

Okumaya devam etmek ve Kur'ân'ı birbiri ardından hatmetmekten kastedilen, sadece ahiretteki büyük sevaba ulaşmak değil, aynı zamanda kalplerin canlılığı ve onu güçlendirmedeki büyük roldür.

Kalplerin Güçlendirilmesinde Kur'ân'ın Rolü

Yüce Allah şöyle buyurmaktadır: *"De ki: Onu, Mukaddes Rûh (Cebrail), iman edenlere sebat vermek, Müslümanları doğru yola iletmek ve onlara müjde vermek için, Rabbin katından hak olarak indirdi."*[648]

---

646 Yani sadece sûrenin sonuna gelmek olmasın. Hadis için bk. İbn Ebi Şeybe, *Musannef*, II, 256. Ayrıca bk. *Miftâhu Dâri's-Saâde*, I, 553-554.

647 Furkân 25/30.

648 Nahl 16/102.

Kur'ân, en önemli sebat araçlarındandır: *"Peygamberlerin haberlerinden senin kalbini (tatmin ve) teskin edeceğimiz her haberi sana anlatıyoruz. Bunda sana gerçeğin bilgisi, mü'minlere de bir öğüt ve bir uyarı gelmiştir."*[649]

Örneğin; Kur'ân, peygamberlerin haberleriyle doludur. Onların kavimleriyle olan durumlarının nasıl olduğunu sanki görür, onlarla birlikte yaşarız.

Bugün Allah'a davette bulunan bir kimsenin karşılaştığı baskı, yalanlama ve imtihanların, bizden öncekilerin başına gelenlerden çok daha basit olduğunu hissettirecek derecede zulmün boyutunu ve azgınlıkta bulunan tağutları bize açıklar.

Bugünkü tağutlar, Firavun ve askerlerinin ya da Semud ve Âd'ın ulaştığı dereceye henüz ulaşmadılar.

Bu nedenle Kur'ân onları, peygamberlerini yalanlamalarını, onlarla olan mücadelelerini, onlara yaptıkları baskıyı ve zulmü bize haber verir. Sonra onların eğilimlerini ve sonlarının nasıl olduğunu bildirir.

Kur'ân, olayların tekrar edeceğini, bu konudaki sünnetlerin gerçekleşeceğini, sonucun müttakiler için olacağını, Allah'ın emri konusunda kimsenin acele etmemesi gerektiğini anlatan bir mektuptur.

Yüce Allah şöyle buyurmaktadır: *"And olsun ki senden önceki peygamberler de yalanlanmıştı. Onlar, yalanlanmalarına ve eziyet edilmelerine rağmen sabrettiler, sonunda yardımımız onlara yetişti. Allah'ın kelimelerini*

---

649 Hûd 11/120.

(kanunlarını) değiştirebilecek hiçbir kimse yoktur. Muhakkak ki peygamberlerin haberlerinden bazısı sana da geldi."[650]

"(Rasûlüm!) İşte bunlar sana vahyettiğimiz gayb haberlerindendir. Bundan önce onları ne sen biliyordun ne de kavmin. O hâlde sabret. Çünkü iyi sonuç (sabredip) sakınanlarındır."[651]

Bu konuda şüphe duyan kimse, yeryüzünde dolaşsın ve zalimlerin sonlarını araştırsın.

Yüce Allah şöyle buyurmaktadır: *"Onlar yeryüzünde gezip dolaşmadılar mı ki, kendilerinden öncekilerin sonu nasıl olmuştur, görsünler! Öncekiler bunlardan daha çoktu, kuvvetçe ve yeryüzündeki eserleri bakımından da daha sağlam idiler. Fakat kazandıkları şeyler onlara asla fayda vermemiştir."*[652]

"(Ey insanlar!) Elbette siz de sabah ve akşam onlara uğruyorsunuz. Hâlâ akıllanmayacak mısınız?"[653]

Firavun'un asrında, zulüm, azgınlık ve baskı zamanında olduğunu düşün. Yüce Allah şöyle buyurmaktadır: *"Firavun, (Mısır) toprağında gerçekten azmış, halkını çeşitli zümrelere bölmüştü. Onlardan bir zümreyi güçsüz buluyor, bunların oğullarını boğazlıyor, kızlarını ise sağ bırakıyordu. Çünkü o, bozgunculardandı."*[654]

---

650   En'âm 6/34.

651   Hûd 11/49.

652   Mü'min 40/82.

653   Sâffât 37/137-138.

654   Kasas 28/4.

İsrailoğulları'nın Firavun'dan ve onun yardımcılarından dolayı duydukları korku ve endişenin boyutlarını, azgınlığın ve zulmün sürekli yükselmesi nedeniyle hissettikleri ümitsizlik ve başarısızlık duygularını gözünün önüne getir.

Musa *aleyhisselâm*'ın doğumundan uzun yıllar sonra bu zalimin sonunun nasıl olduğunu hatırla! Firavun'un helâkini, efsanesinin sonunu düşün. Allah'ın ona karşı kendilerine olan yardımını gördüklerinde, Allah'ın onlara vaat etmiş olduğu söz gerçekleştiğinde, bunun gerçekleşme ihtimali konusunda şüphe edenlerin duygularının nasıl olduğunu gözünün önünde canlandır. Allah'ın yardımından şüphe etmenin sebep olduğu ümitsizlik ve başarısızlık duygusundan dolayı hissedilen şey, pişmanlıkla karışık sevinç duygularıydı.

Şüphesiz Kur'ân, bizi bu gerçeğe inandırmak, zalimlerin şiddetinden, yalanlayıcıların çokluğundan ve eziyetlerinden korkmak hatta Allah'ın vaadine güven ve kesin bir inançla tağutlara küçümseyici bir bakışla bakmak için kıssayı defalarca tekrar eder: *"(Rasûlüm!) Sen şimdi sabret. Bil ki Allah'ın vaadi gerçektir. (Buna) iyice inanmamış olanlar, sakın seni gevşekliğe sevk etmesin!"*[655]

Kur'ân, Şüphelere Cevap Verir

Yolun uzunluğuyla birlikte, yalanlamalar artar, şüpheler çoğalır. Kalp, bunların bir kısmından etkilenip değişime uğrar. Bu nedenle Kur'ân'ın, görüş netliğini devam ettirmeye ve kalplerin kararlılığını korumaya çalıştığını görürüz.

---

655 Rum 30/60.

Yüce Allah şöyle buyurmaktadır: *"Onların sana getirdikleri hiçbir temsil yoktur ki, (onun karşılığında) sana doğrusunu ve daha açığını getirmeyelim."*[656]

Bu konuda birçok örnek vardır: *"Şüphesiz biz onların 'Kur'ân'ı ona ancak bir insan öğretiyor' dediklerini biliyoruz. Kendisine nispet ettikleri şahsın dili yabancıdır. Hâlbuki bu (Kur'ân) apaçık bir Arapça'dır."*[657]

Kur'ân, düşmanlarının çıkardığı şüphelere cevap vermekle yetinmez, bunun yanısıra onların tavırlarını ortaya koyar, durumlarını ve onları buna iten nedenleri canlı bir şekilde gösterir.

Yüce Allah şöyle buyurmaktadır: *"(Rasûlüm!) And olsun (bu Mekkeli putperestler), bela ve felâket yağmuruna tutulmuş olan o beldeye uğramışlardır. Peki, onu görmüyorlar mıydı? Hayır, onlar öldükten sonra dirilmeyi ummamaktadırlar."*[658]

"İçlerinden bir kısmı ise 'Gerçekten evlerimiz emniyette değil' diyerek Peygamber'den izin istiyordu; oysa evleri tehlikede değildi, sadece kaçmayı arzuluyorlardı."[659]

Kur'ân, Öncelikleri ve Değişmez İlkeleri Hatırlatır

Yol uzadıkça bu yolda yürüyen kimselerin, bazı öncelikleri ve değişmez ilkeleri unutmalarına neden olan olaylar artar.

---

656   Furkân 25/33.

657   Nahl 16/103.

658   Furkân 25/40.

659   Ahzâb 33/13.

Burada Kur'ân'ın rolü ve Kur'ân okumaya devam etmenin önemi ortaya çıkar.

Kur'ân, sürekli olarak değişmez ilkeleri ve öncelikleri hatırlatır. Yüce Allah şöyle buyurmaktadır: *"De ki: Eğer babalarınız, oğullarınız, kardeşleriniz, eşleriniz, hısım akrabanız, kazandığınız mallar, kesada uğramasından korktuğunuz ticaret, hoşlandığınız meskenler size Allah'tan, Rasûlü'nden ve Allah yolunda cihad etmekten daha sevgili ise, artık Allah emrini getirinceye kadar bekleyin. Allah fasıklar topluluğunu hidayete erdirmez."*[660]

"İşte sizler, Allah yolunda harcamaya çağrılıyorsunuz. İçinizden kiminiz cimrilik ediyor. Ama kim cimrilik ederse, ancak kendisine cimrilik etmiş olur. Allah zengindir, siz ise fakirsiniz. Eğer O'ndan yüz çevirirseniz, yerinize sizden başka bir toplum getirir, artık onlar sizin gibi de olmazlar."[661]

Kur'ân, kendisine tâbi olanlara, zaferi çabuk istemenin, bazen dünya sevgisinden, yolun uzunluğundan bıkmaktan ve feda edilen şeylerin çokluğundan olduğunu anlatır: *"Kendilerine, 'Ellerinizi savaştan çekin, namazı kılın ve zekâtı verin' denilen kimseleri görmedin mi? Sonra onlara savaş farz kılınınca, içlerinden bir grup hemen Allah'tan korkar gibi hatta daha fazla bir korku ile insanlardan korkmaya başladılar da 'Rabbimiz! Savaşı bize niçin yazdın! Bizi yakın bir süreye kadar ertelesen (daha bir müddet savaşı farz kılmasan) olmaz mıydı?' dediler. Onlara de ki:*

660 Tevbe 9/24.

661 Muhammed 47/38.

'Dünya menfaati önemsizdir, Allah'tan korkanlar için ahiret daha hayırlıdır ve size kıl payı kadar haksızlık edilmez.'[662]

Kur'ân, Fitnelerden Korur

Fitne zamanında, Kur'ân'ın, kendisine tâbi olanları korumasındaki rolü ortaya çıkar. Rasûlullah *sallallahu aleyhi ve sellem* şöyle buyurmuştur: *"Size, uyduğunuz takdirde benden sonra asla sapıtmayacağınız iki şey bırakıyorum. Bunlardan biri diğerinden daha büyüktür. Bu, Allah'ın Kitabı'dır. O, semâdan arza uzatılmış bir iptir. (Diğeri de) kendi neslim, Ehl-i Beytim'dir. Bu iki şey, cennette Kevser havuzunun başında bana gelip (hakkınızda bilgi verinceye kadar) birbirlerinden ayrılmayacaklardır. Öyleyse bunlar hakkında, ardımdan nasıl geleceğinizi düşünün."*[663]

Kur'ân, şeytanın giriş yerlerini, fitne türlerini, imtihan maddelerini açıklar. Bir kimse, onlarla karşılaştığında gafil avlanmaz. *"Mü'minler ise, düşman birliklerini gördüklerinde 'İşte Allah ve Rasûlü'nün bize vaat ettiği! Allah ve Rasûlü doğru söylemiştir' dediler. Bu (orduların gelişi), onların ancak imanlarını ve Allah'a bağlılıklarını artırdı."*[664]

Kur'ân okumaya devam etmenin faydalarından biri de Allah'ın isim ve sıfatları, iman prensipleri ve Allah'ın haber verdiği her şey hakkında kesin inanç derecesine ulaşmaktır. Kur'ân, birçok yolla bu konuları sunar, zihinlerde yer etmesi için anlamlarını tekrar eder. Rabbimiz şöyle buyurmaktadır:

---

662 Nisâ 4/77.
663 Tirmizî, Menâkıb 32. Hadis sahihtir. Bk. Elbânî, *Sahîhu'l-Câmii's-Sagîr*, no: 2458.
664 Ahzâb 33/22.

"And olsun bunu, insanların öğüt almaları için, aralarında çeşitli şekillerde anlatmışızdır."[665] Yani çeşitli üslûplarla tekrar ettik.[666]

Kur'ân, canlı kalplerin azığı, gıdası ve şifasıdır. Kur'ân, kendisine tutunan kimseyi emniyet yurduna götürür.

Kur'ân'ın bu büyük rolü, kul onu okumaya devam etmedikçe, karşılaştığı olaylarla karşılaştırmak için anlamlarını düşünmedikçe ve günlük yaşamında yaşamadıkça gerçekleşmez.

Çağdaş Yüzyıldan Bir Tecrübe

Bu metot hakkındaki son bölümde, sözü, Allah'ın kendisine Kur'ân'ı yaşama ve bazı hazinelerini ortaya çıkarma lütfunda bulunduğu kimselerden birine bırakacağız.

Son yüzyılda yetişen bu kişinin gösterdiği gayret, verdiğimiz bu örnekleri tekrarlayan bir yeteneğe sahip olduğunu göstermektedir.

Seyyid Kutub -Allah ona rahmet etsin ve onu şehidlerden kabul etsin- Kur'ân ile olan birlikteliği hakkında şunları söyler:

"Kur'ân'ın gölgesi altında yaşamak nimettir. Sadece onu tadanın bilebileceği bir nimet. İnsan ömrünü yücelten, onurlu kılan ve arındıran bir nimet.

Hamd olsun ki Allah, ömrümün bir bölümünü Kur'ân'ın gölgesi altında yaşama imkânını bağışladı. Bu dönemde hayatımın o güne kadarki bölümünde hiç tatmamış olduğum bir

---

665 Furkân 25/50.

666 Bk. Hasaneyn Mahlûf, *Kelimâtu'l-Kur'ân Tefsîr ve Beyân.*

nimetin hazzını duydum. İnsan ömrünü yücelten, onurlu kılan ve arındıran nimetin hazzını...

Bu dönemi, Kur'ân'ın cümleleri aracılığıyla bana seslenen Yüce Allah'ın sözlerini kulaklarımda işiterek yaşadım. Ben ki, basit ve küçük bir kulum. İnsan için bundan daha yüce bir onurlandırma, insan ömrüne şu Kur'ân'ın kazandırdığı yücelikten daha üstün bir yücelik, kerem sahibi yaratıcının insana sunacağı bundan daha yüksek bir derece düşünülebilir mi?

Hayatımın Kur'ân'ın gölgesi altında geçen dönemindeki düşüncelerime göre, yeryüzünde son çırpınışlarını yaşayan cahiliye uygarlığı, bu uygarlığın tutkunlarının basit ve komik amaçları, gerçekte sınırlı ve cüz'i olan bilgileri ve düşünceleriyle övünüp böbürlenmeleri acınacak ve aynı zamanda da bulunduğum yüksek seviye gereği tepeden bakılacak bir durumdu. Tıpkı yetişkin yaşta bir insanın çocukların oyunlarına, çocukça hareketlerine ve kırık-dökük konuşma girişimlerine baktığı gibi. Onları seyrederken hayret ediyorum. Ne oluyor şu insanlara? Ne oluyor da mikrop yuvası bir bataklığın derinliklerine gömülüp giderken şu yüce çağrıya, insan hayatını yücelten, onurlandıran ve arındıran çağrıya kulak vermiyorlar?

Hayatımın bu dönemini, varlık âlemine ilişkin şu kapsamlı, yetkin, yüksek düzeyli saf düşünceyi; tüm evrenin ve insan varoluşunun amacına ilişkin düşünce sistemini doya doya özümseyerek yaşadım. Bu düşünce sistemini, insanlığın doğuda, batıda, kuzeyde ve güneyde etkisi altında yaşadığı cahiliye düşünceleriyle karşılaştırdım ve içimden şu soruyu sordum: Nasıl oluyor da insanlık önünde temiz bir yeşil ova, yüksek seviyeli bir alan ve parlak ışık dururken bu kokuşmuş bataklıkta, bu çamur dehlizlerinde ve bu koyu karanlıkta yaşayabiliyor?

Yazık Allah'ın Şu Kullarına

Hayatımın Kur'ân'ın gölgesi altında yaşadığım döneminde şu evrende kör tesadüfe ya da başıboş rastgeleliğe yer olmadığını öğrendim. Nitekim Yüce Allah şöyle buyuruyor: *"Biz, her şeyi bir ölçüye göre yarattık."*[667] *"Her şeyi yaratıp ona bir nizam veren ve mukadderatını tayin eden Allah, yüceler yücesidir."*[668] Şu evrende her şey bir hikmete bağlıdır. Fakat insanın kısa görüşlü bakışı, gayb âleminin derin hikmetini fark etmeyebilir. İşte: *"Hoşunuza gitmediği hâlde savaş size farz kılındı. Sizin için daha hayırlı olduğu hâlde bir şeyi sevmemeniz mümkündür. Sizin için daha kötü olduğu hâlde bir şeyi sevmeniz de mümkündür. Allah bilir, siz bilmezsiniz."*[669]

İşte bu sebeplerden dolayı hayatımın Kur'ân'ın gölgesi altında geçen dönemini huzur, güven ve gönül rahatlığı içinde yaşadım. Her olayda, her gelişmede Allah'ın rolünü ve gücünü görerek, O'nun himayesini ve gözetimini üzerimde duyarak yaşadım. Bu dönemdeki yaşantımda O'nun sıfatlarının etkinliğini ve yapıcı rolünü sürekli olarak hissettim. *"Kendine yalvardığı zaman karşılık veren ve (başındaki) sıkıntıyı gideren..."*[670] *"O, kullarının üstünde her türlü tasarrufa sahiptir. O, hüküm ve hikmet sahibidir, herşeyden haberdardır."*[671] *"Dilediği şeyleri mutlaka yapandır."*[672]

---

667   Kamer 54/49.

668   Furkân 25/2.

669   Bakara 2/216.

670   Neml 27/62.

671   En'âm 6/18.

672   Burûc 85/16.

"Allah kimi hor ve hakir kılarsa, artık onu değerli kıla-cak bir kimse yoktur."[673]

Bu evren kör ve sağır mekanik kanunların eline bırakıl-mış değildir. Doğal kanunların arkasında her zaman tasarla-yıcı bir irade, mutlak bir dilek vardır. Allah dilediğini yaratır ve dilediğini tercih eder. Yine Allah'ın gücünün sürekli ve sınırsız bir etkinliğe sahip olduğunu öğrendim. Fakat O, bu etkinliğini kendine özgü bir tarzda gösterir. Biz bu etkinliği acele edip öne alamayız. Allah'a herhangi bir şeyi de öne-remeyiz. Kur'ân'ın ışığı altında açıkça ortaya çıktığı gibi şu ilahî sistem her çeşit sosyal ortamda, insan gelişiminin her evresinde, insan psikolojisinin her durumunda uygulanmak üzere ortaya konulmuştur.

Hayatımın, Kur'ân'ın gölgesi altında yaşadığım dönemi sonunda şu kesin, şu tartışma götürmez gerçeğe ulaştım: Dün-yanın istikrara kavuşabilmesi, insanlığın huzura erebilmesi, in-sanların her birinin içgüvene, yüceliğe, onura ve arınmışlığa kavuşabilmeleri, evrenin ve hayatın doğal kanunları ile uyum hâlinde yaşayabilmeleri için tek çıkar yol, Allah'a dönüştür.

Kur'ân'ın ışığı altında gün gibi ortaya çıktığı üzere Allah'a dönmenin tek bir şekli, tek bir yolu vardır. Birçok değil tek bir yol... O da hayatın tüm alanlarında, Yüce Allah'ın Kur'ân-ı Kerîm'de ana hatlarını çizdiği sisteme yönelmektir. Bu tek yol, bu kitabı tek başına hayata hâkim kılmak, hayatın her türlü olayı ve gelişmesi karşısında onun hakemliğine başvur-maktır. Aksi takdirde yeryüzünde fesat ve insanlarda mutsuz-luk meydana gelir.

---

673 Hac 22/18.

Kendisi de Allah'ın bir eseri olan insanlık, fıtrî yapısının kilitli hücrelerini ancak Allah yapısı anahtarlar ile açabilir, fıtratının hastalıklarını ve bunalımlarını sadece Yüce Allah'ın elinden çıkma ilaçlar ile tedavi edebilir. Yüce Allah bütün kilitli kapıların anahtarlarını ve bütün hastalıkların ilaçlarını kendi sistemine yerleştirmiştir: *"Biz, Kur'ân'dan öyle bir şey indiriyoruz ki o, mü'minler için şifa ve rahmettir; zalimlerin ise yalnızca ziyanını artırır."*[674] Fakat insanlık, bozulan kilidin tamiri konusunda bu kilidin yapıcısına başvurmak, hastayı yaratıcısına götürmek istemiyor. Gündelik hayatında kullandığı basit teknik araçlar ve cihazlar konusunda gösterdiği titizliği, benimsediği metodu, kendi problemleri, insanlığın problemleri, insanlığın mutluluğunu sağlama ya da mutsuzluğunu giderme konusunda izlemekten, benimsemekten kaçınıyor. O biliyor ki, bozulan bir teknik cihazı tamir etmek için o cihazı üreten fabrikanın mühendisini çağırması gerekir. Fakat bu kuralı insan hakkında da uygulayarak ona ilişkin problemlerde üreticisine bu şaşırtıcı cihazın yani son derece onurlu, yüce, ayrıntılı ve duyarlı insan cihazının yaratıcısına fikir danışmıyor. O cihaz ki, onun giriş ve çıkışlarını yapıcısından, yoktan var edicisinden başkası bilemez: *"Hiç yaratan bilmez mi? O, en ince işleri görüp bilmektedir ve her şeyden haberdardır."*[675]

İşte yolunu sapıtmış, zavallı ve şaşkın insanlığın mutsuzluğu bundan kaynaklanıyor. Bu insanlık, nasıl ki basit bir teknik cihazı bu cihazın küçük yapıcısına götürüyorsa, fıtratına ilişkin problemlerde de bu fıtratın büyük yaratıcısına başvurmadıkça doğru yola, huzura ve mutluluğa kesinlikle eremeyecektir."[676]

---

674 İsrâ 17/82.

675 Mülk 67/14.

676 Bk. *Fi Zılâli'l-Kur'ân*, Mukaddime, s. 11-15.

Kur'ân'a tutunduğumuz oranda, Yüce Allah ile birlikte oluruz.

Rasûlullah *sallallahu aleyhi ve sellem* şöyle buyurmuştur: ***"Müjdeler olsun! Şüphesiz bu Kur'ân'ın bir tarafı Allah'ın elinde, bir tarafı da sizin ellerinizdedir. O hâlde ona tutunun! Böyle yapmanız hâlinde şüphesiz siz helâk olmayacak ve ondan sonra asla sapmayacaksınız!"***[677]

---

677 Taberânî, *el-Mu'cemu'l-Kebîr*, II, 126. Hadis sahihtir. Bk. Elbânî, *Sahîhu'l-Câmii's-Sagîr*, no: 34, *Silsiletu'l-Ehâdîsi's-Sahîha*, no: 713.

ÜÇÜNCÜ KISIM
GECE NAMAZ KILMAK VE SEHER VAKTİNDE YALVARMAK

Yüce Allah şöyle buyurmaktadır: *"Gecenin bir kısmında uyanarak, sana mahsus bir nafile olmak üzere namaz kıl. (Böylece) Rabbinin, seni, övgüye değer bir makama göndereceği umulur."*[678]

Dolayısıyla gece namazı, imanı uyandırmak için en önemli metotlardan biridir. Salih kimseler bunu denemiş ve bunun kalplerin canlandırılmasında son derece büyük bir etkisi olduğunu görmüşlerdir.

Rasûlullah *sallallahu aleyhi ve sellem* şöyle buyurmuştur: *"Her gece, Rabbimiz gecenin son üçte biri kalınca, dünya semâsına iner ve 'Kim bana dua ediyorsa ona icabet edeyim. Kim benden bir şey istiyorsa onu vereyim, kim benden bağışlanma diliyorsa onu bağışlayayım' der."*[679]

---

678 İsrâ 17/79.

679 Buhârî, Teheccüd 14; Müslim, Müsâfirîn 168.

Yine Rasûlullah *sallallahu aleyhi ve sellem* şöyle buyurmuştur: ***"Rabbin kuluna en yakın olduğu vakit, gecenin son yarısıdır. Eğer o saatlerde Allah'ı zikredenlerden olmaya gücün yeterse, Allah'ı zikredenlerden ol!"***[680]

Gecenin son yarısı, ganimet anıdır; peki ama kime lutfedilmiştir bu?

"Gerçeğe ulaşmak isteyenlere... Sabahın sevabını, ancak ganimeti kazanan, onurla elde eden ve henüz karanlık olan sabahta hamd eden topluluklar ister. Uyuyan ve gafil olanların, neler olduğundan haberi yoktur. Hikâyeler hâlâ hayal ediliyor, sabah doğuncaya kadar insanlar ihtiyaçlarını gidermeye devam ediyorlar. Ebu Süleyman şöyle derdi: 'Gece ibadet edenler, gecelerinden; eğlenceyle vakit geçirenlerden daha çok tat alırlar. Eğer gece olmasaydı, dünyada kalmayı istemezdim.'

Sevenler için gecenin ortası; sevgililerine yalvarmakla geçirilen yalnızlık, günahlarından af dileyenler için seher vakti... Gecenin ortası, önde gelenlerin yalnızlığına hastır; seher vakti, herkesin ailesinin ihtiyaçlarını gidermesi, başını yastıktan kaldırması için geneldir. Kişi yarış alanında sevenleri geçmekten aciz ise de bağışlanma ve mazeret ileri sürmede Allah'tan af dileyenlere katılmaktan aciz değildir. Tevbe edenlerin sayfaları, yanakları, kandilleri, gözyaşları..."[681]

---

680 Tirmizî, Daavât 119. Hadis sahihtir. Bk. Elbânî, *Sahîhu'l-Câmii's-Sagîr*, no: 173.

681 *Letâifu'l-Meârif*, s. 49.

Seher Vakitlerinin Alternatifi Yoktur

Seher vakitlerinde Allah'ın hediyeleriyle karşılaşmak ve gece namazı kılanlarla birlikte ganimeti bölüşmek, kalplerdeki imanı yetiştirmek için en büyük vasıtalardandır.

İbnu'l-Hâc, *el-Medhal*'de şöyle diyor: "Geceleyin kalkmakta birçok fayda vardır. Bunlardan bazıları şunlardır: Şiddetli rüzgârın ağaçtan kuru yaprağı koparması gibi günahları koparır. Geceleyin kalkmak, kalpleri nurlandırır, yüzü güzelleştirir, tembelliği giderir ve bedeni canlandırır. Melekler gökyüzünden onun yerine bakarlar. Yeryüzündekiler arasında parlak bir yıldız gibi görünür. Geceleyin kalkmanın sonuçlarından biri de kişiye nitelenemeyecek bereket, nur ve hediyelerin verilmesidir.

Muhammed İkbal der ki: İlim ve hikmette dilediğin kimseyle birlikte ol! Ancak seherde kendine ayırdığın bir vaktin olmadıkça faydasını göremezsin!"[682]

O, seherde geçirdiği bu hoş anları değerli görüyor, onların her âlim ve düşünürün sermayesi olduğuna, en büyük âlimin ya da zahidin onsuz yapamayacağına inanıyordu. O, bunun yerine bir şey istemiyor, onu bir başka şeyle eş tutmuyordu. O şöyle diyordu: "Ya Rab! Dilediğini benden al! Fakat seher vaktinin lezzetini benden alma! Onun nimetinden beni mahrum etme!"

Hatta o, Allah'tan bu seher zamanını ve kalp sıkıntısını ümmetin yeni yetişen gençlerine ihsan etmesini, böylece

---

kalplerinin sessizliğini hareketlendirmelerini, bedenlerindeki hayatın canlanmasını diliyordu.[683]

Seyyid Kutub şöyle diyor: "Geceleyin herkes uyurken ayakta olup ibadet etmeyi, gündelik hayatın dağdağasından ve karmaşasından uzaklaşarak Yüce Allah ile ilişki kurmayı, O'nun feyzini ve nurunu algılamayı, O'nun birliğinin beraberliğinde coşup O'nunla başbaşa kalmanın masumluğunu yaşamayı, sanki yüceler âleminden yeni iniyormuş gibi ve varlık âleminin her yanından sözsüz ve sözcüksüz bir yankı yükseliyormuş gibi bir heyecanla evrenin sessizliği ortasında ağır ağır Kur'ân okumayı, gecenin karanlığı içinde Kur'ân'ın ışınlarını, mesajlarını ve yüksek frekanslı titreşimlerini düşünelim... Bütün bunlar bu 'ağır sözü' yüklenmeye, bu değerli yükümlülüğü sırtlanmaya, bu ağır sıkıntıyı göğüslemeye hazırlanan Peygamberimiz için son derece gerekli birer azık niteliğindedir. Aynı zamanda bu çağrının savunuculuğunu üstlenen her kuşaktan dava adamları için bu böyledir. Bu saydıklarımız, uzun ve meşakkatli yolları boyunca dava adamlarının kalplerini aydınlatır, onları şeytanın vesveselerinden ve bu aydınlık yolu saran karanlıkların çöllerinde şaşırmaktan korur."[684]

O, *"Şüphesiz gece kalkışı, (kalp ve uzuvlar arasında) tam bir uyuma ve sağlam bir kıraate daha elverişlidir"*[685] âyetinin tefsirinde şöyle diyor:

"Gerçekten gündüz yorgunluğu arkasından uykunun çağrısı çok güçlü olur, yatağın çekiciliği dayanılmaz boyutlara ulaşır, bu çağrıya ve bu çekiciliğe karşı koyup bir şeyler yapmak,

---

683 *Revâiu İkbâl*, s. 46.

684 *Fi Zılâli'l-Kur'ân*, VI, 3745.

685 Müzzemmil 73/6.

mesela ibadet etmek insan vücuduna son derece yorucu gelir. Fakat vücudun bu isteğini yenerek uyanık kalabilmeyi başarmak, ruhun özgürlüğünü ilan etmek, Yüce Allah'ın çağrısına olumlu cevap vermek ve O'nunla başbaşa kalma uğruna özveride bulunmaktır. Bu yüzden gecenin sözü daha etkilidir. Geceleyin Allah'ı anmanın ayrı bir hazzı, gece kılınan namazın ayrı ürperticiliği, geceleyin Allah'a yalvarmanın ayrı bir coşkusu vardır. Gece zikirleri, gece namazları, gece duaları kalbe öylesine büyük bir huzur ve Allah'a yakınlık duygusu doldurur ki, kalpleri öylesine duyarlı ve ışıklı hâle getirir ki, bu durum gündüz namazlarında ve zikirlerinde görülmeyebilir. Kalplerin yaratıcısı olan Yüce Allah onların giriş kanallarını, bam tellerini, onlara hangi mesajların gideceğini ve etkili olabileceğini; onların günün hangi saatlerinde daha açık mesaj almaya daha hazırlıklı ve yetenekli olacaklarını, hangi uyarıcıların onlarda daha canlı ve güçlü etki uyandırabileceğini herkesten iyi bilir. Kulu ve elçisi Hz. Muhammed'i bu 'ağır söz'ü algılamaya ve bu koca yükü sırtlanmaya hazırlayan Yüce Allah, onun için gece ibadetini uygun gördü."[686]

Gece Namazı, Şerefimizdir

Rasûlullah *sallallahu aleyhi ve sellem* şöyle buyurmuştur:
"Mü'minin şerefi, gece kıldığı namaz; izzeti ise, insanların ellerindekine ihtiyacı olmamasıdır."[687]

Münâvî der ki: "Şeref, dilde, yücelik demektir. Her şeyin şerefi, kendisinin üzerindir. Geceleyin kalkıp hoş bir vakitte Allah'ı zikretmesi; Rabbinin huzurunda boynunu eğmiş hâlde

686 Fi Zılâli'l-Kur'ân, VI, 3745-3746.
687 Hatîb el-Bağdâdî, Târîhu Bağdâd, IV, 10. Hadis hasendir. Bk. Elbânî, Sahîhu'l-Câmii's-Sagîr, no: 3710, Silsiletu'l-Ehâdîsi's-Sahîha, no: 1903.

ve korku içinde durması, O'nun izzetine sığınması ve başvurması, O'na hizmet etmekle şereflenmesi; Allah'ın, meleklerinin yanında onun değerini ve kendisine itaat eden öncü kullarını diğerlerinden yüceltmesi..."[688]

Şeref ve değerinin artmasını isteyen kimsenin, gece namazı kılması gerekir. Gece namazı olmadan hiçbir değerimiz yoktur.

Sevgi iddiaları ne kadar çok olursa olsun, bu iddiada bulunanların delil getirmeleri istenir. Gece anları, onlar için bir şahittir; bu iddiada bulunan kimse için bir delildir.

Namaz kılan kimseler, insanlar arasında en şerefli kimselerdir. Bu zamanlar, -bizim gibi- uyku ve gaflet içinde bulunanların kusurlarını ortaya çıkaracak, onların anılmasını engelleyecek ve şereflerini düşürecektir.

Gece, İhlâs Tarlasıdır

Geceleyin dikim işlemi tamamlanır; ihlâs ve doğruluk çekirdekleri ekilir. Fidanın oranında kalbinde hayır olacaktır. Alanı genişledikçe, her taraftan birbirini izleyen hediyeler de artacaktır: **"Allah kalplerinizde hayır olduğunu bilirse, sizden alınandan (fidyeden) daha hayırlısını size verir ve sizi bağışlar."**[689]

Bu nedenle gece, sevenlerin katıldığı ihlâs okuludur; sadece sadık kimseler ona devam ederler.

688 Münâvî, *Feyzu'l-Kadîr*, IV, 212.
689 Enfâl 8/70.

İbn Mes'ûd şöyle demiştir: "Gece namazının, gündüz namazına üstünlüğü, gizli verilen sadakanın, açıktan verilen sadakaya üstünlüğü gibidir."

Sadece gece namazı, gündüz namazından üstün tutuldu; çünkü o, son derece gizlidir ve ihlâsa en yakın namazdır. Selef, teheccüd namazını gizli tutmak için çaba gösterirdi.

Hasan el-Basrî dedi ki: "Bir kimse, misafirleri olduğu hâlde geceleyin kalkıp namaz kılardı da misafirleri bunu bilmezdi. Dua etmek için çaba gösterirlerdi; sesleri işitilmezdi. Bir kimse hanımıyla birlikte bir yastıkta uyur, ardından gece boyunca ağlardı da hanımı bunu hissetmezdi."[690]

Geceleyin hazineler kalplere akar, birikmiş kulluk anlamı dışarı çıkar. Allah'a kul olan herkesin, yaşadığı her gün Kur'ân, zikir, davet, cihad ile insanların ortasında hareket ettiği hatta geniş evreni ve evrendeki mucizeleri inceleyip üzerinde düşündüğü kabul edilir.

Bütün bunlar ve diğer şeyler, Müslümanın günlük yaşamında karşılaştığı, kalbini kulluğun anlamı ve Allah korkusuyla doldurduğu şeylerdir.

Eğer bunu yerine getirmediyse, bu anlamlar nasıl akacak? Ne zaman görünecek?

Bu ve diğer nedenlerden dolayı gece vakti, sevgili ile yalnız kalma anıdır. Bu anda boyun eğme, yalvarma, kendini muhtaç hissetme, desteklenme ve korku anlamları ortaya çıkar. Seher rüzgârının taşıması için, "Benden bir şey isteyen var mı, vereyim" diyen Allah'a gözyaşlarıyla mektuplar yazılır.

---

690 Bk. *Letâifu'l-Meârif*.

Geceleyin Kalkmak, Şükrün En Önemli Şeklidir

Sayılamayacak olan nimetlerinden dolayı Allah'a şükretmek kulluğun amaçlarından biridir. Şükür, ameldir; şükreden kul, üzerinde nimetin izini gösterir. Nimetin en önemli izinin kulun üzerinde görülmesi gerekir ki, bu, nimetleri verene boyun eğmeyi, yalvarmayı ve onu yüceltmeyi artırmadır. Rabbimiz şöyle buyurmaktadır: *"İnsanın başına bir sıkıntı gelince, Rabbine yönelerek O'na yalvarır. Sonra Allah kendisinden ona bir nimet verince, önceden yalvarmış olduğunu unutur. Allah'ın yolundan saptırmak için O'na eşler koşar. (Ey Muhammed!) De ki: Küfrünle biraz eğlenedur; çünkü sen, muhakkak cehennem ehlindensin! Yoksa geceleyin secde ederek ve kıyamda durarak ibadet eden, ahiretten çekinen ve Rabbinin rahmetini dileyen kimse (o inkârcı gibi) midir? (Rasûlüm!) De ki: Hiç bilenlerle bilmeyenler bir olur mu? Doğrusu ancak akıl sahipleri bunları hakkıyla düşünür."*[691]

Âyetler iki grup insandan bahseder: Allah'ın kendilerine nimet verdiği kimseler… Önce sıkı bir imtihandan geçer; sıkıntı ve endişe içinde iken, Allah'a samimi bir şekilde dua eder, endişesi gider, hüznü dağılır. Ancak bunun hemen ardından şükürden yüz çevirir ve günahlarına geri döner.

Diğer gruba gelince; geceleyin şükür yolunda Allah'a itaatle yürür, Allah'a sığınır.

Kur'ân her iki durumu şu âyetle gösterir: *"De ki: Hiç bilenlerle bilmeyenler bir olur mu?"* Nimetlerin şükür hakkını bilenlerle bunu bilmeyenler eşit olmazlar.

---

691 Zümer 39/8-9.

Rasûlullah *sallallahu aleyhi ve sellem* geceleyin ayakları şişinceye kadar namaz kılardı. Âişe *radıyallahu anhâ* ona "Allah senin geçmiş ve gelecek günahlarını bağışlamıştır, niçin böyle yapıyorsun?" diye sorduğunda, Rasûlullah *sallallahu aleyhi ve sellem* şöyle buyurdu: **"Şükreden bir kul olmayayım mı?"**[692]

Geceleyin Kavuşma Gerçekleşir

Abdurrahim et-Tahhân şöyle diyor: "İslâm ümmetinin durumunu düşündüm; durumlarının ciğeri sökecek ve kalpleri kanatacak kadar olduğunu gördüm. Ümmetin düzelmesi konusunu düşünen insanın, önceki durumuna bakması gerekir. Bu ümmetin sonu, ancak öncekileri düzelten şeyle düzelir. Doğru yolu bu işin başında gördüm ki, bu yol, kalpleri düzeltme, gece namazı ve diğer ibadetler yoluyla gaybı bilen Allah ile irtibat kurmaktı.

Akıllı kimselerin zihinlerinde dikkat çeken garip ve farklı bir şey var ki, o da Allah'ın gece namazını farzları nazil etmeden, hadleri belirlemeden hatta beş vakit namazı farz kılmadan önce emretmiş olmasıdır. Bu, önemli bir olaydır; çünkü Rabbiyle yalnız kaldığında ve gece karanlığında kalbi vasıtasıyla Allah ile iletişim kurduğunda insanın kalbi temizlenir ve kazançlar elde eder: **'Ama bizim uğrumuzda cihad edenleri elbette kendi yollarımıza eriştireceğiz.'**[693] Kalp temizlendiğinde, bundan sonra her emri almak için hazır bir durumda olur. Eğer kalpte bozukluk varsa, kendisine yöneltildiğinde emirleri kabul etmez. Bu nedenle bu mana üzere terbiye

---

692 Buhârî, Teheccüd 6, Tefsîru Sûre 48 (2); Müslim, Sıfâtu'l-Münâfikîn 79-81.

693 Ankebût 29/69.

olan ilk nesil, insanlığın bir benzerini görmediği eşsiz bir örnek olmuştur."

Bu konuda imamlarımız şöyle demişlerdir: "Henüz işin başında, kalbini Allah'a bağlaması ve doğru yolu öğrenmesi için ehl-i sünnetten bir kişiyi Allah'ın başarılı kılması rahmetindendir. Bundan sonra ilimleri öğrenecek, onlardan bir kısmını alıp zihnine yerleştirecektir. Cündeb b. Abdullah *radıyallahu anh*'ın şöyle dediği rivayet edilmiştir: "Biz ergenlik çağına ermek üzere olan birer genç iken, Peygamber *sallallahu aleyhi ve sellem* ile beraber idik. Biz, Kur'ân'ı öğrenmeden önce imanı öğrendik. Ondan sonra Kur'ân'ı öğrendik. Kur'ân sayesinde de imanımız arttı."[694]

İmanı öğrenmek, karanlıkların ortasında Rahmân ile yalnız kalmakla mümkündür. Çünkü kalp temizlendiğinde ve Allah'a bağlandığında, diğer organlar da temizlenir. Yüce Allah bu ümmeti bu manaya göre terbiye etmiştir. *Sahîh-i Buhârî*'de, mü'minlerin annesi Âişe *radıyallahu anhâ*'nın şöyle dediği rivayet edilmiştir: "Kur'ân'dan ilk nazil olan, Mufassal'dan, içinde cennet ve cehennemin zikredildiği bir sûredir. Nihayet insanlar İslâm'a döndükleri zaman, helâl ve haram nazil oldu. Eğer öncelikle, 'Zina etmeyin' yasağı inmiş olsaydı, insanlar 'Biz zinayı asla bırakmayız' diyeceklerdi. Eğer öncelikle, 'İçki içmeyin' yasağı inseydi, insanlar 'Biz içkiyi asla bırakmayız' diyeceklerdi. Ben henüz oyun oynayan bir kız çocuğu iken, Peygamber *sallallahu aleyhi ve sellem*'e, Kamer sûresinden *'Bilakis kıyamet onlara vaat edilen asıl saattir ve o saat daha belalı ve daha acıdır'*[695] âyeti

---

694 İbn Mâce, Mukaddime 9.

695 Kamer 54/46.

nâzil oldu. Bakara ve Nisa sûreleri ise, ben Hz. Peygamber'in yanındayken, Medine'de nâzil oldu."[696]

İnsan, Rahmân'ın şeriatını düşündüğünde, içkinin, risaletten on beş yıl sonra hicretin ikinci yılında haram kılındığını; Allah'ın, örtünme emrini Rasûlullah *sallallahu aleyhi ve sellem*'in risaletinden on dokuz yıl sonra hicretin altıncı yılında farz kıldığını görür. Peki, dinimiz niçin kalp üzerinde yoğunlaşıyordu? Çünkü dış görüntü bundan sonra bir işaretle değişiyordu. Öncelikle kalbin temizlenmesi ve Rabbine bağlanması gerekiyordu.[697]

Selefimiz Böyleydi

Bir gün Amr b. Ubeyd ve Atâ, Âişe *radıyallahu anhâ*'nın yanına girdiler ve ona "Rasûlullah *sallallahu aleyhi ve sellem*'den gördüğün en şaşırtıcı şeyi bize anlat!" dediler. Âişe *radıyallahu anhâ* şöyle dedi: "Onun hangi durumu şaşırtıcı değildi ki! Bir gece yaklaştı hatta teni tenime değdi. Sonra titreyip kalktı ve **'Ey Âişe! Bana izin ver de Rabbime kullukta bulunayım'** dedi. Ben 'Ey Allah'ın Rasûlü! Allah'a yemin olsun ki, senin yanında olmayı seviyorum. Ancak yatağını toplayacağım' dedim. Bunun üzerine kalktı, namaz kıldı. Gözyaşları sakalını ıslatıncaya kadar ağladı. Sonra rükû etti, gözyaşları kucağını ıslatıncaya kadar ağladı. Sonra secde etti, gözyaşları yeri ıslatıncaya kadar ağladı. İbadetini tamamladığında ona 'Allah senin geçmiş ve gelecek günahlarını bağışlamıştır' dedim. Bunun üzerine

---

696 Buhârî, Fezâilu'l-Kur'ân 6.
697 *Ruhbânu'l-Leyl*, II, 34-36.

Rasûlullah *sallallahu aleyhi ve sellem* *"Ey Âişe! Şükreden bir kul olmayayım mı?'* buyurdu.[698]

Âişe *radıyallahu anhâ* bir kişiye şöyle dedi: "Gece namazını terk etme! Çünkü Rasûlullah *sallallahu aleyhi ve sellem* onu terk etmezdi. O, hastalandığında -ya da yorgun olduğunda dedi- oturarak kılardı."[699]

Rasûlullah *sallallahu aleyhi ve sellem* yolculukta da gece namazını terk etmezdi. Humeyd b. Abdurrahman'ın şöyle dediği rivayet edilmiştir: Rasûlullah *sallallahu aleyhi ve sellem*'in ashabından biri şöyle dedi: Ben, bir yolculukta Rasûlullah *sallallahu aleyhi ve sellem* ile birlikteydim. Allah'a yemin olsun ki, Rasûlullah *sallallahu aleyhi ve sellem*'in namazını gözetliyor hatta yaptıklarını görüyordum. Akşam namazını karanlıkta kıldığında, gecenin bir bölümünde uzandı (ve uyudu). Sonra uyandı ve ufka baktı. Ardından *"Onlar, ayakta dururken, otururken, yanları üzerine yatarken (her vakit) Allah'ı anarlar, göklerin ve yerin yaratılışı hakkında derin derin düşünürler (ve şöyle derler:) 'Rabbimiz! Sen bunu boşuna yaratmadın. Seni tesbih ederiz. Bizi cehennem azabından koru! Ey Rabbimiz! Doğrusu sen, kimi cehenneme koyarsan, artık onu rüsvay etmişsindir. Zalimlerin hiç yardımcıları yoktur. Ey Rabbimiz! Gerçek şu ki biz, 'Rabbinize inanın!' diye imana çağıran bir davetçiyi (Peygamber'i, Kur'ân'ı) işittik, hemen iman ettik. Artık bizim günahlarımızı bağışla, kötülüklerimizi ört, ruhumuzu iyilerle beraber al, ey Rabbimiz! Rabbimiz! Bize, peygamberlerin vasıtasıyla vaat ettiklerini*

---

698 İbn Hibbân, *Sahîh*, II, 286.

699 Ebu Davud, Salât 307.

de ikram et ve kıyamet gününde bizi rezil-rüsvay etme; şüphesiz sen vaadinden caymazsın'"[700] âyetlerini okudu.

Ardından Rasûlullah *sallallahu aleyhi ve sellem* yatağına uzandı, oradan bir misvak çıkardı. Sonra içinde su bulunan bir kaptan bir bardak boşalttı, dişlerini temizledi. Ardından kalktı, namaz kıldı. Hatta ben "Uyuduğu kadar namaz kıldı" dedim. Sonra uzandı. Ben "Namaz kıldığı kadar uyudu" dedim. Sonra uyandı, ilk seferde yaptığını tekrarladı. Rasûlullah *sallallahu aleyhi ve sellem*, fecrden önce bunu üç kez yaptı.[701]

Felaket zamanlarında Rasûlullah *sallallahu aleyhi ve sellem*'in gece namazı ve yalvarması başka bir şekil alırdı. Onun Bedir günü yaptığına bakın.

Ali *radıyallahu anh* diyor ki: "Bedir günü Mikdâd dışında aramızda hiçbir süvari yoktu. İçimizde Rasûlullah *sallallahu aleyhi ve sellem* dışında uyumayanın olmadığını gördüm. Ancak o, sabah oluncaya kadar bir ağacın altında namaz kılıyor ve ağlıyordu." Diğer bir rivayete göre şöyle demiştir: "O, ağacın yanında namaz kılıyor ve sabah oluncaya kadar dua ediyordu."[702]

İbn Kesîr, *el-Bidâye ve'n-Nihâye*'de şöyle demiştir: Rasûlullah *sallallahu aleyhi ve sellem*, geceyi bir ağaç dibinde namaz kılarak geçirdi. Secdesinde çokça *"Ya Hayy, ya Kayyûm"* diyordu. Bu zikri fazlaca tekrarlıyordu. Rasûlullah *sallallahu aleyhi ve sellem* geceleri namaz kılıyor, sabaha kadar ağlıyor, dua ediyor, Rabbine sığınıp O'ndan yardım

---

700   Âl-i İmrân 3/191-194.

701   Nesâî, Kıyâmu'l-Leyl 12.

702   Nesâî, *es-Sünenü'l-Kübrâ*, I, 270; Ahmed b. Hanbel, I, 138.

diliyordu: *"Allah'ım! Senden sözünü ve vaadini yerine getirmeni diliyorum! Allah'ım! Eğer şu bir avuç topluluğu yok edersen, artık yeryüzünde sana ibadet edilmeyecektir!"* diyordu.[703] O ve Ebu Bekir *radıyallahu anh* namaz kılıyordu. Namazında *"Allah'ım beni bırakma! Allah'ım beni başarısız kılma! Allah'ım bana vaat ettiğini senden istiyorum! Allah'ım işte Kureyş tekebbür ve kendini beğenmişlik ile gelmiştir. Sana düşmanlık etmekte ve senin rasûlünü yalanlamaktadırlar. Bana söz verdiğin yardımına sığınırız ey Allah'ım!"* diyordu.[704]

İbn Mes'ûd *radıyallahu anh* dedi ki: Bedir savaşında Muhammed *sallallahu aleyhi ve sellem* gibi şiddetli bir dua yapan başka bir kimse görmedim: *"Allah'ım! Bana vaad ettiğini gerçekleştir!"* diyordu. Rabbine dua etmeye devam etti. Nihayet omzundaki ridası yere düştü. Ebu Bekir gelip ridasını yerden aldı ve tekrar omuzuna koydu. Sonra arkasında durup şöyle dedi: "Ey Allah'ın Peygamberi! Bu kadarı sana yeter. Rabbinden dilekte bulunurken bazı şeyleri iste. O, sana vaat ettiğini gerçekleştirecektir." Bunun üzerine Allah, şu âyeti indirdi: *"Hatırlayın ki, siz Rabbinizden yardım istiyordunuz. O da 'Ben, peşpeşe gelen bin melek ile size yardım edeceğim' diyerek duanızı kabul buyurdu."*[705] Böylece Allah onu meleklerle destekledi.[706]

"Rablerine gizlice dua edip boyun eğenler

---

703 Buhârî, Cihâd 89, Megâzî 4.

704 Saîd b. Mansûr, *Sünen*, II, 312-313.

705 Enfâl 8/9.

706 Bk. *Ruhbânu'l-Leyl*.

En güzel sözleri dile getirip

Rablerine itaat için gecelerini canlandırırlar.

Kur'ân okumakla, yalvarmakla, istemekle

Gözleri, bol bol gözyaşı akıtır

Sağanak yağmurun boşalması gibi.

Geceleri âbiddirler; cihadlarında ise

Düşmanlarına karşı en cesur kahramandırlar.

İddialar ortaya atıldığında, görürsün onları

Salih ameller için yarıştıklarını.

Yüzlerinde, Rablerine olan secdelerin izi vardır

Onda parlayan Rablerinin nuru vardır.

Kitap, onların özelliklerini sana açıkladı

Yüce ve açık Fetih sûresinde

Yedi uzun sûrenin dördüncüsünde gösterdi özelliklerini

Bunlara sahip topluluğu Allah'ın sevdiğini

Tevbe ve Haşr sûrelerinde de onları niteledi

Bunlara karşı gelenleri de Enfal sûresinde lanetledi."[707]

Ebu Süfyân'ın hanımı Hind, Mekke'nin fethedildiği sabah kocasının yanına geldi ve ona "Muhammed'e biat etmek istiyorum" dedi. Ebu Süfyân "Senin onu inkâr ettiğini düşünüyordum"

---

707 Bk. *İğâsetu'l-Lehfân.*

dedi. Hind "Allah'a yemin olsun ki, bu mescidde, bu geceden önce Allah Teâlâ'ya bu şekilde ibadet edildiğini görmemiştim. Allah'a yemin olsun ki, onlar namaz kılmadan, rükû ve secde etmeden gecelemediler" dedi.[708]

Herakliyus, orduları Müslümanların karşısında yenilgiye uğrayınca onlara "Niçin yeniliyorsunuz?" diye sordu. Bunun üzerine önde gelen yaşlılardan biri "Geceleri namaz kıldıkları ve gündüzleri oruç tuttukları için onlara yeniliyoruz" dedi.[709]

Abbâs b. Abdulmuttalib *radıyallahu anh* şöyle demiştir: "Ben, Ömer b. el-Hattâb *radıyallahu anh*'ın komşusu idim. Ömer *radıyallahu anh*'dan daha üstün birini görmedim. Geceleyin namaz kılar, gündüzleri oruç tutar ve insanların ihtiyaçlarını gidermek için çabalardı."[710]

Muâviye b. Ebî Süfyân, Dırâr b. Damra el-Kenânî'den Ali b. Ebî Talib *radıyallahu anh*'ı kendisine anlatmasını istedi. Dırâr *radıyallahu anh* şöyle dedi: "Dünyadan ve dünya süslerinden hiç hoşlanmaz; gece ve karanlığa kendisini alıştırırdı. Allah'ı şahid tutarım ki, onu bazı yerlerde gördüm, gece karanlığı çökmüş, yıldızlar derinliklere çakılmış olduğu hâlde, mihrabında sakalını tutmuş, yılanın soktuğu bir kimse gibi kıvranıyordu. Hazin bir kimsenin ağlaması gibi ağlıyordu. Sanki onu şu anda dinliyorum ve 'Rabbim! Rabbim' sesleri kulağımdan gitmiyor. O, Allah'a yalvarıyor ve sonra dünyaya hitaben şöyle diyordu: 'Beni mi aldatmak istiyorsun? Benim için mi süslendin? Heyhat! Git, başkasını aldat. Seni üç talakla boşadım. Ömrün kısa,

708 *Ruhbânu'l-Leyl*, I, 310.

709 *Ruhbânu'l-Leyl*, I, 311.

710 *Ruhbânu'l-Leyl*, I, 314.

meclisin kıymetsiz, tehliken kolaydır. Ah, ah! Azık az, sefer uzak, yol ıssızdır!'"[711]

Hasan el-Basrî'ye "Nasıl oluyor da geceleri teheccüd namazı kılanlar yüz olarak insanların en güzeli oluyorlar?" diye soruldu. Hasan el-Basrî "Çünkü onlar, Rahmân ile yalnız kalıyorlar. Allah da onları nuruyla sarıyor" cevabını verdi.[712]

Abdurrahman b. Zeyd dedi ki: "Bir gazvede idik. Atâ el-Horâsânî, namaz kılarak geceleri ihyâ ediyordu. Gecenin üçte biri ya da yarısı geçtiğinde çadırlarımızda iken yanımıza geliyor ve 'Kalkın! Abdest alın! Gündüzün orucuna, gece namaz kılarak ulaşın! Çünkü bu, demiri kesmekten, irin içmekten, acele etmekten, yardım istemekten daha kolaydır!' diyor sonra namaz kılmaya gidiyordu."[713]

İbn Kesîr, şehid hükümdar Nureddin Mahmud Zengî hakkında şöyle diyor: "O, geceleri çok namaz kılar, bütün işlerinde çok dua eder ve Allah'a çok yalvarırdı. Secdelerinde şöyle derdi: 'Allah'ım! Vergi ve öşür alan zalim Mahmud'a rahmet et!' Mahmud Zengî'nin hanımı İsmetuddin Hatun, geceleri çok namaz kılardı. Bir gece uyudu ve ibadette bulunamadı. Sabah olduğunda öfkeliydi. Nureddin, hâlini ve hatırını sorunca, kılamadığı gece namazından bahsetti. Bunun üzerine Nureddin, gece namazı kılmaları konusunda bu saatlerde uyuyanları uyandırması için, kaledeki davulcuya seher vaktinde davul çalmasını emretti. Davulcuya fazladan ücret ve yiyecek verdi."[714]

---

711 *Ruhbânu'l-Leyl*, I, 317-318.

712 *Ruhbânu'l-Leyl*, I, 521.

713 Bk. *Ruhbânu'l-Leyl*.

714 *Ruhbânu'l-Leyl*, I, 431.

Ebu Süleyman ed-Dârânî, Ahmed b. Ebi'l-Havârî'ye şöyle dedi: "Secdede iken uyumuşum. Bir de baktım ki, bir huri! Ayaklarıyla beni tekmeledi ve 'Ey sevgili! Melekler uyanık; onlar teheccüd namazı kılanlara bakarken sen uyuyor musun? Aziz olan Allah'a yalvarmak yerine uykudan tat alan göze yazıklar olsun! Kalk! Vakit yaklaştı! Sevgililer birbirleriyle buluştu. Bu uyku da ne? Sevgilim, gözümün nuru! Ben haremimde senin için şu zamandan beri hurileri eğitirken, gözlerin uyuyor mu?' dedi. Korkuyla sıçradım. Onun beni azarlamasından duyduğum utançtan dolayı terledim. Gerçekten onun sözlerinin tatlılığı kulağımı ve kalbimi yumuşatmıştı."

Seleften biri şöyle demiştir: "Dünyada, geceleri yalvarmanın tadından kalplerinde yumuşaklık hissettikleri zaman dışında, cennet ehlinin nimetlerine benzeyen hiçbir an yoktur."

Yahyâ b. Muâz gece namazının önemini şu sözüyle ifade etmiştir: "Üstün ameller arasında gece namazından daha üstün bir amel görmedik. Bu amellerden hiçbiri, gece namazının bıraktığından daha üstün değildir. Onunla kalpler titrer, günahlar terk edilir, gaybı bilen Allah'a giden yola düşülür."[715]

Gece Namazı Vakti Ne Tatlıdır!

Gece namazı vakti, boyun eğme, itaat etme ve her şeyin sahibi olan Allah'a ihtiyaç duyma zamanıdır.

Rabbine yakınlığını hissettiğin, seher rüzgârını kolladığın ne güzel bir zamandır o!

Sen zamanı bekleyip vakit geldiğinde, isteyenlerin dileklerini arzetmeye başladıklarını görürsün.

---

715 *Ruhbânu'l-Leyl*, I, 527.

Ne güzel bir zamandır o! Beklerken zamanın geldiğini görürsün; isteyenler, dileklerini arzetmeye başlarlar. Sen yüzündeki uykuyu siler, Rabbine boyun eğmek için mihraba koşarsın. Zavallı biri gibi O'ndan dileğini gerçekleştirmesini ister, O'na zayıf bir sesle sığınırsın. Bu anda zayıflığına döner, gücünün etkenlerini unutur, dua etmeye devam edersin. Gözlerinden yaşlar akar. Belki O senin samimiyetini, ihtiyacını ve zavallılığını görür de hazinelerinden sana verir: ***"Oysa göklerin ve yerin hazineleri Allah'ındır."***[716]

Kapısında sana, sadece kendisi için mi uyandığını sorduğunda, de ki: "Evet ey Rabbim! İstiyorum, ver bana! Bağışlanmak istiyorum, bağışla beni! Çıplağım, giydir beni! Açım, doyur beni! Yanlış yoldayım, doğru yola ilet beni! Şaşkınım, doğrult beni! Fakirim, zengin kıl beni! Zillet içindeyim, izzet ver bana! Zayıfım, kuvvetlendir beni!"

Kapıyı çalmaya düşkün ol ve "Kulun sana sığınıyor! Fakir kulun sana sığınıyor! Zavallı kulun sana sığınıyor!.." de. Duanda ısrarcı ol ve boğulmak üzere olan bir kul gibi Rabbine sığın. Korkan ve titreyen bir kimse gibi O'na yalvar!

Seher Oku Hedefinden Sapmaz

Davud *aleyhisselâm*, Cebrail'e "Ey Cebrail! Hangi gece daha üstündür?" diye sordu. Cebrail "Ey Davud! Bilmiyorum; ancak Arş, seher vakti sarsılır" dedi.

Süfyân dedi ki: "Allah'ın, Arş'ın altında gizli bir rüzgârı vardır. Seher vakti eser, yalvarışları ve istiğfarları toplar."[717]

---

716 Münâfikûn 63/7.

717 *Ruhbânu'l-Leyl*, I, 617-618.

Hasan el-Bennâ'nın şu sözünü hatırla: "Şüphesiz gecenin dakikaları değerlidir; onları gafletle kaybetme!"[718]

Bu nedenle isteklerini hazırla, hedeflerini belirle. Uykun hafif olsun! Rabbinle yalnız kalmak için bu zamanı bekle!

Herkesin uyuduğunu ve kâinatın sakinleştiğini gördüğün karanlıklardan korkma! Çünkü melekler o sırada senden dolayı bir sevinç içindedirler, sana bakmaktadırlar ve duanı doğrulamaktadırlar.

Muhammed b. Kays dedi ki: "Bana ulaştığına göre, bir kul geceleyin namaz kılmak için kalktığında, gökyüzündeki bulutlar onun başına iyilik saçarlar. Okuduğu Kur'ân'ı dinlemek için melekler yeryüzüne inerler. Evindeki cinler ve havada bulunan varlıklar ona kulak verirler. Namazını tamamlayıp dua etmek için oturduğunda, melekler duasını tasdik etmek için onu sararlar. Bundan sonra uzandığında 'Gözünü mutlu edecek kadar uyu! Hayırlı bir amel için hayırlı bir şekilde uyu!' diye seslenilir."[719]

"Geceye, ne kadar sırrın var dedim

Bana, daha değerli sırlarım yok dedi.

Karanlıklarımdaki sır aydınlanmadı dedi

Seher vakti tevbe edenin gözyaşları gibi."

---

718 Bk. *er-Rekâik*.718 Bk. *er-Rekâik*.
719 *Ruhbânu'l-Leyl*, I, 526.

Hazineyi Terk Etme!

Eğer bize burada para ve altından oluşan bir hazinenin bulunduğu ve sabahtan önce gelmek isteyenin dilediği şeyi elde edeceği haberi gelseydi, gözlerimizi kapatır mıydık?

Bize ne oluyor ki, her gün gerçek bir hazine kaybediyoruz! Değerini hissedenler ve secde ve kıyamla geceleyenler bizi bu konuda geçiyorlar: *"Korkuyla ve umutla Rablerine yalvarmak üzere (ibadet ettikleri için), vücutları yataklardan uzak kalır."*[720]

İbn Receb diyor ki: "Gece, istekte bulunan herkes için pınardır. İstekleri ve karşılıkları farklı olmasına rağmen, herkes içeceği yeri bilir. Seven kimse, sevdiğine yalvarmakla nimetlendirilir; korkan kimse, bağışlanma dileğiyle yalvarır ve günahları için ağlar. Ümit eden kimse, isteğinin yerine gelmesinde ısrar eder. Zavallı gafil ise, mahrum olduğu şeyler ve kaçırdığı nasibi konusunda Allah'ın ihsanda bulunmasını ister."[721]

Hasan el-Bennâ'nın Tavsiyesi

Hasan el-Bennâ şöyle diyor: "Kardeşim! Belki de yalvarman için en güzel an, insanlar uyurken Rabbinle yalnız kaldığın zamandır. Yalnız kalanlar sakinleşir. Bütün kâinat sakinleşmiştir. Gece, örtüsünü indirir, yıldızları gizler. Ardından sen kalbini hazırlar, Rabbini hatırlar, zayıflığını ve Rabbinin yüceliğini düşünürsün. Huzurunda samimi olursun, kalbin O'nun zikriyle huzur bulur. O'nun ihsanı ve rahmetinden dolayı sevinir, O'ndan duyduğun korku nedeniyle ağlarsın. O'nun seni

---

720 Secde 32/16.
721 *Letâifu'l-Meârif*, s. 50.

gözetlediğini hisseder, duaya devam eder, bağışlanmak için çabalarsın. Hiçbir şeyin kendisini aciz bırakmadığı, hiçbir şeyin kendisini meşgul etmediği Allah'a ihtiyaçlarını bildirirsin. O, bir şeyin olmasını dilediğinde, ona 'Ol!' der, o da oluverir. O'ndan dünyanı ve ahiretini, cihadını, davetini, güvenliğini, vatanını, aşiretini, nefsini ve kardeşlerini hayra ulaştırmasını dilersin: *'Zafer, yalnızca mutlak güç ve hikmet sahibi Allah katındandır.'*"[722]

Secde Et ve Yaklaş!

Kıyamda duruşumuzu ve secdelerimizi uzatmak için Allah'ın şu âyetini hatırlayalım: *"Secde et ve (yalnızca O'na) yaklaş!"*[723] Hepimizin bu vesile ile amel etmediğimiz takdirde, Rabbimizle aramızda uzak bir mesafe olacağını bilmesi gerekir. Çünkü gece namazı, Kur'ân'dan öğrendiğimiz fiilî bir uygulamadır. Gece namazında Kur'ân okumaya özgü bir tat vardır.

Gece namazı, Kur'ân'ı düşünerek okuma ve bundaki hazinelerle, rükû, secde ve her ikisinde yer alan Allah'a boyun eğme, itaat etme ve yalvarmayı bir araya getiren bir aracıdır. O, kalpleri canlandıran, Allah'a yakınlığı gerçek anlamda hissettiren en önemli vasıtalardan biridir. Rasûlullah *sallallahu aleyhi ve sellem* şöyle buyurmuştur: *"Size geceleyin kalkmayı tavsiye ederim. Çünkü o, sizden önce yaşayan sâlihlerin âdetidir; Rabbinize yakınlık (vesilesi)dir; günahlardan koruyucudur; kötülüklere kefârettir, bedenden hastalığı kovucudur."*[724]

---

722 Âl-i İmrân 3/126. Bk. *Risâletu'l-Münâcât.*

723 Alak 96/19.

724 Tirmizî, *Daavât* 102; Hâkim, *Müstedrek*, I, 451. Hadis sahihtir. Bk. Elbânî, *Sahîhu'l-Câmii's-Sagîr*, no: 4079.

-Şartlar ne olursa olsun- bir geceyi namaz kılmadan geçir-
mememiz gerekir. Daha güzeli, teheccüd namazı kılmaya ve
istiğfarda bulunmaya yetecek bir vakit varken fecrin doğuşun-
dan önce uyanmaktır. Şartlar bunun dışında olduğunda -bek-
lenmeyen üzücü bir olay meydana geldiğinde- ve bu vakitte
uyanamamaktan korktuğunda, bir istisna olarak uyumadan
önce namaz kıl. Ancak bu, seher zamanının yerini tutamaz.

Gece Namazına Kalkma Yöntemleri

Kulun gece namazını kılmasına yardımcı birçok olay var-
dır ki, âlimler bunları kitaplarında belirtmişlerdir. Bunların en
önde gelenleri iki tanedir:

1. Namaz kılmak için kesin bir isteğin varlığı. Bunu, uyan-
mamıza yardım etmesi için Allah'a dua etmekteki isteğimizle
ifade ederiz.

"Ey Allah'ın kulları, ciddi olun

Seslenenleri geri çevirmeyen Rabbinize,

Ancak gece namaz kılmayan kimsenin

İsteği ve kısmeti yoktur."

2. -Daha önce işaret ettiğimiz gibi- Allah korkusunu elde
etme vasıtalarından birini uygulama yoluyla, uykudan önce
kalplerimizin dünya ile olan bağını kesmeye çalışmamız gere-
kir. Rasûlullah *sallallahu aleyhi ve sellem*, meraklarını uyan-
dırmak için geceleri insanlara ahireti hatırlatıyordu. Kâbisa
radıyallahu anh'ın şöyle dediği rivayet edilmiştir: Rasûlullah
sallallahu aleyhi ve sellem, gecenin üçte ikisi geçince kalkar
ve şöyle derdi: ***"Ey insanlar! Allah'ı zikredin! Râcife***

(bütün canlılara ölüm getirecek olan ilk sûra üfürül-me) zamanı kim korkarsa, akşam karanlığında yol alır. Kim akşam karanlığında yol alırsa hedefine va-rır. Haberiniz olsun, Allah'ın malı pahalıdır. Haberiniz olsun, Allah'ın malı cennettir. Râcife geldi, bunun hemen ardından da Radife (bütün canlıları diriltecek olan üfleniş) gelecektir. Ölüm, her türlü şiddet ve sancılarıyla mutlaka gelecektir."[725]

Günlük zikirleri tekrarlamakla birlikte, temiz bir şekilde uyumayı da unutmayız.

Allah bizi uyandırmakla ihsanda bulunduğunda, namaza hazırlık yapmaya başlamadan önce, titreyen ve korkan bir kalple namaza yönelmek ve Allah'tan affetmesini istemek için birkaç dakika oturup günahlarımızı, Allah'ın affına ve bağışlamasına olan ihtiyacımızı düşünmeliyiz. Kalplerimiz yumuşayıncaya kadar buna devam etmeliyiz. Böylece sürekli olarak yalvardığın Allah'a sevgi hissedeceksin. İşte o zaman, kalplerimizde bir katılık hissetmedikçe bu tür oturumlara ihtiyaç duymayacağız. Tıpkı salihlerden birinin dediği gibi: "Ne zaman yolu şaşırırsan, hemen günahlarına dön ki, yolu bulasın!"

---

725 Tirmizî, Sıfatu'l-Kıyâme 23. Hadis sahihtir. Bk. Elbânî, *Silsiletu'l-Ehâdîsi's-Sahîha*, no: 954.

DÖRDÜNCÜ KISIM
ALLAH YOLUNDA İNFAK KARARLILIĞI

Yüce Allah'ın Kitabı'nı ve Rasûlü *sallallahu aleyhi ve sellem*'in sünnetini düşünen kimse, Müslümanları Allah yolunda infaka teşvik eden birçok âyet ve infakın dünya ve ahiretteki büyük meyvelerini tekrar eden birçok hadis bulunduğunu görür.

İnfakta bulunmamızı sürekli olarak tekrar eden bu teşviği gördüğümüzde, bu teşviklerin bizi bu ameli hızlı bir şekilde yerine getirmeye sevk ettiğini anlarız. Bizi yaratan Yüce Allah, bize fayda verecek, dünya ve ahirette mutluluğumuzu sağlayacak şeyleri bilir:

"Hiç yaratan bilmez mi? O, en ince işleri görüp bilmektedir ve her şeyden haberdardır."[726]

"Allah yolunda mallarını harcayanların örneği, yedi başak bitiren bir dane gibidir ki, her başakta yüz dane vardır. Allah dilediğine kat kat fazlasını verir. Allah'ın lütfu geniştir, O herşeyi bilir."[727]

---

726 Mülk 67/14.

727 Bakara 2/261.

"Allah yolunda harcayın. Kendi ellerinizle kendinizi tehlikeye atmayın."[728]

Bunun için bu âyetleri ve infakın öneminden bahseden diğer âyetleri okuduğumuzda, kendi kendimize sormalıyız: Zengin olan Allah değil mi? Sahip olduğumuz mal O'nun değil mi? Yeryüzü ve üzerindekiler O'nun mülkü değil mi? O hâlde aslında O'ndan bir bağış olan bu malın infakı konusundaki sürekli teşvik niçin?

Şüphesiz bu sorulara cevap vermek, hepimizin kendisine dönüp bakmasını, eğilimlerini ve isteklerini ortaya koymasını gerektirir. -Bunu yapan kimse- nefsinin yöneldiği birçok şeyin, mal sevgisi ve mal toplamaya gösterdiği hırstan kaynaklandığını görecektir: *"Malı aşırı biçimde seviyorsunuz."*[729]

Bu eğilim, bu arzu asla yok olmaz; dünyevî isteklerden çoğuna yansır. Hatta malı arttıkça, ateşin yakıtı arttıkça alevlerinin artması gibi, ona gösterdiği iştah da artar.

Rasûlullah *sallallahu aleyhi ve sellem* şöyle buyurmuştur: *"Âdemoğlunun altın dolu iki vadisi olsaydı, üçüncüsünü isterdi. Âdemoğlunun karnını ancak toprak doldurur. Allah tevbe edenleri affeder."*[730]

Yüce Allah, nefsi bu özellikle -mala olan hırs ve açgözlülükle- yaratmış, bizden nefsimizi bu duygulardan temizlememizi istemiştir. O, kendi yolunda infaka devam edilmesini en önemli temizlik ve arınma vasıtalarından kılmıştır. Rabbimiz şöyle buyurmaktadır:

---

728 Bakara 2/195.

729 Fecr 89/20.

730 Buhârî, Rikâk 10; Müslim, Zekât 116.

"Gönlünü arındırmak için Allah yolunda mal harcayan..." [731]

"Onların mallarından sadaka al; bununla onları (günahlardan) temizlersin, onları arıtıp yüceltirsin."[732]

Şüphesiz fakirlere ve ihtiyaç sahiplerine yardım etmek ve Allah yolunda savaşan kimseleri donatmak, önemli bir iştir ve çok faydalıdır. Bundan daha önemlisi, nefislerimize yardım etmek ve onu şekillendiren bu cimrilikten kurtarıp onu özgür kılmaktır: *"Kendi iyiliğinize olarak harcayın. Kim nefsinin cimriliğinden korunursa işte onlar kurtuluşa erenlerdir."*[733]

Dolayısıyla cimrilik, bütün kötülüklerin anahtarıdır. O, kişiyi hırsa ve dünyaya yapışmaya iter. Ebu'l-Heyyâc el-Esedî şöyle demiştir: "Tavaf esnasında, 'Allah'ım! Beni nefsimin cimriliğinden koru!' diye dua eden bir adam gördüm. Sadece bu şekilde dua ediyor, hiçbir ilavede bulunmuyordu. Bunun üzerine ona 'Bu duanın dışında dua bilmez misin?' dedim. 'Eğer nefsimin cimriliğinden korunursam, hırsızlık yapmam, zina etmem' dedi. Bir de baktık ki, bunu söyleyen Abdurrahman b. Avf imiş!"[734]

Kuşkusuz nefsin gökyüzüne doğru yola çıkması ve yeryüzünün çekiciliklerinden kurtulmasının başlangıcı için, kişinin ahlâkî bir özelliği oluncaya kadar Allah yolunda infak etmeye devam edip cimrilikten temizlenmesi gerekir. Böylelikle mal

---

731 Leyl 92/18.

732 Tevbe 9/103.

733 Tegâbun 64/16.

734 İbn Kesîr, *Tefsîru'l-Kur'ân'i'l-Azîm*, IV, 305.

konusunda kendisini geri çeker ve bu sevgiyi kalbinden çıkarır. Bunun sonucunda kişi malının artmasından dolayı sevinmez, azalmasından dolayı da üzülmez: *(Allah bunu) elinizden çıkana üzülmeyesiniz ve Allah'ın size verdiği nimetlerle şımarmayasınız diye açıklamaktadır.*[735]

Şüphesiz bu, nefisleri arındırmak için semavî bir yöntemdir: *Onların mallarından sadaka al; bununla onları (günahlardan) temizlersin, onları arıtıp yüceltirsin.*[736]

İşte Rasûlullah *sallallahu aleyhi ve sellem*'in ümmetine yaptığı yönlendirmelerde önem verdiği buydu. Peki, niçin? Allah, nefisleri arındırma ve kalpleri temizlemeyi en önemli konulardan biri kabul eder: *Nitekim kendi içinizden size âyetlerimizi okuyan, sizi kötülüklerden arındıran, size Kitab'ı ve hikmeti talim edip bilmediklerinizi size öğreten bir Rasûl gönderdik.*[737]

Enes *radıyallahu anh*'ın şöyle dediği rivayet edilmiştir: "İslâm devrinde Rasûlullah *sallallahu aleyhi ve sellem*'den bir şey istendiyse onu mutlaka vermiştir. (Bir gün) kendisine bir adam geldi de ona iki dağ arası(nı dolduracak kadar) koyun verdi. Bunun üzerine adam kavmine dönerek 'Ey kavmim, Müslüman olun! Çünkü Muhammed öyle ihsanda bulunuyor ki, yokluktan korkmuyor' dedi."

---

735 Hadîd 57/23.

736 Tevbe 9/103.

737 Bakara 2/151.

Enes dedi ki: "Bir kimse ancak dünyayı isteyerek Müslüman olduysa, çok geçmeden İslâm onun için dünyadan ve dünyanın üzerindeki her şeyden daha sevimli olurdu."[738]

Âişe *radıyallahu anhâ*'dan rivayet edildiğine göre, Rasûlullah'ın hanımları bir koyun kesmişlerdi. Rasûlullah *sallallahu aleyhi ve sellem* **"Koyundan ne kadar kaldı?"** diye sordu. Âişe *radıyallahu anhâ* "Sadece kürek kemiği kaldı" dedi. Bunun üzerine Rasûlullah *sallallahu aleyhi ve sellem* **"Küreği dışında hepsi bize (sevap olarak) kaldı"** buyurdu.[739]

Sadakanın Faydaları

Sadakanın, nefis tezkiyesinde büyük bir etkisi bulunduğu gibi, dünya ve ahirette de büyük faydaları vardır.

Sadaka Maldan Kâr Elde Etmenin En İyi Yoludur

Ebu Hureyre *radıyallahu anh*'dan rivayet edildiğine göre, Rasûlullah *sallallahu aleyhi ve sellem* şöyle buyurmuştur: **"Kim helâl kazancından bir hurma değerinde bir sadaka verirse, -ki Allah helâl olan maldan verilen sadaka dışında hiçbir sadakayı kabul etmez- şüphesiz Allah onu sağ eliyle kabul eder. Sonra o tek hurma değerindeki sadakayı, birinizin sütten ayrılmış tayını büyütmesi gibi, dağ gibi oluncaya kadar, o kimse için büyütür."**[740]

---

738 Müslim, Fezâil 58.

739 Tirmizî, Sıfatu'l-Kıyâme 33. Tirmizî hadisin sahih olduğunu söylemiştir.

740 Buhârî, Zekât 8, Tevhîd 23; Müslim, Zekât 64.

Sadaka Cehenneme Karşı Bir Örtüdür

Âişe *radıyallahu anhâ*'nın şöyle dediği rivayet edilmiştir: Rasûlullah *sallallahu aleyhi ve sellem* şöyle buyurdu: *"Ey Âişe! Yarım hurma ile de olsa cehennemden korun! Çünkü o, tok kimsenin, aç kimsenin yerini almasını sağlar."*[741]

Sadaka Kıyamet Günü Bir Gölgedir

Ukbe b. Âmir *radıyallahu anh*'ın şöyle dediği rivayet edilmiştir: Rasûlullah *sallallahu aleyhi ve sellem*'in şöyle buyurduğunu işittim: *"İnsanlar arasında hüküm verilinceye kadar, herkes sadakasının gölgesi altındadır."*[742]

Sadaka Azabı Uzaklaştırır ve İnsanlar Arasındaki Hukuku Düzenler

Ebu Saîd el-Hudrî *radıyallahu anh*'ın şöyle dediği rivayet edilmiştir: Rasûlullah *sallallahu aleyhi ve sellem* şöyle buyurdu: *"Ey kadınlar topluluğu! Sadaka verin ve istiğfarı çoğaltın! Çünkü ben, cehennemin çoğunluğunun sizlerden oluştuğunu gördüm. Şüphesiz siz çok lanet ediyor ve kocalarınıza karşı nankörlük ediyorsunuz..."*[743]

---

741 Ahmed b. Hanbel, VI, 79. Hadis hasendir. Bk. Elbânî, *Sahîhu't-Tergîb ve't-Terhîb*, no: 855.

742 Ahmed b. Hanbel, IV, 147; İbn Huzeyme, *Sahîh*, IV, 94; İbn Hibbân, *Sahîh*, VIII, 104. Hadis sahihtir. Bk. Elbânî, *Sahîhu't-Tergîb ve't-Terhîb*, no: 862.

743 Buhârî, Îmân 21, Küsûf 9, Nikâh 88; Müslim, Küsûf 17; Nesâî, Küsûf 17; Ahmed b. Hanbel, I, 298, 358.

İbn Hacer, *Fethu'l-Bârî*'de şöyle demiştir: "Bu hadiste, sadakanın azabı uzaklaştırdığına ve insanlar arasındaki günahları yok ettiğine dair işaret vardır."[744]

Sadakanın Dünyada Birçok Faydası Vardır

Hastalar İçin Bir İlaçtır

Ebu Ümâme *radıyallahu anh*'dan rivayet edildiğine göre, Rasûlullah *sallallahu aleyhi ve sellem* şöyle buyurmuştur: ***"Hastalarınızı sadaka ile tedavi edin!"***[745]

Belaları Uzak Tutar

Hâris el-Eş'arî *radıyallahu anh*'dan rivayet edildiğine göre, Rasûlullah *sallallahu aleyhi ve sellem* şöyle buyurmuştur: ***"Şüphesiz Allah, Zekeriyya oğlu Yahya aleyhisselâm'a beş kelime vahyedip bunlarla amel etmesini ve İsrailoğulları'na da bunlarla amel etmelerini söylemesini emretti.*** (Ravi Rasûlullah'ın şu sözüne ulaşıncaya kadar hadisi anlattı): ***"Size sadakayı emrediyorum. Bunun örneği, düşmanların esir alıp ellerini boynuna bağladıkları ve boynunu vurmak üzere harekete geçtikleri kimsenin durumuna benzer. O kişi, 'Bu boynu sizden kurtarabilir miyim?' der ve az veya çok verdiği sadakalarla canını onlardan kurtarıncaya kadar verir."***[746]

---

744 İbn Hacer, *Fethu'l-Bârî*, I, 536.

745 Taberânî, *el-Mu'cemu'l-Kebîr*, X, 128. Hadis hasendir. Bk. Elbânî, *Sahîhu'l-Câmii's-Sagîr*, no: 3358.

746 Tirmizî, *Emsâl* 3; İbn Huzeyme, *Sahîh*, III, 195; İbn Hibbân, *Sahîh*, XIV, 124; Hâkim, *Müstedrek*, I, 582. Ayrıca bk. Elbânî, *Sahîhu't-Tergîb ve't-Terhîb*, no: 866.

İbn Kayyim, hadisin şerhinde şöyle der: "Bu, Allah'ın kanıtı ve cömertliğidir; gerçekleşecek delilidir. Şüphesiz sadakanın, her tür belayı uzaklaştırmada şaşırtıcı bir etkisi vardır. İster sadaka veren kimse günahkâr veya zalim olsun, isterse de kâfir olsun. Allah Teâlâ, sadakayla türlü belaları uzak tutar. Bu, önde gelen ya da halk tabakasından olan insanlar tarafından bilinen bir durumdur. Yeryüzündeki bütün insanlar, onunla ilişki içindedir. Çünkü onlar bunu denemişlerdir."[747]

Rasûlullah *sallallahu aleyhi ve sellem*'in bu örneğinde, boynu vurulmak için getirilen, ancak nefsini malıyla onlardan kurtaran kimse önemlidir. Şüphesiz sadaka, kulu Allah Teâlâ'nın azabından kurtarır. Kişinin günahları ve hataları onun helâkini gerektirir, ancak sadaka gelir ve onun için fidye olup onu azaptan kurtarır.

Seleften bir kimse şöyle demiştir: "Sadaka vermekte acele edin! Çünkü belalar sadakaları arkada bırakamaz."[748]

Rasûlullah *sallallahu aleyhi ve sellem* şöyle buyurmuştur: ***"Şüphesiz güneş ve ay, Allah'ın âyetlerinden iki âyettir. Bir kimsenin ölümü veya hayatı için tutulmazlar. O hâlde tutulduklarını gördüğünüz zaman Allah'a dua edin, tekbir getirin ve sadaka verin..."***[749]

İşleri Kolaylaştırır

Sadaka veren kimsenin karşılaştığı zorlukları Allah ihsanıyla kolaylaştırır. Bu, Kur'ân'ın desteklediği, görülen bir

---

747 *el-Vâbilu's-Sayyib*, s. 57.
748 *el-Vâbilu's-Sayyib*, s. 59.
749 Buhârî, Küsûf 2; Ebu Davud, Salât 265.

durumdur: *"Artık kim verir ve sakınırsa, en güzeli de tasdik ederse, biz de onu en kolaya hazırlarız (onda başarılı kılarız)."*[750]

Rızkın Artmasını Sağlar

Ebu Hureyre *radıyallahu anh*'dan rivayet edildiğine göre, Rasûlullah *sallallahu aleyhi ve sellem* şöyle buyurmuştur: *"Bir adam sahra bir yerde iken, bir buluttan 'Filanın bahçesini sula!' diye bir ses işitti. Derken o bulut giderek suyunu taşlık bir yere boşalttı. Bir de ne görsün, o sel yollarından biri bu suyun hepsini almış. Adam suyu takip etti. Baktı ki, bir adam kalkmış, bahçesinde suyu küreğiyle çeviriyor. Ona 'Ey Allah'ın kulu, adın ne?' diye sordu. O da 'Filan' diyerek, buluttan işittiği ismi söyledi. Adam 'Ey Allah'ın kulu, niçin adımı soruyorsun?' dedi. Diğeri 'Ben şu suyu indiren buluttan bir ses işittim: 'Filanın bahçesini sula!' diye senin adını söylüyordu. Bu bahçede ne yapıyorsun?' dedi. Bahçe sahibi 'Madem böyle diyorsun (söyleyeyim). Ben bu bahçeden çıkana bakar, onun üçte birini sadaka olarak verir, üçte birini ailemle birlikte yerim. Üçte birini de bahçeye bırakırım' dedi."*[751]

Kötü Sondan Korur, Rabbin Gazabını Söndürür

Ebu Ümâme *radıyallahu anh*'dan rivayet edildiğine göre, Rasûlullah *sallallahu aleyhi ve sellem* şöyle buyurmuştur:

---

750   Leyl 92/5-7.

751   Müslim, Zühd 45.

"İyilik yapmak, kötü ölümden korur. Gizli verilen sadaka, Rabbin gazabını söndürür. Sıla-i rahim, ömrü uzatır."[752]

Sadaka, Günahların İzini Yok Eder

Muâz b. Cebel *radıyallahu anh*'ın şöyle dediği rivayet edilmiştir: Bir yolculukta Rasûlullah *sallallahu aleyhi ve sellem* ile birlikte idim. (Ardından hadisi şu sözlere ulaşıncaya kadar anlattı.) Sonra (Rasûlullah) *"Sana hayır kapılarını göstereyim mi?"* dedi. Ben "Evet, ey Allah'ın Rasûlü!" dedim. Rasûlullah *sallallahu aleyhi ve sellem* *"Oruç, kalkandır; sadaka, suyun ateşi söndürmesi gibi hataları söndürür (yok eder)"* buyurdu.[753]

Peki, bundan sonra sadaka vermeyi terk eder miyiz?

Ömer *radıyallahu anh*'ın şöyle dediği rivayet edilmiştir: "Bana amellerin yarıştığı ve sadakanın 'Ben sizden üstünüm' dediği anlatıldı."[754]

Sahâbenin Hayatında İnfakın Boyutu

Sahâbe, Allah yolunda infakta bulunmanın önemini iyi kavramıştı. Bu, hayırlı konulardaki harcamalarda gösterdikleri istekte açık bir şekilde görülür.

Ömer b. el-Hattâb şöyle demiştir: Rasûlullah *sallallahu aleyhi ve sellem*, bir gün tasaddukta bulunmamızı emretti. Bu,

---

752 Taberânî, *el-Mu'cemu'l-Kebîr*, VIII, 261. Hadis hasendir. Bk. Elbânî, *Sahîhu'l-Câmii's-Sagîr*, no: 3797.

753 Tirmizî, Îmân 8. Ayrıca bk. Elbânî, *Sahîhu't-Tergîb ve't-Terhîb*, no: 858.

754 İbn Huzeyme, *Sahîh*, IV, 95.

malım olduğu bir zamana denk gelmişti. Ben 'Ebu Bekir'i bir gün geçebilirsem, işte bugün geçerim' dedim ve malımın yarısını getirdim. Bunun üzerine Rasûlullah *sallallahu aleyhi ve sellem **"Ailen için ne bıraktın?"*** diye sordu. Ben "Getirdiğim kadarını (bıraktım)" dedim. Ebu Bekir, sahip olduklarının tamamını getirdi. Rasûlullah *sallallahu aleyhi ve sellem **"Ailene ne bıraktın?"*** diye sordu. Ebu Bekir "Onlara Allah'ı ve Rasûlü'nü bıraktım" dedi. Bunun üzerine ben "Hiçbir şeyde seni asla geçemem" dedim.[755]

A'meş şöyle demiştir: Bir gün Ömer *radıyallahu anh*'ın yanındaydım. Yirmi iki bin dirhemle geldi. Bu parayı dağıtıncaya kadar oturduğu yerden kalkmadı. Malı arasında bulunan şeylerden birinden hoşlandığında, onu sadaka olarak verirdi. Çoğunlukla şeker dağıtırdı. Ona niçin böyle yaptığı sorulunca, "Şekeri seviyorum. Allah ***'Sevdiğiniz şeylerden (Allah yolunda) harcamadıkça 'iyi'ye eremezsiniz'***[756] buyuruyor" dedi.[757]

Osman *radıyallahu anh*, kırk bin dirheme Rûme kuyusunu satın aldı ve Tebük ordusu için on bin dirhem infak etti.

Zübeyr b. Avvâm *radıyallahu anh*'ın çalışan köleleri vardı. Evine, onların kazançlarından hiçbir şey girmezdi. Getirilenlerin tamamını sadaka olarak dağıtırdı.[758]

Talha b. Ubeydullah *radıyallahu anh*, kendisine ait olan bir yeri yetmiş bin dirheme sattı. Bu miktar yanında olduğu

755 Ebu Davud, Zekât 40; Dârimî, Zekât 26.
756 Âl-i İmrân 3/92.
757 *Salâhu'l-Ümme*, II, 526.
758 *Salâhu'l-Ümme*, II, 529.

hâlde geceledi. Ancak mal korkusundan dolayı kalbi yumuşadı, nihayet sabah olduğunda onu dağıttı.[759]

Enes *radıyallahu anh*'ın şöyle dediği rivayet edilmiştir: "Ebû Talha, Medine'de hurmalıklara sahip olma ve mal yönüyle Ensâr'ın en zengini idi. En hoşlandığı malı ise Beyruhâ (adlı bahçesi) idi. Beyruhâ, Mescid'in karşısında idi. Rasûlullah *sallallahu aleyhi ve sellem* Beyruhâ'ya girer ve onun içindeki güzel sudan içerdi. Enes dedi ki: ***"Sevdiğiniz şeylerden (Allah yolunda) harcamadıkça 'iyi'ye eremezsiniz"***[760] âyeti inince, Ebû Talha kalkıp doğruca Rasûlullah *sallallahu aleyhi ve sellem*'e gitti ve "Ey Allah'ın Rasûlü! Allah, ***"Sevdiğiniz şeylerden (Allah yolunda) harcamadıkça 'iyi'ye eremezsiniz"*** buyuruyor. Bana malımın en sevgili olanı ise Beyruhâ'dır. Beyruhâ, Allah için sadakadır. Bu sadakanın Allah katında hayrını ve benim için azık olmasını ümit ediyorum. Ey Allah'ın Rasûlü! Bu bahçemi Allah'ın sana gösterdiği yere harca" dedi. Enes dedi ki: Bunun üzerine Rasûlullah ***"Ne hoş! İşte bu, kazançlı bir maldır. İşte bu, kazançlı bir maldır"*** buyurdu.[761]

Nâfi'in şöyle dediği rivayet edilmiştir: İbn Ömer *radıyallahu anh*, bir malına karşı ilgisi arttığında, Rabbine yakın olmak için onu infak ederdi. Nâfi dedi ki: Bazı köleleri, onun bu özelliğini öğrenmişlerdi. Onlardan biri, kolunu paçasını sıvadı, mescidin yolunu tuttu. İbn Ömer onun bu güzel durumunu görünce, onu azat *etti*. Arkadaşları "Ey Ebu Abdurrahman! Allah'a yemin olsun ki, onlar bunu sadece seni kandırmak için

---

759 *Salâhu'l-Ümme*, II, 530.

760 Âl-i İmrân 3/92.

761 Buhârî, Zekât 44; Müslim, Zekât 42. Beyruha: Beni Cedile köşkü diye bilinen, Medine'deki mescidin yakınında bir yerdir.

yapıyorlar" deyince, İbn Ömer *radıyallahu anh* "Kim bizi Allah ile kandırırsa, kandırsın". dedi.[762]

Sa'd b. Ubâde *radıyallahu anh*, her gece ailesinin yanına, karınlarını doyurmak için suffe ashâbından seksen kişiyle dönerdi.[763]

İnfakın Allah'a Yaklaşmakla İlgisi

Allah yolunda infakın, Allah'a yaklaşmakla sağlam bir ilişkisi vardır. İnfak, -birçok kimse bu konuda gafil olsa da- son derece etkili bir araçtır. İnfakın, kalbin canlandırılması ve imanın uyandırılmasında temel bir vasıta olduğunu söyleyen kimse hata etmemiştir. Çünkü nefis, cimriliği şekillendirir ve mal sevgisini içine yerleştirir. Her ikisi de Allah'a giden yolda kul için en büyük engeli oluşturur; bunu tarif etmeye gerek yoktur.

Yüce Allah şöyle buyurmaktadır: ***"Ona iki yolu (doğru ve eğriyi) göstermedik mi?"***[764] Âyette, insanın önünde hayra ve şerre götüren olmak üzere iki yol bulunduğuna, insanın gideceği yolu seçmekte özgür olduğuna işaret vardır.

Doğru yol, Allah'ın rızası ve cennetine; yanlış yol ise Allah'ın gazabı ve cehennemine ulaştırır. O hâlde insanı doğru yola girmekten alıkoyan nedir? Yüce Allah şöyle buyurmaktadır: ***"Ona iki yolu (doğru ve eğriyi) göstermedik mi? Fakat o, sarp yokuşu aşamadı. O sarp yokuş nedir bilir misin?"***[765]

---

762 *Salâhu'l-Ümme*, II, 533.

763 *Salâhu'l-Ümme*, II, 534.

764 Beled 90/10.

765 Beled 90/10-12.

Kur'ân, hayır yolundaki yürüyüşe devam edebilmek için aşılması gereken sarp bir yokuştan söz eder. Nedir bu sarp yokuş? Yüce Allah şöyle buyuruyor: *"Köle azat etmek veya açlık gününde yakını olan bir yetimi, yahut aç-açık bir yoksulu doyurmaktır."*[766] Dolayısıyla insanın önündeki en büyük yokuş, cimrilik ve hırstır. O yokuşu aşmak, ancak Allah yolunda infaka devam etmekle mümkün olur.

İnfakın, Allah'a giden yolla ilişkisinden söz eden birçok âyet vardır: *"Sevdiğiniz şeylerden (Allah yolunda) harcamadıkça 'iyi'ye eremezsiniz."*[767]

Allah'a yaklaşmak erdemdir, Allah'ın rahmetine ulaşmak erdemdir, Allah'a yalvarmaktan tat almak, hidayet erdemdir. Bütün bunlar ve diğer fiiller, sevdiklerimizden Allah yolunda infak etmeye bağlıdır.

Rabbimiz şöyle buyurmaktadır: *"O hâlde sen, akrabaya, yoksula, yolda kalmışa hakkını ver. Allah'ın rızasını isteyenler için bu, en iyisidir. İşte onlar kurtuluşa erenlerdir."*[768]

Allah'ın rızasına ulaşmak ve O'na yaklaşmak isteyenler için infak, en hayırlı vasıtadır: *"Bedevilerden öylesi de vardır ki, Allah'a ve ahiret gününe inanır, (hayır için) harcayacağını Allah katında yakınlığa ve Peygamber'in dualarını almaya vesile edinir. Bilesiniz ki o (harcadıkları mal, Allah katında) onlar için*

---

766 Beled 90/13-16.

767 Âl-i İmrân 3/192.

768 Rum 30/38.

bir yakınlıktır. Allah onları rahmetine (cennetine) koyacaktır."[769]

Âyet, infakın kişiyi Allah'a yaklaştırdığına işaret eden açık bir delildir. O, yakındır, uzak değildir: ***"Kullarım sana, beni sorduğunda (söyle onlara) ben çok yakınım."***[770] Fakat biz günahlarımız, gafletimiz ve Allah'ın haklarını yerine getirme konusundaki ihmalkârlığımız yüzünden O'ndan uzaklaştık.

Gaflet ve günahlar bizi O'ndan uzaklaştırdığı gibi, infak ve diğer itaat vasıtaları da bizi O'na yaklaştırır. Kul infaka devam etmekle, adım adım yakınlığını artırır, O'nun rahmetine girer ve sonunda O'nun kurtulan kullarından olur.

Kurtubî, ***"Bilesiniz ki o (harcadıkları mal, Allah katında) onlar için bir yakınlıktır"*** âyeti hakkında şöyle demiştir: "Harcamaları, onları Allah'ın rahmetine yaklaştırır."

Yazık Allah'ın Şu Kullarına!

Ölüm anında, gafiller infakın önemini ve azabı uzaklaştırmadaki büyük rolünü görürler. İnfak ve salih amelde bulunabilmek için Allah'tan, ruhlarını almayı geciktirmesini ümit ederler.

Yüce Allah şöyle buyurmaktadır: ***"Herhangi birinize ölüm gelip de 'Rabbim! Beni yakın bir süreye kadar geciktirsen de sadaka verip iyilerden olsam' demesinden önce, size verdiğimiz rızıktan harcayın."***[771]

---

769 Tevbe 9/99.

770 Bakara 2/186.

771 Münâfikûn 63/10.

Ölüm meleğini gördükten sonra ecelinin geciktirilmesi durumunda insanın ümit ettiği ilk şeyin Allah yolunda infak olduğunu görmüyor musun?

Onu böyle ümit etmeye iten nedir?

Kuşkusuz hakikati gördü, gözlerindeki perde kalktı. Kendisini korumak için hayırlı olanı kendi nefsine harcaması gerekirken, başkaları için mal toplamakla ömrünü geçirdiğini gördü.

Yüce Allah şöyle buyurmaktadır: *"Nihayet onlardan (müşriklerden) birine ölüm gelip çattığında şöyle der: 'Rabbim! Beni geri gönder; ta ki boşa geçirdiğim dünyada iyi iş (ve hareketler) yapayım.'"*[772] O, bıraktığı mallar, ticaret ve evlatlar konusunda salih amel işlemek için dünyaya geri dönmeyi ister.

Hadiste şöyle buyurulur: *"Allah Teâlâ şöyle buyurur: Ey Âdemoğlu! Seni bunun gibi yarattığım hâlde beni aciz bırakmaya mı çalışıyorsun? Öyle ki, seni düzgün yapılı kılıp sana ölçülü bir biçim verdim. İki elbise içinde yürüdün, yeryüzü senin için sakin kılındı. Bozuluncaya kadar topladın, vermekten kaçındın. 'Sadaka vereceğim!' dedin. Oysa sadaka verme zamanı geçti."*[773]

Şüphesiz Allah'a giden yolda ve kulu azaptan kurtarma konusunda infakın büyük bir önemi vardır. Allah'a ancak kalplerle ulaşılır. Bu yolda, günahlar ve isyanlar gibi gidişi bozan bir şey bulunmaz.

Bizden kim Allah'a isyan etmedi?

---

772 Mü'minûn 23/99-100.
773 Ahmed b. Hanbel, IV, 210. Hadis sahihtir. Bk. Elbânî, *Sahîhu'l-Câmii's-Sagîr*, no: 8144, *Silsiletu'l-Ehâdîsi's-Sahîha*, no: 1143.

Bütün insanların hatası vardır; ancak hata işleyenlerin en hayırlısı, Rasûlullah *sallallahu aleyhi ve sellem*'in buyurduğu gibi tevbe edenlerdir.[774]

Bu nedenle mutlu kimse, kaçırdığını yakalayan, gemiye yetişebilen, kötülükten sonra iyilik yapmak suretiyle kötülüğü silen ve etkisini yok edendir.

Hataları yok etmekte sadakadan daha üstün bir şey var mı acaba?

Yüce Allah şöyle buyurmaktadır: ***"Yine onlar, Rablerinin rızasını isteyerek sabreden, namazı dosdoğru kılan, kendilerine verdiğimiz rızıklardan gizli ve açık olarak (Allah yolunda) harcayan ve kötülüğü iyilikle savan kimselerdir. İşte onlar var ya, dünya yurdunun (güzel) sonu sadece onlarındır."***[775]

İnfak, Allah'a doğru yürüyen kimseye yardım eder, onu Rabbine yaklaştırır, önündeki engelleri kaldırır, günahlarının izini yok eder ve Rabbinin gazabını söndürür.

Sadaka Meyvesini Ne Zaman Verir?

Bir kimse, "Şüphesiz görülen durum, işaret ettiğiniz infakın faydalarını desteklemiyor. İnsanların çoğu malını harcıyor, bununla birlikte hayatlarında bu infakın etkisini göremiyoruz" diyebilir.

Şüphesiz bu olayı, bizim bir defa infakta bulunmamız ancak defalarca cimrilik yapmamız açıklar. Hatta herhangi bir

---

774 Tirmizî, Sıfatu'l-Kıyâme 49; Ahmed b. Hanbel, III, 198. Hadis hasendir. Bk. Elbânî, *Sahîhu'l-Câmii's-Sagîr*, no: 4515.

775 Ra'd 13/22.

infaktan önce hesaplarımızı gözden geçirir ve bunun mallarımızdaki sermayeye olan olumsuz etkisi hakkında uzun uzun düşünürüz. Yüce Allah şöyle buyurmaktadır: *"Bedevilerden öylesi vardır ki (Allah yolunda) harcayacağını angarya sayar."*[776]

O, harcadığını bir zarar ve sermayesinden eksiklik olarak kabul eder. Onun bu nafakanın sevabından bir şey beklemesi gerekmez.

Bir kez veren, ancak daha sonra vermekten kaçınan kimse de böyledir. Yüce Allah şöyle buyurmaktadır: *"Azıcık verip sonra vermemekte direneni..."*[777] Yani biraz verir, sonra vermeyi keser ve durur.

Eğer bu yoldan faydalanmak istiyorsak, ahlâkî bir özelliğimiz oluncaya kadar infaka devam etmeliyiz.

İnfaktan kastedilen, çok olsa dahi malı bir kez verip bundan sonra uzun bir süre vermemek değildir. Aksine istenen, her durum ve zamanda infaka devam etmektir: *"Mallarını gece ve gündüz, gizli ve açık hayra sarfedenler var ya, onların mükâfatları Allah katındadır. Onlara korku yoktur, onlar üzüntü de çekmezler."*[778]

İnfaka Devam Etme Konusunda Nefsi Alıştırmanın Önemi

Dr. Abdurrahman Hasan Habenneke şöyle diyor: "Şüphesiz nefsi peşpeşe harcamaya ve vermeye alıştırmak, nefse

---

776   Tevbe 9/98.

777   Necm 53/34.

778   Bakara 2/274.

verme sevgisini kazandırır. İlk aşamada harcama yapmak nefse zor gelir; sonra adım adım kolaylaşır. Sonra tatlı bir hâl alır, sonra da tadı artar. Hatta nefis bundan dolayı zevk alır ve mutlu olur. Rasûlullah *sallallahu aleyhi ve sellem*, nefsin tedavisini bu yolla ince ve hassas bir şekilde açıklamıştır.

Buhârî ve Müslim, Ebu Hureyre *radıyallahu anh*'ın şöyle dediğini rivayet etmişlerdir: Rasûlullah *sallallahu aleyhi ve sellem* şöyle buyurdu: ***"Cimri ile sadaka verenin örneği, üzerlerinde demirden iki zırh bulunan, elleri göğüsleri ile köprücük kemiklerine doğru sıkıştırılan iki adama benzer. Sadaka veren kimse, her sadaka verdiğinde üzerindeki zırh genişler. Cimri kimse her sadaka vermeyi düşündüğünde, elleri köprücük kemiklerine yapışır ve her halka yanındaki halkaya sıkışır."***[779]

Bu hadis, nefisleri harika bir şekilde tasvir ediyor, muhteşem bir şekilde örnekliyor. Allah yolunda harcama ve verme çabasında bulunan nefisleri, demirden bir zırh giyinmiş olarak ifade ediyor. Bu zırh, göğse baskı yapıyor. Ellerin içinden çıkarak kolaylıkla ve serbestçe hareket etmesini sağlayacak yenleri yok. Buna ilave olarak, zırhın içindeki eller, kelepçe vurulmuş durumda göğüs üzerine sıkıştırılmış ve yukarıya doğru çekilmiştir. Nefislerin cimriliği de aynı şekildedir. İki eli tutulmuş, boynuna bağlanmıştır.

Rasûlullah *sallallahu aleyhi ve sellem*, harcama konusundaki fiilî alıştırmanın etkisini şöyle ifade ediyor: ***"Sadaka veren kimse, her sadaka verdiğinde üzerindeki zırh genişler."*** Yani üzerindeki zırhın halkaları, nefsi sadaka vermeye alıştırmakla parça parça genişler. Nefsi sıkıştıran demirden zırh adım

---

779 Buhârî, Zekât 28; Müslim, Zekât 77.

adım açılır; nihayet eller tamamen kurtulur. Bu, kişiden kişiye ve nefsi alıştırma miktarına göre farklılık gösterir.

Bu temsilî şekil, verme sevgisini ve buna eş diğer huyları kazanma konusunda alıştırma çalışmalarının etkisinin ne olduğunu gösterir.

Bu özelliği kazanmak için alıştırma yapma zorluğuna katlanmayan kimseye gelince; o, nefsini tedavi edemez. Rasûlullah *sallallahu aleyhi ve sellem*, o kimseyi şöyle ifade ediyor: ***"Cimri kimse her sadaka vermeyi düşündüğünde, elleri köprücük kemiklerine yapışır ve her halka yanındaki halkaya sıkışır."*** Yani zırh ellerine yapışır ve her halka yanındaki halkaya sıkışır, açılmaz. Çünkü o, nefsinin cimriliğini alt edecek bir şey yapma konusunda kasıtlı bir güç göstermemiştir. Onun örneği, hadiste halkaları sıkıştıran, bedene ve ellere birlikte yapışan bir zırhla ifade edilmiştir. Örnekte geçtiği gibi, eller zırhın içine sokulmuştur; çünkü eller, genellikle verme aracıdır. Ancak göğüs ve boyna birleştirilmiştir. Çünkü bu, cimri ve pinti kimsenin görüntüsüdür. Bu, cimriliği ima eden bir biçimdir. Bu nedenle Allah Teâlâ, İsrâ sûresinde şöyle buyurur: ***"Eli sıkı olma; büsbütün eli açık da olma. Sonra kınanır, (kaybettiklerinin) hasretini çeker durursun."***[780]

Elini boynuna bağlayan ve Allah yolunda infak etmeyen cimri kişi, kısa görüşlü bir kişidir. Nefsinin zararına çalışır. Çünkü onun bu fiili, Allah yolunda infak edenlerin ulaştığı mutluluktan nasibini alamamasına, nefsi konusunda hata

---

780   İsrâ 17/29.

işlediğinden dolayı kınanmış ve zarara uğramış bir şekilde oturmasına neden olacaktır.[781]

Günlük Sadaka Vermeye Devam Edelim!

Bu metottan faydalanmamız için, günlük olarak Allah yolunda infaka devam etmemiz gerekir. Sadaka vermeden hiçbir gün geçirmemeliyiz.

İnfakı terk eden kimsenin mazereti yoktur. Yüce Allah, bize infakta bulunacağımız belirli bir miktar tayin etmemiş, aksine hepsi için kapıyı açık bırakmıştır. Herkes gücüne göre verecektir: *"İmkânı geniş olan, nafakayı imkânlarına göre versin; rızkı daralmış bulunan da Allah'ın kendisine verdiği kadarından nafaka ödesin."*[782]

Yarım hurma tanesine eşit olsa da infak edelim. Yezîd dedi ki: "Ebu Mersed, bir ekmek parçası ya da soğan dahi olsa sadaka verdiği gün hata işlemezdi."[783]

İbn Huzeyme'ye ait olan rivayete göre, Yezîd b. Ebî Habîb şöyle demiştir: Mersed b. Ebî Abdullah el-Yezenî, Mısırlılar arasında mescide dinlenmek için ilk giden kimseydi. Onu mescidin içinde gördüğümde, kesesinde sadaka olarak para veya ekmek bulunurdu. -Dedi ki: Hatta soğan taşıdığını gördüm.- Bunun üzerine "Ey Ebu'l-Hayr! Kuşkusuz bu, elbiseni kirletiyor!" dedim. Dedi ki: "Ey İbn Ebi Habîb! Evde sadaka olarak vereceğim başka bir şey bulamadım! Rasûlullah *sallallahu aleyhi ve sellem*'in ashabından bir adam bana onun şöyle

781 *el-Ahlâku'l-İslâmiyye ve Üsüsühâ*, s. 390-391.
782 Talâk 65/7.
783 Ahmed b. Hanbel, IV, 147.

buyurduğunu söyledi: *'Kıyamet günü mü'minin gölgesi, sadakasıdır.'"*[784]

Eğer bunu yapamazsak -ki bu birçoğumuzun uzak olduğu bir durumdur- bunun yerini tutacak çözümler de vardır: İnsanları Allah yolunda infak etmeye teşvik etmek, iyilikte bulunmak ve muhtaç kimselerin ihtiyaçlarını karşılamak için çabalamak vb.

Sadakanın sadece varlıklı ve geniş zamanlarda değil, zor ve kıtlık zamanlarında da her gün devam etmesi, birbirini izlemesi gerekir. İşaret ettiğimiz gibi sadakanın amacı sadece fakirlere ve yoksullara değil, aynı zamanda nefislerimize yardım etmek ve onları cimrilik köleliğinden kurtarmaktır. Bunun için infakta bulunmak, muttaki kimselerin özelliklerindendir: *"O takvâ sahipleri ki, bollukta da darlıkta da Allah için harcarlar; öfkelerini yutarlar ve insanları affederler. Allah da güzel davranışta bulunanları sever."*[785]

Ebu Hureyre *radıyallahu anh*'ın şöyle dediği rivayet edilmiştir: Bir adam, Rasûlullah *sallallahu aleyhi ve sellem*'e gelerek "Ben muhtacım!" dedi. Bunun üzerine Peygamber *sallallahu aleyhi ve sellem* hanımlarından birine haber gönderdi. O da "Hayır! Seni hak dinle gönderen Allah'a yemin ederim ki, evimde sudan başka bir şey yok!" dedi. Sonra başka bir hanımına haber gönderdi, o da aynı şeyleri söyledi. Hatta bütün hanımları böyle söylediler: "Seni hak dinle gönderen Allah'a yemin ederim ki, evimde sudan başka bir şey yok!" Bunun üzerine Rasûlullah *sallallahu aleyhi ve sellem* *"Bu adamı kim bu gece misafir edecek? Allah ona rahmet*

---

784 İbn Huzeyme, *Sahîh*, IV, 95.

785 Âl-i İmrân 3/134.

etsin!" dedi. Hemen Ensâr'dan bir adam kalktı ve "Ben, *ey* Allah'ın Rasûlü!" dedi ve onu evine götürdü. Hanımına "Yanında bir şey var mı?" diye sordu. Kadın "Hayır! Sadece çocuklarımın yiyeceği var" cevabını verdi. Ensâr'dan olan adam "Sen onları bir şeyle oyala! Akşam yemek yemek istediklerinde, onları uyut! Misafirimiz geldiğinde, kandili söndür ki, bizim de sanki yediğimizi ona göster." (Diğer bir rivayete göre, şöyle demiştir: "O yemek için eğildiğinde, sen hemen kalk ve kandili söndür.") Böylece oturdular ve misafir yemeğini yedi. Onlar da aç olarak gecelediler. Sabah olduğunda, Ensâr'dan olan adam ve hanımı, Rasûlullah *sallallahu aleyhi ve sellem'in* yanına gittiler. Rasûlullah *sallallahu aleyhi ve sellem* **"(Dün akşam) her ikinizin misafirinize yaptığınızdan Allah razı oldu"** buyurdu.

İmam Mâlik'in, *Muvattâ'*da rivayet ettiğine göre, Âişe *radıyallahu anhâ* oruçlu iken bir yoksul kendisinden yardım istedi. Evinde ancak bir yufka ekmek vardı. Âzâtlı cariyesine "Onu yoksula ver!" dedi. Cariye "İftar edeceğin başka bir şey yok!" deyince, Âişe *radıyallahu anhâ* "Onu yoksula ver!" dedi. Cariye dedi ki: Âişe'nin emrini yerine getirdim. Akşam olunca ev halkından biri veya bir insan bize yufka ekmeğine sarılmış bir koyun eti hediye etti. Âişe *radıyallahu anhâ* beni çağırıp "Bundan ye! Bu senin ekmeğinden daha hayırlıdır" dedi.[786]

Şüphesiz zorlukta ve darlıkta infakta bulunmanın, nefis tezkiyesinde, nefsin semâ ile ilişkiye geçmesinde ve kölelik nedenlerinden kurtulmasında büyük etkisi vardır.

Rasûlullah *sallallahu aleyhi ve sellem* **"Bir dirhem, yüz bin dirhemi geçmiştir"** buyurdu. Bir adam: "Bu nasıl olur

---

786   *Hayâtu's-Sahâbe*, II, 32.

ey Allah'ın Rasûlü?" diye sordu. Rasûlullah *sallallahu aleyhi ve sellem* şu cevabı verdi: **"Bir adamın birçok malı vardı. Malından yüz bin dirhem çıkardı ve onu tasadduk etti. Diğer bir adamın sadece iki dirhemi vardı. Bunlardan birini aldı ve onu tasadduk etti."**[787]

İki dirhem sahibinin çıkardığı bu dirhemin, fakirlerin ve yoksulların hâlini değiştirmede yüz bin dirhem gibi açık bir etkisi yoktur. Fakat onun kişiye olan etkisi, yüz bin dirhemin zengin kimseye olan etkisinden kat kat fazladır.

Rasûlullah *sallallahu aleyhi ve sellem*, ashabına, şartlar ne olursa olsun sadaka vermeye devam etmeleri yönünde yönlendirmelerde bulunmaya çaba göstermiştir.

Ümmü Büceyd *radıyallahu anh'*ın şöyle dediği rivayet edilmiştir: "Ey Allah'ın Rasûlü! Yoksul kimse kapıma gelir ve ben de ona verecek bir şey bulamazsam (ne yapayım)?" dedim. Rasûlullah *sallallahu aleyhi ve sellem* şöyle buyurdu: **"Yanmış bir koyun tırnağı dışında bir şey bulamasan bile, onu eline sıkıştırıver."**[788]

Sözün özü, nefsimizi kuşatan demir halkaları ve bağları kırmayı sürdürmemiz için infaka devam etmemiz gerekir. Böylece adım adım gökyüzüne yükseleceğiz.

Eğer bir kimse, "Her gün sadakamı vermek için bir yoksul ya da fakir bulamazsam, ne yapacağım?" diye sorarsa, çözüm son derece kolay ve basittir. Bu amaç için evde bir

---

787 Nesâî, Zekât 49; İbn Huzeyme, *Sahîh*, IV, 99; İbn Hibbân, *Sahîh*, VIII, 135; Hâkim, *Müstedrek*, I, 576. Hâkim "Bu hadis, Müslim'in şartlarına göre sahihtir" demiştir.

788 Tirmizî, Zekât 29; İbn Huzeyme, *Sahîh*, IV, 111. Hadis sahihtir. Bk. Elbânî, *Sahîhu't-Tergîb ve't-Terhîb*, no: 872.

sandık belirlememiz, günlük sadakalarımızı onun içine koymamız, bir süre sonra ondaki paraları alıp hak eden kimseye vermemizle bu sorun çözülebilir.

Meleklerin duasını hak etmemiz için sadaka vermekte acele etmemiz gerekir.

Rasûlullah *sallallahu aleyhi ve sellem* şöyle buyurmuştur: **"Kulların sabaha erdiği her gün iki melek (semâdan) iner. Bunlardan biri 'Allah'ım! İnfak edene halef (devam) ver' diye dua ederken, diğeri de 'Allah'ım! Cimriye de telef ver!' diye dua eder."**[789]

Hayırdan Yoksun Olan, Mahrumdur

Şüphesiz sadaka, büyük bir hayır kapısıdır; onu kaçıran gerçekten yoksundur.

Esmâ *radıyallahu anhâ*'nın şöyle dediği rivayet edilmiştir: Rasûlullah *sallallahu aleyhi ve sellem* bana **"(Kesenin ağzını) bağlama! Senin de (nasibin) bağlanır!"** buyurdu.[790] Diğer bir hadiste şöyle buyurmuştur: **"(Malını) sayıp zapt etme! (Allah da) sana nimetlerini sayıp zapt eder!"**[791]

İbn Hacer, her iki hadisin şerhinde şöyle der: "Îkâ, kabın/kesenin ağzını iple bağlamaktır. Bu, kesenin bağlandığı iptir. İhsâ, ağırlık ya da sayı olarak bir şeyin miktarını bilmektir ki, bu karşılık kabilindendir. Anlamı, tükenme korkusuyla sadaka vermekten kaçınmayı yasaklamaktır. Kuşkusuz bu, bir şeyin bereketini kesen en büyük nedendir. Çünkü Yüce Allah,

789 Buhârî, Zekât 27; Müslim, Zekât 57.
790 Buhârî, Zekât 21.
791 Buhârî, Zekât 21.

hesapsız olarak veren kimseye sevap verir. Verirken hesap etmeyene, verilirken de hesap edilmez. Beklemediği yerden Allah'ın kendisini rızıklandıracağını bilen kimsenin, hesap etmeden vermesi gerekir."[792]

O hâlde, nefislerimiz için hayır konusunda cimri olmamalıyız.

Yüce Allah şöyle buyurmaktadır: ***"Kendi iyiliğinize olarak harcayın."***[793]

Ahiretteki geleceğimizi sadakayla kurtaracağımıza inanmalıyız. Nefislerimizi cehennemden sadakayla kurtarmalıyız. Bütün malıyla Allah'ın rızasını satın almaya kalkışan Süheyb er-Rûmî *radıyallahu anh*'ı hatırlamalıyız. O ve onun gibi davrananlar hakkında şu âyet nazil olmuştu: ***"İnsanlardan öyleleri de var ki, Allah'ın rızasını almak için kendini feda eder. Allah da kullarına şefkatlidir."***[794]

Malın İnfakı, Şehadet Yoludur

Hepimiz Allah yolunda şehadete ulaşmayı ümit eder ve çoğu kez "Allah yolunda ölüm, en büyük dileğim!" deriz.

Nefsi, şehadeti samimi bir şekilde sevmeye ve ona ulaşma yolunda çalışmaya inandırmak için en kolay ve basit yol, nefsi cimrilik esaretinden kurtarmaktır.

Bu gerçekleştiğinde, dünya ve içindekiler, onun yanında küçük bir boyut kazanır. Böylece, nefsini razı edeceği başka

---

792 Bk. İbn Hacer, *Fethu'l-Bârî*.

793 Tegâbun 64/16.

794 Bakara 2/207.

bir şeyi araştırmaya koyulur. Rabbimiz şöyle buyurmaktadır: *"Temizlenmek üzere malını hayra veren iyiler ondan (ateşten) uzak tutulur. Yüce Rabbinin rızasını istemekten başka onun nezdinde hiçbir kimseye ait şükranla karşılanacak bir nimet yoktur. Ve o, (buna kavuşarak) hoşnut olacaktır."*[795]

Sadaka veren bu kimseyi hangi şey mutlu ve memnun edebilir? Mal... Tamamen kendi isteği ile onu terk ettiği hâlde bu nasıl olur?

Kuşkusuz o, yeryüzü ve çamurla herhangi bir ilişkisi olmayan başka bir emre uzanır. O, Rabbinin rızasına ulaşır: *"Ve o, (buna kavuşarak) hoşnut olacaktır."*

Çok infakta bulunmanın ve buna devam etmenin temel hedefi, yeryüzünün cazibelerinden, kalplerin dünyaya bağlanmasından kurtulmaktır. Bu gerçekleştiğinde, Rabbinin rızasına ulaşmak için nefsini feda etmesi kul için kolaylaşır. Böylelikle bazen onun şehadete ulaşmak için çabaladığını görürsün ki, buna da ulaşır.

Mal ile cihadın, nefisle cihaddan önce olduğunu ifade eden birçok âyet vardır:

"Ey iman edenler! Sizi acı bir azaptan kurtaracak ticareti size göstereyim mi? Allah'a ve Rasûlü'ne inanır, mallarınızla ve canlarınızla Allah yolunda cihad edersiniz. Eğer bilirseniz, bu sizin için daha hayırlıdır."[796]

"Gerek hafif, gerek ağır olarak savaşa çıkın, mallarınızla ve canlarınızla Allah yolunda cihad edin."[797]

795 Leyl 92/17-21.

796 Saff 61/10-11.

797 Tevbe 9/41.

Sarp Yokuşu Aşmayacak mıyız?

Fecr doğarken, şafak sökerken, hastalıkta, belaya düşüldüğünde ve dua anında, göklerin ve yeryüzünün Rabbinden yardım ve ihsan almak için derhal sadaka vermeye başlayalım.

Her önemli işten önce, üzerimizdeki anlayış ve kolaylık kapıları her kapandığında, herhangi bir hak konusunda, bir günah ya da ihmale düştükten sonra sadaka vermeye başlayalım.

Gece-gündüz infak edelim. Bollukta ve darlıkta... Gizli ve açık...

Sürekli olarak nefislerimize Rasûlullah *sallallahu aleyhi ve sellem*'in şu hadisini hatırlatalım: ***"Kulun malı, sadaka vermekle eksilmez."***[798]

Son olarak, en hayırlı sadaka, artan maldan verilendir.

Ebu Hureyre *radıyallahu anh*'dan rivayet edildiğine göre, Peygamber *sallallahu aleyhi ve sellem* şöyle buyurmuştur: ***"En hayırlı sadaka, artan maldan verilendir. Üstteki el (veren el), alttaki elden (alan elden) daha hayırlıdır. (Sadakaya) nafakasını vermekte olduğun kimselerden başla!"***[799]

---

798 Tirmizî, Zühd 17. Hadis sahihtir. Bk. Elbânî, *Sahîhu't-Tergîb ve't-Terhîb*, no: 859.

799 Buhârî, Zekât 18, Nafakât 2; Müslim, Zekât 95.

BEŞİNCİ KISIM
ZİKİR VE FİKİR

Yüce Allah şöyle buyuruyor: **"Allah'ı çok zikredin; umulur ki kurtuluşa erersiniz."**[800]

Ebu'd-Derdâ *radıyallahu anh*'dan rivayet edildiğine göre, Rasûlullah *sallallahu aleyhi ve sellem* şöyle buyurmuştur: **"Dikkat edin! Amellerinizin en hayırlısını, Melikiniz (olan Allah) katında en temizini, derecelerinizi yükseltenini, sizin için altın ve gümüş dağıtmaktan daha hayırlı olanını ve düşmanla karşılaşıp boyunlarını vurmanızdan ve onların da sizin boyunlarınızı vurmasından daha hayırlı olan amelinizi haber vereyim mi? O, Allah'ı zikretmektir!"**[801]

Ebu Musa el-Eş'arî *radıyallahu anh*'dan rivayet edildiğine göre, Rasûlullah *sallallahu aleyhi ve sellem* şöyle buyurmuştur: **"Rabbini zikreden ile Rabbini zikretmeyen kimsenin misali, diri ile ölü gibidir."**[802]

---

800 Cuma 62/10.

801 Tirmizî, Daavât 6. Hadis sahihtir. Bk. Elbânî, *Sahîhu'l-Câmii's-Sagîr*, no: 2629.

802 Buhârî, Daavât 66.

Cennet Köşkleri Zikirle İnşa Edilir

Rasûlullah *sallallahu aleyhi ve sellem* şöyle buyurmuştur: *"Mirac sırasında İbrahim aleyhisselam'la karşılaştım. Bana 'Ey Muhammed! Ümmetine benden selâm söyle. Onlara haber ver ki, cennetin toprağı temiz, suyu tatlıdır. Orası (suyu tutacak şekilde) düz ve boştur. Oraya atılacak tohum da 'sübhanallah, elhamdülillah, lâ ilâhe illallah ve Allahu Ekber'dir."*[803]

Dolayısıyla cennet köşkleri, zikirle inşa edilir. Zikreden kimse zikri bıraktığında, melekler de köşk inşa etmeyi bırakırlar; zikretmeye başladığında, onlar da inşa etmeye devam ederler.[804]

Kalpler Zikirle Canlanır

Ebu'd-Derdâ *radıyallahu anh* şöyle demiştir: "Her şeyin bir cilâsı vardır; kalplerin cilâsı ise Allah'ı zikirdir."[805]

İbn Kayyim, İbn Teymiyye'nin şu sözünü nakletmiştir: "Kalp için zikir, balık için su gibidir. Sudan uzaklaştığında balığın durumu nasıl olur?"[806]

Zikir, kovulmuş şeytana karşı en güçlü kaledir:

Rasûlullah *sallallahu aleyhi ve sellem* şöyle buyurmuştur: *"Size Allah Teâlâ'yı zikretmenizi emrediyorum. Bunun örneği, düşman tarafından izi takip edilen, nihayet*

---

803 Tirmizî, Daavât 59. Hadis hasendir. Bk. Elbânî, *Silsiletu'l-Ehâdîsi's-Sahîha*, no: 106.

804 *el-Vâbilu's-Sayyib*, s. 161.

805 *el-Vâbilu's-Sayyib*, s. 81.

806 *el-Vâbilu's-Sayyib*, s. 85.

sağlam bir kaleye geldiğinde kendisini onlardan koruyan kimsenin durumu gibidir. Kul da böyledir; kendisini şeytandan ancak Allah'ı hatırlamakla korur."[807]

Ebu Hâmid el-Gazzâlî şöyle diyor: "Eğer, 'Nasıl oluyor da Allah'ı zikretmek dil için kolay ve dili çok az yormasına rağmen, birçok zorluk içeren diğer bütün ibadetlerden daha üstün ve daha faydalı oluyor?' dersen, bil ki, en faydalı etken, kalbin varlığıyla birlikte zikre devam etmektir. Ancak kalbin ilgilenmediği dille yapılan zikre gelince; Rasûlullah *sallallahu aleyhi ve sellem*'in buyurduğu gibi bunun faydası azdır: *'Bilin ki, Allah, kalbin gafil olduğu ve ilgilenmediği duayı kabul etmez.'*"[808]

İbn Kayyim şöyle diyor: "Allah'ın takdir ettiği her söz sevabı hak eder ki, bu tam bir zikirdir. Rasûlullah *sallallahu aleyhi ve sellem* şöyle buyurmuştur: *'Kim günde yüz defa 'Sübhanallahi ve bihamdihi: Allah'ı hamdiyle tesbih ederim' derse, hataları dökülür ya da deniz köpüğü kadar (çok) olsa da günahları bağışlanır.'*[809] Bu, sadece dilin telaffuzuna bağlı bir zikir değildir. Evet, kim manasını önemsemeden, düşünmeden, kalbi diliyle uyuşmadan, değerini ve hakikatini bilmeden, sevabını ümit etmekle birlikte bunu diliyle söylerse, kalbindeki hislerine göre hataları dökülür. Şüphesiz ameller, biçimi ve sayısına göre karşılaştırılmaz. Sadece kalplerde aldıkları konuma göre karşılaştırılır. Böylece amellerin biçimi tek bir şekil alır. Oysa aralarındaki üstünlük, gökyüzü ile yeryüzü arası gibidir. İki kişi,

---

807 Tirmizî, Emsâl 3. Ayrıca bk. Elbânî, *Sahîhu'l-Câmii's-Sagîr*, no: 1724.
808 Tirmizî, Daavât 66; Hâkim, *Müstedrek*, I, 670. Ayrıca bk. Elbânî, *Silsiletu'l-Ehâdîsi's-Sahîha*, no: 594.

809 Mâlik, Kur'ân 21.

tek bir safta yer alır fakat namazlarının değeri (kalplerindeki duygu ve düşüncelere göre) gökyüzü ile yeryüzü arası gibidir."[810]

Kalplerimiz Zikirle Nasıl Canlanır?

Eğer zikrin bu kadar önemli bir konumu varsa, imanı uyandırma ve kalbe tekrar canlılık vermede ondan nasıl faydalanabiliriz?

Ya da diğer bir ifadeyle, faydalı ve doğru bir şekilde Allah'ı nasıl zikredebiliriz?

İbn Kayyim şöyle diyor: "Zikir bazen kalp ve dil ile olur ki, bu en üstün zikirdir. Bazen sadece kalple olur; bu da ikinci derecededir. Bazen de sadece dille olur ki, bu da üçüncü derecededir.

Bu nedenle en üstün zikir, kalbin dil ile uyum sağladığı zikirdir. Sadece kalbin yaptığı zikir, sadece dille yapılan zikirden üstündür. Çünkü kalbin zikri, marifet verir, muhabbet doğurur, hayatı canlandırır, korku oluşturur, nefsi kontrol etmeye çağırır, ibadetlerdeki ihmalleri yok eder, günah ve kötülükleri dikkate alır, önemser. Sadece dille zikretmek, bu etkilerden hiçbirini meydana getirmez. Birtakım sonuçlar verse de bunlar zayıftır."[811]

Zikirde kalbin dille uyumu, bizim gibiler için zor bir iştir; buna güç yetiremediğinden şikâyet etmeyenimiz yoktur.

Bu olay elimizde değildir; çünkü zikir, kalplerdeki imanın boyutunu ortaya çıkarır. Durumumuz ne olursa olsun, kalbi

---

810 *Tehzîbu Medârici's-Sâlikîn*, s. 188.

811 *el-Vâbilu's-Sayyib*, s. 181.

korkmaya ve dille birlikte olmaya zorladıktan kısa bir süre sonra, dilin bir vadide, kalbin başka bir vadide olduğunu görürüz.

Zikir, Allah'a kulluk anlamını kalpte oluşturur; bu anlamın boyutuna göre, İbn Kayyim'in dediği gibi onunla dil arasında bir uyum oluşur: "Kalpler, kaplar gibidir; diller ise bu kapların kepçeleridir."

O hâlde başlangıç, korku, saygı, yüceltme, ümit, sevgi, tevbe, boyun eğme, ihtiyaç duyma ve Allah'a yalvarma gibi anlamları kalplere ekmekle başlar.

Kalplerdeki bu bilgileri/marifeti artırmaya giden yol, tefekkürü artırmakla başlar. Kur'ân'ı ve Kur'ân'da okunan âyetleri düşünme; kâinatı ve kâinatta görülen âyetleri düşünme...

Yüce Allah şöyle buyurmaktadır: *"Göklerin ve yerin yaratılışında, gece ile gündüzün birbiri ardınca gelip gidişinde aklıselim sahipleri için gerçekten açık ibretler vardır. Onlar, ayakta dururken, otururken, yanları üzerine yatarken (her vakit) Allah'ı anarlar, göklerin ve yerin yaratılışı hakkında derin derin düşünürler (ve şöyle derler:) 'Rabbimiz! Sen bunu boşuna yaratmadın. Seni tesbih ederiz. Bizi cehennem azabından koru!'"*[812]

Bu âyetlerde, Yüce Allah bizim göklerde ve yeryüzünde bulunanlara bakmamızı ve yarattıklarının yüceliği konusunda düşünmemizi teşvik etmektedir. Bu düşünme, zikirle ilişki içinde olduğunda, kalpteki korku ve tevbenin artmasına neden olacaktır: *"Seni tesbih ederiz. Bizi cehennem azabından koru!"*

---

812 Âl-i İmrân 3/190-191.

Bu âyetler, zikir ve düşünceden faydalanma yolunu açıkça ortaya koymaktadır. Birini diğerinden ayırmamamız gerekir. Peygamberimiz *sallallahu aleyhi ve sellem*, bu âyetleri iyice düşünmemizi ve onlarla amel etmemizi emretmiştir. Âişe *radıyallahu anhâ*'nın şöyle dediği rivayet edilmiştir: Bu âyetler Peygamber *sallallahu aleyhi ve sellem*'e nâzil olduğunda, kalktı ve namaz kıldı. Bilâl, namaz için ezan okumak üzere yanına geldiğinde, onun ağladığını gördü. Bilal *radıyallahu anh* "Ey Allah'ın Rasûlü! Allah senin geçmiş ve gelecek günahlarını bağışladığı hâlde ağlıyor musun?" dedi. Bunun üzerine Rasûlullah *sallallahu aleyhi ve sellem* şöyle buyurdu: ***"Ey Bilal! Şükreden bir kul olmayayım mı? Allah bu gece şu âyetleri indirdiği hâlde nasıl ağlamayayım? 'Göklerin ve yerin yaratılışında, gece ile gündüzün birbiri ardınca gelip gidişinde aklıselim sahipleri için gerçekten açık ibretler vardır.'"*** Ardından da şöyle dedi: ***"Bu âyetleri okuyup sonra da bunları düşünmeyene yazıklar olsun!"***[813]

Kurtubî şöyle diyor: "Âlimler der ki: Uykudan uyanan bir kimsenin, yüzünü silmesi ve kalktığında Peygamber *sallallahu aleyhi ve sellem*'e uyarak bu on âyeti okuması müstehabdır. Sonra istediği kadar namaz kılar. Böylelikle düşünmekle ameli bir arada gerçekleştirmiş olur. Buhârî ve Müslim'de, İbn Abbâs *radıyallahu anh*'tan rivayet edildiğine göre, o, teyzesi Meymûne *radıyallahu anhâ*'nın evinde gecelemişti. Ardından şöyle dedi: 'Rasûlullah *sallallahu aleyhi ve sellem* kalktı, yüzündeki uykuyu sildi, sonra Âl-i İmrân sûresinin son on âyetini okudu. Duvarda asılı bir kırbaya gidip onu aldı.

813　İbn Hibban, *Sahîh*, II, 386.

Oradan az su kullanarak abdest aldı. Daha sonra da on üç rekât namaz kıldı...'

Yüce Allah'ın rahmeti üzerinize olsun; Peygamber *sallallahu aleyhi ve sellem*'in yaratıklar üzerinde düşünmesini sonra da namaza yönelişini bir arada nasıl yaptığına bir bakınız."[814]

Zikri, Düşünceyle İlişkilendirmenin Önemi

Zikrin kalpleri canlandırması ve onların hayat suyu olması gibi düşünmek de yakîn (kesin inanç) oluşturur. Ebu'd-Derdâ *radıyallahu anh*'a "Düşünmeyi bir amel kabul eder misin?" diye soruldu. Ebu'd-Derdâ "Evet, o yakîndir" dedi. Hasan el-Basrî de "Bir saat düşünmek, gece namazı kılmaktan hayırlıdır" dedi.[815]

Bu iki ibadetten umulan faydanın gerçekleşebilmesi için her ikisinin bir arada bulunması gerekir.

İbn Kayyim şöyle diyor: "Düşünme ve zikir, çeşitli marifetlerin bulunduğu, iman ve ihsan hakikatlerini barındıran iki evdir. Ârif kimse, Âlim ve Fettâh olan Allah'ın izniyle kalbinin kilitleri açılıncaya kadar düşünmesine zikirle, zikrine düşünmeyle devam eder."[816]

Hasan el-Basrî şöyle demiştir: "Akıllı kimseler, kalplerini sorguya çekip kalpleri hikmetle konuşuncaya kadar zikre düşünmeyle, düşünmeye de zikirle devam ederler."[817]

---

814 *el-Câmiu li Ahkâmi'l-Kur'ân*, IV, 197.

815 *el-Câmiu li Ahkâmi'l-Kur'ân*, IV, 200.

816 *Tehzîbu Medârici's-Sâlikîn*, s. 237.

817 *İhyâu Ulûmi'd-Dîn*, V, 6.

Bu nedenle başlangıç düşünmekle, daha sonra buna uygun olan zikirle devam eder. İnsan günahlarını ve Allah'a karşı işlediği hatalarını düşündüğünde ve bunu gerçekten hatırladığında sonra da buna istiğfarla devam ettiğinde, istiğfarın, bu tür bir düşünme gerçekleştirmeden başlanan zikirden farklı bir sıcaklığı ve durumu olacaktır.

Buradaki sır, insanın Allah'ın affına ve bağışlamasına duyduğu ihtiyacı kalbin aksettirmesidir. Bu konuda Rabbimiz şöyle buyurmaktadır: *"Yine onlar ki, bir kötülük yaptıklarında ya da kendilerine zulmettiklerinde Allah'ı hatırlayıp günahlarından dolayı hemen tevbe-istiğfar ederler."*[818]

Şu âyetlere bakalım: *"Yaratıp düzene koyan, takdir edip yol gösteren, (topraktan) yeşil otu çıkarıp sonra da onu kapkara bir sel artığına çeviren Yüce Rabbinin adını tesbih (ve takdis) et."*[819]

Burada Allah'ı tesbih etme, Allah'ın yarattıkları konusundaki kudretini düşünmekle ilişkilidir.

Bunun benzeri, Vâkıa sûresinde geçen âyetlerdir. Mutlak güç sahibi olan Allah'tan bahseden âyetlerin ardından, kişinin bunları düşünmesi ve Allah'ın yüceliğini ve kudretini hissetmesi gerekir. Bundan sonra âyetler Allah'ı tesbih etmemizi ister.

Yüce Allah şöyle buyurmaktadır: *"Söyleyin şimdi bana, tutuşturmakta olduğunuz ateşi, onun ağacını siz mi yarattınız, yoksa yaratan biz miyiz? Biz onu bir ibret*

818 Âl-i İmrân 3/135.
819 A'lâ 92/1-5.

ve çölden gelip geçenlerin istifadesi için yarattık. Öyleyse ulu Rabbinin adını tesbih et."[820]

Şüphesiz bu tesbih, dillerimizin tekrarlayacağı ve kalplerimizin dünya denizine açılacağı farklı bir tesbih olacaktır.

Kalbi, Düşünmeye ve Zikretmeye Hazırlama

Zikretmenin, düşünmeyle olan ilişkisinin önemini gördüğümüzde, kalp ile dil arasında bir uyum oluşacak ve düşünmeye neden olan alanlardan bahsetmemiz kolaylaşacaktır.

Biz burada yeni şeyler söylemeyeceğiz. Zira Kur'ân bu alanlardan çokça bahseder. Kulluğun anlamını kalbe yerleştirme ve yakîn derecesine ulaşmanın öneminden dolayı bunu yerine getirmemizi bizden defalarca ister.

Bu alanlar için yeteri kadar vakit ayırdığımızda ve özel bir oturum sağladığımızda, bunların kalplerimizde büyük bir etkisi olacaktır. Bu, kalpleri alıştırmaya ve bu alanlardan gelen duyguları kabul etmek için güzel bir hazırlık yapmaya neden olacaktır.

Kalpleri Hazırlamaya Yardım Edecek Bazı Fiiller

1. Sürekli Olarak Allah'tan Korkma

Yüce Allah şöyle buyurmaktadır: *"(Allah'tan) korkan, öğütten yararlanacak."*[821]

---

820 Vâkıa 56/71-74.

821 A'lâ 87/10.

"Üstlerindeki göğe bakmazlar mı ki, onu nasıl bina etmiş ve nasıl donatmışız! Onda hiçbir çatlak da yoktur. Yeryüzünü de döşedik ve ona sabit dağlar koyduk. Orada gönül açan her türden (bitkiler) yetiştirdik. Allah'a yönelen her kula gönül gözünü açmak ve ibret vermek için (bütün bunları yaptık)."[822]

2. Kur'ân'ı Düşünerek Okuma

Bu, ilahî düşünceleri karşılamak için kalbi hazırlamanın en önemli faktörlerindendir. Kur'ân'ı düşünerek okumak, zikir ile düşünmeyi bir araya getirir, kişiyi, görülen kâinatın sayfalarına bakmaya ve ibret almaya çağırır.

3. Kalbin Canlılığı ve Uyanıklığı

Kalbin taşıdığı nur oranında, âyetlere bakma ve onlardan ibret alma yönünde bir güç oluşur: *"Diri olanları uyarsın."*[823]

4. Kalbin Katılması

Bütün anlatılanlarla birlikte, ibadet zamanında kalbin katılımı ve diğer işlerle meşgul olmaması, kalpten beklenen etkilenmenin gerçekleşmesinde en önemli faktörlerdendir.

İbn Kayyim şöyle diyor: "Allah, kalpte marifetin meydana gelmesini şu buyruğuyla açıklamıştır: *'Şüphesiz ki bunda aklı olan veya hazır bulunup kulak veren kimseler için bir öğüt vardır.'*[824]

Allah'ın kelâmı, öğüttür. Şu üç şeyi bir araya getiremeyen kimse ondan faydalanamaz.

---

822 Kâf 50/6-8.

823 Yâsîn 36/70.

824 Kâf 50/37.

Birincisi: Bilinçli, canlı bir kalbin olmasıdır. Bu kalbi kaybettiğinde, öğütten faydalanamaz.

İkincisi: Kulak vermesi ve bütünüyle muhataba dönüşmesidir. Bunu yapmazsa, Allah'ın kelâmından faydalanamaz.

Üçüncüsü: Kelâmı okuduğunda, kalbinin ve zihninin o esnada hazır olmasıdır. O, şahiddir yani gaib değil hazırdır. Eğer kalbi yok olur, başka bir yere giderse, hitaptan faydalanamaz.

Gören kimsenin, görme gücü olmadıkça görülen şeyin hakikatini anlamaması ve sadece görülen şeye gözlerini dikmesi gibi o kimse görme gücünü kaybeder ya da görülene gözlerini dikemez veya gözlerini diker fakat kalbi başka bir yerde olursa, kelâmı anlayamaz. Birçok insan yanından geçer de kalbin başka bir şeyle meşgul olduğu için onun geçtiğini göremezsin. İşte bu durum, kalbin sağlığını ve orada bulunmasını gerektirir. Bir şeye kulak verme de böyledir."[825]

İşte bu dört olay, düşünme ve zikretme alanlarına girmeden önce kalbin hazırlanması gereken şeylerdir. Belki Kur'ân okuyan kimse, kalbin düşünme ve zikretmeyle ilişki içinde bulunması için iyi bir hazırlık geçirmesi konusundaki beşinci aşamaya giden bu vasıtanın sırasının niçin geciktirildiğini fark eder.

Düşünme Alanları

Birinci Alan: Allah'ın Yarattıklarını Düşünmek

Ebu Hâmid el-Gazzâlî şöyle diyor: "Allah'ı tanımaya ve yarattıkları konusunda O'nu yüceltmeye giden yol, yaptığı

---

825 *Tehzîbu Medârici's-Sâlikîn*, s. 568.

mucizeleri düşünme ve eşsiz yaratışındaki hikmeti anlamaktan geçer. Böylece bu, yakînin (kesin inancın) yerleşmesini sağlar.

Allah Teâlâ akılları yaratmış, onların yolunu vahiyle göstermiş ve onlara yarattıklarına bakmalarını, yarattığı varlıklardaki mucizeleri düşünmelerini ve ibret almalarını emretmiştir: *'Her canlı şeyi sudan yarattığımızı görüp düşünmediler mi? Yine de inanmazlar mı?'*[826]

'De ki: Göklerde ve yerde neler var, bakın (da ibret alın!)' [827]

Bunun dışında, her hür aklın anlayabileceği açık âyetler ve deliller vardır. Bu âyetlerin anlamlarındaki farklılıklarda ilerleme kaydetmek, mutluluk ve Allah'ın kullarına vaat ettiği güzellikleri elde etme nedenidir."[828]

"İşte bunlar Allah'ın yarattıklarıdır. Şimdi (ey kâfirler!) O'ndan başkasının ne yarattığını bana gösterin!" [829]

Allah'ın, mahlukâtını yaratmasındaki eşsiz gücünden bahseden örnekler sayılamayacak kadar çoktur. Allah'ı tanımak ve O'na kesin bir şekilde inanabilmek için bu örnekleri düşünmeye yönlendirir.

İnsanın yaratılışı, bunlardan biridir.

---

826 Enbiyâ 21/30.

827 Yunus 10/101.

828 Bk. *el-Hikme fî Mahlûkâtillah*, s. 15-16.

829 Lokman 31/11.

Yüce Allah şöyle buyurmaktadır: *"İnsan neden yaratıldığına bir baksın!"* [830]

"Kendi nefislerinizde de öyle. Görmüyor musunuz?" [831]

"And olsun biz insanı çamurdan (süzülüp çıkarılmış) bir özden yarattık. Sonra onu sağlam bir karargâhta nutfe hâline getirdik. Sonra nutfeyi alaka (aşılanmış yumurta) yaptık. Peşinden alakayı, bir parçacık et hâline soktuk; bu bir parçacık eti kemiklere (iskelete) çevirdik; bu kemikleri etle kapladık. Sonra onu başka bir yaratışla insan hâline getirdik. Yapıp yaratanların en güzeli olan Allah pek yücedir." [832]

İbn Kayyim şöyle diyor: "Kur'ân'da bu şekilde birçok âyet vardır. Bunlar kulu, yaratılışının başlangıcına, ortasına ve sonuna bakmaya ve düşünmeye çağırır. Çünkü insanın kendisi ve yaratılışı, kendisini yaratan ve şekil veren hakkındaki en büyük delillerden biridir. İnsana en yakın olan delil, kendisidir. Kendisinde, Allah'ın yüceliğine işaret eden mucizeler vardır; ömrünü tamamlamadıkça bunları anlayamaz. O bundan gafildir, bunları düşünmekten uzaktır. Nefsini düşünecek olsa, öğrendikleri, onun Allah'ın yarattığı mucizeleri inkâr etmesine engel olacaktır. Yüce Allah şöyle buyurmaktadır: *'Kahrolası insan! Ne inkârcıdır! Allah onu neden yarattı? Bir nutfeden (spermadan) yarattı da ona şekil verdi. Sonra*

---

830 Târık 86/5.

831 Zâriyât 51/21.

832 Mü'minûn 23/12-14.

ona yolu kolaylaştırdı. Sonra canını aldı ve onu kabre soktu. Sonra dilediği bir vakitte onu yeniden diriltir.'[833]

Bu nedenle Allah, nutfe, kan pıhtısı, et parçası ve toprağı kulaklarımıza ve akıllarımıza işittirip sadece onlarla ilgili konuşmamız ve onlarla kendisini tanımamız için tekrar etmedi. Aksine bütün bunların arkasındaki bir nedenden dolayı zikretti ki, hitaptan kastedilen de budur:

Şimdi gören gözlerle nutfeye bak! O, alçak, zayıf ve pis bir su parçasıdır. Üzerinden bir süre geçse, bozulur ve kokar. Her şeyi bilen, her şeye gücü yeten Allah, kudretini gösteren, emrine itaat eden bu nutfeyi, yollarının darlığı ve aktığı yerlerin farklılığına rağmen bellerden ve göğüslerden nasıl çıkardı? Öyle ki, onu yerine ve birleşeceği bölgeye ulaştırdı. Allah, erkeği ve dişiyi nasıl bir araya getirip her ikisine de sevgi yerleştirdi? Erkek ve dişiyi, şehvet ve sevgi zinciriyle, çocuğun yaratılmasına ve oluşumuna sebep olan cinsel birleşmeye nasıl yöneltti? Her biri sahibinden uzak olmasına rağmen, bu iki suyun birleşmesine, onların en derin damarlardan ve organlardan akmasına, tek bir yerde toplanmasına ve sağlam bir yerde yerleşmesine nasıl güç yetirdi? Öyle ki, onu bozacak hiçbir hava ona ulaşamaz, hiçbir soğuk şey onu donduramaz, hiçbir engel ona yetişemez, hiçbir âfet ona hâkim olamaz. Sonra bu parlak, beyaz nutfeyi, siyaha dönüşecek kırmızı bir kan pıhtısına çevirdi. Sonra onu bir et parçası yaptı. Rengi, özü ve şeklini kan pıhtısından farklı kıldı. Sonra onu, üzerinde herhangi bir örtü olmayan, şekli, görünüşü, özü, rengi ve teniyle et parçasından farklı bir kemiğe çevirdi.

---

833 Abese 80/17-22.

Bütün eşit, benzer bölümleri nasıl sinirlere ve kemiklere, damarlara ve liflere, kuru ve yumuşak şeylere ayırdığına bak! Sonra bunları gevşemekten uzak bir şekilde birbirleriyle nasıl en güçlü bağlarla birleştirdiğine, bağladığına bak! Onların üzerine nasıl et geçirdiğine, yerleştirdiğine, her birine bilinç, zar ve koruma verdiğine bak! Et üzerinde duruyor, onu koruyor. Ona en güzel biçimi nasıl verdiğine, onun için kulak, göz, ağız, burun ve diğer giriş-çıkış yollarını nasıl takdir ettiğine bak! Elleri ve ayakları uzattı, genişletti ve onların başlarını parmaklarla ayırdı. Sonra onları tırnaklarla ayırdı. Kalp, mide, ciğer, dalak, akciğer, rahim, mesane, bağırsaktan oluşan içteki organları yerleştirdi. Bunların her birinin kendine özgü bir gücü ve faydası vardır.

Allah, kul için en güzel yerde ağzı yarattı. Onda akılları hayrette bırakacak parçalar, öğütme, konuşma ve tat alma aletleri gibi birtakım faydalar yarattı. Kendisine işaret eden mucizelerden biri olan dili yerleştirdi. Onu, organların gücü için bir tercüman kıldı. Kulağı, kendisine ulaşan şeyi yerine getiren bir elçi kıldığı gibi dili de kendisine ulaşanları açıklayan ve yerine getiren organlar için bir tercüman kıldı. Kulak, haberlerin ulaştığı bir elçi ve postacı; dil de dilediği şeyi kendisi için yerine getirecek elçi ve postacıdır.

Sonra Allah, ağzı, kendisi için bir güzellik ve süs olan dişlerle donattı. Onlarla kulu güçlendirdi ve destekledi. Bu dişlerin bir kısmını öğütmek, bir kısmını kesmek için ayırdı. Köklerini sağlam, başlarını keskin, rengini beyaz kıldı. Dizilişlerini, dişlerin tepesine göre, uygun bir sırayla, dizilmiş beyaz, saf ve güzel inciler gibi düzenledi.

Allah bunları iki duvarla kuşattı. Onlarda birtakım faydalar ve hikmetler kıldı. Bunlar, dudaklardır. Renklerini, biçimlerini ve yerlerini güzelleştirdi. Onları, ağız için bir örtü ve ona uygun bir katman kıldı. Kelimelerin harflerini çıkarmada ve sonunu getirmede tamamlayıcı kıldı. Başlangıçta bir uçtan bir uca boğazı yarattığı gibi dil ve etrafındakileri ortaya yerleştirdi. Bunun için birçok işi o yapar. Çünkü o, aracıdır.

Dudaklara et yerleştirip kemik ya da sinir koymaması, böylelikle onlarla bir şeyin emilebilmesi, açılmasının ve kapatılmasının kolaylaşması Allah'ın hikmetindendir.

Allah, boğazları, darlık, genişlik, sertlik, pürüzsüzlük, yumuşaklık, uzunluk ve kısalıkta farklı şekillerde yaratmıştır. Böylelikle sesler en büyük farklılığı gösterir; iki sesin birbirine benzediği nadiren görülür.

Allah, kulun aracı, silahı ve yaşamının sermayesi olan iki eli yaratmış; bedeninde dilediği yere ulaşması için onları uzatmış, tutup açabilmesi için avuç koymuş; her bir ele beş parmak yerleştirmiş; her parmağı üç, başparmağı iki boğuma ayırmış; parmakların hep birlikte dönmesi için dört parmağı bir tarafa, başparmağı da diğer tarafa koymuştur. Böylelikle tutmak, bırakmak ve iş yapmak için en güzel şekilde yaratmıştır. Eğer baştaki ve sondaki parmakları birleştirseydi, bir şeyi çekip çıkarmak mümkün olmayacaktı.

Hâkim, Azîz ve Alîm olan Allah basit bir su damlasından bunu yaptı. Yalanlayanlara yazıklar olsun! İnkâr edenler kahrolsun!

Allah'ın yarattığı mucizeler arasında, kalp, ciğer, dalak, akciğer, bağırsaklar, mesane ve bedenin içindeki diğer muhteşem, güçlü, farklı faydaları olan organlar gibi görülmeyen şeyler de vardır.

İnsanın yaratılışındaki hikmet yönlerinden en küçüğüne dikkat etmek bile zihne birçok fikrin gelmesine ya da birçok şeyin söylenmesine neden olacaktır."

İbn Kayyim, göklerin yaratılması konusuna geçip şunları söylüyor:

"Bir damla sudan yaptığı bu ise, göklerin yaratılması, yükseltilmesi, genişletilmesi, dönmesi, varlığını güzelleştirmesi; gökyüzünün güneş, ay, yıldızlar ve bunların yörüngeleri, şekilleri, doğuş ve batış zamanlarını ayarlamasına bakın! Hikmetinden ayrılan tek bir zerre yok! Hatta insan bedenindeki mucizelerden daha sağlam, daha mükemmel ve daha güzel yaratılmıştır. Yeryüzündeki şeylerin hiçbiri gökyüzündeki mucizelerle karşılaştırılamaz. Yüce Allah şöyle buyurmaktadır: *'Sizi yaratmak mı daha güç, yoksa gökyüzünü yaratmak mı, ki onu Allah bina etti, onu yükseltip düzene koydu.'*[834] *'Şüphesiz göklerin ve yerin yaratılmasında, gece ile gündüzün birbiri ardınca gelmesinde, insanlara fayda veren şeylerle yüklü olarak denizde yüzüp giden gemilerde, Allah'ın gökten indirip de ölü hâldeki toprağı canlandırdığı suda, yeryüzünde her çeşit canlıyı yaymasında, rüzgârları ve yer ile gök arasında emre hazır bekleyen bulutları yönlendirmesinde düşünen bir toplum için (Allah'ın varlığını ve birliğini ispatlayan) birçok delil vardır.'*[835] Burada da göklerin yaratılmasıyla başlar: *'Göklerin ve yerin yaratılışında, gece ile gündüzün birbiri ardınca*

---

834 Nâziât 79/27-28.

835 Bakara 2/164.

gelip gidişinde aklıselim sahipleri için gerçekten açık ibretler vardır.'[836]

Bu, Kur'ân'da çoktur; yeryüzü, denizler, hava, denizdeki damla gibi gökyüzünün altında olan her şey... Bunun için Kur'ân'da bunların zikredilmediği çok az sûre vardır. Ya Allah'ın mucizelerinin büyüklüğü ve genişliğini haber verir ya onlara yemin edilir, onlara bakılması için çağrıda bulunulur ya da onları yaratan ve yükseltenin yüceliğini düşünmeleri için kullara gösterilir. Bunlar, kıyamet ve ahirette olacakları haber veren Allah'ın yarattığı şeylere ya da kendisinden başka ilah olmayan Allah'ın birliğine ve rabliğine bir delildir. Veya mucizelerin güzelliği, onları yüceltmesi, bütün parçaların uyum içinde olması ve herhangi bir bozukluk görülmemesi, bunun da Allah'ın hikmetinin ve gücünün mükemmel olduğunu gösteren bir delildir.

Gözlerini gökyüzüne çevir! Gökyüzüne, yıldızlara, dönüşüne, doğuşuna, batışına, güneşine, ayına, doğuşunun ve batışının farklılığına, herhangi bir bozukluk olmadan sürekli olarak hareket etmesine, seyrinde herhangi bir değişiklik olmamasına hatta takdir edilen hesaba göre dizilmiş olan menzillerine, bunu aşıp geri kalmamasına bak!

Sonra bir yıl boyunca yörüngesinde ilerleyen güneşe bak! Allah'ın kendisi için takdir etmiş olduğu düzende her gün doğup batmasına, bunu aşmamasına ve geri kalmamasına bak! Eğer güneş doğup batmasaydı, gece, gündüz ve vakitler bilinmezdi. Karanlıklar ya da ışıklar dünyayı kaplardı. Çalışma zamanı, dinlenme ve uyuma zamanından ayrılmazdı.

---

836 Âl-i İmrân 3/190.

Ay'a, onun mucizevî işaretlerine bak! Allah'ın onu nasıl ince bir ip gibi gösterdiğine, sonra onun ışığını her gece parça parça dolunay oluncaya kadar artırıp tamamlamasına; sonra eksiltip, hayatlarında ve ibadetlerinde kullara belirli vakitler olması için ilk durumuna çevirmesine, böylelikle ayların ve yılların ayırt edilmesine, bununla birlikte onda var olan, Allah'tan başka kimsenin hesaplayamayacağı hikmetlere, âyetlere ve ibretlere bak!

Allah'ın âyetlerinden biri de gökyüzü ile yeryüzü arasındaki bulutlardır.

Bu karanlık, yoğun bulutu düşündüğünde, temiz bir havada nasıl hiçbir bulanıklığın olmadığını; Allah'ın onu dilediği zaman ve dilediği şekilde nasıl yarattığını; yumuşaklığı ve gevşekliğine rağmen gökyüzü ile yeryüzü arasında ağır bir su taşıdığını; kendisini yaratan Rabbinin ona taşıdığı suyu göndermesi için izin vermesini, ardından damla damla keserek suyu indirmesini; her damlanın Allah'ın hikmeti ve rahmetine uygun bir şekilde inişini; bulutun yeryüzüne suyu serpmesini; aralıklarla suyu göndermesini; hiçbir damlanın diğeriyle karışmamasını; hiçbir damlanın diğerine yetişip onunla karışmamasını hatta her birinin kendisi için çizilmiş yolda inişini; yeryüzüne damla damla ulaşıncaya kadar bundan sapmamasını; her damlanın yeryüzünün bir bölümüne ait olup bir başka yere düşmemesini düşündüğünde bütün insanlar birleşse de onun tek bir damlasını yapmaya ya da tek bir anda düşen damlalarını saymaya güç yetiremeyeceklerini görürsün.

Allah'ın, kullar, hayvanlar, kuşlar, böcekler ve arılar için nasıl rızık gönderdiğini, falan dağın yanındaki filan yerdeki falan hayvana rızkını nasıl verdiğini, falan zamanda duyduğu ihtiyaç ve susuzluktan dolayı Allah'a bunun nasıl ulaştığını görürsün."

Sonra İbn Kayyim şöyle diyor: "Allah'ın bilinen mucizeleri ve görülen delillerini kavramak istediğimizde, O'ndan başka ilah olmadığını, hiçbir şeyin O'na benzemediğini, hiçbir şeyin O'ndan yüce, O'ndan mükemmel, O'ndan doğru ve O'ndan daha çok ihsanda bulunmadığını görürüz. Biz, öncekiler ve sonraki insanlarla birlikte, bunun onda birini bile bilmekten âciziz. Fakat bunları bir araya getirememek, elbette onları terk etmeyi gerektirmez. Bunların işaret ettiği şeye dikkat etmek gerekir."[837]

Bunlar, Allah'ın yaratışını düşünme hakkındaki örneklerdir. Bizim, çevremizi kuşatan diğer âyetleri de örnek kabul etmemiz gerekir.

Gece ve gündüz hakkında düşünelim: *"İçinde dinlenesiniz diye geceyi, görmeniz için de gündüzü yaratan Allah'tır."*[838]

Çeşit çeşit hayvanları: *"(İnsanlar) devenin nasıl yaratıldığına bakmıyorlar mı?"*[839]

Dağları, denizleri, nehirleri, bitkileri, havayı ve diğer varlıkları düşünelim. Bunu, tesbih ve tehlilden oluşan uygun zikirlerle birleştirelim.[840]

---

837 *Miftâhu Dâri's-Saâde*, s. 5-46. (Özetle)

838 Mü'min 40/61.

839 Gâşiye 88/17.

840 Allah'ın yarattıkları konusundaki hikmetlerden bahseden bazı eserler vardır. Ebu Hâmid el-Gazzâlî'nin, *el-Hikme fî Mahlûkâtillah* adlı eseri; İbn Kayyim'in, *Miftâhu Dâri's-Saâde* adlı eseri, yine modern bazı eserler ve *el-İ'câzu'l-İlmî fî'l-Kur'ân* filmi gibi görsel materyaller bunlardandır.

İkinci Alan: Allah'ın Güzel İsimlerinin (el-Esmâu'l-Hüsna) İşaretleri Hakkında Düşünmek

Nefis ve kâinattaki Allah'ın güzel isimlerinin etkileri üzerinde çokça düşünmek, Allah'ı tanımayı ve O'na kesin bir şekilde inanmayı sağlar.

Yüce Allah şöyle buyurmaktadır: *"Allah'ın rahmetinin eserlerine bir bak: Arzı, ölümünün ardından nasıl diriltiyor! Şüphesiz O, ölüleri de mutlaka diriltecektir. O, her şeye kadirdir."*[841]

Allah, gökyüzü ve yeryüzündekileri bizim için görevlendirmiştir. Bir taraftan yeryüzündeki hayatımızı kolaylaştırmak ve kendisine ibadet etmemiz için kâinatı, sayılamayacak ve hesaplanamayacak kadar çok varlığıyla bizim için yaratmıştır.

Diğer taraftan, bu şaşırtıcı varlıklar, kulların Rablerini tanımasını artırmada önemli bir rol üstlenirler. Bunlar, Allah'ın isimleri ve sıfatları konusunda tanık ve işarettirler.

"Her hareket eden ve sakin duran

Allah için ebediyen şahittir.

Her şeyde O'nun bir âyeti

O'nun bir olduğuna işaret eder."

Güneşin yaratılmasındaki hikmet, sadece bize ışık ve enerji vermesi değildir; aksine onu da Allah'ın isim ve sıfatlarından birçoğunu ortaya koyan mucizelerinden biri gibi düşünmeliyiz. Onda, Allah'ın eşsiz yaratma, hayat, güç, rahmet, galibiyet vb. sıfatlarının izlerini görürüz.

---

841 Rum 30/50.

İbn Kayyim şöyle diyor: "Mahlukâta ve görevlendirilmiş varlıklara dikkat ettiğinde, onların tamamının Allah'ın sıfatlarına ve güzel isimlerinin hakikatlerine işaret ettiğini görürsün. Bunlar, özellikle sende yarattığı şeylerin ortaya çıkması için yeterlidir: *'Kendi nefislerinizde de öyle. Görmüyor musunuz?'*[842]

Dolayısıyla bütün varlıklar, Yüce Allah'ın sıfatlarının tanıklarıdır; O'nun isimlerini nitelerler. Hepsi O'nun güzel isimlerine ve hakikatlerine işaret eder; onları duyurur. Onları hâl diliyle şunun gibi dile getirir:

'Kâinatın satırlarını düşün; şüphesiz onlar,

Yüce Mevlâdan sana gönderilmiş mektuplardır.

-Onlardaki yazısını düşünürsen- yazmıştır onlara

Dikkat edin! Allah'tan başka her şey boştur diye.

Rabbinin sıfatlarının ispatına işaret eder

Susan varlıklar gösterir, kimin bunu söylediğini.'

Varlıkların işaretlerinden her bir şeyin, onları yaratan Allah'ın sıfatlarını ifade ettiğini ve isimlerinin hakikatini nitelediğini görürsün. Varlıkların işaretleri, çeşitlerine göre farklılaşmıştır. Bunlar, aklî, hissî, fıtrî, nazarî ve izafî olarak işaret ederler.

Düşünmek, bunu anlamaya yardım eder. Bunun için mü'minlerin özelliklerinden biri de onların âyetler hakkında düşünmeleri ve bunlardan Allah'ın birliği, eşsiz sıfatları,

---

842 Zâriyât 51/21.

ImANLA NASIL BAŞLAYACAĞIZ?

peygamberlerinin doğruluğu ve ilmî sonuçları çıkarmalarıdır. Allah, onları bu özellikle nitelemiştir; çünkü O, şöyle buyurmaktadır: *'Kaynaşmanız için size kendi (cinsi)nizden eşler yaratıp aranızda sevgi ve merhamet peydâ etmesi de O'nun (varlığının) delillerindendir. Doğrusu bunda, iyi düşünen bir kavim için ibretler vardır.'*[843]

Doğru düşünce, kalplerin canlanmasını, gözün nurlanmasını pekiştirir. Allah'ın eşsiz sıfatlarını ispat eder ve niteler.[844]

Bu nedenle sürekli olarak Allah'ın âyetlerine bakmak ve onları düşünmek gerekir.

Yüce Allah şöyle buyurmaktadır: *'Göklerin ve yerin yaratılışında, gece ile gündüzün birbiri ardınca gelip gidişinde akliselim sahipleri için gerçekten açık ibretler vardır. Onlar, ayakta dururken, otururken, yanları üzerine yatarken (her vakit) Allah'ı anarlar, göklerin ve yerin yaratılışı hakkında derin derin düşünürler (ve şöyle derler:) Rabbimiz! Sen bunu boşuna yaratmadın. Seni tesbih ederiz. Bizi cehennem azabından koru!'*[845]

Göklerin ve yerin yaratılışını çokça düşünmek, bizi Allah'a kesin bir şekilde iman etmeye ve Allah'ın bu şaşırtıcı âyetler topluluğunu hedefsiz ve amaçsız yaratmadığına inanmaya götürür. Dolayısıyla Allah'ın yarattığı mahlûklardan her biri, O'nun birliğine tanıklığı ifade eder; sıfatlarının bazı

---

843 Rum 30/21.

844 *Tehzîbu Medârici's-Sâlikîn*, s. 625-626.

845 Âl-i İmrân 3/190-191.

etkileri onlarda açığa çıkar. Yüce Allah şöyle buyurmaktadır: **'Rabbinin her şeye şahit olması yetmez mi?'**[846]

Düşünmeden ve Allah'a olan imanımızı artırmada tanıklıklarını kullanmadan yanından geçtiğimiz Allah'ın âyetlerine karşı tutumumuz ne kötü!

Ölüm anında gaflet örtüsünün sıyrılmasıyla hakikati gördüğünde bu âyetlerden yüz çeviren gafil kimselerin hissettikleri ne kötüdür! **'And olsun sen bundan gaflette idin; derhal biz senin perdeni kaldırdık. Bugün artık gözün keskindir (denilir).'**[847]

İşte o zaman, Allah'ın âyetlerinden yüz çevirdiği ve onlardan ibret almadığı için düştüğü karanlıkların boyutunu anlayacaktır.

Yüce Allah şöyle buyurmaktadır: **'Göklerde ve yerde nice deliller vardır ki, onlar bu delillerden yüzlerini çevirip geçerler.'"**[848]

Vakit geçmeden önce acele edelim; Allah'ın görülen kitabındaki âyetlerini düşünmeyi artıralım ve Allah'ın sıfatlarının izlerini çıkarmaya çalışalım.

İbn Kayyim şöyle diyor: "Yaratılan, kendisini yaratanın varlığına işaret eder. O'nun varlığına, kudretine, ilmine ve dileğine, yaratışındaki sağlamlığına, güzelliğe ve en mükemmel şekillerde meydana getirmesine, onu yapanın hikmetine ve takdirine işaret eder. Ondaki iyilik ve fayda ve yaratılana

---

846 Fussilet 41/53.

847 Kâf 50/22.

848 Yusuf 12/105.

ulaşan büyük faydalar, onu yaratanın rahmetine ve varlığının ihsanına işaret eder.

Eşsizlik izleri, onu yaratanın ondan daha mükemmel olduğuna işaret eder. Çünkü eksiksizliği veren, eksiksizliği daha çok hak eder. Kulakları, gözleri ve dili yaratan; işiten, gören ve konuşan olmayı daha çok hak eder. Yaşamı var eden, kendi zatı için de bunu hak eder. Varlıklarda görülen çeşit çeşit ayrıcalıklar, ayrıcalıkları gerektiren Rabbin idaresine, dilemesine ve hikmetine işaret eden konulardır. İstenilen şekilde, sorunun ardından cevabın elde edilmesi Rabbin ilminin ayrıntıları kapsadığına işaret eder. Kulunun isteğini işitmesi, kullarının ihtiyaçlarını giderme kudreti göstermesi, onlara acıması ve merhamet etmesi ve kendisine itaat edenlere ve yaklaşanlara ihsanda ve ikramda bulunup derecelerini yükseltmesi, O'nun sevgisi ve rızasına işaret eder.

Düşünüldüğünde, bu işaretlerin tek bir tür olduğu görülür. Bu nedenle Allah, Kitabı'nda kullarını bu özelliklerle sonuç çıkarmaya çağırır. Kur'ân bu örneklerle doludur. Gözlemleyen kimse için 'Hâlık' isminin, mahlûkun kendisinden; 'Rezzâk' isminin, rızık ve rızık verilen kimsenin varlığından; 'Rahîm' isminin, dünyada yer etmiş rahmetin görülmesinden; 'Mu'tî' isminin, tek bir an bile kesmeden, bol bol verdiği rızıkların varlığından; 'Halîm' isminin, katil, asi ve iyileşemeyen kimselere olan hilminden; bu şekilde bütün güzel isimlerinin yarattıklarında ve işlerinde bir tanıklığı olduğu görülür. O'nun bildirdiği O'nu bilir; O'nun bildirmediği O'nu bilmez. Bu nedenle yaratma ve emir, O'nun isimlerinin ve sıfatlarının en büyük şahitleridir."[849]

---

849 *Tehzîbu Medârici's-Sâlikîn*, s. 624.

Güzel isimlerin etkisi hakkında düşünmenin anahtarı Kur'ân'dır; onun ardından sahih sünnet gelir.

Dr. Ömer el-Aşkar şöyle diyor: "Yüce Allah'ı tanımaya götüren en güvenilir yol, bize açıkladığı vahiy yoludur. Bu ilim, en büyük tecellidir. Bu yol, sonuçları güvenilir, aydınlatılmış bir yoldur. Çünkü bu yolun kaynağı, her şeyi bilen ve her şeyden haberdar olan Allah ile O'nun yüce elçisidir.

Allah'tan daha çok bilen bir kimse olmadığı gibi, Allah'ın yarattıkları arasında da Rasûlullah *sallallahu aleyhi ve sellem*'den daha çok bilen bir kimse yoktur."[850]

Bu konuda düşünmemiz için izleyebileceğimiz iki yol vardır:

1. Birçok âyette görülen sıfatlarının izleri hakkında düşünmek.

2. Tek bir âyetteki sıfatlarının izleri hakkında düşünmek.

Kur'ân, her iki yola da işaret eden âyetlerle doludur.

Birçok ilahî sıfattan birine, âyetler ve çıkarımlar yoluyla bakalım. Yüce Allah şöyle buyurmaktadır: *"Allah, her canlıyı sudan yarattı. İşte bunlardan kimi karnı üstünde sürünür, kimi iki ayağı üstünde yürür, kimi dört ayağı üstünde yürür... Allah dilediğini yaratır; şüphesiz Allah her şeye kadirdir."*[851]

Âyet, 'Kadir' sıfatının birçok izine işaret etmektedir.

"Gaybın anahtarları Allah'ın yanındadır; onları O'ndan başkası bilmez. O, karada ve denizde ne varsa

850 *Esmâullahi ve Sıfâtuhu fî Mu'tekadi Ehli's-Sünne ve'l-Cemâa*, s. 15.
851 Nur 24/45.

bilir; O'nun ilmi dışında bir yaprak bile düşmez. O, yerin karanlıkları içindeki tek bir taneyi dahi bilir. Yaş ve kuru ne varsa hepsi apaçık bir kitaptadır."[852]

Burada da 'Âlim' sıfatına ait birçok işaret vardır.

"And olsun biz insanı, çamurdan (süzülüp çıkarılmış) bir özden yarattık. Sonra onu sağlam bir karargâhta nutfe hâline getirdik. Sonra nutfeyi alaka (aşılanmış yumurta) yaptık. Peşinden, alakayı, bir parçacık et hâline soktuk; bu bir parçacık eti kemiklere (iskelete) çevirdik; bu kemikleri etle kapladık. Sonra onu başka bir yaratışla insan hâline getirdik. Yapıp yaratanların en güzeli olan Allah pek yücedir."[853]

İkinci yola gelince; bu, Allah'ın görülen âyetlerinden biri hakkındaki isim ve sıfatların izlerini düşünme yoluyla öğrenmektir ki, bunun örneği şu âyettir:

"İnsan, yediğine bir baksın! Şöyle ki: Yağmurlar yağdırdık. Sonra toprağı göz göz yardık da oradan ekinler, üzüm bağları, sebzeler, zeytin ve hurma ağaçları, iri ve sık ağaçlı bahçeler, meyveler ve çayırlar bitirdik. (Bütün bunlar) sizi ve hayvanlarınızı yararlandırmak içindir."[854]

Burada, yediğimiz yemeğe bakmamız ve bize bu yemeği varlığı yoluyla kolaylaştıran Allah'ın sıfatlarındaki izler üzerinde düşünmemiz gerekir. Böylece, burada 'el-Hayy,

---

852 En'âm 6/59.
853 Mü'minûn 23/12-14.
854 Abese 80/24-32.

el-Kayyûm, el-Muhît, el-Kadîr, el-Bedî, el-Latîf' sıfatlarının izlerini görebiliriz.

Yüce Allah şöyle buyurmaktadır: *"Gökten suyu indiren O'dur. Ondan hem size içecek vardır hem de hayvanlarınızı otlatacağınız bitkiler. (Allah) su sayesinde sizin için ekinler, zeytinler, hurmalar, üzümler ve diğer meyvelerin hepsinden bitirir. İşte bunlarda düşünen bir toplum için büyük bir ibret vardır."*[855]

Burada da su ve Allah'ın onda birçok kimseye gösterdiği sıfatlar üzerinde düşünmemiz gerekir.

Yüce Allah şöyle buyurmaktadır: *"Kuşkusuz sizin için hayvanlarda da büyük bir ibret vardır. Zira size, onların karınlarındaki fışkı ile kan arasından (gelen), içenlerin boğazından kolayca geçen hâlis bir süt içiriyoruz."*[856]

Süt de Allah'ın güzel isimlerinin birçoğunu gösteren büyük bir âyettir.

Bal da öyle...

Yüce Allah şöyle buyurmaktadır: *"Rabbin, bal arısına 'Dağlardan, ağaçlardan ve insanların yaptıkları çardaklardan kendine evler (kovanlar) edin. Sonra meyvelerin her birinden ye ve Rabbinin sana kolaylaştırdığı yaylım yollarına gir' diye ilham etti. Onların karınlarından renkleri çeşitli bir şerbet (bal) çıkar ki, onda*

---

855   Nahl 16/10-11.

856   Nahl 16/66.

insanlar için şifa vardır. Elbette bunda düşünen bir kavim için büyük bir ibret vardır."[857]

Bu iki yolla düşünme sayesinde, Allah'ın yaratıklarındaki güzel isimlerinin izlerini sayabiliriz. Su, hava, yemek, ağaç, rüzgâr gibi âyetlerden birine bakalım. Sonra da bu âyetin gösterdiği Allah'ın sıfatlarının izlerini sayalım.

Buna karşılık, sıfatlardan birini ve onun kâinattaki izlerini düşünelim. Mesela; eğer 'Kahhâr' sıfatı üzerinde düşünecek olursak, onun izlerinin, uyku, hastalık ve ölümde vs. olduğunu görürüz.

Kur'ân, her ikisini de şu âyette bir araya getirmiştir: *"İnsanlara ufuklarda ve kendi nefislerinde âyetlerimizi göstereceğiz ki onun (Kur'ân'ın) gerçek olduğu onlara iyice belli olsun. Rabbinin her şeye şahit olması yetmez mi?"*[858]

Böylelikle âyetlerden O'nun varlığına delil çıkarabilir, âyetlerindeki sıfatları ve isimlerinin izlerini öğrenebiliriz.

Korunması Gerekenler

Bu alan üzerinde düşünmekle birlikte, benzetme, inkâr ya da te'vil gibi bir şüpheye düşmememiz için isimler ve sıfatlar hakkında Ehl-i Sünnet ve'l-Cemaat'in inancını korumamız gerekir.

Dr. Ömer el-Aşkar şöyle diyor: "İbn Teymiyye, bu konuda selef-i salihinin yolunu şu sözüyle özetlemiştir: Sıfatlar

---

857 Nahl 16/68-69.

858 Fussilet 41/53.

konusundaki esas, Allah'ın zatını nitelediği şekilde ve Allah Rasûlü'nün olumlu ya da olumsuz olarak nitelediği şeyle nitelemektir.

Ümmetin selefinin ve imamlarının yolunun, herhangi bir temsil, tahrif, inkâr ya da şekillendirme yapmaksızın sıfatları ispat etme olduğu bilinmektedir."[859]

Âlimlerin bu konuda yazmış olduğu kitaplardan birini incelemek daha iyidir. Muhammed b. Muhammed b. Ebi'l-İzz el-Hanefî'nin, *Şerhu'l-Akîdeti't-Tahâviyye*, Ömer el-Aşkar'ın, *Esmâullah ve Sıfâtihî fî Mu'tekadi Ehli's-Sünne ve'l-Cemâa ve el-Akîde fillah* kitapları ile Hasan el-Bennâ'nın *Risâletu'l-Akâid* adlı eseri gibi.

Bu konuda yine korunması gereken önemli şeylerden biri de Allah'ın ilahî zatı hakkında araştırmayı terk etmektir. Rasûlullah *sallallahu aleyhi ve sellem*, Allah'ın zâtı hakkında düşünmeyi yasaklamış, Allah'ın yarattıkları hakkında düşünmeyi emretmiştir. İbn Ömer *radıyallahu anh*'dan rivayet edildiğine göre, Rasûlullah *sallallahu aleyhi ve sellem* şöyle buyurmuştur: ***"Allah'ın nimetleri hakkında düşünün; Allah('ın zâtı) hakkında düşünmeyin!"***[860]

Rasûlullah *sallallahu aleyhi ve sellem* bu konuda şeytanın vesveselerini uzaklaştırma yolunu da açıklamıştır. O, şöyle buyurmuştur: ***"Şüphesiz şeytan sizden birine gelip 'Gökyüzünü kim yarattı?' diye sorar. O, 'Allah!' der. Şeytan 'Yeryüzünü kim yarattı?' diye sorar. 'Allah' der. Ardından 'Allah'ı kim yarattı?' diye sorar. Sizden biri bunu***

859   *el-Akîde fillah*, s. 252. (*Mecmûu'l-Fetâvâ*, II, 300'den iktibasla)

860   Taberânî, *el-Mu'cemu'l-Evsat*, VI, 250. Hadis hasendir. Bk. Elbânî, *Sahîhu'l-Câmii's-Sagîr*, no: 2975.

hissettiğinde 'Allah'a ve peygamberlerine inandım' desin.[861]

Ebu Hureyre *radıyallahu anh*'dan rivayet edildiğine göre, Peygamber *sallallahu aleyhi ve sellem* şöyle buyurmuştur: **"Şeytan sizden birine gelir ve 'Şunu böyle kim yarattı? Şunu böyle kim yarattı?' diye sorar. En sonunda 'Rabbini kim yarattı?' der. Şeytanın vesvesesi Rabbine ulaşınca, o kişi hemen Allah'a sığınsın ve vesveseye son versin."**[862]

Bu hadis, bu tür vesveselerden kurtulmanın ve zihne gelen bu tür düşüncelerden uzaklaşmanın şeytandan Allah'a sığınmakla ve başka bir şeyle meşgul olmakla yok edileceği konusunda önemli bir vasıtaya işaret ediyor.

Yine bu vesveselerden kurtulma yollarından biri de şu hadiste anlatılmaktadır: **"İnsanlar sizlere (ilimden) sormaya devam ederken, içlerinden biri şöyle der: 'Allah herşeyi yarattı, peki Allah'ı kim yarattı?' Bunu söyledikleri zaman siz 'Allah birdir, Allah sameddir (ne bir yaratıcıya ne de başka bir şeye muhtaçtır), doğurmadı, doğurulmadı da. O'nun bir dengi de yoktur' deyin. Sonra da solunuza üç kere tükürüp istiâze ile şeytandan Allah'a sığının."**[863]

---

861   Taberânî, *el-Mu'cemu'l-Kebîr*, IV, 85. Elbânî hadisi sahih kabul etmiştir. Bk. *Sahîhu'l-Câmii's-Sagîr*, no: 1656, *Silsiletu'l-Ehâdîsi's-Sahîha*, no: 116.

862   Buhârî, Bed'u'l-Halk 11; Müslim, Îmân 214.

863   Ebu Davud, Sünne 19. Hadis hasendir. Bk. Elbânî, *Sahîhu'l-Câmii's-Sagîr*, no: 8182, *Silsiletu'l-Ehâdîsi's-Sahîha*, no: 118.

Kuşkusuz şeytan hiçbirimiz için iyilik dilemez; bu nedenle Allah'ın ve Rasûlü'nün göstermiş olduğu silahlarla onunla savaşmamız ve onu zorlamamız gerekir.

Bu konudaki sözlere son vermeden önce, İbn Kayyim'in, Allah'ın güzel isimlerinin izleri hakkında düşünmenin önemine dikkat çeken sözlerini nakledelim. O, şöyle diyor: "Allah'a isimleri ve sıfatları yoluyla ulaşmak şaşırtıcı bir durumdur. Yorulmadan ve çalışmadan, vatanından uzaklaşmadan, evinden kaçmadan, yatağına uzanmışken onu mutluluğa götürür: *'Sen dağları görürsün de onları yerinde durur sanırsın. Oysa onlar bulutların yürümesi gibi yürümektedirler.'*[864]

Zengin olduğu hâlde, mekânını terk edip gece-gündüz gezen kimsede şaşılacak bir şey yoktur; şaşırtıcı olan, üzerinde yolculuk izi olmayıp oturduğu hâlde merhaleleri ve çölleri aşan kimsedir.

Durumlarını ve isteklerini, isimlerden ve sıfatlardan alan kimse ile onları resimlerden, kavramlardan, konulardan ya da sadece zevki ve aşkından alan kimse arasında dağlar kadar fark vardır."[865]

Üçüncü Alan: Kâinatın Kulluğu ve Onunla Meydana Gelen Etkileşim Hakkında Düşünmek

İçinde yaşadığımız kâinat, Hâlid Ebu'l-Futûh'un dediği gibi, "Allah"ı tesbih eden bir varlıktır. Gökleri, yeri, toprakları, denizi, dağları ve vadileri, canlıları ve cansızları, insanı ve ciniyle Allah'ı tesbih etmektedir. *"Yedi gök, yer ve bunlarda*

864 Neml 27/88.
865 Bk. *Tarîku'l-Hicreteyn*, s. 215-216.

bulunan herkes O'nu tesbih eder. O'nu övgü ile tesbih etmeyen hiçbir şey yoktur. Ne var ki siz, onların tesbihini anlamazsınız. O, halîmdir, bağışlayıcıdır."[866]

Hatta bu kâinat, gönüllü olarak Allah'a kulluk eder: *"Görmez misin ki, göklerde olanlar ve yerde olanlar, güneş, ay, yıldızlar, dağlar, ağaçlar, hayvanlar ve insanların birçoğu Allah'a secde ediyor; birçoğunun üzerine de azap hak olmuştur. Allah kimi hor ve hakir kılarsa, artık onu değerli kılacak bir kimse yoktur. Şüphesiz Allah dilediğini yapar.*"[867]

Muhammed *sallallahu aleyhi ve sellem*'in Allah'ın elçisi olduğuna inanan Müslüman, bu kâinatta yalnız olmadığına inanır. Rasûlullah *sallallahu aleyhi ve sellem* şöyle buyurmuştur: *"Şüphesiz gökyüzü ile yeryüzü arasında, isyankâr cinler ve insanlar dışında benim Allah'ın elçisi olduğumu bilmeyen hiçbir şey yoktur.*"[868]

Kâinat, Yüce Allah'ın birliğini tanır ve ona şirk koşulmasından hoşlanmaz: *"'Rahmân çocuk edindi' dediler. Hakikaten siz, pek çirkin bir şey ortaya attınız. Bundan dolayı, neredeyse gökler çatlayacak, yer yarılacak, dağlar yıkılıp düşecektir! Rahmân'a çocuk isnadında bulunmaları yüzünden.*"[869] Dağlar, Kur'ân'ın etkisine hazırlanmıştır: *"Eğer biz bu Kur'ân'ı bir dağa indirseydik, muhakkak ki onu, Allah korkusundan baş eğerek, parça*

---

866 İsrâ 17/44.

867 Hac 22/8.

868 Ahmed b. Hanbel, III, 310. Şuayb el-Arnaûd hadisin "sahih li-ğayrihî" olduğunu söylemiştir.

869 Meryem 19/88-91.

parça olmuş görürdün."[870] Taşlarda, birçok katı kalpli insanın aksine Allah korkusunun izi görülür: *"Çünkü taşlardan öylesi var ki, içinden ırmaklar kaynar. Öylesi de var ki, çatlar da ondan su fışkırır. Taşlardan bir kısmı da Allah korkusuyla yukardan aşağı yuvarlanır."*[871] Hatta bazı dağlar ve kuşlar, Allah'ın peygamberlerinden birine ibadetinde eşlik etmiştir: *"And olsun, Davud'a tarafımızdan bir üstünlük verdik. 'Ey dağlar ve kuşlar! Onunla beraber tesbih edin' dedik."*[872] *"Doğrusu biz akşam-sabah onunla beraber tesbih eden dağları, toplu hâlde kuşları onun emri altına vermiştik."*[873] Bu etkileşim her muvahhid Müslümanla birlikte gerçekleşir. Rasûlullah *sallallahu aleyhi ve sellem* şöyle buyurmuştur: *"Herhangi bir mülebbi (lebbeyk zikrini okuyan) 'lebbeyk' zikrini okuduğu zaman onun sağında ve solunda bulunan taş, ağaç ve kerpiç de 'lebbeyk' diye zikreder.* (Ardından Rasûlullah *sallallahu aleyhi ve sellem* doğuya ve batıya işaret ederek şöyle buyurmuştur:) *Yeryüzü küresi şuradan ve şuradan bitinceye kadar (bulunan bu maddeler lebbeyk diye zikrederler.)*"[874]

Bundan dolayı Müslümanın hac ibadetindeki hareketlerinin en küçüğünden en büyüğüne kadar kâinatla birlikte uyum içinde olmasında şaşılacak bir şey yoktur. Onun tavaf anında Kâbe etrafında dönmesi, -şekil ve yön itibariyle-elektronların bir atomdaki çekirdek etrafında ve yıldızların

870 Haşr 59/21.

871 Bakara 2/74.

872 Sebe 34/10.

873 Sâd 38/18-19.

874 Tirmizî, Hac 14; İbn Mâce, Menâsik 15.

galaksideki gezegenler etrafında dönmesi gibidir. Tavaf ve sa'y sayısı, gökyüzü ve yeryüzünün sayısı oranındadır, yedidir.

Müslüman, kâinattaki canlı ve cansızlara karşı bir sevgi hisseder. Ebu Zerr *radıyallahu anh*'dan rivayet edildiğine göre, Rasûlullah *sallallahu aleyhi ve sellem* şöyle buyurmuştur: *"Hiçbir Arap atı yoktur ki her seher vakti onlara iki defa şu şekilde dua etmesine izin verilmesin: 'Allah'ım! Beni Âdemoğullarından filan kimsenin emrine emanet kıldın, ona verdin. Allah'ım! Beni bu kimsenin ehlinin ve malının en sevimlisi kıl!"*[875] Canlı ve cansız varlıklar, kişinin hayrı hissetmesine ve kötülükten uzak durmasına yardımcı olur. Ebu Hureyre *radıyallahu anh*'dan rivayet edildiğine göre, Rasûlullah *sallallahu aleyhi ve sellem* şöyle buyurmuştur: *"Horozun öttüğünü işittiğiniz vakit Allah'dan ihsanını isteyin. Çünkü o, bir melek görmüştür. Eşeğin anırmasını işittiğiniz vakit de şeytandan Allah'a sığının! Çünkü o, bir şeytan görmüştür."*[876] Canlı-cansız varlıklar onun için istiğfar ederler. Ebu'd-Derdâ *radıyallahu anh*'ın şöyle dediği rivayet edilmiştir: Rasûlullah *sallallahu aleyhi ve sellem*'in şöyle buyurduğunu işittim: *"Bir âlim için göktekiler ve yerdekiler hatta denizdeki balıklar bile onun bağışlanması için Allah'a yalvarırlar."*[877]

Müslüman, kıyametin gerçekleşeceğine sadece kendisinin inanmadığını hisseder. Bütün kâinatın onunla birlikte kıyameti gözetlediğini ve titreyen bir kul gibi endişelendiğini bilir. Ebu

---

875 Ahmed b. Hanbel, V, 171. Hadis sahihtir. Bk. Elbânî, *Sahîhu'l-Câmii's-Sagîr*, no: 2414.

876 Buhârî, Bed'u'l-Halk 15; Müslim, Zikr 82.

877 Tirmizî, İlm 19. Hadis sahihtir. Bk. Elbânî, *Sahîhu Süneni't-Tirmizî*, no: 2159.

Hureyre *radıyallahu anh*'dan rivayet edildiğine göre, Rasûlullah *sallallahu aleyhi ve sellem* şöyle buyurmuştur: *"İnsanlar ve cinlerden başka hiçbir canlı yoktur ki kıyamet(in kopmasın)dan korkarak Cuma günü sabah olunca güneş doğuncaya kadar kulak kabartır olmasın."*[878] *"Kıyamet o günde (yani Cuma gününde) kopacaktır. Yüce makama erişen melekler, gök, yer, rüzgârlar, dağlar ve deniz Cuma gününden korkarlar. (Anılan varlıklardan) bu günden korkmayan tek bir ferd yoktur."*[879]

Tüm Kâinatla Birlikte Hissedilen Ortak Duygular

Müslümandaki sevgi ve nefret, dostluk ve düşmanlık duyguları, onunla bütün kâinat arasındaki karşılıklı duygu ve ilişkilerden kaynaklanır.

Bu nedenle gökyüzü ve yeryüzü, kâfirlerin ve azgınların (tağutların) ölümüne ağlamazlar: *"Gök ve yer onların ardından ağlamadı."*[880] Bunun aksine, yeryüzünde namaz kıldığı yerler ve amelinin göğe yükseldiği yerler, -Ali *radıyallahu anh* ve İbn Abbâs *radıyallahu anh*'tan rivayet edilen hadislerde geçtiği üzere- mü'min için ağlarlar.[881]

Müslüman, bir dağa karşı da sevgi alışverişinde bulunur. Enes *radıyallahu anh*'ın şöyle dediği rivayet edilmiştir: Rasûlullah *sallallahu aleyhi ve sellem*, Uhud'a baktı ve

---

878 Ahmed b. Hanbel, II, 486. Hadis sahihtir. Bk. Elbânî, *İrvâu'l-Galîl,* no: 773.

879 İbn Mâce, İkâmetu's-Salât 79; Ahmed b. Hanbel, III, 430. Hadis hasendir. Bk. Elbânî, *Mişkâtu'l-Mesâbîh,* no: 1363.

880 Duhân 44/29.

881 Bk. Taberî, *Câmiu'l-Beyân,* Duhân sûresi 29. âyetinin tefsiri.

"Kuşkusuz Uhud (dağı) bizi sever, biz de onu severiz" buyurdu.[882] Bu sevgi, sevenin sevdiği şeyi rahatsız etmemesini gerektirir. Katâde'nin, Enes b. Mâlik *radıyallahu anh*'dan rivayet ettiğine göre, Peygamber *sallallahu aleyhi ve sellem* Uhud'a tırmandı. Beraberinde Ebu Bekir, Ömer ve Osman da vardı. Dağ onları salladı. Bunun üzerine Rasûlullah *sallallahu aleyhi ve sellem* *"Uhud, dur! Üzerinde bir peygamber, bir sıddîk, iki de şehid var!"* buyurdu.[883]

Taşlar ve ağaçlar, tevhid ehlini destekler, onlara yardım eder. Ebu Hureyre *radıyallahu anh*'dan rivayet edildiğine göre, Rasûlullah *sallallahu aleyhi ve sellem* şöyle buyurmuştur: *"Müslümanlarla Yahudiler savaşmadıkça kıyamet kopmayacaktır. Müslümanlar onları öldürecektir. Hatta Yahudi taşın ve ağacın arkasına saklanacak, taş veya ağaç da 'Ey Müslüman, ey Allah'ın kulu, şu arkamdaki Yahudidir. Hemen gel de onu öldür!' diyecektir. Yalnız Garkad ağacı müstesnadır. Çünkü o, Yahudilerin ağaçlarındandır."*[884] Taş veya ağaçlar, dinin esasına yardım ederler.

Müslüman, hilâle bakar ve onunla ortak ilişkisini görür: *"Ey hilâl! Benim de Rabbim, senin de Rabbin Allah'tır..."*[885] Müslümana, rüzgâra lanet etmesi yasaklanmıştır. İbn Abbâs *radıyallahu anh*'dan rivayet edildiğine göre, bir kişi, Rasûlullah *sallallahu aleyhi ve sellem*'in yanında iken rüzgâra lanet etti. Bunun üzerine Peygamber *sallallahu aleyhi*

---

882 Buhârî, Megâzî 28; Müslim, Hac 504.

883 Buhârî, Fezâilu's-Sahâbe 5.

884 Buhârî, Cihâd 94; Müslim, Fiten 82.

885 Tirmizî, Daavât 51; Ahmed b. Hanbel, I, 162. Hadis sahihtir. Bk. Elbânî, *Silsiletu'l-Ehâdîsi's-Sahîha*, no: 1816. hadisi sahih kabul eder.

ÖNCE İMAN

ve sellem **"Rüzgâra lanet etmeyin. Çünkü o görevlidir"**
buyurdu.[886]

Müslüman, Halilu'r-Rahmân İbrahim *aleyhisselâm*'ın
eski düşmanı alaca kelerleri unutmaz. Onun gösterdiği
düşmanlığın benzerini ona karşı gösterir. Âişe *radıyallahu
anhâ*'nın şöyle dediği rivayet edilmiştir: "Rasûlullah *sallal-
lahu aleyhi ve sellem* bize, İbrahim *aleyhisselâm*'ın ateşe
atıldığında, yeryüzündeki bütün hayvanların o ateşi sön-
dürmeye çalıştıklarını fakat alaca kelerlerin ateşi canlandır-
mak için üfürdüğünü anlattı. Ardından Rasûlullah *sallalla-
hu aleyhi ve sellem* bize alaca keleri öldürmeyi emretti."[887]
Diğer hayvanlar, Rabbine tesbihte ve tevhide davetinde
Müslümanla birliktedir; Müslümanın da bunları öldürmesi
yasaklanmıştır. İbn Abbâs *radıyallahu anh*'ın şöyle dediği
rivayet edilmiştir: "Rasûlullah *sallallahu aleyhi ve sellem* şu
dört hayvanı öldürmeyi yasakladı: Karınca, bal arısı, çavuş
kuşu (hüdhüd) ve göçegen kuşu."[888] Ebu Hureyre *radıyal-
lahu anh*'dan rivayet edildiğine göre, Rasûlullah *sallallahu
aleyhi ve sellem* şöyle buyurmuştur: **"Bir karınca, pey-
gamberlerden birini ısırınca, o da karınca yuvasının
yakılmasını emretti. Bunun üzerine ona 'Seni bir ka-
rınca ısırdı diye ümmetlerden tesbihte bulunan bir
ümmeti helâk mi ettin?' diye vahyedildi."[889]** Abdullah
b. Amr *radıyallahu anh*'ın şöyle dediği rivayet edilmiştir:

886 Ebu Davud, Edeb 53; Tirmizî, Birr 48. Hadis sahihtir. Bk. Elbânî, *Silsiletu'l-
Ehâdîsi's-Sahîha*, no: 528.

887 İbn Mâce, Sayd 12; Ahmed b. Hanbel, VI, 83, 109, 217. Hadis sahihtir. Bk.
Elbânî, *Silsiletu'l-Ehâdîsi's-Sahîha*, no: 1581.

888 Ebu Davud, Edeb 176; İbn Mace, Sayd 10; Ahmed b. Hanbel, I, 322, 347.
Ahmed Muhammed Şâkir, *Müsned*'e yaptığı ta'likte hadisi sahih kabul
etmiştir.

889 Müslim, Selâm 148.

"Rasûlullah *sallallahu aleyhi ve sellem*, kurbağanın öldürülmesini yasakladı ve **'Şüphesiz onun vıraklaması, tesbihtir'**[890] buyurdu.[891]

Kâinattaki Kulluk Birliği

"Bu kâinatın bölümlerindeki kulluk birliği ve tekâmül, düşünen kimsenin, bu gürültülü oyun sahnesinden kurtulup sessiz ve sakin bir şekilde gözünün önüne getirdiğinde görebileceği bir gerçektir.

Bütün yeryüzüne, otlara ve canlılara dağıldığından bu kulluğa vesveseler karışmaz. Kur'ân dikkatini ona çeker: **'Bitkiler ve ağaçlar secde ederler.'**[892] Taberî der ki: Âyette 'necm' kelimesiyle kastedilen, yeryüzünde yetişen her şey; 'şecer' ile kastedilen ise, bir gövde üzerinde duran her şeydir.

Bu, gafleti arttığında, kendisine bir hatırlatma olması için mü'minin daima gördüğü bir manzaradır. Onun gönülden secde etmesi ve Allah'tan razı olması için ısrar eder. Bununla bedeninin secdesi anlam kazanır, tamamlanır.

Mü'min, yalnız kalmaktan ne zaman samimi olarak tat alabilir?

Mü'min, yalnız kaldığı zamanlarda renkli çiçeklerle kuşanmış bu yeşil secdeleri gözleme tadını samimi olarak ne zaman

---

890 Taberânî, *el-Mu'cemu'l-Evsat*, IV, 104. Hadis sahihtir. Bk. Elbânî, *Sahîhu'l-Câmii's-Sagîr*, no: 7390.

891 *Mecelletu'l-Beyân*, sayı: 149. Hâlid Ebu'l-Futûh'un, "Tevhîdu'l-Meşâir alâkatun Mümteddetün" başlıklı makalesi, s. 26-30.

892 Rahmân 55/6.

hissedecek? Kalbinin yeryüzüne inip onları taklit ederek bu hazinelere değmesi için nefsi ne zaman izin verecek?"[893]

"Suyun aktığı yeşil vadiyi iste

Çöller ve sapasağlam dağlar sayıklıyor

Verimli bahçeyi iste, çiçekleri ve cömertliği

Geceyi ve sabahı, şakıyan kuşları iste

Bu rüzgârları, yeryüzünü ve gökyüzünü iste

Şükrettiğini işittiğin her şeyi iste."

Bütün varlıklar Allah'a şükrederek tesbih etti, böylece kâinat O'nun hamdiyle doldu... Birlikte ya da tek tek bitkiler, eski ya da yeni ağaçlar O'nu tesbih ederler. Kuşlar O'nu ağaç dallarında yüceltir, kulaklarda O'nun övgüsü çınlar. Hiçbir hayvan, küçük ağaç, su şırıltısı, kuş şakıması, gölge, rüzgâr sesi, yıldırım sesi yoktur ki, Allah'ı tekrar tekrar yüceltiyor olmasın: ***"Her biri kendi duasını ve tesbihini (öğrenmiş) bilmiştir."***[894]

"Kuşların şakıması O'nu tesbih eder

Ağaç altındaki gölge O'nu tesbih eder

Otlaklar arasındaki pınar O'nu tesbih eder

En güzel çiçekler sürekli O'nu tesbih eder

Dallar arasındaki nur O'nu tesbih eder

---

893   Muhammed Ahmed er-Râşid, *er-Rekâik*, s. 38-48.
894   Nur 24/41.

Akşamın karanlığı, ayın ışığı da."[895]

Kâinatla etkileşim içinde olmaya çalışalım; bizimle birlikte tesbihini hissedelim. Buna devam etmek, bizimle onun arasındaki ilişkiyi adım adım geliştirecektir.

Mâlik Bedrî diyor ki: "Düşünen kimse, kâinatın tesbihini anlayamasa da şüphe duymayacak derecede onu hisseder. Bütün mahlûkatın tesbihiyle birlikte, kendi tesbihini de artırır. Bu duygu, düşünmeye devam etmekle birlikte, bu dünyadaki nimetlerden hiçbirine benzemeyen duygusal ve işitsel zirvelere ulaşıncaya, mutluluk ve tat duyguları alıncaya kadar devam eder ve artar..."[896]

Dördüncü Alan: Nimetler Üzerinde Düşünmek ve Onları Saymaya Çalışmak

Yüce Allah şöyle buyurmaktadır: ***"Ey insanlar! Allah'ın size olan nimetini hatırlayın; Allah'tan başka size gökten ve yerden rızık verecek bir yaratıcı var mı? O'ndan başka ilah yoktur. Nasıl oluyor da (tevhidden küfre) çevriliyorsunuz!"***[897]

Allah, kesin sonuca ulaşmaları için, insanlardan kendilerine verilen nimetleri hatırlamalarını ister ki, bu sonuç şudur: Göklerden ve yeryüzünden onları rızıklandıran Allah'tan başka bir yaratıcı yoktur.

Bu gerçek zihinlerde yer ettiğinde, bundan sonra insanların bu gerçeğin gereklerini yerine getirmeleri kolaylaşır.

---

895 *Mevâridu'z-Zam'ân*, s. 84-86.

896 Bk. *et-Tefekkür mine'l-Müşâhede ile'ş-Şuhûd.*

897 Fâtır 35/3.

Bu, Allah'ın nimetlerini hatırlamamızı isteyen Kur'ân'da tekrarlanan bir çağrıdır. Belki O'nun üzerimizdeki yüce ihsanını hissederiz de bu da bizi sürekli olarak O'na şükretmek için çalışmaya iter.

Şüphesiz zikir meclisleri, dünya ve ahiretteki kurtuluşu isteyen kimseler için önemli bir yerdir. Hûd *aleyhisselâm*'ın kavmine söylediklerini düşün: ***"Sizi uyarmak için içinizden bir adam vasıtasıyla Rabbinizden size bir zikir (kitap) gelmesine şaştınız mı? Düşünün ki O sizi, Nuh kavminden sonra onların yerine getirdi ve yaratılışta sizi onlardan üstün kıldı. O hâlde Allah'ın nimetlerini hatırlayın ki kurtuluşa eresiniz."***[898]

Allah'ın üzerimizdeki nimetlerini düşünmemiz için, nefislerimizi ve ailemizi bu meclislere bağlamamız gerekir. Türlü türlü metotlarla onları saymaya çalışmalıyız, tâ ki onları saymaktan ümidimizi keseceğimiz aşamaya ulaşalım: ***"Allah'ın nimetini sayacak olsanız sayamazsınız. Doğrusu insan çok zalim, çok nankördür!"***[899]

Bunun tekrarlanmasıyla insan, Yüce Allah hakkındaki şiddetli hatalarını hissedebilir: ***"Siz hiçbir şey bilmezken Allah sizi annelerinizin karnından çıkardı; şükredesiniz diye size kulaklar, gözler ve kalpler verdi."***[900]

Yaratılış nimetini ve bir zamanlar yok olduğumuzu, sonra annelerimizin karınlarında hiçbir şey yapamayan varlıklar olduğumuzu, sonra bize kulak, göz ve kalp verildiği üzerinde

898   A'râf 7/69.
899   İbrahim 14/34.
900   Nahl 16/78.

düşünecek olursak, işte o zaman bu düşünce, bu nimetlere şükretmek için bizi çalışmaya itecektir.

Şüphesiz Allah'ın bizim için yarattığı her şey, karşılığı verilmesi gereken bir nimettir. Bu karşılık, şükürdür. Yüce Allah şöyle buyurmaktadır: *"Gerçek şu ki, biz insanı katışık bir nutfeden (erkek ve kadının dölünden) yarattık; onu imtihan edelim diye, kendisini işitir ve görür kıldık. Şüphesiz biz ona (doğru) yolu gösterdik. İster şükredici olsun, ister nankör."*[901]

Dolayısıyla doğru bir kulluk, şükür gerektirir: *"Hayır! Yalnız Allah'a kulluk et ve şükredenlerden ol."*[902]

Allah'ın bize verdiği -küçük, büyük- bütün nimetler, bunu gerektirir. Yüce Allah şöyle buyurmaktadır: *"Biz, büyük baş hayvanları da sizin için Allah'ın (dininin) işaretlerinden (kurban) kıldık. Onlarda sizin için hayır vardır. Şu hâlde onlar, ayakları üzerine dururken üzerlerine Allah'ın ismini anın (ve kurban edin). Yan üstü yere düştüklerinde ise, artık (canı çıktığında) onlardan hem kendiniz yiyin hem de ihtiyacını gizleyen-gizlemeyen fakirlere yedirin. İşte bu hayvanları biz, şükredesiniz diye sizin istifadenize verdik."*[903]

Hayvanların bizim faydalanmamız için verilmesi, şükredilmesi gereken bir nimettir.

Yüce Allah şöyle buyurmaktadır: *"(Bu hususta) ölü toprak onlar için mühim bir delildir. Biz ona yağmurla*

---

901 İnsan 76/2-3.

902 Zümer 39/66.

903 Hac 22/36.

hayat verdik ve ondan dane çıkardık. İşte onlar bundan yerler. Biz, yeryüzünde nice nice hurma bahçeleri, üzüm bağları yarattık ve oralarda birçok pınarlar fışkırttık. Ta ki, onların meyvelerinden ve elleriyle bunlardan imal ettiklerinden yesinler. Hâlâ şükretmeyecekler mi?"[904]

Bunlar, boyutlarını, miktarını ve değerini hissedemeyeceğimiz nimetler için birer örnektir.

Yüce Allah şöyle buyurmaktadır: *"İçinden taze et (balık) yemeniz ve takacağınız bir süs (eşyası) çıkarmanız için denizi emrinize veren O'dur. Gemilerin denizde (suları) yara yara gittiklerini de görüyorsun. (Bütün bunlar) O'nun lütfunu aramanız ve nimetine şükretmeniz içindir."*[905]

Şüphesiz Allah'ın üzerimizdeki ihsanı büyüktür; fakat biz O'nun nimetlerini unuttuğumuzdan dolayı bunu hissetmiyoruz: *"Şüphesiz Allah insanlara karşı lütuf sahibidir. Fakat onların çoğu şükretmez."*[906]

Kendimizle baş başa kaldığımızda ve türlü türlü nimetleri saymaya kalkıştığımızda bizden istenen şükrün boyutunu belirleyemeyiz. Bu nimetleri sayma işi ne kadar hassas olursa, faydası o kadar büyük olur. Bunun için tamamladığımız her oturumdan sonra bunları yazmak, istenen etkinin meydana gelmesi için onlara dönüp tekrar bakmamızı kolaylaştıracaktır.

---

904 Yâsîn 36/33-35.

905 Nahl 16/14.

906 Yunus 10/60.

Bu tür oturumlarda, tesbih, şükür ve istiğfarı çoğaltmamız ve bunun sayesinde düşünce ve ona uygun zikri ilişkilendirmemiz gerekir.

Beşinci Alan: Nimetlerin Olmadığı Bir Hayat Üzerinde Düşünmek

Şüphesiz insana nimetlerin sürekli olarak veriliyor ve bunların değişmiyor olması, onun nimet vereni unutmasına neden oluyor. Fakat insan, bazı nimetler çekilip çıkarıldığında karşılaşacağı hayat üzerinde düşünecek olduğunda, kuşkusuz bu durum onun, üzerindeki nimetler nedeniyle Allah'ı yüceltmesine, nimetlere şükür için çalışmasına ve bu nimetlerin kendisinden alınacağı korkusunu sürekli hissedip tevbe etmesine sebep olacaktır.

Sürekli olarak kullarına verdiği nimetlerin boyutlarını onlara hatırlatması, Allah'ın rahmetindendir. Onlardan bazılarını, sağlığın değerini anlamaları ve Rablerine olan kulluklarını ve itaatlerini artırmaları için bedenin çeşitli yerlerindeki hastalıklarla imtihan eder.

Yüce Allah şöyle buyurmaktadır: ***"Onlar, her yıl bir veya iki kez (çeşitli belalarla) imtihan edildiklerini görmüyorlar mı? Sonra da ne tevbe ediyorlar ne de ibret alıyorlar."***[907]

O hâlde bu konuyu sürekli olarak düşünmeli; görme, konuşma, işitme, yürüme ya da düşünme nimetinin olmadığı bir hayatı gözlerimizin önüne getirmeliyiz.

---

907   Tevbe 9/126.

Kalp, ciğer, akciğer ve böbrek gibi organların vazifelerinde eksiklikler meydana gelseydi, hayat nasıl olurdu, düşün! Bağışıklık, emme, boşaltım sistemi gibi farklı sistemlerde benzerini düşün!

Sahip olduğumuz sağlığın değerini anlamamız için başımıza gelen hastalıkların boyutları üzerinde düşünelim.

Kur'ân, Allah'ın üzerimizdeki nimetlerini hatırlatan âyetlerle doludur; bizden onların olmadığı bir hayatı gözlerimizin önünde canlandırmamızı ister.

Yüce Allah şöyle buyurmaktadır: ***"Ya içtiğiniz suya ne dersiniz? Buluttan onu siz mi indirdiniz, yoksa indiren biz miyiz? Dileseydik onu tuzlu yapardık. Şükretmeniz gerekmez mi?"***[908]

Soğuk suyun olmadığı bir hayatı düşünelim; nasıl olurdu acaba?

"De ki: Suyunuz çekiliverse, söyleyin bakalım, size kim bir akar su getirebilir?"[909]

Güneşin kaybolmadığı, gecenin gelmediği bir gün düşünelim!

"De ki: Düşündünüz mü hiç, eğer Allah üzerinizde geceyi ta kıyamet gününe kadar aralıksız devam ettirse, Allah'tan başka size bir ışık getirecek ilah kimdir? Hâlâ işitmeyecek misiniz? De ki: Söyleyin bakalım, eğer Allah üzerinizde gündüzü ta kıyamet gününe kadar aralıksız devam ettirse, Allah'tan başka, istirahat

---

908 Vâkıa 56/68-70.

909 Mülk 67/30.

edeceğiniz geceyi size getirecek ilah kimdir? Hâlâ görmeyecek misiniz? Rahmetinden ötürü Allah, geceyi ve gündüzü yarattı ki, geceleyin dinlenesiniz, (gündüzün) O'nun fazlu kereminden (rızkınızı) arayasınız ve şükredesiniz."[910]

Şüphesiz bu tür bir oturum, her birimizin oturup nefsiyle baş başa kalması gereken en faydalı oturumdur. Bu oturumlardan birinde, -örneğin- görme nimeti ve Allah'ın bazı insanlardan çekip aldığı gibi onu çekip alması hâlinde onsuz hayatın nasıl olacağı düşünülür. Diğer bir oturumda, işitme nimeti üzerinde düşünülür. Emniyet, koruma nimeti düşünülür. Nimetlerin karşılığında olan İslâm ve hidayet nimeti düşünülür. Nimetlere ne kadar daldırıldığı ve ne kadar nimete sahip olunduğu üzerinde düşünülür.

Yüce Allah şöyle buyurmaktadır: *"De ki: Ne dersiniz; eğer Allah kulaklarınızı sağır, gözlerinizi kör eder, kalplerinizi de mühürlerse bunları size Allah'tan başka hangi ilah geri verebilir!"*[911]

Şüphesiz nimetlerin olmadığı bir hayat tarzını düşünmek, insanın ne kadar aciz ve zayıf ve Allah'ın sınırları içinde ne kadar hatalı olduğunu anlaması için önemlidir. Bunu "Lâ havle ve lâ kuvvete illa billah" ve "Lâ ilâhe illa ente sübhaneke innî küntü mine'z-zâlimîn" gibi uygun bir zikir takip etmelidir. Böylece o kimse, Allah'ın yardımıyla kalbinin bu zikirlerin anlamlarını hissettiğini ve hazır olduğunu görecektir.

910   Kasas 28/71-73.

911   En'âm 6/46.

Altıncı Alan: Geçmiş Üzerinde Düşünmek

Yüce Allah şöyle buyurmaktadır: *"Önceden siz de böyle iken Allah size lütfetti; o hâlde iyi anlayıp dinleyin. Şüphesiz Allah bütün yaptıklarınızdan haberdardır."*[912]

İnsan çoğu zaman geçmişini unutur; fakir, hasta, yolunu şaşırmış ya da günah içinde iken durumunun nasıl olduğunu unutur. Bu unutkanlık, kendisini kuşatmış olan nimetlerin boyutunu anlamamasına neden olur. İşte burada bu tür bir oturumun önemi ortaya çıkar.

Kur'ân'da bununla ilgili birçok örnek vardır.

Birçok âyette Allah, İsrailoğulları'na, kendisine dönmeleri, boyun eğmeleri, zulüm ve azgınlıklarına devam etmemeleri için onları üstün kıldığı nimetlerin boyutunu hatırlatır: *"Ey İsrailoğulları! Size verdiğim nimetimi ve sizi (bir zamanlar) cümle âleme üstün kıldığımı hatırlayın. Öyle bir günden korkun ki, o günde hiç kimse başkası için herhangi bir ödemede bulunamaz; hiç kimseden (Allah izin vermedikçe) şefaat kabul olunmaz, fidye alınmaz; onlara asla yardım da yapılmaz. Hatırlayın ki, sizi, Firavun taraftarlarından kurtardık. Çünkü onlar size azabın en kötüsünü reva görüyorlar, yeni doğan erkek çocuklarınızı kesiyorlar, (fenalık için) kızlarınızı hayatta bırakıyorlardı. Aslında o size reva görülenlerde Rabbinizden büyük bir imtihan vardı. Bir zamanlar biz sizin için denizi yardık, sizi kurtardık, Firavun'un taraftarlarını da siz bakıp dururken denizde boğduk."*[913]

---

912 Nisâ 4/94.

913 Bakara 2/47-50.

Âyetler, tutmuş oldukları zulüm ve nimetleri inkâr yolunu sürdürmemeleri için İsrailoğulları'na geçmişlerini ve yaptıklarını ve Allah'ın onlara verdiği büyük nimetleri hatırlatmaya devam eder.

Şüphesiz bu, Kur'ân'ın büyük bir yoludur; Rabbimize itaatimizi ve teslimiyetimizi artırmamız için bu yolu izlememiz gerekir: *"O'nu size gösterdiği şekilde anın. Şüphesiz siz daha önce yanlış gidenlerden idiniz."*[914]

Geçmişimizi ve daha önce nasıl apaçık bir sapıklıkta olduğumuzu hatırlamadığımız sürece hidayet nimetini hissedemeyecek ve onun değerini anlayamayacağız.

Peygamberler, kavimlerine olan çağrılarında bu metodu izlemişlerdi.

Allah, kavmine seslenen Şuayb *aleyhisselâm*'ın dilinden şöyle buyurur: *"Düşünün ki siz az idiniz de O sizi çoğalttı. Bakın ki, bozguncuların sonu nasıl olmuştur!"*[915]

Kuşkusuz geçmişi düşünmek, kalbin ihtiyacını ve Allah'a itaatini arttırır; diğer insanlara karşı gösterdiği gurur ya da böbürlenmenin izini yok eder.

Bedir savaşından sonra muhacirlere seslenen Yüce Allah'ın şu buyruğunu düşün: *"Hatırlayın ki, bir zaman siz yeryüzünde âciz tanınan az (bir toplum) idiniz; insanların sizi kapıp götürmesinden korkuyordunuz da*

---

914 Bakara 2/198.
915 A'râf 7/86.

şükredesiniz diye Allah size yer yurt verdi; yardımıyla sizi destekledi ve size temizinden rızıklar verdi."[916]

Ensar'a olan buyruğunu da düşün: *"Allah'ın size olan nimetini hatırlayın: Hani siz birbirinize düşman kişiler idiniz de O, gönüllerinizi birleştirmişti ve O'nun nimeti sayesinde kardeş kimseler olmuştunuz. Yine siz bir ateş çukurunun tam kenarında iken oradan da sizi O kurtarmıştı. İşte Allah size âyetlerini böyle açıklar ki doğru yolu bulasınız."*[917]

Ahzab günü olanları, yardımın nasıl sadece O'ndan geldiğini sahâbeye hatırlatmasını da düşün: *"Ey iman edenler! Allah'ın size olan nimetini hatırlayın; hani size ordular saldırmıştı da biz onlara karşı bir rüzgâr ve sizin görmediğiniz ordular göndermiştik. Allah ne yaptığınızı çok iyi görmekteydi. Onlar hem yukarınızdan hem aşağı tarafınızdan (vadinin üstünden ve alt yanından) üzerinize yürüdükleri zaman; gözler yıldığı, yürekler gırtlağa geldiği ve siz Allah hakkında türlü türlü şeyler düşündüğünüz zaman; işte orada iman sahipleri imtihandan geçirilmiş ve şiddetli bir sarsıntıya uğratılmışlardı."*[918]

Bu nedenle herkesin, nefsiyle baş başa kalarak, geçmişte günah peşinde koşarken ve arzularını izlerken, Allah'ın onu nasıl hidayet ve doğru yolla nimetlendirdiğini düşünmesi gerekir.

---

916 Enfâl 8/26.

917 Âl-i İmrân 3/103.

918 Ahzâb 33/9-11.

Aynı şekilde darlık, fakirlik, hastalık ve yalnızlık günlerindeki durumunu ve Allah'ın bu durumu sayılamayacak ve hesaplanamayacak nimetlerle nasıl değiştirdiğini düşünmesi gerekir.

Bu esnada, şükür ve Allah'a olan ihtiyaç anlamlarını kalbin keşfetmesi için bu oturuma uygun zikirlerde bulunmamız gerekir.

Yedinci Alan: Allah'a Muhtaç Olma Gerçeği Üzerinde Düşünmek

Bu, düşünme konularının en büyüğüdür; hatta kulluğun anahtarıdır.

Yüce Allah şöyle buyurmaktadır: *"Ey insanlar! Allah'a muhtaç olan sizsiniz. Zengin ve övülmeye layık olan ancak O'dur. Allah dilerse sizi yok eder ve yerinize yeni bir halk getirir. Bu da Allah'a güç bir şey değildir."*[919]

Allah'a olan ihtiyacımız, kişisel bir ihtiyaçtır; engeller bunu değiştirmez. Bu, hayatın bütün yönlerini kapsar. Bazıları, güçlerine dayanarak Allah'a ihtiyaçları olmadığını iddia etseler de zayıflıklarının boyutunu ve Allah'a olan ihtiyaçlarını hissedecekleri zamanları çok geçmeden yaşamaktadırlar.

Hayatı Koruma Alanı Hakkında

-Örneğin- kalbin nasıl çalıştığını düşünelim? Bir dakikada, bedenin bütün köşelerine ulaşması için kanı kaç kez pompalar? Birkaç dakika bu işi bırakacak olsa ne olur? Organlar ne hâle gelir? Beyin ne olur?

---

919 Fâtır 35/15-17.

Bu kalp, Yüce Allah bizi yarattığından beri gece-gündüz çalışıyor. Tek bir an bile dinlenmedi. Onu kim koruyor?

Böbreklerin görevini ve hayatı korumadaki canlı görevlerini düşünelim.

Zehirlerden arınmak için kanın dakikada ortalama yüz defa böbreğe gittiğini biliyor musun? Yılda bir gün hatta birkaç saat durduğunu düşün; sana ne olur? Onu bir kez daha nasıl çalıştırabilirsin?

Aynı şeyleri, beyin, sinirler, bezeler, ciğer, mide, bağırsaklar, kemikler, omurilik, kaslar gibi bedenin diğer bölümleri; bağışıklık, solunum, emme, boşaltım, üreme sistemleri, idrar, kan ve kanın iç yapısı; işitme, görme duyuları için de düşün.

Tabiî bir hayat yaşamamız için tek bir anda hepsinin birlikte çalışmasını gerektiren binlerce neden vardır.

Aynı şekilde, bu zaman boyunca varlıklarını devam ettirmeleri de gerekir.

Peki, bunları bizim için kim koruyor?

"De ki: Allah'a karşı sizi gece-gündüz kim koruyacak?" [920]

Bunu düşünelim; ihtiyacımızın boyutlarını ve Allah'a olan ihtiyacımızı anlamamız için bedenin organlarından herhangi birinin maruz kalabileceği hastalıkların çapı üzerinde de düşünelim.

---

920 Enbiyâ 21/42.

Sağlıklı bir hayatın yanı sıra, bize saldırabilecek virüs ve mikropların sayısı üzerinde düşünelim.

İnsanın yakalanabileceği korkunç hastalıkların çokluğu, bizi şu sonucu çıkarmaya itecektir: "Asıl olan hastalıktır; sağlık ise, nadiren meydana gelen bir durumdur."

Bu sonuç, gerçekle kökten bir farklılık gösterir; çünkü insanların büyük bir çoğunluğunda sağlık ve afiyet görülürken, hastalık bunun aksi yönündedir. Şüphesiz bu, Allah'ın bize ihsanı, O'nun koruması ve gözetlemesinden kaynaklanır: ***"Size koruyucular gönderir."***[921]

Allah'a duyduğumuz ne tür bir ihtiyaç O'nun için yaşamamızı gerektiriyor?

Elbette biz, O'nun korumasına ve kollamasına muhtacız. O'nun bize bahşettiği sağlık, nefeslerimiz oranında birbirini izler.

Bundan şüphe eden kimsenin, kendisine şunu sorması gerekir: Bizi kuşatan hava eksilecek olsa ne olur? Su ya da besinler yok olacak olsa ne olur?

Sağlık ve afiyeti korumak böyledir. Emniyet ve korunmanın devamına gelince; bizim bu nimeti kaybetmemizi mümkün kılan depremler, volkanlar, seller, yıldırımlar, yangınlar ve katliamların meydana gelmesi, bizim O'na, O'nun emniyetine ve korumasına duyduğumuz ihtiyacı anlamamızı sağlayacaktır.

Hidayete gelince; O'na olan ihtiyacımız daha büyüktür. Çünkü hepimiz nefsine bırakılacak olsa, tek bir an bile sabit kalamaz; sapıklık, günah ve suçlar ona ayakkabısının bağından daha yakın olacaktır.

---

921   En'âm 6/61.

Yüce Allah şöyle buyurmaktadır: **"Eğer üstünüzde Allah'ın lütuf ve merhameti olmasaydı, içinizden hiçbir kimse asla temize çıkamazdı. Fakat Allah dilediğini arındırır."**[922]

Kimse nefsine, onun arzularını yerine getirmek için yaptığı sürekli ısrarlara ve isteklere güç yetiremez. Eğer Allah'ın bize ihsanı ve rahmeti olmasaydı, bizler kuşkusuz suçlulardan ve fasıklardan olurduk.

Hıristiyanları, ineğe, güneşe ve aya tapanları düşünelim ve kendimize soralım: Bu tür çevrelerde yetişseydik ne olurdu? Babalarımızın bu putlara taptığını görseydik ne olurdu? Niçin onları Müslüman ve birer muvahhid olarak bulduk? Bu, bizim üstünlüğümüz mü? Yoksa sahip olduğumuz bir yetenek mi? Veya tamamen Yüce Allah'ın bir ihsanı mı?

Bir açıdan böyledir. Diğer açıdan, kalplerimize imanın girmesi, Allah'ın büyük bir nimetidir: **"Allah bizi doğru yola iletmeseydi kendiliğimizden doğru yolu bulacak değildik."**[923]

Bu büyük ihsanla birlikte, hak üzerinde sebat etmek ve kalbin hevâya sapmaması da O'nun bir ihsanıdır. İmanı nasıl olursa olsun, hiç kimse bir an bile olsa nefsine karşı güç yetiremez.

İbrahim *aleyhisselâm* şöyle demiyor muydu? **"Beni ve oğullarımı putlara tapmaktan uzak tut!"**[924]

---

922 Nur 24/21.

923 A'râf 7/43.

924 İbrahim 14/35.

Şuayb *aleyhisselâm* şöyle diyordu: *"Doğrusu Allah bizi ondan kurtardıktan sonra tekrar sizin dininize dönersek Allah'a karşı yalan uydurmuş oluruz. Allah dilemedikçe bizim ona (küfre) geri dönmemiz mümkün değildir."*[925]

Yusuf *aleyhisselâm* da şöyle diyordu: *"Beni Müslüman olarak öldür ve beni sâlihler arasına kat!"*[926]

İşte peygamberlerin efendisi Rasûlullah *sallallahu aleyhi ve sellem* şöyle buyuruyor:

"Ey kalpleri evirip çeviren! Kalbimi dinin üzere sabit kıl!"[927]

"Şüphesiz sen beni nefsime bırakırsan, beni zaafa, eksikliğe, günaha ve yanlışa bırakmış olursun. Ben, sadece senin rahmetine güveniyorum."[928]

Bir kimse, sabah namazını ilk safta mescidde kılıyor sonra öğle namazı vaktinde kilisede, Hıristiyanların terennümlerini telaffuz ediyor. Bütün bunlar Rabbinden uzaklaştığından ve Allah'ın onu nefsine bırakmasından kaynaklanıyor. Yüce Allah şöyle buyurmaktadır: *"Allah bir kimseyi şaşkınlığa (fitneye) düşürmek isterse, sen Allah'a karşı, onun lehine hiçbir şey yapamazsın."*[929]

---

925 A'râf 7/89.

926 Yusuf 12/101.

927 Tirmizî, Kader 7, Daavât 90, 125; Hâkim, *Müstedrek*, I, 706, 707. Hadis sahihtir. Bk. Elbânî, *Sahîhu'l-Câmii's-Sagîr*, no: 7987.

928 Ahmed b. Hanbel, V, 191; Hâkim, *Müstedrek*, I, 697. Hâkim, "Hadisin isnadı sahihtir" demiştir. Elbânî ise hadisi hasen kabul etmiştir. Bk. *Sahîhu't-Tergîb ve't-Terhîb*, no: 657.

929 Mâide 5/41.

Bu nedenle bizler, nefeslerimiz sayısınca Allah'ın yardımına, ihsanına ve rahmetine muhtacız; aksi hâlde yenilgi, hatalar, sapma ve dalalet bizi bekliyor.

Şüphesiz bu konuyu düşünmeye devam etmek, Allah'a olan ihtiyacımız gerçeğini zihinlerimize yerleştirecektir. Böylelikle "Lâ havle ve lâ kuvvete illa billah" zikrinin gerçek anlamını anlayabileceğiz.

Aynı şekilde O'nun rahmetine olan ihtiyacımızı hissedecek, O'nun habibi Mustafa *sallallahu aleyhi ve sellem*'e salât ve selâmı artıracağız.

Sekizinci Alan: Sonuçlar Üzerinde Düşünmek

Bu, Rabbimizin bizden düşünmemizi istediği bir başka konudur. Yüce Allah şöyle buyurmaktadır: ***"Sizden önce nice (milletler hakkında) ilâhî kanunlar gelip geçmiştir. Onun için, yeryüzünde gezin dolaşın da (Allah'ın âyetlerini) yalan sayanların akıbeti ne olmuş, görün!"*** [930]

Allah'ın zalimler hakkındaki yasalarını öğrenmede, sonuçlara bakmanın büyük önemi vardır: ***"Şimdi bak, zalimlerin sonu nasıl oldu!"*** [931]

Suçlular: ***"Ve üzerlerine (taş) yağmuru yağdırdık. Bak ki günahkârların sonu nasıl oldu!"*** [932]

Bozguncular: ***"Bakın ki, bozguncuların sonu nasıl olmuştur!"*** [933]

---

930 Âl-i İmrân 3/137.

931 Yunus 10/39.

932 A'râf 7/84.

933 A'râf 7/86.

Allah'ın onlar hakkındaki yasalarını bilmenin yanı sıra, sabır ve takvanın sonuçlarına da bakmak gerekir. Yüce Allah şöyle buyurmaktadır: *"Şüphesiz ki yeryüzü Allah'ındır. Kullarından dilediğini ona vâris kılar. Sonuç (Allah'tan korkup günahtan) sakınanlarındır."*[934]

"O hâlde sabret. Çünkü iyi sonuç (sabredip) sakınanlarındır."[935]

Zulmün, israfın ve bozgunun sonuçlarını düşünebileceğimiz molalarımızın ve oturumlarımızın olması gerekir. Benzer şekilde, takva, salah, birey ve toplumlar arasında eşitlik konularında da oturumlarımızın olması şarttır.

Allah, insanlara hiçbir şekilde zulmetmez; ancak insanlar kendi nefisleri için bir son ve gidiş yeri hazırlarlar. Dolayısıyla Allah'ın yasaları değişmez: *"Allah'ın kanununda asla bir değişme bulamazsın. Allah'ın kanununda kesinlikle bir sapma da bulamazsın."*[936]

Biz, nefislerimiz için mutluluğu ve mutsuzluğu, bunlara ulaştıran yolu irademiz ve tercihimizle seçerek ortaya koyuyoruz. Belki de Kur'ân'da sonuçlara bakmanın tekrar tekrar teşvik edilmesi, tarihin tekerrür etmemesi içindir. Bu nedenle öncekilerin başına gelenlerden ders almamız, sonrakilerin kendilerinden ders alacağı kimseler olmamamız gerekir.

Yasalar, değişmeyen yasalardır; aynı şekilde bireyler ve eğilimleri, yönelişleri ve düşünceleri de değişmez. O hâlde niçin öncekilerden ders almıyoruz?

---

934 A'râf 7/128.

935 Hûd 11/49.

936 Fâtır 35/43.

Niçin tarihi tekerrür ettiriyor, ondan faydalanmıyoruz?

Oysa Kur'ân ellerimizin arasında; evrensel yasaları ve kuralları açıklıyor; onun fiilî uygulamalarına işaret ediyor.

Şükürden yüz çevirenlerin sonunu öğrenmek isteyen kimsenin, Sebe'nin başına ne geldiğini düşünmesi gerekir. Yeryüzünde kibirlenenlerin ve israf edenlerin sonuyla ilgili fiilî bir uygulama görmek isteyen, Kârûn kıssasında bunun en büyük örneğini görecektir.

Firavun'un, Âd ve Semud kavimlerinin, Nuh ve Şuayb *aleyhisselâm*'ın kavimlerinin başlarına gelenler, Allah'ın sapıklığa dalmış yalancılar hakkındaki sünnetinin değişmeyeceğine en büyük delildir.

Şüphesiz bunlar, uygulanması gereken kanunlardır: ***"Rabbinin sözü, doğruluk ve adalet bakımından tamamlanmıştır. O'nun sözlerini değiştirecek kimse yoktur. O, işitendir, bilendir."***[937]

Yüce Allah, belirlenmiş olan zamanda emrini yerine getirir. Hiç kimse onu hızlandıramaz; fakat o beklenip gözlenebilir: ***"De ki: Haydi bekleyin! Şüphesiz ben de sizinle beraber bekleyenlerdenim."***[938]

Bu tür oturumlar gerçekleştirmek ve sonuçlara sık sık bakmak, kalplerdeki yakîni artırır. Yüce Allah şöyle buyurmaktadır: ***"Allah, emrini yerine getirmeye kadirdir. Fakat insanların çoğu (bunu) bilmezler."***[939]

---

937 En'âm 6/115.

938 Yunus 10/102.

939 Yusuf 12/21.

Bâtıl ne kadar kuvvetini artırırsa artırsın, kendisini yok edecek etkenler içerir. Zalimlerin sesi ne kadar yükselirse yükselsin, sadece dünya tutkunlarını korkutur. Ahiret tutkunlarına gelince; onlar, Rablerine güvenirler. O'nun emrinin çabucak gelmesini istemezler. Allah'ın belirlemiş olduğu zamanda, taraflar karşı karşıya geldiğinde; zulüm, emrin uygulanmasını gerektirecek bir aşamaya ulaştığında onun gerçekleşeceğini bilirler: *"İşte şu ülkeler; zulmettikleri zaman onları helâk ettik. Onları helâk etmek için de belli bir zaman tayin etmiştik."*[940]

Eski ve yeni tarih, bunun en iyi tanığıdır.

Komünizmi ve onun ulaştığı gücü, ardından kendi ülkesinde nasıl yok olduğunu hatırlayalım.

Hitler ve Mussolini'nin başına gelenleri düşünelim. Geçmişe dönelim, tarihin bize Haccâc b. Yusuf ile birlikte Hüseyin b. Ali *radıyallahu anh*'ın öldürülmesine katılanların sonunu nasıl anlattığına bakalım. Ehl-i sünnetin imamı Ahmed b. Hanbel'e işkence yapılmasına sebep olan Mu'tezile'nin öncülerinin sonunu da düşünelim.

Aynı şekilde, değişim konusunda Allah'ın yasalarını düşünelim. Allah'ın, kendisine şükürden ve kulluktan yüz çevirmeye başlamadıkça, insanlara olan nimetini değiştirmediğini görelim.

Yüce Allah şöyle buyurmaktadır: *"Bu da bir millet kendilerinde bulunanı (güzel ahlâk ve meziyetleri)*

---

940 Kehf 18/59.

değiştirinceye kadar Allah'ın onlara verdiği nimeti değiştirmeyeceğinden dolayıdır."[941]

Allah'ın zenginlikten sonra fakirliğe, sağlıktan sonra hastalığa, izzetten sonra zillete çevirdiği durumu düşün! Dünyadaki geleceklerini emniyet altına alma konusunda çocukları için hayatını tüketen, onları İslâm üzere eğitmeyi unutan kimsenin, çocukları tarafından yaşlılığında nasıl tek başına bırakıldığını ve kendisine yardım edilmediğini düşünelim.

Böylelikle insanların durumları hakkında düşünmek, bizim şu âyeti tekrarlamamıza neden olacaktır: *"Biz nankörden başkasını cezalandırır mıyız!"*[942]

Şüphesiz sonuçlara bakmak, kalpleri sabitleştirir; hedefi tek kılar ki, o da Allah'tan korkmadır. Bu konuda sık sık düşünmek, zulmün bir sonu olduğu, bâtılın kesinlikle biteceği, zaman ne kadar uzarsa uzasın, şartlar ne kadar ağırlaşırsa ağırlaşsın, zulüm ne kadar artarsa artsın, doğru kimseden başka kimsenin kalmayacağı gerçeğini bize ifade eder.

Yüce Allah şöyle buyurmaktadır: *"Köpük atılıp gider. İnsanlara fayda veren şeye gelince, o, yeryüzünde kalır."*[943]

Bu oturumda kul, Allah'ın insanların yaptığından gafil olmadığına kesin bir şekilde inanacaktır: *"Doğrusu Rabbin hep gözetlemektedir."*[944]

---

941 Enfâl 8/53.

942 Sebe 34/17.

943 Ra'd 13/17.

944 Fecr 89/14.

Böylece, tağutları ve zalimleri küçümseyen bir gülümseme dudaklarına yayılacak ve şu âyeti tekrarlayacaktır: **"Ne yazık şu kullara!"**[945]

Bu oturumun sonunda, hepimizin Allah'ın emri konusunda üstün olduğu ve dilediğini yapabileceği gerçeğini destekleyen zikirleri tekrarlaması gerekir.[946]

Dokuzuncu Alan: Allah'ın Günleri Hakkında Düşünmek

Zulmün arttığı, düşmanların her taraftan Müslümanların üzerine saldırdığı, İslâm için çalışanlara eziyet ve baskıda bulundukları bu tür zamanlarda, Allah'ın günleri hakkında düşünmenin önemi bir kat daha artar. Yüce Allah şöyle buyurmaktadır: **"And olsun ki Musa'yı da 'Kavmini karanlıklardan aydınlığa çıkar ve onlara Allah'ın (geçmiş kavimlerin başına getirdiği felâket) günlerini hatırlat' diye mucizelerimizle gönderdik. Şüphesiz ki bunda çok sabırlı, çok şükreden herkes için ibretler vardır."**[947]

Musa *aleyhisselâm*, şiddetli bir alçaklık ve zillet durumunda bulunan, Firavun tarafından türlü işkencelerin uygulandığı İsrailoğulları'na gönderilmişti.

Bu atmosferin ortasında iken, Allah, kalplerin huzur bulması ve gaybı bilen Allah'a itaat etmeleri için peygamberi Musa *aleyhisselâm*'a, İsrailoğulları'na Allah'ın günlerini; Allah'ın, hakka yardım ettiği ve yalancıları yok ettiği günleri

---

945 Yâsîn 36/30.
946 Dr. Seyyid Hüseyn el-Affânî'nin, *el-Cezâu min Cinsi'l-Amel* başlıklı nefis eserinden. Eserde, bu konu hakkında birçok örnek vardır.
947 İbrahim 14/5.

hatırlatmasını emretti. Böylelikle onlar da bu günlere olan imana sahip oldular, ne kadar güçlü olursa olsun bâtılın bütün çeşitlerini küçümsediler.

Şüphesiz Allah'ın günleri hakkında düşünmek, nefislerdeki ümit ruhunu uyandırmak, gökyüzünü gözetlemek ve sağlam ipe (Urvetu'l-Vuskâ) tutunmak için önemli bir vasıtadır. Dünyevî nedenlerin birkaçıyla Allah'ın dostlarına yardım ettiği, güç ve hazırlıklarına rağmen kâfirleri ve destekçilerini alçalttığı birçok gün vardır.

Bu günlerden biri, Nuh *aleyhisselâm*'ın kavminin boğulduğu, onun ve beraberindeki mü'minlerin kurtulduğu gündür. Diğer bir gün de eşi dışında Lut *aleyhisselâm* ve ailesinin kurtulduğu gündür.

Âd ve Semûd'un helâk olduğu gün de bu günlerden biridir. Aynı şekilde Firavun'un beraberindekilerle birlikte boğulduğu, Musa *aleyhisselâm*'ın ve kavminin kurtulduğu gün de bu günlerdendir.

Yine bu günlerden biri de sayının ve hazırlığın azlığına rağmen Bedir'deki yardım günüdür. Aynı şekilde, Allah'ın müşriklerin üzerine onları sarsan bir rüzgâr gönderdiği ve onları kaçmak zorunda bıraktığı Ahzab savaşı günü de bu günlerden biridir.

Nihavend, Kadisiye, Yermuk, Hıttin, Ayn-ı Câlut ve İstanbul'un fethi de Allah'ın günlerindendir.

Bunlar ve diğer günler, büyük yardımların olduğu günlerdir. Yardımı gerektiren etkenlere sahip oldukları, Allah ile olan ilişkilerini düzelttikleri ve O'na olan tevekküllerinde samimi oldukları zamanlarda Müslümanlar bu günlerde desteklenmiştir.

Kuşkusuz bunlar, sürekli olarak hatırlamamız gereken ve yaşadığımız gerçek karşısında bize yardımcı olacak dersleri ve ibretleri alabileceğimiz tarihimizdeki önemli günlerdir.

Bizim için mübarek olan bu günleri düşünmenin yanı sıra, Allah'ın, emanete ihanet eden, şeytana kullukta bulunan, yeryüzünde zulüm ve bozgunculuk işleyen düşmanlarından intikam aldığı günleri de düşünmemiz gerekir. Onların medeniyetlerini ve şehirlerini süpürüp götüren depremleri, volkanik patlamaları, harap eden selleri de düşünelim. Yüce Allah şöyle buyurmaktadır: ***"Nitekim birçok memleket vardı ki, o memleket (halkı) zulmetmekte iken, biz onları helâk ettik. Şimdi o ülkelerde duvarlar, (çökmüş) tavanların üzerine yıkılmıştır. Nice kullanılmaz hâle gelmiş kuyular ve (ıssız kalmış) ulu saraylar vardır."***[948]

Bütün bunları düşünürken, bu oturumlara uygun olan, "Lâ ilâhe illallahu vahdehu lâ şerike leh, lehu'l-mülkü ve lehu'l-hamdu ve hüve alâ külli şey'in kadîr" gibi zikirleri de artırmamız gerekir.

Düşünce Konularını Bir Araya Getirme Olanağı

Özellikle kâinatı düşünme esnasında görülen geçmiş bazı konuları bir araya getirebiliriz. Mesela; güneşe bakar ve onun yaratılışını, eşsizliğini, yaratılışındaki hassaslığı görür, onun varlığı yoluyla Allah'ın varlığı ve birliğini nasıl delillendireceğimizi anlarız. Benzer şekilde güneşin varlığında etkileri açığa çıkan Allah'ın isimlerini ve sıfatlarını sayarız.

---

948 Hac 22/45.

Onun sayesinde, Allah'ın üzerimizdeki nimetlerini sayma-ya çalışır, onlarsız hayat tarzının nasıl olacağını düşünür ve Allah'a olan ihtiyacımızın boyutlarını hissederiz. Kâinattaki Allah'ın diğer âyetlerini de bu şekilde düşünürüz.

Zikirden Faydalanmak İçin Diğer Bir Yol

Zikretme ile düşünmenin ilişkisi hakkındaki önceki yol ile birlikte, zikretmeye başlandığında, kalp ile dil arasında-ki ahengi gerçekleştirebilmede kolaylıkla kullanabileceğimiz başka bir yol daha vardır. Bu, belirli bir zikri tekrarlama yo-lunda insanın içindeki isteğin ortaya çıkması için çalışmayla ifade edilebilir.[949]

Kul, kendi adının Arş'ta, Yüce Rabbinin katında anıldığı-nı gözlerinin önünde canlandırdığında, Rabbini zikretmek için bir süre belirler: ***"Öyleyse siz beni (ibadetle) anın ki ben de sizi anayım."***[950]

Kendisinin, Allah'ın mülkünde değeri olmayan basit bir zerre ve milyarlarca insandan biri olduğunu, kimsenin kendi-sini tanımadığını düşünürken, isminin gökyüzünde yankılan-dığını gözlerinin önüne getirir. Rabbinin, adını söylediğinde ne yapacağını düşünür. Hangi durumda bunu karşılayacaktır?

Yahya b. Muâz diyor ki: "Ey gafil! Ey cahil! Rabbini zik-rederken, Levh-i Mahfuz'da adını yazan kalemlerin sesini işit-seydin, O'na duyduğun özlemden dolayı ölürdün!"[951]

---

949 İbn Kayyim'in, *el-Vâbilu's-Sayyib* adlı kitabında, gayretleri harekete geçiren, zikri artırmak ve zikre devam etmek için istek oluşturan, zikrin faziletlerini anlatan birçok husus vardır.

950 Bakara 2/152.

951 *Salâhu'l-Ümme*, III, 72.

Bu nedenle -örneğin- istiğfardan, Rasûlullah *sallallahu aleyhi ve sellem*'e salât ve selamdan ve diğer zikirlerden önce, O'nun ihsanını ve O'na olan ihtiyacımızı hatırlarız.

Buna devam etmekle, kalp adım adım zikirle etkileşim içine girmeye başlar. Hatta onun en sevdiği amellerden biri olur, ondan ayrılamaz. Şu sözü söyleyen şair bunu doğrular:

"Kalpten sizi unutması istenir,

Karakter ise bunu taşımayı reddeder."

Son Tavsiye

İbn Kayyim, *Fevâid*'inde şöyle diyor: "Zikredenler arasında, -gaflet hâlinde olsa dahi- zikre dille başlayanlar vardır. Buna devam eder; tâ ki kalbi de buna katılır ve zikir ile uyum sağlar. Zikredenler arasında bunu görmeyen ve gaflet duymadan zikre başlayan hatta kalbi zikre katılıncaya kadar bekleyenler vardır. Böylece zikre kalbiyle başlar. Güçlendiğinde, zikri dile tabi kılar ve böylece hepsi uyum içinde olur. İlkine gelirsek, zikir dilinden kalbine geçer; ikincisinde ise, kalbi zikri terk etmediği hâlde kalbinden diline geçer. Hatta öncelikle sükûn bulur, zikirde bulunan kimse bunu hisseder. Bunu hissettiğinde, kalbi de onunla aynı dili konuşur. Sonra kalbî telaffuz, dilin zikrine intikal eder, ardından kendisini bunun içinde bulur, tâ ki bedeninin her tarafı zikretmeye başlar.

Zikrin en faydalı ve en yararlı olanı kuşkusuz kalp ve dilin uyum içinde olduğu zikirdir. Bu, aynı zamanda Peygamber'in zikridir; bunun yanısıra zikreden kul, bunların anlam ve maksatlarına da şahit olur."[952]

---

952 *el-Fevâid*, s. 247.

ALTINCI KISIM
MESCİDLERE BAĞLILIK

Yüce Allah şöyle buyurmaktadır: *"Allah, göklerin ve yerin nurudur. O'nun nurunun temsili, içinde lamba bulunan bir kandillik gibidir. O lamba kristal bir fanus içindedir; o fanus da sanki inciye benzer bir yıldız gibidir ki, doğuya da batıya da nispet edilemeyen mübarek bir ağaçtan yani zeytinden (çıkan yağdan) tutuşturulur. Onun yağı, neredeyse, kendisine ateş değmese dahi ışık verir. (Bu,) nur üstüne nurdur. Allah dilediği kimseyi nuruna eriştirir. Allah insanlara (işte böyle) temsiller getirir. Allah her şeyi bilir."*[953]

Âyet, Allah'ın nurundan bahsediyor. Allah, kullarından dilediğini bu nura ulaştırır. Peki, Allah'ın kendilerine nurunu vermekle üstün kıldığı kimseler kimlerdir?

Bir sonraki âyette cevap açıktır. Yüce Allah şöyle buyurmaktadır: *"(Bu kandil) birtakım evlerdedir ki, Allah (o evlerin) yücelmesine ve içlerinde isminin anılmasına izin vermiştir. Orada sabah-akşam O'nu (öyle kimseler) tesbih eder ki; onlar, ne ticaret ne de alışverişin*

---

kendilerini Allah'ı anmaktan, namaz kılmaktan ve zekât vermekten alıkoyduğu insanlardır. Onlar, kalplerin ve gözlerin allak bullak olduğu bir günden korkarlar."[954]

Nuru elde etmeleri için, bu âyetlerin belirlediği özelliklere sahip kişilerin varlığı yetmez; bunun yanında onların mescidlere gidip gelmeleri gerekir. Niçin? Çünkü onlar, Allah'ın yeryüzündeki evleridir. Onları imar edenler, O'nu ziyaret edenlerdir. Ziyaret edilenin, ziyaretçiye ikramda bulunması gerekir.

Selmân *radıyallahu anh*'dan rivayet edildiğine göre, Peygamber *sallallahu aleyhi ve sellem* şöyle buyurmuştur: *"Kim evinde abdest alır, abdestini de güzel bir şekilde tamamlar sonra da mescide gelirse, o kimse Allah'ın ziyaretçisidir. Ziyaret edilenin de ziyaretçiye ikramda bulunması onun üzerine bir haktır."*[955]

İbn Abbâs *radıyallahu anh* şöyle demiştir: "Şüphesiz mescidler, Allah'ın yeryüzündeki evleridir. Gökyüzündeki yıldızların gök ehlini aydınlatması gibi mescidler de mescide gidipgelenleri aydınlatır."[956]

O hâlde kalbini Allah'ın nuruyla aydınlatmak isteyen kişinin, bu kimselerin özellikleriyle donanması gerekir ki, bu özelliklerden biri mescidlerin imar edilmesidir. Bu imarla kastedilen, mescidleri sadece namazların kılındığı bir yer hâline getirmek değildir. Bundan kastedilen, *"Allah'ın hiçbir gölgenin olmadığı kıyamet gününde kendi gölgesinde gölgeleyeceği yedi kişi... (Bunlardan biri de) kalbi mescidlere*

---

954 Nur 24/36-37.
955 Taberânî, *el-Mu'cemu'l-Kebîr*, VI, 253, 255. Elbânî hadisi hasen kabul etmiştir. Bk. *Sahîhu't-Tergîb ve't-Terhîb*, no: 317.
956 Beyhakî, *Şuabu'l-Îmân*, III, 83.

bağlı kimsedir..."[957] hadisinde geçtiği üzere kalbi mescidlere bağlamaktır.

Nevevî, hadisin şerhinde şöyle diyor: "Bunun anlamı, mescidlere güçlü bir sevgi beslemek ve mescidlerdeki cemaatten ayrılmamaktır. Değilse, bunun anlamı sürekli olarak mescidlerde oturmak değildir."[958]

İbn Hacer, *Fethu'l-Bârî*'de şöyle diyor: "Hadisin anlamı, kişinin -örneğin- kandil gibi mescidde asılı bir şeye benzetilmesidir. Bu, kalbi mescidin dışında olsa da onun kalbiyle uzun bir süre mescidde olduğuna işaret eder. Cevzekî'nin, *'Sanki kalbi mesciddedir'* şeklindeki rivayeti buna işaret eder."[959]

Allah'a Giden Yolla Mescid Arasındaki İlişki

Mescidlere çok adım atmak ve mescidlerde namazı beklemek, bu fiillerin kalpleri Allah'a bağlama vasıtalarından olduğuna işaret eder. İmam Müslim, *Sahîh*'inde, Ebu Hureyre *radıyallahu anh*'ın şöyle dediğini rivayet etmiştir: Rasûlullah *sallallahu aleyhi ve sellem* şöyle buyurdu: *"Allah'ın hataları silmeye ve dereceleri yükseltmeye vesile kıldığı şeyleri size söyleyeyim mi?"* Sahâbîler "Evet, ey Allah'ın Rasûlü (söyleyin)!" dediler. Bunun üzerine Rasûlullah *sallallahu aleyhi ve sellem "Zahmetine rağmen abdesti tam almak, mescide çok adım atmak, (bir namazdan sonra diğer) namazı beklemek. İşte bu ribâttır, işte bu ribâttır"* buyurdu.

---

957 Buhârî, Ezân 36, Zekât 16, Hudûd 19; Müslim, Zekât 91; Tirmizî, Zühd 53; Nesâî, Âdâbu'l-Kudât 2; Ahmed b. Hanbel, II, 439; İbn Huzeyme, *Sahîh*, I, 185; İbn Hibbân, *Sahîh*, X, 338.

958 *Sahîhu Müslim bi Şerhi'n-Nevevî*, VIII, 122.

959 İbn Hacer, *Fethu'l-Bârî*, II, 184.

Kurtubî diyor ki: "Araplara göre murâbıt, bir şey üzerinde çözülmeyecek şekilde yapılan düğümdür. Bu da mana itibari ile sabır gösterilen şeye döner. Böylelikle kalbinde güzel niyeti tutar, bedenini de itaati işlemek durumunda bırakır."[960]

Lisânu'l-Arab'da şöyle denilmiştir: "Ribat, bir şeye bağlanan şeydir." Yani bu anlama göre, zahmetine rağmen abdesti tam almak, mescide çok adım atmak, (bir namazdan sonra diğer) namazı beklemek, kişiyi günahlardan alıkoyar, haramlardan uzaklaştırır.

Kalplerin Ribata Olan İhtiyacı

Kalp, sık sık dönüp durduğundan dolayı "kalp (dönüp duran şey)" diye isimlendirilmiştir. O, kaynayan bir tencereden daha fazla değişir.

Rasûlullah *sallallahu aleyhi ve sellem* şöyle buyurmuştur: **"Kalp, ancak kalbolup (dönüp) durduğundan dolayı bu adla isimlendirilmiştir. Kalp, bomboş arazide bir ağaç dalına takılıp kalmış, rüzgârın kâh altına kâh üstüne çevirip durduğu bir kuş tüyüne benzer."**[961]

Mü'minin kalbi, imana çağıran meleğin ilhamıyla hevâya çağıran şeytanın vesvesesi arasında sürekli bir çekişme sonucunda bir durumdan diğer bir duruma döner. Bunun için Rasûlullah *sallallahu aleyhi ve sellem*'in dualarının genelinde **"Ey kalpleri evirip çeviren (Allah'ım)! Kalbimi dinin üzere sabit kıl"**[962] ifadesi vardır.

---

960 *el-Câmiu li Ahkâmi'l-Kur'ân*, IV, 206.
961 Ahmed b. Hanbel, IV, 408. Hadis sahihtir. Bk. Elbânî, *Sahîhu'l-Câmii's-Sagîr*, no: 2365.
962 Tirmizî, Kader 7, Daavât 90, 125; Hâkim, *Müstedrek*, I, 706, 707. Hadis

Bu nedenle kalbin istikrar bulması, temel aldığı durumun değişmemesidir.

Yüce Allah şöyle buyurmaktadır: *"Musa'nın annesinin yüreğinde yalnızca çocuğunun tasası kaldı. Eğer biz, (vaadimize) inananlardan olması için onun kalbini pekiştirmemiş olsaydık, neredeyse işi meydana çıkaracaktı."*[963]

Eğer Allah, Musa *aleyhisselâm*'ın annesinin kalbini pekiştirmemiş, iman ve sekînet üzere kılmamış olsaydı, o, korkan kimselerden olacaktı.

Musa *aleyhisselâm*, Firavun'un üzerine azabını indirmesi için Rabbine şöyle dua etmişti: *"Ey Rabbimiz! Gerçekten sen, Firavun ve kavmine dünya hayatında ziynet ve nice mallar verdin. Ey Rabbimiz! (Onlara bu nimetleri), insanları senin yolundan saptırsınlar ve elem verici cezayı görünceye kadar iman etmesinler, diye mi (verdin)? Ey Rabbimiz! Onların mallarını yok et, kalplerine sıkıntı ver (ki iman etsinler)."*[964]

Musa *aleyhisselâm*, Allah'tan, Firavun ve taraftarlarının kalplerini ulaştıkları küfür ve azgınlık üzerinde sabit tutmasını ve elem verici sonlarıyla karşılaşıncaya kadar onları bu şekilde tutmasını istemiştir.

Dolayısıyla kalbin bağlı olmasının anlamı, herhangi bir durum üzerinde sabit olmasıdır.

---

sahihtir. Bk. Elbânî, *Sahîhu'l-Câmii's-Sagîr*, no: 7987.

963   Kasas 28/10.

964   Yunus 10/88.

Hataların silinmesi ve derecelerin yükseltilmesi hadisinde, Peygamber *sallallahu aleyhi ve sellem*, kalbi imanla bağlayan üç şeyi zikretmiştir.

Davud b. Sâlih'in şöyle dediği rivayet edilmiştir: Ebu Seleme b. Abdurrahman bana "Ey kardeşimin oğlu! *'Sabredin; (düşman karşısında) sebat gösterin; (cihad için) hazırlıklı ve uyanık bulunun'*[965] âyetinin hangi konuda nâzil olduğunu biliyor musun?" diye sordu. Ben "Hayır, bilmiyorum" dedim. O, şöyle dedi: "Ey kardeşimin oğlu! Ben, Ebu Hureyre *radıyallahu anh*'ın şöyle dediğini işittim: Peygamber *sallallahu aleyhi ve sellem* zamanında nöbet tutulan bir savaş yoktu. Ribat, namazdan sonra diğer bir namazı(n vaktini) beklemekti."[966]

Mescidlere Bağlılığın Üstünlüğü

Rasûlullah *sallallahu aleyhi ve sellem*'in hadislerini düşünen bir kimse, mescide bağlanmanın üstünlüğünü görebilir. Mescidlere yürümekte, mescidlerde namaz kılmakta ve orada uzun süre beklemekte büyük sevap olduğunu görür. Bu, mescidin Müslümanın günlük yaşamında ayrılması gereken yerini, kişinin işlerini ve hayatî bağlarını onunla ilişkilendirmesinin gerekliliğini gösterir.

---

965 Âl-i İmrân 3/200.
966 Hâkim, *Müstedrek*, II, 301; Beyhakî, *Şuabu'l-Îmân*, III, 70. Hâkim hadisin sahih olduğunu söylemiş, Zehebî de ona muvafakat etmiştir.

Mescidlere Bağlı Olmanın Bazı Faziletleri

- İyilikleri Artırır, Kötülükleri Yok Eder

Abdullah b. Amr *radıyallahu anh*'dan rivayet edildiğine göre, Rasûlullah *sallallahu aleyhi ve sellem* şöyle buyurmuştur: *"Kim cemaatle namaz kılmak için mescide giderse, her adımı bir kötülüğü yok eder. Giderken ve dönerken her adımı, bir iyilik olarak yazılır."*[967]

- İyi Bir Hayat ve Güzel Bir Son Sağlar

Mele-i A'lâda yarışanların bahsedildiği hadiste şöyle buyurulur: *"... Allah bana 'Ey Muhammed! Mele-i A'la (efradı) nelerde yarışır biliyor musun?' dedi. 'Evet! Dereceler(i artıran ameller)de, kefâretlerde, yaya olarak cemaatlere gitmede, şiddetli soğuklarda abdesti tam almada, namazdan sonra namaz beklemede (yarışırlar). Kim bunlara devam ederse hayır üzere yaşar, hayır üzere ölür, günah konusunda da annesinden doğduğu gündeki gibi olur' dedim..."*[968]

- Allah'ın Kişiyi Hoş Bir Şekilde Karşılamasını Sağlar

Ebu Hureyre *radıyallahu anh*'dan rivayet edildiğine göre, Rasûlullah *sallallahu aleyhi ve sellem* şöyle buyurmuştur: *"Sizden kim abdest alır, abdestini de güzel bir şekilde tamamlar sonra sadece namaz için mescide gelirse, gurbetteki kişinin ailesinin yanına döndüğü zaman*

---

967 Ahmed b. Hanbel, II, 172; İbn Hibbân, *Sahîh*, V, 387. Hadis sahihtir. Bk. Elbânî, *Sahîhu't-Tergîb ve't-Terhîb*, no: 295.

968 Tirmizî, Tefsîru'l-Kur'ân 39. Tirmizî hadisin "hasen-garib" olduğunu söylemiştir. Elbânî ise hadisi sahih kabul etmiştir. Bk. *Sahîhu't-Tergîb ve't-Terhîb*, no: 298.

(döndüğünden dolayı) sevindikleri gibi Allah da buralara (devamlı) giden Müslümanın durumu için sevinir."[969]

- Kendisi İçin Cennette Misafir Yemeği Hazırlanmasını Sağlar

Ebu Hureyre *radıyallahu anh*'dan rivayet edildiğine göre, Peygamber *sallallahu aleyhi ve sellem* şöyle buyurmuştur: *"Her kim sabahleyin yahut akşamleyin mescide giderse; her akşam-sabah gittikçe, Allah ona cennette bir misafir yemeği hazırlar."*[970]

- Namaz Kıldığı Yerde Beklediği Sürece Melekler Ona Dua Eder

Ebu Hureyre *radıyallahu anh*'dan rivayet edildiğine göre, Rasûlullah *sallallahu aleyhi ve sellem* şöyle buyurmuştur: *"Sizden biri, abdestini bozmadan namaz kıldığı yerde kaldığı müddetçe, melekler onun için, 'Allah'ım onu bağışla, ona rahmet et!' diye dua ederler."*[971]

- Kıyamet Günü Tam Bir Nur ile Müjdelenir

Büreyde *radıyallahu anh*'dan rivayet edildiğine göre, Peygamber *sallallahu aleyhi ve sellem* şöyle buyurmuştur: *"Karanlıkta mescide gidenlere kıyamet günü tam bir nura kavuşacaklarını müjdele!"*[972]

---

969   İbn Huzeyme, *Sahîh*, II, 374. Hadis sahihtir. Bk. Elbânî, *Sahîhu't-Tergîb ve't-Terhîb*, no: 298.

970   Buhârî, Ezân 37; Müslim, Mesâcid 285.

971   Ahmed b. Hanbel, II, 502. Ahmed Muhammed Şâkir hadisin sahih olduğunu belirtmiştir.

972   Ebu Davud, Salât 50; Tirmizî, Salât 165. Hadis sahihtir. Bk. Elbânî, *Sahîhu't-Tergîb ve't-Terhîb*, no: 310.

- Mescidlere Devam Eden Kimse, Allah'a Emanettir

Ebu Ümâme *radıyallahu anh*'dan rivayet edildiğine göre, Rasûlullah *sallallahu aleyhi ve sellem* şöyle buyurmuştur: *"Üç kişi vardır ki, üçü de Allah'a emanettir. (Üçü de) yaşadığında rızıklandırılır ve ihtiyaçları karşılanır. Öldüğünde cennete koyulur. Evine girip selâm veren kimse, Allah'a emanettir. Mescide gitmek için çıkan kimse, Allah'a emanettir. Allah yolunda savaşa çıkan kimse, Allah'a emanettir."*[973]

- Allah, Meleklere Karşı Onunla Övünür

Abdullah b. Amr *radıyallahu anh*'ın şöyle dediği rivayet edilmiştir: Rasûlullah *sallallahu aleyhi ve sellem* ile birlikte akşam namazını kıldık. Sonra evine dönen döndü, bekleyen bekledi. Bir süre sonra Rasûlullah *sallallahu aleyhi ve sellem* koşarak, hızlı nefes alıp-vererek ve diz kapakları açılmış bir hâlde geldi ve şöyle buyurdu: *"Müjdeleyiniz! İşte Rabbiniz gök kapılarından bir kapı açmış, meleklere karşı 'Şu kullarıma bakın! Bir farzı kılmışlar, diğer farzı bekliyorlar' diye sizinle övünüyor."*[974]

- Rahmeti Elde Etmeyi ve Sırattan Geçmeyi Sağlar

Ebu'd-Derdâ *radıyallahu anh*'ın şöyle dediği rivayet edilmiştir: Rasûlullah *sallallahu aleyhi ve sellem*'in şöyle buyurduğunu işittim: *"Mescid, her korunan kimsenin evidir. Allah, mescidi ev edinenlere (evi gibi görenlere)*

973 Ebu Davud, Cihâd 10; İbn Hibbân, *Sahîh*, II, 251. Hadis sahihtir. Bk. Elbânî, *Sahîhu't-Tergîb ve't-Terhîb*, no: 316.
974 İbn Mâce, Mesâcid 19. Hadis sahihtir. Bk. Elbânî, *Sahîhu't-Tergîb ve't-Terhîb*, no: 442.

ÖNCE İMAN

rahmetini; sırat köprüsünden geçip Allah'ın rızasına, cennete ulaşmayı taahhüt etti."[975]

- Meleklerle Özel Bir İrtibatı Olur

Abdullah b. Selâm *radıyallahu anh*'dan rivayet edildiğine göre, Peygamber *sallallahu aleyhi ve sellem* şöyle buyurmuştur: ***"Şüphesiz mescidlerin kazıkları vardır, onlar (kalpleri mescidlere bağlı olanlar) mescidin kazıklarıdır; onlar meleklerin dostlarıdır. Kaybolduklarında, onları sorarlar; hastalandıklarında, onları ziyaret ederler. Bir ihtiyaçları olduğunda, onlara yardım ederler."***[976]

O hâlde kalplerimizi mescidlere bağlayalım; onları kendimize ev edinelim. Rasûlullah *sallallahu aleyhi ve sellem*'in sahâbîlerinin mescidlere bağlı oldukları gibi olalım! Onlar, orada kendilerini güvende hissediyorlardı. Bir şeyden korktuklarında derhal mescidlere gidiyorlardı.

Büyük bir dereceye ulaşmak için, ilk saftaki yerlerimizi bırakmayalım. Rasûlullah *sallallahu aleyhi ve sellem* şöyle buyurmuştur: ***"Şüphesiz Allah ve melekleri, ilk safta bulunanlara dua ederler."***[977]

İlk saf, Rasûlullah *sallallahu aleyhi ve sellem*'in buyurduğu gibi, meleklerin safına benzer: ***"Birinci saf (Allah'a yakınlık ve sevap yönünden) meleklerin safı gibidir. Birinci saftaki fazileti bilseydiniz, onun için yarışırdınız."***[978]

---

975 Taberânî, *el-Mu'cemu'l-Kebîr*, VI, 254. Hadis sahihtir. Bk. Elbânî, *Sahîhu't-Tergîb ve't-Terhîb*, no: 324.

976 Beyhakî, *Şuabu'l-Îmân*, III, 84.

977 Ebu Davud, Salât 94; İbn Mâce, İkâmetu's-Salât 51; Ahmed b. Hanbel, IV, 285, 297, 298, 299; Hâkim, *Müstedrek*, I, 763.

978 Ebu Davud, Salât 48.

Ahmed Abdurrahman el-Bennâ, hadisin şerhinde şöyle diyor: "Meleklerin safı gibi. Yani Allah'a yakınlıkta, rahmetin inişinde, tamamlanmasında ve itidalinde."[979]

Sonuç olarak, mescidlere gitmeyi alışkanlık hâline getirmek, onlara bağlı olmak, imanın samimiyet belirtilerindendir. Rasûlullah *sallallahu aleyhi ve sellem* şöyle buyurmuştur: **"Bir adamın mescidlere gidip gelmeyi alışkanlık hâline getirdiğini gördüğünüz zaman, onun imanlı olduğuna şahitlik edin. Çünkü Allah, 'Allah'ın mescidlerini ancak Allah'a ve ahiret gününe iman edenler imar eder'**[980] **buyurmaktadır."**[981]

---

979 Bk. *Fethu'r-Rabbânî.*

980 Tevbe 9/18.

981 Tirmizî, Tefsîru'l-Kur'ân 10; İbn Mâce, Mesâcid 19; Ahmed b. Hanbel, III, 68, 76.

YEDİNCİ KISIM
MÜBAREK VE FAZİLETLİ
ZAMANLARDAN FAYDALANMAK

İbn Receb şöyle diyor: "Yüce Allah, bazı ayları diğerlerinden daha üstün kıldı. Nitekim O, şöyle buyurmaktadır: *'Allah katında ayların sayısı on iki olup bunlardan dördü haram aylarıdır. İşte bu doğru hesaptır. O aylar içinde (Allah'ın koyduğu yasağı çiğneyerek) kendinize zulmetmeyin..."*[982] *"Hac, bilinen aylardadır."*[983] *'Ramazan ayı, insanlara yol gösterici, doğrunun ve doğruyu eğriden ayırmanın açık delilleri olarak Kur'ân'ın indirildiği aydır."*[984] Yine bazı günleri ve geceleri de diğerlerinden üstün kılmıştır. Kadir gecesini, bin aydan daha hayırlı kılmış; on güne, sahih olan görüşe göre, Zilhicce'nin ilk on gününe yemin etmiştir.

Üstün tutulan hiçbir zaman yoktur ki, Allah Teâlâ o zamanda kendisine yaklaşılması için bir görev tayin etmemiş olsun. O zamanda en hoş ihsanlarında bulunur; dilediğine ihsanını ve rahmetini verir. O hâlde mutlu kimse, bu üstün aylardan,

---

982 Tevbe 9/36.

983 Bakara 2/197.

984 Bakara 2/185.

günlerden ve anlardan faydalanan kimsedir. Bu zamanlarda, itaat vazifeleriyle Rabbine yaklaşır. Belki böylece bu ihsanlardan bir kısmına sahip olur, onunla mutlu olur; onunla cehennemden ve cehennemdeki ateşten emin olur."[985]

Muhammed b. Mesleme *radıyallahu anh*'dan rivayet edildiğine göre, Rasûlullah *sallallahu aleyhi ve sellem* şöyle buyurmuştur: *"Şüphesiz Rabbinizin ihsanlarda bulunduğu günler vardır, bunlara dikkat edin! Belki sizden biri onda bir ihsana sahip olur da bundan sonra ebediyen şikâyet etmez!"*[986]

Bu nedenle Müslümanın bu zamanları gözetlemesi, bu zamanlarda olabildiğince çaba göstermesi gerekir.

Gün ve gece içinde üstün olan vakitler vardır. Âlimler, şereflerinden ötürü bunları, Allah'a ulaştıran zamanlar diye isimlendirir. Yine, her hafta içinde ayırt edici bir üstünlüğe sahip olan bir gün vardır ki, o da Cuma günüdür. Ramazan ayına gelince; onun da diğer aylar üzerinde özel bir üstünlüğü vardır.

Günün Üstün Vakitleri

Allah'ın, gün içinde çaba gösterme konusunda bizi teşvik ettiği üç vakit vardır. Yüce Allah şöyle buyurmaktadır: *"Güneşin doğmasından önce de batmasından önce de Rabbini övgü ile tesbih et; gecenin bir kısım saatleri ile gündüzün etrafında (iki ucunda) da tesbih et ki, hoşnutluğa eresin."*[987]

985 Bk. *Letâifu'l-Meârif*.
986 Taberânî, *el-Mu'cemu'l-Evsat*, III, 180, *el-Mu'cemu'l-Kebîr*, XIX, 233; Heysemî, *Mecmau'z-Zevâid*, X, 230.
987 Tâhâ 20/130.

Bu anlamı, peygamberimiz Mustafa *sallallahu aleyhi ve sellem* şu hadisle destekler: Ebu Hureyre *radıyallahu anh*'dan rivayet edildiğine göre, Peygamber *sallallahu aleyhi ve sellem* **"Hiçbirinizi ameli kurtarmayacaktır"** buyurdu. "Ey Allah'ın Rasûlü! Seni de mi (kurtarmayacaktır)?" diye sordular. Rasûlullah *sallallahu aleyhi ve sellem* şöyle buyurdu: **"Allah rahmetiyle kuşatmadığı sürece beni de (kurtarmayacaktır). Orta yolu tutun; güzele yakın olanı arayın; sabah vaktinde-akşam vaktinde, bir miktar da gecenin son kısmında yürüyün (ibadet edin); ağır ağır hedefe varabilirsiniz."**[988]

Buhârî'deki diğer bir rivayete göre, Allah Rasûlü *sallallahu aleyhi ve sellem* şöyle buyurmuştur: **"Şüphesiz bu din kolaylıktır. Hiç kimse dini zorlaştırmaya kalkmasın, mağlup olur. O hâlde orta yolu tutun; güzele yakın olanı arayın; müjdeleyin; yardım edin; sabah vaktinde-akşam vaktinde, bir miktar da gecenin son kısmında yürüyün (ibadet edin)."**[989]

İbn Receb şöyle diyor: "Yani bu üç vakit, Allah'a ibadetlerle ulaşılacak vakitlerdir. Bunlar, gecenin sonu, gündüzün başlangıcı ve sonudur. Allah, bu vakitleri şu âyette zikreder: **'Sabah-akşam Rabbinin ismini yâdet. Gecenin bir kısmında O'na secde et; gecenin uzun bir bölümünde de O'nu tesbih et.'**[990] **'Güneşin doğuşundan önce de batışından önce de Rabbini hamd ile tesbih et. Gecenin bir bölümünde ve secdelerin ardından da O'nu tesbih**

---

988   Buhârî, Rikâk 18; Müslim, Sıfâtu'l-Münâfikîn 71.
989   Buhârî, Îmân 29.
990   İnsan 75/25-26.

et.[991] Bu üç vakit içinde iki vakit vardır ki, onlar, gündüzün başlangıcı ve sonudur. Bu iki vaktin her birinde amel vardır; her iki amel de bir serinliktir ki, onlara devam eden cennete girer. İsteyerek yapılan amele gelince; o, sabah namazından sonra güneş doğuncaya; ikindi namazından sonra güneş batıncaya kadar yapılan zikirdir. Bu zikrin fazileti konusunda birçok nass vardır. Yine sabah ve akşam zikirlerinin yanı sıra, sabah ve akşam olurken Allah'ı zikretmenin fazileti hakkında birçok rivayet gelmiştir. Selef, gündüzün sonuna, gündüzün ilk saatlerinden daha fazla önem verirdi. İbnu'l-Mübarek şöyle dedi: 'Bize ulaştığına göre, gündüz vaktine Allah'ı zikretmekle son veren kimsenin, bütün günü zikredilmiş olarak yazılır... Hadiste şöyle geçer: **'Şüphesiz sabahtan sonraki zikir, dört köle azat etmekten; ikindiden sonraki zikir de sekiz köle azat etmekten daha hoştur.'**[992]

Üçüncü vakte gelince; o, akşam vakti, gecenin sonudur. Burada onunla kastedilen, gecenin sonunda yapılan ameldir ki, bu istiğfar vaktidir. Yüce Allah şöyle buyurmaktadır: **'Seher vakitlerinde de istiğfar ederlerdi.'**[993] Bu, ilahî armağanların indiği, isteyen kimselerin ihtiyaçlarını sundukları, günahkârların istiğfar ve tevbe edenlerin tevbe ettiği vakittir.

Bazı hadislerde, Arş'ın seherden dolayı sarsıldığı rivayet edilir. Tâvûs dedi ki: Allah Rasûlü'nün **'Kim korkarsa, akşam karanlığında yol alır. Kim de akşam karanlığında yol alırsa, hedefine ulaşır'**[994] hadisinden dolayı kimsenin seher vakti uyumayacağını zannederim.'

---

991 Kâf 50/39-40.

992 Ahmed b. Hanbel, V, 254; Heysemî, *Mecmau'z-Zevâid*, X, 104.

993 Zâriyât 51/18.

994 Tirmizî, Sıfatu'l-Kıyâme 18. Hadis sahihtir. Bk. Elbânî, *Silsiletu'l-Ehâdîsi's-Sahîha*, no: 2335.

Gecenin sonu olan seherde Allah'a ulaşma çabası, dünya ve ahiret yolculuğunu durdurur. Rivayet edildiğine göre, Eşter, gecenin sakin zamanında Ali b. Ebi Talib *radıyallahu anh*'ın yanına girdi. Ali *radıyallahu anh*, namaz kılıyordu. Eşter 'Ey mü'minlerin emiri! Gündüz oruç, gece (Allah'ı zikirden dolayı) uykusuzluk. Bunların arasında yorulmuyor musun?' diye sordu. Ali *radıyallahu anh* namazını bitirince şöyle dedi: 'Âhiret yolculuğu uzundur; (bu yolculuk) gece ilerlemekle kat edilebilir.'

Habîb'in -Ebu Muhammed el-Fârisî- hanımı, onu geceleri uyandırır ve şöyle derdi: 'Kalk ey Habîb! Şüphesiz yol uzak, azığımız azdır. Salihler kafilesi önümüzden geçti gitti, biz kaldık..."[995]

Erken Vakitlerde Zikretmenin Önemi

İbn Kayyim, erken vakitlerde işe başlamanın önemini anlatırken, bu vakitleri uyku ile kaçırmaya karşı bizi uyarır. O, şöyle diyor: "Sabah namazından sonra güneş doğuncaya kadar uyumak, onların hoş görmediği bir şeydi. Çünkü o, ganimet zamanıdır. Bu zamanda Allah'a yaklaşma çabaları, bu yolu tutanlara göre büyük bir ayrıcalıktır. Hatta geceler boyunca bunu yapabilecek olsalardı, güneş doğana kadar bu zamanda oturmazlardı. Çünkü seher vakti, gündüzün başlangıcı ve anahtarı; rızıkların indiği, nasiplerin paylaştırıldığı, bereketin geldiği zaman dilimidir. Gündüz ordan başlar. Bütün insanların hükmü, bu vakitteki durumlarına göre uygulanır. Bu nedenle bu vakitlerdeki uykunun, mecburi bir uyku olması gerekir."[996]

---

995 Bk. *el-Mehacce fi Seyri'd-Delce*, s. 65-67.

996 *Tehzîbu Medârici's-Sâlikîn*, s. 248.

Bu zamanın değeri ve bu zamanda Allah'a yaklaşma çabasının öneminden dolayı, bu anları Allah'ı zikirle geçirme konusunda ısrarlı bir teşvik görürüz. Enes *radıyallahu anh*'dan rivayet edildiğine göre, Rasûlullah *sallallahu aleyhi ve sellem* şöyle buyurmuştur: ***"Her kim sabah namazını cemaatle kılar sonra namaz kıldığı yerde oturup güneş doğuncaya kadar Allah'ı zikreder sonra da iki rekât namaz kılarsa, bir hac ve umre yapmış gibi sevap kazanır. Tam (bir ecir)! Tam (bir ecir)! Tam (bir ecir)!"***[997]

İbn Kayyim şöyle demiştir: "Bir defasında Şeyhulislâm İbn Teymiyye ile sabah namazını kıldım. Namazdan sonra Allah Teâlâ'yı zikretmek için oturdu. Ardından bana baktı ve 'Bu benim öğle yemeğim! Eğer gıdamı almazsam, gücüm azalır...' dedi (ya da buna benzer bir şey söyledi)."[998]

Vakitlerin Sırları Konusunda Bir Not

Dihlevî şöyle demiştir: "Yeryüzünde ruhaniyetin yayılmasına neden olacak bazı vakitlerin olması, zarurat-ı diniyyedendir. Gece vakti, bu konuda önemli bir örnektir. Bu zamanlardaki ibadetlerin kabulü ve duaların karşılığı için bundan daha uygun bir zaman yoktur. Bu zamanda en küçük bir çaba, melekler tarafından büyük bir kapının açılmasını sağlar."

Dihlevî daha sonra gece yarısından seher anına kadar bu zaman için bir örnek vermiş, ardından da şöyle demiştir: "Bu zamanlarda, biraz öncesinde ya da biraz sonrasında, ruhanilik yayılır; bereket ortaya çıkar. Yeryüzünde bu zamanların,

---

997 Tirmizî, Salât 412. Tirmizî hadisin "hasen-sahih" olduğunu söylemiştir.
998 Bk. *el-Vâbilu's-Sayyib*.

ibadetlerin kabulü için en uygun zamanlar olduğunu bilmeyen hiçbir topluluk yoktur."[999]

Hasan el-Bennâ'nın Tavsiyesi

Hasan el-Bennâ diyor ki: "Ey aziz kardeşim! Her gün, öğle, akşam ve seher anlarında, temiz ruhunla Mele-i A'lâ'ya yükselebileceğin zamanlar vardır. Bu şekilde dünya ve ahiretin hayırlarını kazanırsın; önünde itaatler için fırsat oluşturan zamanlar, ibadet günleri, Yüce Kitab'ın ve Yüce Rasûl'ün seni yönlendirdiği yakınlaşma geceleri vardır. Bu zamanlarda gafillerden değil, zikredenlerden; uyuşuklardan değil, çalışanlardan olmaya gayret et. Zamandan faydalan! Çünkü zaman, kılıç gibidir; ertelemekten daha zararlı bir şey yoktur."[1000]

Cuma Günü Çalışmanın Önemi

Haftanın günleri içinde Cuma günü büyük bir değere sahiptir. Onda duaların karşılığının verildiği bir an vardır. Bu nedenle hepimizin bu ânı kaçırmaması gerekir. Rasûlullah *sallallahu aleyhi ve sellem* şöyle buyurmuştur: ***"Cuma gününde öyle bir an vardır ki, mü'min kul o anı denk getirerek Allah'a dua ettiği takdirde isteği mutlaka yerine getirilir."***[1001]

Nevevî şöyle diyor: "Cuma gününün tamamında, güneşin doğuşundan batışına kadar, duaların kabul edileceği zamana rast gelme ümidiyle duayı artırmak müstehabdır. Bu zamanın yeri konusunda birçok görüş ileri atılmıştır. Fecrin doğuşundan

999 *Ruhbânu'l-Leyl*, II, 32.

1000 *er-Rekâik*, s. 18.

1001 Buhârî, Talâk 24, Daavât 61.

434   ÖNCE İMAN

güneşin doğuşuna kadar diyenler olduğu gibi, zevâl vaktinden sonra ya da ikindi vaktinden sonra diyenler de vardır. Bunun dışında daha birçok görüş vardır."[1002]

Ahmed b. Hanbel der ki: "Duaların kabul edileceğinin umulduğu zaman konusundaki birçok hadis, onun ikindi namazından sonra olduğu yönündedir."

Hatta Fâtıma *radıyallahu anhâ* da bu zamanı gözetler, hizmetçisine güneşe bakmasını ve güneş batmaya başladığı zaman kendisine seslenmesini emrederdi. Ardından, güneş batıncaya kadar dua ve istiğfarda bulunurdu.[1003]

O hâlde bu gün çaba göstermemiz, bu güne özel bir program ayarlamamız ve en güzel kıyafetlerle mescidlere erkenden gitmemiz gerekir.

Evs b. Evs *radıyallahu anh*'dan rivayet edildiğine göre, Rasûlullah *sallallahu aleyhi ve sellem* şöyle buyurmuştur: ***"Kim Cuma günü (başını ve vücudunun geri kalan kısmını) yıkar ve gusleder, erkenden yola çıkıp (hutbenin evveline) yetişir, (bir şeye) binmeyip yürür, imamın yakınına oturur, susup (konuşmadan) hutbeyi dinlerse, evinden mescide attığı her adıma karşılık bir senelik oruç ve namaz ecri kazanır."***[1004]

1002 *el-Ezkâr*, s. 129.

1003 *İhyâu Ulûmi'd-Dîn*, I, 222.

1004 Ebu Davud, Tahâre 129; Nesâî, Cum'a 12, 19; İbn Mâce, İkâmetu's-Salât 80; Ahmed b. Hanbel, IV, 9, 10; İbn Hibbân, *Sahîh*, VII, 19; Hâkim, *Müstedrek*, I, 418. Ayrıca bk. Elbânî, *Sahîhu'l-Câmii's-Sagîr*, no: 6450.

Ramazan En Hayırlı Aydır

Ramazan ayı, en üstün aydır. Rasûlullah *sallallahu aleyhi ve sellem* şöyle buyurmuştur: *"Ramazan (ayı) girip çıktığı hâlde günahları affedilmemiş olan insanın burnu sürtülsün..."*[1005]

Ramazan ayında şeytanlar bağlıdır; ortam, namaz, zikir ve Kur'ân'la doludur. Bu tür bir atmosferde nefse sahip olmak, onu Allah'ın sevdiği ve hoşlandığı şeylere yönlendirmek kolaylaşır. Ramazan ayı, imanı uyarmak ve güçlendirmek için büyük bir araçtır. Ramazan ayının bütün anlarından ve dakikalarından faydalanabilmek için belirli programlar ortaya koyup iyi bir şekilde hazırlanmamız gerekir.

Hac ile Umreyi Birleştirin

Şartlar izin verdiğinde ve durumumuz iyileştiğinde, yolculuğumuzun Kâbe'ye ve Rasûlullah *sallallahu aleyhi ve sellem*'in mescidine olması gerekir. Rasûlullah *sallallahu aleyhi ve sellem* şöyle buyurmuştur: *"Hacla umrenin arasını birleştirin. Çünkü bunları birleştirmek, körüğün demirdeki pislikleri yok etmesi gibi günahları ve ihtiyacı yok eder."*[1006]

Hayır Zamanlarının Faydaları

Sonuç olarak, bu zamanlara has büyük ayrıcalıklar vardır. Bu zamanlar, kalbi güçlü bir şekilde uyarmak, tekrar canlandırmak ve Allah'a olan yolculuğunu başlatmak için hareket

---

1005 Tirmizî, Daavât 101; Ahmed b. Hanbel, II, 254.
1006 İbn Mâce, Menâsik 3. Hadis sahihtir. Bk. Elbânî, *Sahîhu'l-Câmii's-Sagîr*, no: 2899, *Silsiletu'l-Ehâdîsi's-Sahîha*, no: 1200.

noktası olabilecektir. Bu zamanlarda iman gözle görülür bir şekilde artar, nefis sakinleşir, ibadet fiillerini yapmaya alışır. Bu nedenle elimizdeki bu fırsatları kaybetmememiz gerekir.

SEKİZİNCİ KISIM
ORUÇ

Daha önce amele sevk eden etkenin iman ya da hevâ olduğuna işaret etmiştik. Kuşkusuz imanı uyandırmaya kalkıştığımızda, kalplerimizdeki imanı hevânın üstündeki bir dereceye ulaştırmayı ve amellerin de buna uygun bir şekilde gerçekleşmesini isteriz.

Önceden işaret ettiğimiz vasıtalar, iman kefesini artırmada etkilidir. Şu anda burada ifade edeceğimiz oruca gelince; o, nefis ve hevâ kefesini zorla ele geçirmede, böylelikle imanı artırmada etkilidir. Yüce Allah şöyle buyurmaktadır: *"Ey iman edenler! Oruç sizden önce gelip geçmiş ümmetlere farz kılındığı gibi size de farz kılındı. Umulur ki korunursunuz."*[1007]

O hâlde oruç, bedenin tüm ihtiyaçlarına hâkim olmak, dikenlerle ve engellerle kaplanmış yolun meşakkatlerine göğüs gerebilmek ve yeryüzünde Allah'ın metodunu yerleştirmek için kendilerine Allah yolunda orucun farz kılındığı ümmet için bir hazırlıktır ki, istekler ve arzular bölümüne yayılmıştır.[1008]

1007 Bakara 2/183.

1008 *Fî Zılâli'l-Kur'ân*, I, 167.

Çünkü oruç, irade için büyük bir eğitmen ve azgın nefisler için bir engeldir.

Orucun bir benzeri yoktur. Rasûlullah *sallallahu aleyhi ve sellem* şöyle buyurmuştur: *"Oruç tut! Şüphesiz onun (değer ve sevap yönüyle) bir benzeri yoktur."*[1009]

Oruç, hatalara kefârettir. Rasûlullah *sallallahu aleyhi ve sellem* şöyle buyurmuştur: *"Kişinin fitnesi ailesinde, malında, kendisinde (nefsinde), çocuğunda ve komşusundadır. Oruç, namaz, sadaka, iyiliği emretmek ve kötülükten alıkoymak bu fitneye kefâret olur!"*[1010]

Allah'ın şereflendirmesi ve meleklerin kendisine dua etmesi, oruç tutan kimse için yeterlidir. Rasûlullah *sallallahu aleyhi ve sellem* şöyle buyurmuştur: *"Şüphesiz Allah ve melekleri, sahura kalkan kimseye dua ederler."*[1011]

Oruç, cehenneme karşı bir kalkandır. Rasûlullah *sallallahu aleyhi ve sellem* şöyle buyurmuştur: *"Kim Allah yolunda bir gün oruç tutarsa, Allah onunla cehennem arasına, gökyüzü ile yeryüzü arası genişliğinde bir hendek koyar."*[1012]

Reyyân kapısından ancak oruçlular girer; oruç tutanların sonuncusu da girdiğinde, bu kapı kapanır.[1013]

1009 Nesâî, Sıyâm 43; Ahmed b. Hanbel, V, 248, 249, 255, 257, 264; İbn Hibbân, *Sahîh*, VIII, 211, 213.

1010 Buhârî, Mevâkîtu's-Salât 4, Zekât 23, Savm 3, Menâkıb 25, Fiten 17; Müslim, Fiten 26.

1011 Ahmed b. Hanbel, III, 12, 44; İbn Hibbân, *Sahîh*, VIII, 245. Hadis hasendir. Bk. Elbânî, *Sahîhu'l-Câmii's-Sagîr*, no: 1844.

1012 Tirmizî, Fezâilu'l-Cihâd 3. Hadis sahihtir. Bk. Elbânî, *Sahîhu'l-Câmii's-Sagîr*, no: 6333.

1013 *Salâhu'l-Ümme*, II, 447-449.

Doymanın Tehlikesi

Mikdâm b. Ma'dîkerib *radıyallahu anh*'dan rivayet edildiğine göre, Rasûlullah *sallallahu aleyhi ve sellem* şöyle buyurmuştur: ***"Âdemoğlu midesinden daha kötü bir kap doldurmamıştır. Âdemoğluna kendisini ayakta tutacak kadar yemesi (ve içmesi) yeterlidir. Eğer bu miktardan fazla yiyecek ise midesini üç kısma ayırsın; üçte birini yemeğe, üçte birini suya, üçte birini de nefesine (ayırsın)."***[1014]

Ebu Cuhayfe *radıyallahu anh*'ın şöyle dediği rivayet edilmiştir: "Yağlı etle birlikte buğday ekmeği yedim ve ardından Rasûlullah *sallallahu aleyhi ve sellem*'in yanına gittim. Aniden geğirdim. Bunun üzerine Rasûlullah *sallallahu aleyhi ve sellem* ***'Geğirtine engel ol (ya da durdur)! Şüphesiz dünyada en çok doyanlar, kıyamet günü en uzun süre aç kalacaklardır'*** buyurdu."[1015]

Halîmî şöyle dedi: "Bedenini ağırlaştırmadığı, uykusunu getirmediği ve ibadetine engel olmadığı sürece, kişinin helâl olan yiyecekleri yemesi gerekir. Açlığını giderecek miktarda yemesi gerekir. Yemek yemekteki amacı, ibadetle meşgul olmak ve bedenini bunun için güçlendirmek olmalıdır."[1016]

1014 Nesâî, *es-Sünenü'l-Kübrâ*, IV, 177, 178; İbn Mâce, Et'ime 50; Ahmed b. Hanbel, IV, 132. Hadis sahihtir. Bk. Elbânî, Sahih. *Sahîhu'l-Câmii's-Sagîr*, no: 5550.
1015 Tirmizî, Sıfatu'l-Kıyâme 37; İbn Mâce, Et'ime 50. Hadis hasendir. Bk. Elbânî, *Silsiletu'l-Ehâdîsi's-Sahîha*, no: 343.
1016 Beyhakî, *Şuabu'l-Îmân*, V, 22.

Açlığın Faydaları, Doymanın Zararları

İmam Gazzâlî, *İhyâ*'da, açlığın faydalarından ve doymanın zararlarından birçoğuna değinmiştir. Bunların bir kısmı şöyledir:

1. Kalbin saflığı, temizlikle parlaması, basiretli olması. Şüphesiz tokluk, ahmaklık oluşturur, kalbi ağırlaştırır. Hatta çocuk çok yemek yediğinde, hafızası çalışmaz; zihni bozulur, anlayış ve kavraması yavaşlar. Bu nedenle Lokman *aleyhisselâm*, oğluna "Oğlum! Mide dolduğunda düşünce uyur, hikmet dile gelmez, organların ibadete karşı soğur!" demişti.

2. Kalbin yumuşaması ve arınması. Açlık, kalbi gayretten tat alması ve zikirden etkilenmesi için hazırlar. Kalbin de ortaklığıyla zikreden nice dil vardır ki, kalp zikirden tat almaz ve ondan etkilenmez. Sanki onunla zikir arasında kalp katılığı vardır. Cüneyd şöyle demiştir: "Onlardan birinin gönlüyle arasında yemek torbası vardır, buna rağmen yalvarmaktan tat almak ister."

3. Boyun eğme ve itaat. Açlık, Allah Teâlâ'ya karşı gaflet ve azgınlığın başlangıcı olan kibir ve rahatlığı yok eder. Açlıkla itaatkâr kıldığı gibi hiçbir şey nefse boyun eğdiremez ve itaatkâr kılamaz. Onunla Rabbine karşı sakin bir hâl alır, O'ndan korkar, acizliği ve itaatiyle karşısında durur.

4. En büyük faydalarından biri de bütün isyankâr isteklerini kırması, kötülüğü emreden nefse hâkim olmasıdır. Şüphesiz bütün günahların başlangıcı, arzular ve güçtür. Arzuların ve gücün özü tokluktandır. Bunların azaltılması, bütün arzuları ve gücü zayıflatır. Saadet, kişinin nefsine hâkim olmasıyla, mutsuzluk ise nefsinin kendisine hâkim olmasıyla meydana gelir.

Âişe *radıyallahu anhâ* şöyle demiştir: "Rasûlullah *sallallahu aleyhi ve sellem*'den sonra ortaya atılan ilk bid'at, (tıka basa) doymaktır. Şüphesiz bir topluluk karınlarını (tıka basa) doyurduklarında, nefisleri bu dünyaya itaat eder."

Açlıkla en azından cinsel organın arzusu ve konuşma arzusu giderilir. Kuşkusuz aç kimse, lüzumsuz yere konuşmak için hareket etmez. Böylece gıybet, kötü söz, yalan, dedikodu vs. gibi dilin âfetlerinden kurtulur. Açlık, onu bütün bunlardan alıkoyar.

Cinsel organın arzusuna gelince; onun meydana getirdiği zarar ortadadır. Açlık, onun kötülüğünü engeller. Doyan bir kimse, cinsel organına hâkim olamaz. Allah korkusu onu engellese de gözüne hâkim olamaz. Çünkü göz de cinsel organ gibi zina eder. Bakışları konusunda gözüne hâkim olsa da düşüncelerine hâkim olamaz; rezil düşünceler aklına gelir. Şehvet nedenleriyle nefsin konuşması, o kimsenin yalvarmasına karışır, belki de bu, namaz kıldığı esnada onun aklına gelir.

5. Uykuya neden olur. Çünkü doyan kimse, çok içer; çok içen kimsenin de uykusu artar. Çok uyumak, ömrün boşa geçmesine, teheccüd namazlarının kaçırılmasına, ahmak bir karaktere ve kalp katılığına sahip olmaya neden olur. Ömür, en değerli maddedir; kulun sermayesidir, onunla ticaret yapar. Uyku ise ölümdür; çok uyumak, ömrü kısaltır ve uykunun teheccüd namazından üstün tutulmasına neden olur.

6. Az yemek, bedenin sıhhatli olmasını ve hastalıkları uzak tutmayı sağlar. Çünkü hastalıkların nedeni çok yemek yemektir. Sonra hastalıklar, ibadetleri engeller, kalbi karıştırır, zikretmekten ve düşünmekten alıkoyar. Hayatı çekilmez kılar, ilaç

ve doktora sürekli muhtaç hâle getirir. Oysa yemeği azaltmak, bütün bunlara engel olur.

7. İhtiyaçları azaltır. Az yemeye alışan kimseye, küçük bir miktar mal yeterli olur. Karnını tıka basa doyurmayı alışkanlık hâline getiren kimsenin karnı, kişiden ayrılmayan rakibi gibi olur. Her gün boğazına yapışır ve "Bugün ne yiyeceksin?" der."[1017]

Bir gün Ömer *radıyallahu anh* şöyle demiştir: "Oburluktan sakının! Çünkü oburluk, namaza karşı tembellik verir, bedene eziyet eder. Azığınızda orta yolu tutun. Çünkü bu, kötü yoldan uzaktır, beden için daha doğrudur; ibadete güç verir. Şehveti dinine üstün gelmedikçe, kişiyi hiçbir şey helâk etmez!"

Fudayl b. İyâz şöyle demiştir: "İki şey kalbi katılaştırır: Çok konuşmak ve çok yemek."

Lokman *aleyhisselâm*, oğluna şöyle demiştir: "Oğlum! Doyduktan sonra bir şey yeme! O şeyi köpeğe bırakman, yemenden daha hayırlıdır."[1018]

Abdulvâhid b. Zeyd şöyle demiştir: "Karnına hâkim olabilen, dinini güçlendirir. Dinini güçlendiren, salih ahlâkını güçlendirir. Midesinden dinine gelebilecek olan zararı bilmeyen kimse, ibadet edenler arasında kör kimse gibidir."[1019]

1017 *İhyâu Ulûmi'd-Dîn*, III, 134-140.
1018 *el-Âdâbu'ş-Şer'iyye*, III, 184-185.
1019 *Ruhbânu'l-Leyl*, II, 221.

Yeme ve İçmede Orta Yol

İbn Kudâme el-Makdisî şöyle diyor: "Zâhidlerden bazıları, yemeyi azaltma ve açlığa dayanma konusunda aşırıya gittiler. Yemede orta yol, istek olmasına rağmen eli yemekten çekmektir. Bu güzel tutumun sonucunu Rasûlullah *sallallahu aleyhi ve sellem* gösterir: **'(Kişi, midesinin) üçte birini yemeğe, üçte birini suya, üçte birini de nefesine (ayırsın).'**

Orta ölçekte yemek yemek, bedeni sağlıklı kılar, hastalıkları yok eder ki, bu da acıkıncaya kadar yemek yememeyi gerektirir. Sürekli olarak yemek yemeyi azaltmak, gücü zayıflatır. Bazı kimseler yemeklerini o kadar azalttılar ki, farzları yerine getiremeyecek hâle geldiler. Bilgisizlikleriyle bunun fazilet olduğunu zannettiler, oysa bu bir fazilet değildir. Kim açlığı övüyorsa, ifade ettiğimiz duruma işaret etmiştir.

Midenin arzusunu kırmakta izlenecek yol şöyledir: Sürekli olarak tıka basa doymayı alışkanlık hâline getiren kimsenin, işaret ettiğimiz orta yolda duruncaya kadar yemeğini zamanla azaltması gerekir. İşlerin en hayırlısı, orta olandır. Kendisini ibadetten alıkoymayacak şeyleri yemesi daha güzeldir. Bu, güçlü olmasına neden olur. O kişi, açlığı ya da tokluğu hissetmez. İşte o zaman bedeni sağlıklı hâle gelir, hedefi açığa çıkar, düşünceleri netleşir. Yemeği artıran kimsenin uykusu, aptallığı da artar. Bu, zihinlerdeki bulanıklığın artması sonucunda meydana gelir. Nihayet düşünme ve zikir melekesi kapanır, başka hastalıklara maruz kalır."[1020]

1020 *Muhtasaru Minhâci'l-Kâsıdîn*, s. 177-178.

En Hayırlı Yol, Muhammed *sallallahu aleyhi ve sellem*'in Yoludur

İbn Receb şöyle diyor: "Peygamber *sallallahu aleyhi ve sellem*, nefsinin hakkını vermede orta yolu izler, bu konuda son derece adalet gösterirdi. Bazen oruç tutar, bazen tutmaz; bazen namaz kılar, bazen uyur; bazen hanımlarıyla birlikte olurdu. Tatlı, bal, tavuk eti gibi güzel olan şeyleri bulduğunda yer, bazen de karnına taş bağlayacak kadar aç kalırdı. O, şöyle buyururdu: *'Rabbim, Mekke vadisini benim için altına çevirme teklifinde bulundu. Ben 'Hayır ey Rabbim! Bir gün aç kalıp bir gün doyayım. Aç kaldığımda sana yalvarır ve seni hatırlarım; doyduğum zaman da sana hamd eder ve şükrederim' dedim.'* Böylece o, kendisi için şükür, sabır ve rıza makamları arasında en üstün durumu seçmiştir."[1021]

Sonuç olarak, nefis azar; doygunluğu artıkça, dünyada kalma isteği de artar. Buna karşılık açlıktan daha güçlü hiçbir silaha boyun eğmez. O hâlde bizden istenen, -daha önce ifade ettiğimiz konuda âlimlerin söyledikleri gibi- kınanan tokluk seviyesine ulaşmamamız, nefse daha fazla hâkim olabilmek için her zaman açlık silahını kullanmamızdır. Bu nedenle, haftanın Pazartesi ve Perşembe günleri oruç tutmak ve buna devam etmek müstehabdır. Âişe *radıyallahu anhâ* ve Üsâme b Zeyd *radıyallahu anh*'ın rivayet ettikleri gibi Peygamber *sallallahu aleyhi ve sellem* o günlerde oruç tutardı."[1022]

İradesi dışında gelişen şartlar nedeniyle bu günlerde oruç tutamayan kimsenin, her ay üç gün oruç tutması gerekir. Allah,

---

1021 *Letâifu'l-Meârif*, s. 139-140.

1022 Tirmizî, Savm 44. Tirmizî hadisin "hasen-garib" olduğunu söylemiştir.

bir iyiliği on katıyla karşılar; o hâlde her ay üç gün oruç tutmak, bütün ayı oruçla geçirmek gibidir. Peygamber *sallallahu aleyhi ve sellem*, bu günlerde oruç tutar ve tutulmasını teşvik ederdi. Buhârî ve Müslim'de, Ebu Hureyre *radıyallahu anh*'ın şöyle dediği rivayet edilmiştir: "Dostum *sallallahu aleyhi ve sellem* bana üç şey tavsiye etti; ölünceye kadar onları bırakmayacağım: Her aydan üç gün oruç tutmak, duha namazı kılmak ve vitr namazını kılıp da uyumak."[1023]

Bunun yanı sıra, Arefe günü, Muharrem ayının dokuzuncu ve onuncu günleri, Şevval ayının ilk altı günü gibi oruç tutmayı unutmamamız gereken mübarek günler vardır. Aynı şekilde, Şaban ayında ve Zilhicce'nin ilk on gününde oruç tutmayı artırmamız gerekir.

[1023] Buhârî, Teheccüd 33, Savm 60; Müslim, Müsâfirîn 85. Bk. *Fıkhu's-Sıyâm*, s. 147-148.

DOKUZUNCU KISIM
DAVRANIŞ VE NEFİS TERBİYESİ
İLE İLGİLİ BİR KİTAP OKUMAK

Kalp, uykusundan uyandığında ve gafleti üzerinden attığında, çevresine bakmaya başlar. Uzun uykusu sonucunda başına gelen zararın büyüklüğünü hisseder, yola çıkmaya niyet eder ve kaçırdığı şeyleri yakalamak için çalışır.

Bu uyanık ve dikkatli olunan dönemde, Allah'a olan yolculuğumuza başlarken, yürüyeceğimiz yolun özelliklerini, karşılaşacağımız engelleri, dar geçitleri ve onları nasıl aşacağımızı bize gösteren bir kaynağa ihtiyaç duyarız. Tıpkı şairin dediği gibi:

"Bir topluluk yola koyulmuş

Hakka yardım etmek için, oysa ayrılıyorlar

Bu yolda onların bir rehbere ihtiyacı var

Yolu gören ve anlatan

Yolu gidip sonra dönecek

Ne almaları gerektiğini topluluğa haber verecek."

Kur'ân-ı Kerîm ve onda yer alan yolun özellikleriyle ilgili ayrıntılarla birlikte, önceki Müslümanların davranışlarından faydalanmak için, davranış ve nefis terbiyesi ile ilgili bir kitabın da bize eşlik etmesi gerekir.

Allah'a giden yolun fıkhından bahseden kitaplar az değildir. Fakat bunların çoğu mutasavvıfların sözlerini içerir. Bununla birlikte, saf iki kaynaktan, Kur'ân ve sünnetten uzak ve kapalıdırlar.

Bu kitapların çoğu, Allah'a ulaşan yola giren kimsenin, yakîn, tevekkül, şükür, sabır gibi kulluk anlamlarıyla donanmasından önce kalbindeki hastalıklardan soyutlanması anlamında, "Hoşa giden şeylere sahip olmaktan önce yalnızlık" sloganı üzerine kurulu bir metotla yazılmıştır.

-Pratik açıdan- bu yolda birçok zorluk vardır ve bunun meyvesi azdır. Çünkü kul, nefsini gözden geçirdiği her an, birtakım kusurlar ve afetler bulacaktır. Bunların herhangi birinden kurtulduğunda, bir başkasıyla karşılaşacak, hiçbir gün bunların tamamından kurtulduğunu iddia edemeyecektir.

Buna karşılık, -az olsa da- Kur'ân'ın birçok yerde işaret ettiği tezkiye konusunda peygamberlerin metodu üzere yazılmış kitaplar da vardır.

Bu metot, kalbe iman girdiğinde imanı nurlandırma prensibinden hareket eder. Zulüm, hevâ ve hastalık gibi karşılaştığı her şeyi yok eder; gücü oranında bâtıl şeylerden kurtulur.

Bu metodun sloganı, Yüce Allah'ın şu âyetidir: *"Bilakis biz, hakkı bâtılın tepesine bindiririz de o, bâtılın işini bitirir. Bir de bakarsınız ki, bâtıl yok olup gitmiştir."*[1024]

Gerçek kalbe girdiğinde bâtıl yok olur: *"Yine de ki: Hak geldi; bâtıl yıkılıp gitti. Zaten bâtıl yıkılmaya mahkûmdur."*[1025]

Bu kitapların bir kısmını İbnu'l-Cevzî, İbn Teymiyye, İbn Kayyim ve İbn Receb yazmıştır. Bu kitapların başında, İbn Kayyim'in, *Medâricu's-Sâlikîn Şerhu Menâzili's-Sâirîn* adlı kitabı gelir.

Bu kitabın birçok üstün özelliği vardır:

- Bu eserin sahibi, ilimdeki derinliği ve selef-i sâlihinin metodu üzere ilerleme konusunda öne çıkan bir konuma sahiptir.

- İbn Kayyim'in, sülûk ilminde uzun bir geçmişi vardır. O, okur, gördüklerinden ve yaşadıklarından bahsederdi. Bu yönüyle işittiklerini görmüş gibi anlatanlardan değildi.

- O, bu ilmi, bu ilme girmiş ve onu etkileyen diğer kültürlerdeki sakıncalı kısımlardan arındırmak için uğraştı. İbn Kayyim, kitabındaki tezkiye konusunda Kur'ân ve sünnetin yolunu izledi.

O şöyle diyor: "Bil ki, 'Lâ ilâhe illallah'ın nurları, bu nurların gücü oranında nefsi günahların ele geçirmesinden ve kaplamasından korur. Bu kelimenin nuru büyüdüğünde ve güçlendiğinde, gücü ve şiddeti oranında şüpheleri ve arzuları yok eder. Nihayet yakacağı hiçbir şüphe, arzu ya da günahın

---

1024 Enbiyâ 21/18.

1025 İsrâ 17/81.

olmadığı bir duruma ulaşır. İşte bu, Allah'a hiçbir şeyin ortak koşulmadığı tevhiddeki en samimi durumdur. Herhangi bir günah, arzu ya da şüphe nura yaklaşırsa, nur onu yakar. İmanının zirvesi, iyiliklerini çalan her yıldızdan korunmuştur. Bu arzular, her insan için mutlak olan gaflet ve dalgınlık dışında onun hiçbir şeyini çalamaz. Uyanıp kendisinden neyin çalındığını fark ettiğinde, onu kendisinden çalandan kurtarır ya da çabasıyla ondan kat kat fazlasını elde eder. Böylece o, asla hazinelerini insan ve cinlerden oluşan hırsızlara açıp kapıyı ardından kapatan bir kimse gibi olmaz."[1026]

Sahâbenin başına gelenleri düşünen bir kimse, onların üzerinde yürüdükleri ve Allah ile olan ilişkilerinde zirveye ulaştıkları metodun bu olduğunu görür.

Kur'ân da bunu destekler: ***"O, gökten su indirdi de vadiler kendi hacimlerince sel olup aktı. Bu sel, üste çıkan bir köpüğü yüklenip götürdü. Süs veya (diğer) eşya yapmak isteyerek ateşte erittikleri şeylerden de buna benzer köpük olur. İşte Allah hak ile bâtıla böyle misal verir. Köpük atılıp gider. İnsanlara fayda veren şeye gelince, o yeryüzünde kalır. İşte Allah böyle misaller getirir."***[1027]

Onlardan, nefislerinde olan hastalıkları araştırmaları istenmedi; aksine onlar, önlerine çıkan hastalıkları ve kayıpları ile ilgileniyorlardı. Fıtratlarıyla çatışan şeyleri tedavi ediyorlardı.

Urve b. Zübeyr *radıyallahu anh* şöyle demiştir: "Ömer b. el-Hattab *radıyallahu anh*'ı, omzunda bir su kırbasıyla

---

1026 *Tehzîbu Medârici's-Sâlikîn*, s. 187.

1027 Ra'd 13/17.

gördüm ve "Ey Mü'minlerin Emiri! Bunu yapman gerekmiyor!" dedim. Bunun üzerine Ömer *radıyallahu anh* "Dinleyerek ve itaat ederek heyetler bana geldiğinde, nefsime gurur geldi. Hemen onu kırmak istedim" dedi.

Rivayet edildiğine göre, Ebu Zerr *radıyallahu anh*, Bilal *radıyallahu anh*'ı renginden dolayı kınamıştı. Sonra pişman oldu ve kendisini önüne atıp yemin ederek "Bilal ayağıyla yanağıma basmadıkça başımı kaldırmayacağım!" dedi. Nitekim Bilâl dediğini yapıncaya kadar başını kaldırmadı.[1028]

Bir adam, Ömer b. Abdülaziz'e "Ne zaman konuşayım?" diye sordu. Ömer "Susmaktan hoşlandığında!" dedi. Adam "Ne zaman susayım?" diye sorunca da "Konuşmaktan hoşlandığında!" dedi. Ömer, bir mektup yazdığında, ondan dolayı gururlanınca onu yırttı ve "Allah'ım! Nefsimin şerrinden sana sığınırım!" dedi.

İbn Kayyim bu tutumu destekler ve şöyle der: "Bil ki, insan tabiatına en zor gelen şey, nefsin üzerine yerleşmiş olduğu ahlâkı değiştirmektir. Bunun için alıştırmalar yapmak zor, mücadele etmek güçtür. İnsanlar bunun için çalıştılar, ancak birçoğu bunu değiştirmeyi başaramadı."

Ardından şöyle diyor: "Bazı âlimlere bu meseleyi sorduğumda, bana şöyle dediler: 'Nefsin hastalıkları, yolcunun yolundaki yılanlar ve akrepler gibidir. Eğer yoldaki yılan ve akrepleri araştırır, onları öldürmekle meşgul olursa, durur ve asla yolculuğunu tamamlayamaz. Fakat amacı, onlardan uzak durmak ve onlara dönüp bakmamak olmalıdır. Eğer bu

---

1028 *Tehzîbu Medârici's-Sâlikîn*, s. 429.

yolda sana onlardan biri engel olursa, onu öldür ve yoluna devam et.'

İnsanların özellikleri, boş yere ve amaçsız olarak yaratılmamıştır. Bu özellikler, gülün, dikenin, meyvenin, ürünün sulandığı su gibidir. Bunlar birer korumadır, nefiste gizlenmiş olan özlerin sedefleridir. Peygamber *sallallahu aleyhi ve sellem*, Ebu Dücâne *radıyallahu anh*'ın saflar arasında çalımlı bir şekilde yürüdüğünü gördüğünde, **'İşte bu, Allah'ın buğzettiği yürüyüştür ama buradaki yürüme bunun dışındadır!'** demiştir. Bu özelliğin önünü nasıl açtığına bak! Bu alışkanlık, en güzel yerde meydana geliyor. Kınanan bu özelliğin nasıl bir kulluğa dönüştüğünü ve bir engelin nasıl ortadan kalktığını düşün.

Riyazette bulunan, riyazet, mücahede ve yalnız kalma yolu için çalışana yazıklar olsun! Bu, onun sadece hastalıklara, şüphelere ve sapıklıklara düşmesine neden olur. Şüphesiz nefislerin tezkiyesi, peygamberlere bırakılmıştır. Allah onları bu tezkiye için göndermiş, bu işi onlara yüklemiştir. Bunu, onların elinde bir davet, eğitim, açıklama ve irşad kılmıştır. Onlar, insanların nefislerini iyileştirmek için gönderilmişlerdir: **'Çünkü ümmîlere içlerinden, kendilerine âyetlerini okuyan, onları temizleyen, onlara Kitab'ı ve hikmeti öğreten bir peygamber gönderen O'dur.'**[1029]

Nefisleri arındırmak, bedenleri tedavi etmekten daha zor ve güçtür. Her kim, peygamberlerin getirmediği bir yalnızlık, riyazet ya da mücahede ile nefsini arındırırsa, o kimse nefsini kendi görüşüyle (kendi mantığıyla) tedavi etmeye çalışan hasta gibidir. Bilen bir doktorun yanında onun görüşünün ne

---

1029 Cuma 62/2.

kıymeti olabilir ki! Peygamberler, kalp doktorlarıdır. Onların yolunu ve ellerini tutmadan, onlara teslim olmadan nefisleri arındırmak ve düzeltmek imkânsızdır."[1030]

İbn Kayyim'in, kalp hastalıklarıyla olan ilişkide ortaya attığı metoda karşılık, bu metodun aksine yazılmış çok sayıda kitap vardır. Bu kitaplar, müritlerinden -örnek olarak- mallarını terk etmelerini hatta -iddialarına göre- kalplerinin dünyadan ayrılması için ondan kurtulmalarını ister. Aynı şekilde yollara çıkıp nefislerinin boyun eğmesi için insanlardan dilenmelerini ister.

Şeyh Muhammed el-Gazzâlî, bunu "Zillet Uygulamaları" olarak isimlendirir ve şöyle der: "Şüphesiz onlar, kendilerine tâbi olan kimseleri aşağılayıcı birçok yolla terbiye ediyorlar. Onlardan birinde gurur ya da kendisini büyük görmesine neden olan bir işaret gördüklerinde, nefsini kırıncaya ve başını eğinceye kadar ona cemaatin ayakkabılarını taşımak, onları korumak gibi bir görev veriyorlar. Böylece gerektiği şekilde Allah'a ibadeti açıklamış oluyorlar. Onlar bu uygulamalarla, o kimseyi bütün insanlara bir kul olması yönünde teşvik ediyorlar. Bu anlamsız olay, nefislerdeki duyguları kerametle öldürmek ve insanları alçaltmak için çaba gösteren sömürgecilerin arzusudur."[1031]

Akideyi Temizlemek

Medâricu's-Sâlikîn adlı kitabın özelliklerinden biri de bu eserin, selef-i salihinin inancı gibi şüphelerden uzak, saf ve

---

1030 Bk. *Tehzîbu Medârici's-Sâlikîn*, s. 418-420.
1031 *Mecelletu'l-Beyân*, sayı: 151. Rebîulevvel, 1421. Abdulaziz b. Muhammed'in "Takdîsu'l-Beşer" başlıklı makalesi. *Teemmulât fi'd-Dîn ve'l-Hayât*, s. 136'dan iktibasla.

temiz İslâm inancını ortaya koymasıdır. Bu konuda, bu saf-
lıkta inancı içeren maalesef çok az kitap vardır. Diğer birçok
kitapta, kapalı işaretler; şeriata uygunluğuna ya da muhale-
fetine bakılmayan rüya, ilham ve keşf ile ilgili konular gör-
mekteyiz.

İbn Kayyim şöyle diyor: "Şüphesiz onlar, kendilerine tâbi
olanlar için yeni zevkler ve duygular, şer'î hükümlere aykırı
sözler ortaya koyuyorlar. Bu bilgiler, onların inkâr edemeyece-
ği şeyler oluyor. Bu bilgiler konusunda, hükmün zahirini terk
ediyorlar ki, bu oldukça çoktur."[1032]

Kitap aynı zamanda, Ehl-i Sünnet ve'l-Cemaat inancına
aykırı, Kaderiye, Cebriye, Vahdet-i Vücûd inanışında olan
fırkalardan birçoğuna da cevap veriyor. Bu fırkalar yaygınlık
kazanmış olsa da bunların herhangi bir etkisini göremiyoruz.
Ancak yine de bunların fikirlerine karşı korunmak gerekir ki,
bir gün sahip olacağımız görüş şeytanın giriş kapısı olmasın.

Doğru Anlayış ve Öncelikler Fıkhının Netliği

Bu kitabın en önemli özelliklerinden biri de müellifi İbn
Kayyim'in -çeşitli şekillerde,- farzlarla ve görevlerle olan etki-
leşim konusunda dengenin ve orta yolun tutulmamasına karşı
yaptığı uyarılardır. Kulluğun üstünlüğü ile ilgili doğru ölçüyü
açıklamış ve nefsi ıslah etme iddiasıyla cihadın, iyiliği emretme
ve kötülükten alıkoymanın, insanların ihtiyaçlarını karşılamak
için çabalamanın terk edilmesine karşı uyarıda bulunmuştur.

O şöyle diyor: "Sonra 'Yalnız sana ibadet ederiz' ma-
kamındakilerin, ibadetin en faziletlisi, faydalısı ve tercihe en

---

1032 *Tehzîbu Medârici's-Sâlikîn*, s. 619.

şayan olanı konusunda takip ettikleri dört yol vardır. Bu konuda onlar dört gruptur:

Birinci Grup: Bunlara göre, ibadetlerin en faziletlisi, nefislere en meşakkatli ve en zor gelenidir. Bunlar nefislerine karşı mücadele eden ve nefislerine karşı zor kullanan kimselerdir.

İkinci Grup: Bunlar, 'İbadetlerin en faziletlisi dünyadan el etek çekmek, imkân dâhilinde dünyadan az faydalanmak, dünyaya önem vermemek ve dünyalık hiçbir şeyi çoğaltmamaktır' derler.

Bunlar da iki kısma ayrılırlar: Avam olanlar, zühdün bir amaç olduğunu zannederler, bunun için gayret sarf ederler, insanları bu düşüncelerine çağırırlar ve 'Bu, ilim ve ibadetten daha üstün bir derecedir' derler. Zühdü, dünyadaki her ibadetin başı ve gayesi olarak görürler.

Seçkinleri, zühdün amaç değil başka bir şeye vasıta olduğunu görenlerdir. Zühdden kastedilenin, kalbin tamamen Allah'a yönelmesi, niyetlerin bunun etrafında toplanması, kalplerin Allah sevgisiyle dolup taşması, kalplerin Allah'a dönmesi, Allah'a tevekkül edip Allah'ın razı olduğu şeylerle ilgilenmesi, kalp ve dille Allah'ın zikrine devam edilmesi ve kalbi her şeyden arıtarak murakabeye dalması gerektiği görüşündedirler.

Üçüncü Grup: Bunlar, ibadetlerin en faydalı ve faziletlisini içinde başkalarına faydası bulunan ibadetler olarak kabul edenlerdir. Bu tür ibadeti, faydası sadece kendine ait ibadetten daha faziletli görürler. Fakirlere hizmet etmeyi, insanların faydasına olan şeylerle ilgilenmeyi, onların ihtiyaçlarını gidermeyi, mal, makam ve faydalı şeylerle insanlara yardım etmeyi en faziletli ibadet olarak sayarlar. Buna yönelir ve bunun için çalışırlar. İbadet eden kimsenin öldüğünde amelinin kesileceği fakat faydalı şeylerle uğraşan kimsenin, kendisine nispet edilen fayda var oldukça amelinin kesilmeyeceği görüşünü delil getirirler. Peygamberlerin ancak halka ihsan etmek, onları hidayete erdirmek, dünya ve ahiretlerinde onlara faydalı olmak için gönderildiklerini, halvete çekilmek, insanlardan uzaklaşmak ve onlardan kaçmak için gönderilmediklerini söylerler. İşte bu yüzden Rasûlullah *sallallahu aleyhi ve sellem* ibadet amacıyla toplumdan uzaklaşmak isteyen bir grubu hoş karşılamamıştır.

Dördüncü Grup: Bunlar, 'İbadetlerin en faziletlisi, her vakte uygun bir şekilde, Rabbin rızası için çalışmaktır' derler. Buna göre, -mesela- cihad zamanı en faziletli iş, cihad etmektir. Cihad zamanı gece namazı kılmak, gündüz oruç tutmak gibi nafile ibadetleri ve virdleri terk etmek daha evlâdır. Hatta barış zamanında olduğu şekliyle kişinin farz bir namazı tamamlamaması bile mümkündür.

Yine misafir geldiği zaman -mesela- müstehab virdleri bırakarak, misafirle ilgilenmek ve onun hakkını yerine getirmek ibadetlerin en faziletlisidir. Eşinin ve çocuklarının hakkını yerine getirmek de böyledir.

Seher vakitlerinde üstün olan, namaz kılmak, Kur'ân okumak, dua ve zikr yapmak ve istiğfarda bulunmaktır.

Öğrenmek isteyeni yönlendirme ve cahili eğitmede en üstün olan, ilim öğrenmek isteyen kimseye yönelip onunla meşgul olmaktır.

Ezan vakitlerinde üstün olan, virdlerini terk etmek ve müezzine icabet etmektir.

Namaz vakitlerinde en üstün olan ibadet, en güzel şekilde namazları yerine getirmeye çalışmak, vaktin başından itibaren namaza yönelmek ve camiye gitmek üzere yola çıkmaktır. Eğer cami uzaksa namaz daha da faziletli olur.

Makam, beden ve mal yardımına ihtiyacı olan kimsenin mecbur kaldığı vakitlerde, ona yardım etmekle ilgilenmek, onun isteğine yardımcı olmak ve bu yardımı halvet ve virdlerine tercih etmek daha faziletlidir.

Kur'ân okuma zamanında en üstün ibadet, kalbin sanki Allah'la konuşuyormuş gibi Kur'ân'ın manaları üzerinde yoğunlaşması ve onları anlamaya çalışmasıdır. Böylece kalbini onu anlamaya ve düşünmeye iter, onun emirlerini yerine getirme niyeti taşırsın. Kur'ân'ın emirlerini yerine getirmeye niyet etmek, kişinin kendisine bir padişahtan mektup gelip de kalbinin onunla meşgul olmasından daha önemli bir iştir.

Arafat'taki vakfe zamanında yalvarmak, dua etmek ve zikirde bulunmak diğerlerinden daha faziletlidir.

Zilhicce'nin ilk on gününde ibadet etmek, özellikle tekbir, tehlil ve tahmidi çokça yapmak daha faziletlidir. Bu, belirlenmemiş bir cihaddan daha faziletlidir.

Ramazan'ın son on gününde mescidlere bağlı kalmak, halvet ve itikâfta bulunmak, toplum içinde olmaktan ve onlarla ilgilenmekten daha faziletlidir. Hatta birçok âlime göre, başkalarına ilim öğretmek ve Kur'ân okutmaktan da faziletlidir.

Müslüman kardeşini hastalığında ya da ölümünde ziyaret etmek, cenazesine katılmak halvetten daha faziletlidir.

İnsanların başına birtakım belalar geldiği ve eziyet gördükleri vakit, onlardan kaçmadan onların içinde kalarak gerekli sabrı göstermek daha faziletlidir. İnsanların verdiği ezaya sabretmek için onlarla içiçe olan mü'min, insanların ezasına dayanamayıp onların arasına karışmayan ve eziyet görmeyen mü'minden daha hayırlıdır.

Hayır için insanların arasına karışmak, onlardan uzaklaşmaktan daha hayırlıdır. Kötülükte onlardan uzaklaşmak, kötülükte onların arasına karışmaktan daha hayırlıdır. Kişinin insanlarla beraber olmasının kötülüğü yok edeceği veya azaltacağı bilinirse, o vakit insanların arasına karışması, onlardan uzaklaşmasından daha hayırlı olur.

Her zaman ve durumda en faziletli olan amel, o zaman ve durumda Allah'ın razı olduğu şeyleri tercih etmek, o vakte uygun vazifeleri gerektiği şekilde yerine getirmektir.

İşte bunlar mutlak ibadet ehlinin ta kendileridir. Bunlardan önceki gruplar ise, sınırlı ibadet ehlidirler. Bunlardan birisi ilgilenmekte olduğu ibadetin dışına çıkıp ibadetini bıraktığı zaman sanki ibadetini noksan yapmış ve terk etmiş gibi olur. Çünkü bu kişi Allah'a tek bir açıdan ibadet etmektedir. Sırf ibadet ehlinden olan biri ise böyle değildir. Onun gözünde ibadet sadece başkalarına tercih edeceği bir işten ibaret değildir, aksine onun amacı nerede olursa olsun Allah'ın razı olduğu şeyleri araştırmak ve peşinden koşmaktır. Kulluğunun mihveri Allah'ın rızasıdır. O kulluğun mertebeleri arasında dolaşır durur, ne zaman önüne bir menzil çıksa o menzile ulaşmak için gayret eder, başka bir mertebeye ulaşıncaya kadar öncekiyle meşgul olmaya devam eder. Onun bu azmi ve gayreti amacına ulaşıncaya kadar sürer. Âlimleri görsen, onu da onlarla beraber görürsün, sadık ve muhsin kimseleri görsen, onu da yanlarında görürsün."[1033]

Kur'ân Doğruya Ulaştırır

İbn Kayyim, Allah'a giden güvenli yolun Kur'ân'da açık olduğunu ifade eder ve şöyle der: "Bil ki, korku; sakınma, sığınma ve kısa emel sahibi olma sonucunu verir; imanın gücü, zühd meyvesini verir. Marifet; sevgi, korku ve ümit verir. Kanaat, rıza; zikir, kalbe canlılık verir. Bütün bunlara sahip olmak, şu iki şeyi meydana getirir: Birincisi, kalbinin dünyadan uzaklaşıp ahiret yurdunda sakinleşmesini sonra Kur'ân'ın bütün anlamlarını kabul edip onları düşünmeni, kastedilenler üzerinde kafa yormanı, kendin için inenleri kabul etmeni, her âyetten nasibini ve payını almanı ve kalbinin hastalığı için bunları uygulamanı sağlar.

Bu, kısa, yakın ve kolay bir yoldur; Refik-i A'la'ya ulaştırır. Güvenlidir; bu yolda yürüyen kimse ne bir korku hisseder ne de bir azar işitir. Ne açlık ne susuzluk hisseder. Bu yolda, diğer yollarda olduğu gibi birtakım zararlar yoktur. Bu yolu Allah korumaktadır ve bu yolda ilerleyenlere de vekildir. Onları gözetir, onları savunur. İnsanların yollarını, bu yolların kötülüklerini, zararlarını ve eşkiyalarını bilmeyen, bu yolun değerini takdir edemez."[1034]

1033 Bk. *Tehzîbu Medârici's-Sâlikîn*, s. 70-73.

1034 *Tehzîbu Medârici's-Sâlikîn*, s. 293.

İnsanlarla İlişki İçinde Olma Fıkhı

O, seviyelerinin farklılığından dolayı insanlarla ilişki tarzlarının farklı olmasının gerekliliğini açıklar ve şöyle der: "Allah'a yönelmesi ve Allah'ı hatırlaması zayıfladığında, kulun nasihate -tergib ve terhibe- olan ihtiyacı artar. Allah'a yönelmesi ve Allah'ı hatırlaması güçlendiğinde, zikre, korkutulmaya ve yönlendirilmeye olan ihtiyacı kalmaz. Fakat onun iyiliği emretme ve kötülükten alıkoymaya şiddetli ihtiyacı olur. Çünkü Allah'ı hatırlayan ve Allah'a yönelen kimse, emirlere ve yasaklara son derece ihtiyaç duyar. Gafil kimse ise, korkutma ve yönlendirmeye ihtiyaç duyar. Büyüklenen kimse ise, nefsiyle mücadeleye ihtiyaç duyar."[1035]

Dünyayı Terk Etmenin Zararı

Kitabın farklı yerlerinde İbn Kayyim, dünyayı terk etmenin zararlarını açıklar ve şöyle der: "Onu -yani dünyayı- terk ettiğinde, melek değil insan olduğundan, kalbi yaptıklarına, kazandıklarına, yaşadığı yere ve muhtaç olduğu şeylere bağlanır. Böylece dünyadaki nasibini ve bildiklerini terk ettiğinden nefsiyle şiddetli bir çatışma içine düşer. Bu, yolu iyice anlamayan kimsenin yaptığıdır. Bilen ve yolu anlayan kimseye gelince; bir lokma dahi olsa onu geri verir. Havladığında köpeğe bir kırıntı verildiği gibi. Zamanını, çabasını ve savunmasını bunun için harcamaz; bunun yerine onun ve üzerinde hakkı olup isteyen kimselerin hakkını verir.

Bu, Rasûlullah *sallallahu aleyhi ve sellem*'in yoludur. Bu, yolu tanıyan ârif kimselerin yoludur. Nitekim Peygamber *sallallahu aleyhi ve sellem* şöyle buyurmuştur: **'Şüphesiz nefsinin**

1035 *Tehzîbu Medârici's-Sâlikîn*, s. 239-240.

senin üzerinde hakkı vardır. Rabbinin senin üzerinde hakkı vardır. Eşinin senin üzerinde hakkı vardır. Misafirinin senin üzerinde hakkı vardır. O hâlde, her hak sahibine hakkını ver...'"[1036]

Kasvete Hayır!

İbn Kayyim'in bahsettiği ince noktalardan biri de Allah'a giden yolun, yumuşaklığı ve inceliği ortadan kaldırmadığıdır. Şöyle diyor: "Kul, durumuna hâkim olduğunda ve nefsini Allah ile birlikte olmaya ikna ettiğinde, insanlarla senli benli olur. İnsanlar onunla samimiyet kurar, o da insanlarla konuşur. Onlara olan sevgisini açığa vurur, sakin davranır. Kalpler onun sevgisi, yumuşaklığı ve inceliği ile dolar. Çünkü insanlar sertlikten kaçarlar, isterse dinin ifade ettiği bir konuda gösterilmesi gereken sertlik olsun... Allah, kalplerden yumuşaklığı ve inceliği çeker, o kimseyi kötülüklere karşı korur. Başkaları için zor olan şeyleri ona kolaylaştırır. Sıkıcılık ve kasvet, Allah dostlarının bir özelliği değildir. İhlâslı ve sadık kalplere sıkıcı gelen bir kimsede kalp hastalığı vardır. Çünkü bu yol, kalplere tatlılık, yumuşaklık ve incelik katar. Bu yoldaki sadık kimsenin, insanların en tatlısı, en yumuşak huylusu ve incesi olduğunu görürsün. Onda kasvet ve kederli bir tabiat yoktur. Hayvanî bir kişilikten sonra ruhanî ve semaî bir şahsiyet kazanır. Onu yakın ilişkilerde insanların en üstünü, en yumuşak huylusu, kalp ve ruh olarak en incesi görürsün..."[1037]

Bu nedenle kitapta, okuyucuyu etkileyen anlamlar ve tabiî güzelliklerle süslenmiş bir yapı ortaya çıkar. Kitapta, bid'at ve

---

1036 Buhârî, Savm 55. Bk. *Tehzîbu Medârici's-Sâlikîn*, s. 472-473.
1037 *Tehzîbu Medârici's-Sâlikîn*, s. 576.

vahdet-i vücud taraftarlarına karşı birçok reddiye gizli olarak verilmiştir. Fıkhî, lugavî açıklamalar, İsrailiyyattan geçmiş birtakım görüşler, zayıf hadisler ve tekrarlanmış ifadeler yoktur.[1038]

1038 *Tehzîbi Medârici's-Sâlikîn*, Mukaddime, s. 9-10.

ONUNCU KISIM
TERBİYE VE EĞİTİM
ORTAMLARINA KATILMAK

Yüce Allah, Peygamberi'ne hitaben şöyle buyurmaktadır: *"Sabah-akşam Rablerine, O'nun rızasını dileyerek dua edenlerle birlikte candan sebat et. Dünya hayatının süsünü isteyerek gözlerini onlardan çevirme. Kalbini bizi anmaktan gafil kıldığımız, kötü arzularına uymuş ve işi gücü aşırılık olan kimseye boyun eğme."*[1039]

Kalpleri canlandırmak ve uyanıklığını devam ettirmek için en önemli vasıtalardan biri de anlatılan şeyleri uygulamada kula yardımcı olacak iyi bir ortamın ve salih bir çevrenin varlığıdır.

Şüphesiz materyalizm kuvvetli ve insanların dünyaya olan eğilimleri güçlüdür. Müslümanın bütün bunlara karşı çıkması ve bu tehlikeler karşısında erimemesi için elini Allah'ın rızasına ulaşmak isteyenlerin elinin üstüne koyması gerekir ki, böylece âyette ifade edilen şu duruma ulaşabilsin: *"Kenetlenmiş bir yapı gibi saf bağlayarak..."*[1040]

1039 Kehf 18/28.
1040 Saf 61/4.

Tek Başına Yürümenin Tehlikeleri

Kulun, tek başına Allah'a ulaşmaya çalışması ve işaret ettiğimiz birçok vasıtayı tek başına uygulamaya kalkışması son derece tehlikelidir. Bu tehlikelerin birkaçı şöyledir:

- İnsan tabiatı, bir durumda sabit kalamaz. Nefsin gidişgelişi, azmi ve sakinliği, güçlü ve zayıf anları vardır. Nefis, karşı karşıya kaldığı zayıflık ve sakinlik durumlarında, kişinin dünyaya güvenmesinden, tek başına yürüdüğünde geriye dönmesinden korkar. Ancak kardeşleriyle birlikte olduğunda, onlar onu bu tür bir duruma terk etmezler hatta onun elinden tutarlar, onu yolda desteklerler. Böylece daha önceki niyet ve canlılığına geri döner.

- İnsan, diğer insanlarla ilişki içinde olmadıkça, nefsinin tabiatını bilemez.

Muhammed Kutub şöyle diyor: "Topluluk içinde olmadığı sürece, insanın doğru nefis ve ahlâk yapısını tamamlaması mümkün değildir. Diğer insanlarla zorunlu bir iletişim nedeniyle, kendiliğinden gelişen bir şekilde insanın toplumsal yapısı ortaya çıkar. Eğitimcinin, kişinin varlığını desteklemek için ilişki tarzlarını gözlemlemesi, sapkınlık olmayan şeyi güçlendirmesi ya da doğru olduğunu gördüğü şeyi sabit kılması mümkündür. Böylece şartlar, duygular ve vicdana baskı yaptığında, sapması için bir mazeret teşkil etmez. İnsanın sosyal ilişkilerde yumuşak olduğu açıktır; ilk bakışta, sınırlı bir ilişki içinde olduğunda, birtakım özelliklerle donanmıştır ya da bazı fırsatlar yakalamış olmasına rağmen güzel huylara sahip olmamıştır. Burada kişiliği öne çıkmaya gerek görmez. Sonra kabalık ya da sertlikle, yüksek bir bencillikle, yönetme eğilimiyle ya da diğerlerine yardımcı olmasına engel olan bir tembellikle karşılaşır. Bu şartlar oluştuğunda, insan, kişiliğinin hakikatini ortaya çıkarmaya mecbur kalır. Özellikle darlık ve zorluk şartlarında. Bunlar, insanı ortaya çıkaran en güçlü şeylerdir. Bu nedenle eğitimci, eğittiği kimseyi toplum içinde görmedikçe ve davranış tarzını gözlemlemedikçe onun tabiatını anlayamaz. Bunu gördükten sonra, eğittiği kimsenin nefsinde düzeltilmesi gereken şey için çabalar."[1041]

- Tek başına yola çıkmanın tehlikelerinden biri de bineğinin şeytan ve askerleri tarafından kolaylıkla ele geçirilmesidir. Bu nedenle kul, Rabbine her yaklaştığında şeytanın savaşı ve ona yaptığı hücumlar şiddetlenir; saldırılar birbirini izler.

İbn Kayyim şöyle diyor: "Allah'ın emrettiği her şeye karşı şeytanın ortaya attığı iki eğilim vardır: Ya azaltma ve ihmalkârlık ya da artırma ve aşırı gitme. Şeytan, her iki hatadan hangisiyle kulu elde ettiğine bakmaz. Bazen kulun kalbine girer ve bir emri ona zor gösterir. Eğer onda bir gevşeklik veya sakinlik ya da yılgınlık ve samimiyetsizlik bulursa, onu bu planla ele geçirir. Onu engeller ve oturtur; ona tembellik, yılgınlık ve sakinlik verir. Ona birtakım te'vil, ümit ya da başka kapılar açar. Nihayet kul emredilen şeylerin tamamını terk eder. Eğer onda bir ciddiyet ve uyanıklık, çaba ve gayret görürse, onu bu kapıdan ele geçirme konusunda ümitsizliğe düşer. Ona daha fazla çaba göstermesini söyler ve bunun kendisi için yeterli olmayacağı, amacının bundan daha yüce olması şeklinde vesveseler verir. Ona, amelde bulunanlardan daha fazla amelde bulunmasını, onlar uyuduğunda uyumamasını, onlar oruç tuttuklarında tutmamasını, tutmadıklarında tutmasını fısıldar. 'Onlardan biri ellerini ve yüzünü üç defa yıkıyorsa,

---

sen yedi defa yıka! Bir kimse namaz için abdest aldığında, sen namaz için gusül abdesti al' gibi aşırılıkları emreder. Önceki kişiyi, Allah'a yaklaşmaması için kendisinden daha az amelde bulunanları göstererek gevşekliğe yönelttiği gibi bu kimseyi de aşırılığa ve sınırı aşmaya, sırat-ı müstakimi çiğnemeye çağırır. İnsanların çoğu bu şekilde saptırılmıştır. Derin bir ilmi, imanı, şeytanla çarpışacak gücü ve buna uygun bir çevresi olmadıkça kimse bundan kurtulamaz."[1042]

Şeytanın, Allah'a giden yoldaki kulun kalbine giriş yerlerinden biri de kader, cebr, ihtiyar vb. konularda ona şüphe vermeye çalışmasıdır. Bunda ısrar ettiğinde, kulun inancını sarsar.

İçimizden birinin tüm bu şeylere karşı sığınması gereken kale, bu vesveselere düşmemeye özen göstermesi, ilimle korunması, sahih inancı -selef-i salihinin inancını- öğrenmesi ve ilim ve hayır ehli kimselerle arkadaş olmasının yanı sıra, sürekli olarak Allah'a sığınması, O'na tutunması ve şeytandan uzaklaşmak için Allah'ın kendisine yardım etmesi konusunda ısrar etmesidir.

- Tek başına yola çıkmanın tehlikelerinden biri de işaret ettiğimiz vasıtalardan çoğunun diğer kimselerin yardımıyla gerçekleşebileceği ve bunları uygulamak için uygun ortamın bulunmasının gerekliliğidir.

Buna ilave olarak, tek başına yola çıkan kimse, yolun başlangıcında, özellikle ilişkisini kesemeyeceği hayatî sorumluluklar gibi birtakım zorluklarla karşılaşabilir. Bu nedenle, kâğıtlarını düzenleyecek, hayatında herhangi bir bozulma meydana gelmeden dengeli bir şekilde bu vasıtaları uygulayabilmek için uygun planlar yapabilecek birine ihtiyaç duyar.

1042 *el-Vâbilu's-Sayyib*, s. 25.

- Kul, şüphelere ve bid'atlere düşmekten kendisini koruyacak şer'î bir ilme ihtiyaç duyar. Bu ilmi, metodolojik bir yolla, aşama aşama ve dengeli olarak öğrenmesi gerekir. Bunun yanında, anlayamadığı ince anlamları açıklayacak ya da kendisine sorduğu soruları cevaplayacak veya pratik uygulamalarla bu ilmin üslubunu kendisine gösterecek bir mercinin varlığı şarttır.

Kulun bu zamanda ihtiyaç duyacağı en önemli ilimler, öncelikler fıkhı ve amellerin dereceleridir. Bunları bilmemesi hâlinde üstün olan ameli terk eder ve talî olan ameli yerine getirir.

Mesela; bazı ibadetleri yerine getirmekte nefsî bir rahatlık hisseder. Bu, doğrudan kalpte bir etki oluşturur. Böylece bunu yerine getirdiği sırada imanın tadını hisseder. Sonuç olarak bu amele olan ilgisi, kalbinde herhangi bir rahatlık hissetmediği diğer amellerle kıyaslandığında artar. İhtiyaç sahibine yardım etmek, iyiliği emretmek ve kötülükten alıkoymak gibi.

İbn Teymiyye şöyle diyor: "Akıllı kimse, iyiyi kötüden ayırt eden değildir. Akıllı kimse, iki iyiden daha iyi olanın ve iki kötüden daha kötü olanın farkına varabilendir."[1043]

Bu tür bir ilim ise, kişinin tek başına elde etmekte zorlanacağı bir ilimdir.

Çağımızda Eğitim ve Terbiye Ortamlarının Önemi

Eğitim ve terbiye ortamlarının bazı faydaları şöyledir: Bu ortamlar, tek başına yürüme tehlikelerinden kulu korumak için her zaman ve her yerde zorunlu bir öneme sahip olmuştur.

1043 *Mecmûu Fetâvâ*, XX, 54.

Hatta bu zamanda, bir gereklilik olarak kabul edilebilir. Peki niçin?

Çünkü ümmet parçalandı, enkaz hâlini aldı. Hilâfet kaldırıldı, İslâm'ın belirtilerinin çoğu yok oldu. İnsanlar dinlerinden uzaklaştı, düşüncelerinden ve hayat tarzlarından saptılar.

Müslüman sadece nefsini düzeltmek istemez; aksine diğer insanları da düzeltmek için uğraşır. Yine iyiliği emretmek, kötülükten alıkoymak ve Allah'ın şeriatını ve dinini yeryüzüne hâkim kılmak gibi bir görevi vardır.

Bütün bunlar, namaz kılsa ve oruç tutsa da kendisinin muaf tutulmayacağı görevlerdir. Hatta var olanı değiştirmek, İslâm devletini kurmak, hilafeti geri getirmek, işgal edilmiş Müslümanların topraklarını geri almak, Yahudileri Filistin'den atmak ve Mescid-i Aksa'yı onların pisliklerinden kurtarmak için gayret göstermesi gerekir.

Allah'ın bu ümmete fedakâr kalplerdeki ümidi canlandıracak Rabbânî bir müceddit göndermesi ve bu görevleri yerine getirmek için açık bir düşünce ortaya koyması kullarına olan rahmetindendir.

Hasan el-Bennâ, çevresindeki duruma baktı ve zamanında var olan davet metotlarını inceledi. Bu metotların bazı şeylerle ilgilenirken, diğer şeyleri terk ettiğini gördü. Bir kısım davetçiler, nazarî görüşler üzerinde yoğunlaşmış ve uygulama alanını bırakmışlardı. Oysa ilim ve amelin birbirinden ayrılması, Allah'ın bu davetlerdeki metotlarda varlığını yasaklamış olduğu bir halka idi.

Ümmetin durumunu inceledikten sonra birey düzelmedikçe ümmetin düzelmeyeceği, bireyin de ancak eğitimle düzelebileceği sonucuna vardı.

O, risâlelerinden birinde şöyle diyor: "Şüphesiz İhvan'ın amacı, hayatın her alanında, İslâm'ın sahih öğretileriyle ümmeti İslâm'ın boyasıyla boyamak için çalışan, mü'minlerden yeni bir nesil oluşturmakla sınırlıdır: *'Allah'ın (verdiği) rengiyle boyandık. Allah'tan daha güzel rengi kim verebilir?'*[1044] Onların bu konudaki araçları, umumî örfü değiştirmek ve bu öğretilere göre davete yardım edenleri eğitmekten ibarettir. Böylece bu amaca tutunma ve bunun için çalışma konusunda diğerlerine örnek oldular."[1045]

O hâlde eğitim yolu, ümmeti diriltecek, karşısındaki engelleri azaltacak tek yoldur. Niçin olmasın ki? Onun arkasındaki hedef, kendisi için savaşacak ve destek olunacak yeni bir ümmet oluşumudur.

O şöyle diyor: "Ey kardeşler! Siz oluşum dönemindesiniz. Sahte bir görüntü, tam bir hazırlık yapmanız konusunda sizi oyalamasın. Zamanınızın yüzde doksanını bu oluşum için harcayın, nefislerinize dönüp bakın! Kalan yüzde onu ise, çevrenizdeki işler için harcayın! Tâ ki dönüşünüz güçlü, hazırlığınız tam olsun! İşte o zaman Allah, kavminize karşı sizin kalplerinizi açacaktır ki, O, açanların en hayırlısıdır!"[1046]

1044 Bakara 2/138.

1045 Bk. *Mecmûatu Resâili İmam eş-Şehid Hasan el-Bennâ*.

1046 Dekhaliyye ilindeki kardeşlere hitap. *el-Muctemeu'l-Kuveytiyye* dergisinden.

O şöyle diyor: "Şüphesiz bizim savaşımız, eğitim savaşıdır!"[1047]

Yine şöyle diyor: "İlk görevimiz, nefislerimizle uğraşmaktır; o hâlde nefisleriniz için çaba gösterin!"[1048]

Eğitim ve Terbiyenin Anlamı

İmam Beydâvî, *Tefsîr*'inde şöyle diyor: "Terbiye, bir şeyi adım adım mükemmele ulaştırmaktır."

Râgıb el-İsfehânî'nin *Müfredât*'ında şöyle denilmiştir: "Terbiye, bir şeyi yavaş yavaş kemâl noktasına getirmektir."[1049]

Terbiyenin diğer bir anlamı da teorik bilgiyi fiilî davranışlara çevirmektir. Bu nedenle teorik bilgileri, fiilî gerçeklere dönüştürecek bir kimse bulunmadığı sürece bu bilgiler kâğıtlara hapsolmaya mahkûm olacaktır.

Terbiye ve eğitim, peygamberlerin en önemli görevlerindendir.

İbrahim *aleyhisselâm*'ın duası şöyle idi: ***Ey Rabbimiz! Onlara, içlerinden senin âyetlerini kendilerine okuyacak, onlara kitap ve hikmeti öğretecek, onları temizleyecek bir peygamber gönder. Çünkü üstün gelen, her şeyi yerli yerince yapan yalnız sensin.***[1050]

1047 *A.g.e.*

1048 *A.g.e.*

1049 Nehlavî, *Usûlu't-Terbiyeti'l-İslâmiyye*, s. 13.

1050 Bakara 2/129.

Dua üzerinde düşünen bir kimse, İbrahim *aleyhisselâm*'ın, duasında tezkiyeden önce terbiye ve eğitime önem verdiğini, çünkü insanların her ikisine de ihtiyacı olduğunu görür.

Peygamberlerin görevlerinden bahseden diğer âyetlerde de önemini ortaya koymak için tezkiyenin terbiyeden önce yer alması gerektiği ifade edilir. Yüce Allah şöyle buyurmaktadır:

"Nitekim kendi içinizden size âyetlerimizi okuyan, sizi kötülüklerden arındıran, size Kitab'ı ve hikmeti talim edip bilmediklerinizi size öğreten bir Rasûl gönderdik."[1051]

"Çünkü ümmîlere içlerinden, kendilerine âyetlerini okuyan, onları temizleyen, onlara Kitab'ı ve hikmeti öğreten bir peygamber gönderen O'dur. Kuşkusuz onlar önceden apaçık bir sapıklık içindeydiler."[1052]

Şüphesiz birçok insana göre ilimle amel etmek, devamlılık ve kesin bir niyet gerektirir. Nitekim birçok yönlendirmeler işittik, birçok konferanslara katıldık; bütün bunlara rağmen çoğumuz değişmedik. Çünkü büyük bir çoğunluğumuz elinden tutacak ve öğrendiğiyle amel etmesi konusunda kendisine yardım edecek birini bulamadı.

Geçmiş kalıntılar ve kökleşmiş âdetlerden oluşan nefsi değiştirmek için zihnen inanmak yeterli değildir. Karakterimizin bir özelliği olması için, güzel ahlâk olgularını ve gereklerini bir ya da iki kez yerine getirmek için uğraşmak da yeterli değildir. Bu kesin inançtan sonra bu ahlâkı edinmek için uzun bir

---

1051 Bakara 2/151.

1052 Cuma 62/2.

uğraş gerekir ki, bilinçaltına yerleşebilsin. Böylece yaptığımız fiiller bundan sonra düşünmeye gerek duymadan, kendiliğinden meydana gelebilsin. Elbette bu, bir gün ya da bir gecede meydana gelmeyecektir; bunun için mutlaka sabır ve ısrar, devamlılık ve kesin niyet şarttır.

Cevdet Said şöyle diyor: "Olay, sadece düşüncenin varlığıyla sınırlanamaz; aksine bunun insanın yaşam tarzına dâhil olan imana dönüşebilen bir fikir olması gerekir. Düşüncenin temel bir şekilde varlığı, insanların ona iman etmesini ve onun davranışlarında meydana çıkmasını, duygularına hâkim olmasını gerektirmez. İnsanlar, adalet ve eşitlikten çok sık söz ederler, ancak onlar uygulama esnasında, içlerindeki derin milliyetçiliği daha çok gösterirler."[1053]

Bu ifadeyi Muhammed Kutub da şu sözleriyle destekler: "Övülen bir ahlâka sahip olmak, kendiliğinden meydana gelen bir alışkanlık oluncaya kadar uzun bir alıştırmayı gerektirir. Nefisteki cahiliye tortularını kazımak için ısrarlı bir çalışmaya ihtiyaç duyar. Bu, bir anda eriyip yok olacak bir tortu değildir; çünkü tıpkı örgüdeki bir leke gibi nefsin bağlarıyla bağlanmıştır, içine yerleşmiştir. Belki onu bir kez yıkadığında gider, belki de yok oluncaya kadar onu defalarca yıkaman gerekir."[1054]

Yine şöyle der: "Terbiye, süregiden bir eylemdir. -Ne kadar samimi ya da ne kadar doğru olursa olsun- tek bir geçici yönlendirme yeterli olmaz. Olay, sürekliliğe ve devam eden yönlendirmelere ihtiyaç duyar.

1053 *Kün ke İbn Âdem.*

1054 *Menhecu't-Terbiyeti'l-İslâmiyye*, II, 58.

Öğrenmekte olan, insan nefsidir; o, düğmeleri sıkıştırılıp sonra bırakılacak, bıraktığın durum üzere kalacak bir âlet değildir. İnsan nefsi, daima değişim içindedir; birçok isteği ve eğilimi vardır. Her değişim, her istek ve her eğilim bir yönlendirmeye ihtiyaç duyar. İnsanlığın hamuru, asi bir hamurdur; sürekli olarak izlenmeye ihtiyaç duyar. Onu bir kez sıkıştırılmış bir kalıba koyman ve orada bırakman yeterli değildir. Aksine, nefiste bir o yana bir bu yana çeken onlarca dürtü vardır. Daima orada ya da burada göze çarpar. Sıkıştırılmış kalıbın sınırlarını sürekli olarak aşmaya çalışır. Her defasında onu kalıbın içine sıkıştırmak için bir yönlendirmede bulunulur, ta ki öğrenmekte olan nefis yönlendirmeye uygun hareket etsin. Böylece o, kişisel olarak sürekli bir eylemde, yönlendirmede ve baskıda bulunur. İşte terbiyenin zorluğu ve tehlikeleri burada açığa çıkmaktadır. Böylece terbiye ya ısrarlı bir çaba ya da zaman kaybı olur."[1055]

Terbiyenin ve Eğitimin Kutupları

Hasan el-Bennâ şöyle diyor: "Hutbeler, konuşmalar, yazışmalar, dersler, konferanslar, hastalığı belirleyip ilacı tanımlama... Bütün bunlar tek başına herhangi bir fayda sağlamaz, bir amacı gerçekleştirmez, davetçileri herhangi bir hedefe ulaştırmaz. Fakat davetler için alınması ve kendisiyle amel edilmesi gereken vasıtalar vardır.

Davetler için genel vasıtalar değişmez ve farklılık göstermez. Bunlar şu üç şeyde toplanmıştır:

1. Derin bir iman,

1055 *Menhecu't-Terbiyeti'l-İslâmiyye*, II, 85.

2. Hassas bir oluşum,

3. Sürekli amel."[1056]

O, derin bir imanla söze başladı ve onu terbiye merkezlerinden biri olarak kabul etti. Çünkü imanî terbiye şarttır ve diğerlerinden öncedir. Daha önce işaret ettiğimiz gibi onun hedefi, kalpleri Allah'a bağlamak ve O'nunla güzel bir iletişim sağlamaktır.

Bu gerçekleştiğinde, diğer kutupları gerçekleştirmek kolaylaşacaktır. Çünkü kalpler düzeldiğinde, organlar da onu düzgün bir şekilde izleyecektir.

Terbiye hedefine ulaştığında ve kalp ile Allah arasında bir ilişki gerçekleştiğinde, kolaylıkla dış görünüş değişecek hatta bunun için bir işaret yeterli olacaktır. Tıpkı içki âyeti ya da kıblenin değişmesi âyeti nazil olduğunda sahâbede meydana gelen değişim gibi...

Terbiyenin ve değişimin ikinci merkezine gelince; bu, hassas bir oluşumdur. Bunun sayesinde Müslüman şahsiyetin oluşumu tamamlanır. Buna, "Ahlâk ve Davranış Terbiyesi" adını verebiliriz. Bununla, birey övülen özellikleri kazanır ve kınanan özelliklerden kurtulur.

Bunun yolu kısaca, kazanılması arzu edilen özellik için pratik bir davranış yenilemesiyle ve nefsin her zaman bu davranışları gerçekleştirmeye çalışmasıyla başlar. Bunun yanı sıra zaman geçtikçe bu davranışın uygulamasındaki kontrolde gevşek davranmaması, buna devam etmesi gerekir. Böylece nefis, kişinin içselleştirebilmesi için bu niteliği kazanacaktır.

1056 *Risâle beyne'l-Ems ve'l-Yevm*, s. 161.

Evet... Bu iş, uzun bir zaman alır fakat bunun dışında herhangi bir yol yoktur. Çünkü terbiye gerçekten zor ve güç bir iştir.

Bu hassas oluşumu gerçekleştirebilmeyi kolaylaştıran şeylerden biri de iman kuvvetidir. Onun sayesinde istek açığa çıkar, niyet güçlenir, gayret artar. Kişiyi şerefli bir konuma ulaşmaktan alıkoyup oturtan dünya isteklerinden uzaklaştırır.

Terbiyenin üçüncü merkezi, Hasan el-Bennâ'nın, "sürekli amel" diye işaret ettiği merkezdir. Buna, "Davet ve Hareket Terbiyesi" adını verebiliriz. Bunun hedefi, Müslümanı terbiye etmek ve insanlar arasında davetle hareket etmeye alıştırmaktır. Davet, en geniş anlamıyla, insanları Allah'ın rızasını kazanma ve O'nun sevgisini elde etme konusunda yönlendirmektir.

Müslümanlara İslâm'ı öğretmek ve hayatın bütün alanlarında onu uygulamaya çağırmak, davettir.

İnsanların hayatında İslâm'ı yerleştirmek ve buna uygun bir şekilde yaşamaya çağırmak, davettir.

Allah'ın şeriatını hâkim kılmak ve O'nun sancağını yükseltmekten kastedilen, davettir.

Mazluma yardım etmek ve insanların ihtiyaçlarını görmek için çaba göstermek, davettir.

Müslüman olmayan kimseler arasında İslâm'ı yaymak için çalışmak, davettir.

Dolayısıyla Müslümanın gerçekleştirdiği her şey, ister söz ya da fiil olsun, onun için davaya ait bir harekettir.

Allah'a davette bulunma makamı, en üstün makamdır; bunu gerçekleştirmeye çalışan kimse de peygamberlerin takipçilerindendir.

Yüce Allah şöyle buyurmaktadır: *"(İnsanları) Allah'a çağıran, iyi iş yapan ve 'Ben Müslümanlardanım' diyenden kimin sözü daha güzeldir?"*[1057]

"De ki: Gerçekten (bana bir kötülük dilerse) Allah'a karşı beni kimse himaye edemez, O'ndan başka sığınacak kimse de bulamam. (Benim yaptığım) ancak Allah katından olanı, O'nun gönderdiklerini tebliğdir."[1058]

Seyyid Kutub, bu âyetlerin tefsirinde şöyle diyor: "Bu söz, peygamberlik ve Allah'a davet konusunda kalbi ciddiyetle doldurup taşıran müthiş bir sözdür. Rasûlullah *sallallahu aleyhi ve sellem*'e bu büyük gerçeği ilan etmesi emrediliyor: Gerçekten (bana bir kötülük dilerse) Allah'a karşı beni kimse himaye edemez. O'nun dışında hiçbir himaye yeri, hiçbir sığınak da bulamam. Tek çarem bu mesajı insanlara duyurmak, bu emaneti yerine getirmektir. Benim için tek sığınak, tek güvenilir kurtuluş yolu budur. İş, benim kendi işim değildir. Benim bu işte duyurmaktan başka hiçbir fonksiyonum yoktur. Bu duyurma görevini yerine getirmek benim için kaçınılmazdır. Çünkü benden bu görevi yapmamı istiyor. O'nun elinden beni hiç kimse kurtaramaz. O'nun dışında beni koruyacak hiçbir sığınak bulamam. Buna göre, O'nun bana indirdiği mesajı duyurmak ve bu görevi yerine getirmek, benim için tek kurtuluş yoludur.

1057 Fussilet 41/33.

1058 Cin 72/22-23.

Aman Allah'ım, bu ne korku, bu ne dehşet, bu ne ciddiyet! Davetin önderi olan Peygamberimiz'in gönüllü girişimi değildir söz konusu olan. Söz konusu olan yükümlülüktür. Ciddi ve kesin yükümlülük. Yerine getirilmesi kaçınılmaz bir yükümlülük. Çünkü arkasında Yüce Allah vardır.

Hidayeti ve iyiliği sırtlayıp insanlara iletmenin sağlayacağı psikolojik haz değildir söz konusu olan. Görev, ne savsaklanabilecek ne de tereddütle karşılanabilecek olan yüce bir görevdir.

İşte çağrı görevinin niteliği böyle açıklığa kavuşturuluyor, böyle belirleniyor. Bu iş bir yükümlülüktür, kaçınılmaz bir görevdir. Arkasında dehşet vardır, arkasında ciddiyet vardır, arkasında yüceler yücesi Allah vardır."[1059]

Merkezlerin Birbiriyle İlişkisi

İşte terbiyenin üç merkezi budur ve bunlarla değişim gerçekleşir. Görüldüğü gibi bunlar ilk merkez olan, "derin iman" üzerinde yoğunlaşmaktadır. Onun sayesinde diğer metotlar kolaylıkla uygulanabilir.

Bu merkez üzerinde yoğunlaşmak, diğer merkezleri ihmal anlamına gelmez. İmanın derecesi ne olursa olsun, diğerlerine devam edilmedikçe güzel ahlâkın elde edilmesi gerçekleşemez.

İnsanların arasında davetle hareket etmemek, imanın zayıflamasına neden olur. Vasıtalar, kalpleri Allah'a bağlar, O'na olan imanı artırır. İnsanlarla ilişki içinde bulunmanın, onların arasına karışmanın ve onlara sabretmenin sonucunda imanımızın karşılaştığı eksiklikleri tamamlayabileceğimiz duraklar ve

---

1059 *Fi Zılâli'l-Kur'ân*, VI, 3736-3737.

gıda yolları yoktur. Yine zalimlerin baskısı ve onların alçak saldırılarıyla karşılaşma sonucunda, onların Müslüman gençlerin nefislerinde meydana getirdikleri sarsıntı ve onlara ülkelerinde hâkim olmalarına neden olan planlarını açığa çıkarmak için başka bir yolumuz da yoktur.

Ancak toplumdan uzaklaşıp nefislerimizle oyalandığımızda ve henüz yerlerimizi terk etmemişken, kalplerimizdeki imanı yenilemeye ne zaman ihtiyaç duyacağız ki? Böyle davranan kimseyi, Allah'a olan davet görevini terk etmesi için kanunî yasaklar engelliyor. Bunun sonucunda da özellikle şu zamanda, Müslümanlar, alçakların sofrasında yetimler gibi yer alıyor.

Sahâbe ve onları güzellikle takip edenler, bu olayı iyi bir şekilde anlamışlardı. Onlar, insanlardan uzaklaşan, ibadet için uzlete çekilen herkesi şiddetli bir şekilde kınıyorlardı. Nitekim Abdullah b. Mes'ûd *radıyallahu anh*'a, bazı kimselerin Kûfe'den çıkıp yakın bir yerlerde kendilerini ibadete verdikleri bilgisi ulaşınca, hemen yanlarına gitti. İnzivaya çekilenler, onun gelişine çok sevindiler. Abdullah onlara "Sizi böyle yapmaya sevk eden şey nedir?" diye sordu. "İbadet etmek için insan kalabalığından ayrılmaktan hoşlanıyoruz" dediler. Bunun üzerine Abdullah "Eğer insanlar sizin yaptığınızı yapacak olursa, kim düşmanla savaşır? Siz dönünceye kadar buradan ayrılmayacağım" dedi.[1060]

İşte Abdullah b. Mübârek! Allah yolunda Müslümanların bir geçidinde murabıtlık yaparken, Fudayl b. Iyâz'a, onu azarlayan bir mektup gönderdi. Çünkü o, Allah yolunda murabıtlığı terk etmiş ve kendisini Mescid-i Haram'da Allah'a ibadete vermişti. Mektubunda ona şöyle diyordu:

1060 İbnu'l-Mübârek, *Kitâbu'z-Zühd*, s. 390.

"Ey Harameyn'in abidi, bizi bir görsen!

Anladım ki sen ibadetle oynuyorsun!

Kim boynunu gözyaşlarıyla boyuyorsa, boyasın;

Bizim boyunlarımız, kanlarımızla boyanıyor.

Yahut kim atını boş yere yoruyorsa, yorsun;

Bizim atlarımız, sabah saldırılarında yoruluyor.

Abîr kokuları sizin olsun; bizim amberlerimiz,

Atların ayaklarının saçtığı en güzel tozlardır..."

Behiy el-Hûlî şöyle diyor: "İbn Mübârek bu sözü arkadaşına cihadın farz-ı ayn olmadığı bir zamanda yazdı. Bununla birlikte onun ibadetini, oyun olarak niteledi. Oysa bu ibadet, yeryüzündeki en şerefli alanda yapılan bir ibadetti. Acaba cihad farz-ı ayn olsaydı, İbn Mübarek, arkadaşına ne derdi? Ya da eğer Fudayl Mescid-i Haram dışında bir yerde ibadet ediyor olsaydı, ne söylerdi?"[1061]

Burada, Allah yolunda cihad ve hareket etmenin önemini farklı şekillerde ortaya çıkaran başka bir durum daha vardır ki, o da hayatın gerçeklerinden uzak iken Kur'ân'ı okuduğumuzda ondan çokça faydalanamayacağımızdır.

Şüphesiz Kur'ân, bir hidayet ve şifa kitabıdır. İnsanların karşılaştığı bütün sorunlar için uygun bir çözüm vardır. Kur'ân'daki ilacını araştırmak için uzlete çekilen kimseye nasıl yardım edilecek? İmtihan, sabır, sebat ve cihad âyetlerini hangi ruhla kabul edebilecek?

1061 *Tezkiratu'd-Duât*, s. 212.

Bu ve diğer âyetler, onun nefsindeki doğru yerde yer almayacaktır. Çünkü o, onları yaşamamaktadır, onları düşünmekten uzaktır. Bu nedenle, "Bir şey hakkındaki hüküm, onu düşünen kimseyi bağlar" denilir.

Buna göre diyebiliriz ki, bu üç terbiye merkezindeki yürüyüşün birlikte olması gerekir.

Evet, imanî terbiye diğerlerinden öndedir fakat sürekli değil, geçici olarak. Kalpler Allah'a bağlanıncaya; niyet, O'nun yüce rızasını kazanmak oluncaya kadar. Amellere sevk eden utanma, âdet değil, sadece iman oluncaya kadar. İşte o zaman, boyutu ne olursa olsun, kişi yaptığı her şeyde sevap kazanır: *"İşte onların Allah yolunda bir susuzluğa, bir yorgunluğa ve bir açlığa dûçar olmaları, kâfirleri öfkelendirecek bir yere (ayak) basmaları ve düşmana karşı bir başarı kazanmaları, ancak bunların karşılığında kendilerine salih bir amel yazılması içindir. Çünkü Allah, iyilik yapanların mükâfatını zayi etmez."*[1062]

İmanı Terbiye Etmek ve Eğitmek ile Başlamanın Faydaları

İmanı terbiye etmek ve eğitmek ile başlamanın önemini ortaya koyan bir şey daha vardır ki, o da bireyler arasındaki kardeşlik seviyesi yükseldiğinde, samimi bir iman kardeşliği oluştuğunda ve bu tür bir kardeşlik türü meydana geldiğinde, terbiye ile ilgili fiillerin kolaylaşacağı, diğer insanlara da bir tat ve şekil vereceğidir.

[1062] Tevbe 9/120.

Ensarın kalplerindeki iman yüce bir dereceye ulaştığında, onlar muhacirlere benzeri olmayan bir kardeşlik gösterdiler.

Yüce Allah şöyle buyurmaktadır: *"Daha önceden Medine'yi yurt edinmiş ve gönüllerine imanı yerleştirmiş olan kimseler, kendilerine göç edip gelenleri severler ve onlara verilenlerden dolayı içlerinde bir rahatsızlık hissetmezler."*[1063]

İmanı terbiye ile başlamanın faydalarından biri de bunun diğer görevlerin yerine getirilmesini kolaylaştırmasıdır. Bu, Rasûlullah *sallallahu aleyhi ve sellem*'in, ashabının terbiyesinde izlediği metot idi. O, önce onların kalplerini Allah ile birleştirdi sonra onlardan istenen amelleri yerine getirmeleri için yönlendirmelerde bulundu. Çoğu zaman yönlendirmelerinde şöyle buyururdu: *"Kim Allah'a ve ahiret gününe iman ediyorsa..."* Böylece kalplerin iman çağrısını dinlemesini, kulak vermesini ve uygulamak için hazırlık yapmasını isterdi.

Ebu Hureyre *radıyallahu anh*'dan rivayet edildiğine göre, Rasûlullah *sallallahu aleyhi ve sellem* şöyle buyurmuştur: *"Kim Allah'a ve ahiret gününe iman ediyorsa, komşusuna eziyet etmesin ve kadınlara iyi davransın."*[1064]

Öneriler: İster kişinin eşi ve çocukları arasında olsun, ister arkadaşları ve tanıdıklarıyla olsun, bütün türleriyle terbiye ortamları, dileyenin istediği zaman iman gıdasını alabileceği ve imanından eksilen şeyleri tamamlayabileceği duraklar ve imanî nurları yayan merkezler derecesindedir.

1063 Haşr 59/9.

1064 Buhârî, Ehâdîsu'l-Enbiyâ 1, Edeb 31.

Bunun İçin Yardımcı Olabilecek Bazı Öneriler

1. Bir kimse, işaret ettiğimiz metotların çoğunu, kendisiyle onun gerçekleştirilmesi arasında nefsî bir engelin var olduğu şeklinde hissedebilir. Bu, daha önce onunla uğraşmadığından ya da ondan korktuğundan veya beklenen faydayı ondan görme konusunda duyduğu şüpheden kaynaklanır. İşte burada, terbiye ortamlarının önemi açığa çıkar. Bu ortamlarda, korku yok oluncaya kadar birer birer bu vasıtalar için fiilî örnekler yapılabilir, nefsî engeller kırılabilir ve böylece herkes bunları yerine getirmenin sonucunda elde edeceği faydanın boyutlarını hissedebilir.

Mesela; bu ortamlar, bazı pratik metotların gerçekleştirilmesini kolaylaştırmada ve kalplerdeki Allah korkusunu artırmada yardımcı olabilir. Mezarlıklara gitmek, hastaneleri ziyaret etmek, kefen satın almak, vasiyeti tekrar gözden geçirmek gibi...

Bu ortamlar, kişinin günahlarını nasıl sayabileceği, korkunun var olduğu alanları nasıl düşüneceği konusunda ona yardımcı olur. Bunun yanı sıra, bütün bunları evinde, kendisinin yerine getireceği bir programa yerleştirip uygulamalarını kontrol edebilir.

Benzer şekilde Kur'ân'ı düşünerek okumak için de bu tür ortamlara ihtiyaç vardır. Bu ortamlarda, daha önce bahsedilen iki bakış açısı ile düşünerek okuma alıştırmaları gerçekleştirilir. Mesela; -Kur'ân'ı Düşünerek Okuma bölümünde ifade ettiğimiz konulardan- bir konu seçilir ve açık bir şekilde ortaya atılır. Kur'ân'dan pratik örnekler gösterilir. Sonra dinleyicilerden, konuyla ilgisi olan âyetleri sûrelerden çıkarmaları istenir. Böylece adım adım herkes düşünerek okumayı alışkanlık hâline getirir.

Daha önceki, kalbi uyarmak için ifade edilmiş olan metodlar da bu şekilde uygulanır.

2. Mescidlerden ve mübarek zamanlardan faydalanmak için programlar düzenlemek. Mesela; Cuma gecesi ve Cuma gününden faydalanmak için programlar yapmak, duaların kabul edildiği anı gözlemek. Böylece kişi Perşembe akşamı yemeğini yedikten ve yatsı namazını kıldıktan sonra bir Zühd veya Rekâik kitabı okuyabilir ya da bir vaaz dinleyebilir. Sonra nefsiyle baş başa kalıp ölüm anını ve gerçekleşecek olan olayları düşünebilir. Ardından istiğfarda bulunup tevbe namazı kılabilir. Abdestli olarak, uyurken yapılacak duaları okuduktan sonra uyur. Sabah namazından önce, teheccüd namazı kılmasına, duada, istiğfarda bulunmasına yetecek bir zaman var iken uyanır. Sonra farz namazı kılmak için mescide gider ve orada güneş doğuncaya kadar Allah'ı zikreder. Hemen duha namazını kılar ve biraz dinlenmek için evine döner. Sonra Cuma günü için gusül abdesti alır, kokular sürünür ve o gün için hazırlamış olduğu elbiseyi giyer. Sonra namazdan uzun bir zaman önce mescide gider. Aynı şekilde, günün son anına kadar, akşam namazından önceye kadar namazda kalır, orada Allah'a dua eder. Akşamın zikir ve dualarını okur, Rasûlullah *sallallahu aleyhi ve sellem*'e bol bol salât ve selâmda bulunur.

Bu tür programlar, devam edildiği sürece kalpteki imanı yenilemeye garanti verir.

3. Bu bereketli ortamlar için diğer bir öneri de bireyler için doğru bir anlayışı sağlayacak sürekli amelde bulunmaktır. Böylece bireyler arasında tartışma ve boş konuşmalar gerçekleşmeyecektir. Bunun delili, Rasûlullah *sallallahu aleyhi ve sellem*'in yoludur.

İbn Receb şöyle diyor: "Allah'ın en çok hoşlandığı ameller, zorluk, çaba ve yük getirmeyen, uygun, orta seviyede ve kolay olan amellerdir. Yüce Allah şöyle buyurmaktadır: *'Allah sizin için kolaylık ister, zorluk istemez.'*[1065]

Peygamber *sallallahu aleyhi ve sellem*, insanlardan uzaklaşmayı, hadım olmayı, sürekli geceleri namaz kılıp gündüzleri oruç tutmayı, her gece Kur'ân okumayı uygun görmemiştir. O şöyle buyurmuştur: *'Ben namaz kılarım, uyurum; (kimi zaman) oruç tutarım, (kimi zaman) tutmam; kadınlarla evlenirim. Kim benim sünnetimden yüz çevirirse, benden değildir.'*[1066] Yine şöyle buyurmuştur: *'Orta yolu tutun; güzele yakın olanı arayın; müjdeleyin!'*[1067] Orta yoldan kastedilen, aşırıya gitmeyen ameldir. Yani ifrat ile tefrit arasındaki orta yoldur. O'nun *'Müjdeleyin!'* sözü ise şu anlama gelir: Kim Allah'a olan itaatinde orta yolda ve güzele yakın bir şekilde yürüyorsa, onu müjdele! Çünkü o, amellerdeki ısrarlı çabasından dolayı öne geçecek ve Allah'ın rızasına ulaşacaktır. Şüphesiz orta ve güzele yakın olan yol, diğer yollardan daha üstündür. Kim bu yola girerse, ulaşacağı konusunda onu müjdele. Sünnette orta yolu tutmak da başka şeylerde çaba göstermekten daha hayırlıdır. 'En hayırlı yol, Muhammed *sallallahu aleyhi ve sellem*'in yoludur.' Her kim, onun dışında Allah'a daha yakın bir yol tutmaya kalkışırsa, bilsin ki üstünlük, bedenî amelleri artırmak değil, bu amelleri ihlâslı ve sünnete uygun bir şekilde yerine getirmektir. Kim Allah'ı, dinini, hükümlerini ve şeriatını biliyorsa, o kimse daha çok korksun, sevsin ve ümit etsin. O, böyle davranmakla, organlarıyla kendisinden daha çok amel

---

1065 Bakara 2/185.

1066 Buhârî, Nikâh 1; Müslim, Nikâh 5.

1067 Buhârî, Îmân 29; Müslim, Sıfâtu'l-Münâfikîn 78.

eden diğerlerinden daha üstün olur. Bu nedenle seleften bazıları şöyle demiştir: 'Ebu Bekir sizi çok namaz ya da çok oruçla değil, göğsünde kesinleşen şeyle geçti.' İbn Mes'ûd *radıyallahu anh*, arkadaşlarına şöyle dedi: 'Siz oruç ve namaz bakımından Muhammed *sallallahu aleyhi ve sellem*'in ashabından daha fazlasını yapsanız da onlar sizden daha hayırlıydılar.' (Dinleyenler) 'Niçin böyle?' diye sorduklarında, İbn Mes'ûd şöyle cevap verdi: 'Onlar dünya hususunda sizden daha zahid idiler, ahirete ise daha fazla rağbet ediyorlardı.' O, sahâbenin, kalpleri ahirete bağlı olduklarından, ona rağbet gösterdiklerinden dolayı kendilerinden sonra gelenleri geçtiklerine işaret ediyor. Onlar, ellerinde olsa da dünyayı küçümseyip aşağılayarak yüz çeviriyorlardı. Kalplerinde dünyalık bir şey yoktu, kalpleri ahiretle doluydu. Bu durum, Peygamberlerinden aldıkları mirastı. Çünkü o, görünüşüyle halkın arasında olsa da peygamberlik, din ve dünya siyaseti sorumluluklarını yerine getirse de kalbi dünyadan en uzak, Allah'a, ahiret yurduna en bağlı kimseydi. Ondan sonraki raşid halifeler de böyleydi. Hasan el-Basrî ve Ömer b. Abdülaziz gibi tâbiînin önde gelenleri de aynı şekildeydi. Onların zamanında, kendilerinden daha fazla namaz kılıp oruç tutanlar vardı. Fakat onların kalbi, dünyadan ayrılıp ahiret yurduna yerleşen bu kimselerin kalplerinin ulaştığı yere ulaşamadı.

O hâlde en üstün insan, bedenî ibadetlerinde ve kalbî durumlarındaki çabalarında orta yolu takip etmiş olan ve Peygamber *sallallahu aleyhi ve sellem*'in ve ashabının önde gelenlerinin yolunu takip edendir. Şüphesiz ahiret yolculuğu, bedenlerin ilerlemesiyle değil, kalplerin ilerlemesiyle kat edilecek bir yolculuktur."[1068]

1068 Bk. *el-Mehacce fi Seyri'd-Delce*, s. 46-57.

4. Rabbânî başlangıç:

Bu başlangıç sayesinde, dünya ve dünyalıklar hakkında feryat eden herkes Yüce Allah'a ulaşacak ve gözlerini gökyüzüne dikecektir.

Dinleyiciler, günahların sebep olduğu şeyler ve yerine getirmedikleri görevler yüzünden ilahî başarı kapısının kapalı olduğunu hissetseler de Rabbânî rahmete ulaşmak için onu açmak ve Allah'ın hoşlandığı ve razı olduğunu yerine getirmek zorundadırlar. Bunu hissettikten sonra onlardan istiğfar etmeleri, sadaka vermeleri ve Rasûlullah *sallallahu aleyhi ve sellem*'e salât etmeleri istendiğinde, derhal bunu yerine getirmek için koştururlar. Allah'ın onları başarısız kılıp göz açıp kapayacak kadar bir süre de olsa nefislerine terk etmemesi ve Allah'ın kendilerine ihsan ve rahmet kapılarını açması için samimi olarak dua ederler. O'ndan cenneti isterler, cehennemden O'na sığınırlar.

Bu ve diğer işler, düzenli bir şekilde yerine getirildiğinde güzel bir anlayış ve öğrenim için kalpleri, akılları ve kulakları hazırlar: ***"Belleyici kulaklar onu bellesin diye."***[1069] Meleklerin bu mübarek mecliste bulunanlar için duada bulunmaları, bu başlangıcın fazileti konusunda yeterlidir. Rasûlullah *sallallahu aleyhi ve sellem* şöyle buyurmuştur:

"İnsanların sevap ve günahlarını yazan meleklerden başka Allah'ın yeryüzünde dolaşan melekleri vardır ki, yollarda gezerler. Allah'ı zikreden toplulukları görünce, 'Aradığınıza gelin!' diye seslenirler ve hemen oraya gelerek dünya semasına kadar onları

1069 Hâkka 69/12.

kanatlarıyla kuşatırlar. Allah, onlardan daha iyi bildiği hâlde, o meleklere 'Kullarım ne diyor?' diye sorar. Melekler 'Seni tesbih ediyorlar, seni ululuyorlar, sana hamd ediyorlar, seni övüyorlar' derler. Bunun üzerine Allah 'Beni gördüler mi?' der. Melekler 'Hayır, vallahi seni görmediler!' diye cevap verirler. Bunun üzerine Allah 'Beni görselerdi durumları nasıl olurdu?' diye sorar. Melekler 'Seni görmüş olsalardı, şüphesiz daha çok ibadet eder, seni daha çok över, daha çok tesbih ederlerdi' derler. Allah 'Kullarım neyi istiyorlar?' diye sorar. Melekler 'Senden cenneti istiyorlar' derler. Allah 'Cenneti gördüler mi?' diye sorar. Melekler 'Hayır ey Rabbimiz! Onu görmediler!' derler. Allah 'Görmüş olsalardı durumları nasıl olurdu?' diye sorar. Melekler 'Cenneti görmüş olsalardı onu daha çok isterlerdi, daha çok çaba gösterir, daha da hırslanırlardı' derler. Allah 'Hangi şeyden sığınıyorlar?' diye sorar. Melekler 'Cehennemden' derler. Allah 'Cehennemi gördüler mi?' diye sorar. Melekler 'Hayır! Vallahi ey Rabbimiz, onu görmediler!' derler. Allah 'Görselerdi durumları nasıl olurdu?' der. Melekler 'Cehennemi görselerdi elbette ondan daha çok kaçarlar, ondan daha çok korkarlardı' derler. Allah 'Sizler şahid olun ki, ben onları bağışladım' buyurur. Bunun üzerine meleklerden biri 'O toplum içinde onlardan olmayan, sadece bir ihtiyaç için oraya gelen falan da var' der. Allah 'Onlar öyle bir topluluktur ki, onların yanında bulunanlar affedilmekten mahrum bırakılmazlar' buyurur."[1070]

1070　Buhârî, Daavât 66; Müslim, Zikr 25.

5. Sürekli olarak cenneti ve cennetteki nimetleri hatırlama, kalplerin onun özlemini çekmesi, olayları onunla ilişkilendirme, aralarında yakınlık olmasa da cennet nimetleriyle dünya nimetlerini sürekli olarak karşılaştırma. Dünya, insanın kullanımı için verilmiş olsa da keder, üzüntü, tasa, endişe ile kaplanmış olmasına rağmen yok olacaktır. Dünyaya ait olan kötülüklerden hiçbir insan kurtulamayacaktır.

Cennet ve ehline gelince; *"Orada ebedî kalacaklardır. Oradan hiç ayrılmak istemezler."*[1071]

Yaşlanmazlar, ölmezler, hastalanmazlar. Orada keder, üzüntü, tasa ya da kendilerini bekleyen bir korku yoktur.

Herkes, sınırsız bir mutluluk içindedir. Hiçbir insanın kalbine gelmeyecek şeylerle nimetlendirilirler: *"Ne yana bakarsan bak, (yığınla) nimet ve ulu bir saltanat görürsün."*[1072]

Kelimelerin tasvirde aciz kaldığı, gözlerin bir benzerini görmediği köşkler... Çünkü bizim bütün düşüncelerimiz dünya hayatında gördüklerimizle ilişkilidir. Dünya, içerdiği bütün güzelliklere rağmen, Allah katında sivrisinek kanadı kadar değer taşımaz. Hangi çekicilik, hangi güzellik üzerinde cennet köşkleri, nehirleri, meyveleri, yiyecekleri, içecekleri ve hûrileri yer alır?

Peygamber *sallallahu aleyhi ve sellem* şöyle buyurmuştur: *"Cennette öyle bir ağaç vardır ki, bineğiyle giden kimse onun gölgesinde yüz sene yürür de bitiremez."*[1073]

1071 Kehf 18/108.

1072 İnsan 76/20.

1073 Buhârî, Bed'u'l-Halk 8; Müslim, Cennet 6-8.

Allah'ın bizi oraya girme nimetine ulaştıracağını hayal edebilir miyiz? Biz orada -Allah'ın ihsanı ve rahmetiyle- O'na bakacağız. Rasûlullah *sallallahu aleyhi ve sellem* şöyle buyurmuştur: *"Cennet ehli cennete girince Allah Teâlâ 'Size ilave bir nimette bulunmamı diler misiniz?' diye sorar. Onlar da 'Sen bizim yüzlerimizi ak etmedin mi? Bizi cennete koymadın mı? Bizi cehennemden korumadın mı (daha ne isteyeceğiz)?' derler. Ardından hicab açılır. Cennet ahalisine, Rablerine bakmaktan daha hoş bir şey verilmemiştir."*[1074]

Rabbinin yüce vechine bakarken kulun hissedeceği bu mutluluk nasıl bir şeydir? Görmediği hâlde uzun yıllar boyunca O'na dua ediyor, yalvarıyor, yakarıyor. Sonra buluşma anı geliyor: *"Kim Allah'a kavuşmayı umuyorsa, bilsin ki Allah'ın tayin ettiği o vakit elbet gelecektir."*[1075]

Cennette -Allah'ın izniyle- sürekli olarak kendisine salât ve selâmda bulunduğumuz, yaşamını okuduğumuz Peygamberimiz Mustafa *sallallahu aleyhi ve sellem* ile karşılaşacağız. Daha çok bir zaman geçmeden, onu görmekten dolayı büyük bir mutluluk duyacağız.

Orada onu göreceğiz, onunla birlikte oturacağız, onu ve kardeşleri olan diğer nebileri ve rasûlleri dinleyeceğiz. Sürekli haklarında okuduğumuz sahâbe-i kiram, tâbiîn, mücahidler, âlimler ve şehidleri göreceğiz.

Bir kimse "Cennete girdiğimizde bu hayırlı kimselerle birlikte oturacağımıza dair bir örnek var mı?" diye sorabilir.

1074 Müslim, İmân 297.
1075 Ankebût 29/5.

Kur'ân, onun bu sorusuna şöyle cevap veriyor: *"Orada kendileri için diledikleri her şey vardır. Katımızda dahası da vardır."*[1076]

O hâlde dilediğini iste! İsteğin derhal yerine gelecek ve dilediğin kimse ile oturacaksın.

- Cennette, salih ailenin bütünü bir arada olacaktır: Baba, anne, çocuklar, torunlar: *"İman eden ve soylarından gelenlerden imanda kendilerine tâbi olanlar (var ya)! İşte biz, onların nesillerini de kendilerine kattık. Onların amellerinden de bir şey eksiltmedik."*[1077]

- Cennette bazı kardeşler birbirlerini özlerler. Peki, o zaman ne olur?

Enes *radıyallahu anh*'dan rivayet edildiğine göre, Rasûlullah *sallallahu aleyhi ve sellem* şöyle buyurmuştur: *"Cennet ehli cennete girdiğinde, bazı kardeşler birbirlerini özlerler. Biri bu tahtını şu tahtın yanına çeker. Diğeri de tahtını öbürünün yanına çeker, nihayet bir araya gelirler. Onlardan biri, arkadaşına 'Allah'ın bizi ne zaman bağışladığını biliyor musun?' diye sorar. Bunun üzerine arkadaşı 'Biz falan falan yerde iken, Allah'a dua etmiştik. O da bizi bağışladı' der."*[1078]

Cennette -Allah'ın dilemesi ve rahmetiyle,- cehennemde azap gören tağutları ve zalimleri göreceğiz. Firavun ve Hâmân'ı; her azgın, zalim ve ahiretini dünyası için satanı göreceğiz:

1076 Kâf 50/35.

1077 Tûr 52/21.

1078 İbn Ebi'd-Dünyâ, *Sıfatu'l-Cennet*, s. 368.

"Memleketlerde aşırı giden, oralarda bozgunculuğu artıran..."[1079]

Kuşkusuz sürekli olarak cenneti ve cennetteki nimetleri hatırlamak, bizim iyilikler yapmak için çalışmamızı, çaba ve gayret göstermemizi sağlayacaktır. Yüce Allah şöyle buyurmaktadır: ***"Rabbinizin bağışına ve takva sahipleri için hazırlanmış olup genişliği gökler ve yer kadar olan cennete koşun!"***[1080]

Allah'a giden yolda yürürken karşılaştığımız zorluklar ve sıkıntılara karşı gösterdiğimiz sabır, ilk yurdumuza dönüşte hevesli olmamızı ve sevinç duymamızı sağlayacaktır:

"Adn cennetine koşun, çünkü o,

Senin ilk evindir, orada çadırlar vardır.

Fakat biz düşmanın esiriyiz, görüyor musun

Vatanlarımıza dönüp teslim olacağımızı."

Rasûlullah *sallallahu aleyhi ve sellem*, ashabına devamlı olarak cenneti hatırlatır, dünyanın faniliğini ve alçaklığını göstermek için, dünya nimetleriyle cennet nimetlerini karşılaştırırdı. Buhârî ve Müslim'in rivayet ettikleri bir hadise göre, Berâ *radıyallahu anh* şöyle demiştir: "Rasûlullah *sallallahu aleyhi ve sellem*'e ipek bir elbise hediye edildi. Ashabı onun yumuşaklığına hayret edince, Rasûlullah *sallallahu aleyhi ve sellem* **'Siz bunun yumuşaklığına mı hayret ediyorsunuz? Sa'd b. Muâz'ın cennetteki mendilleri bundan daha**

1079 Fecr 89/11-12.

1080 Âl-i İmrân 3/133.

hayırlı ve daha yumuşaktır' buyurdu."[1081] Bu nedenle cenneti ve cennet nimetlerini hatırlayan kimseye, dünya değersiz gelir.

İbn Ömer *radıyallahu anh*'dan rivayet edildiğine göre, Rasûlullah *sallallahu aleyhi ve sellem* şöyle buyurmuştur: ***"Cennet ehlinin seviye olarak en düşük olanı o kimsedir ki, bahçelerine, eşlerine, nimetlerine, hizmetçilerine, koltuklarına bakar. Bunlar bin yıllık yürüme mesafesini doldururlar."***[1082]

Bu, cennet ehlinin seviye olarak en düşük olanıdır. Peki, ya cennet için canla başla uğraşanların seviyesi nasıldır?

Üsâme b. Zeyd *radıyallahu anh*'dan rivayet edildiğine göre, Rasûlullah *sallallahu aleyhi ve sellem* ***"(İçinizde) Cennet için gayret edecek kimse yok mu? Zira cennetin eşi yoktur. Kâbe'nin Rabbine yemin ederim ki, cennetin parıl parıl parlayan nurları, sallanan reyhanları, sağlam yüksek köşkleri, devamlı akan nehirleri, olgun meyveleri, güzel genç eşleri, pek çok takım elbiseleri, sağlam ve güzel saraylarda saadet ve yüz parlaklığı içinde yaşanan ebedi mekânları, meyveleri-sebzeleri, ipekleri ve nimetleri, üzerinde parlayan nurlar olan giysileri vardır"*** buyurunca sahâbîler, "Evet, ey Allah'ın Rasûlü! Biz onun için gayret gösteriyoruz!" dediler. Bunun üzerine Rasûlullah *sallallahu aleyhi ve sellem* ***"İnşâallah deyin"*** buyurdu. Onlar da "İnşâallah" dediler.[1083]

1081 Buhârî, Hibe 28, Bed'u'l-Halk 8; Müslim, Fezâilu's-Sahâbe 126, 127.

1082 Tirmizî, Sıfatu'l-Cennet 17.

1083 İbn Mâce, *Zühd* 39.

Onu isteyen nasıl uyur? Onu isteyen nasıl mehrini vermez? Cennetin haberlerini işittikten sonra bu dünyada yaşam nasıl güzel olur? Asıl vatana ulaşmak isteyen kimse, nasıl erkenden yola koyulup onunla kucaklaşmak istemez? Kesin inanan nefisler nasıl buna sabreder? Daha çok uğraşan kimselerin kalpleri ondan nasıl uzaklaşır? Ondan yüz çevirenlerin nefisleri neyle dolar?[1084]

1084 *Hâdi'l-Ervâh*, s. 7.

SONUÇ

Anlatılan metotları uygulamaya devam etmenin yanı sıra Allah'tan yardım istemek, Allah'ın ihsanını, ikramını ve kalbinin kilitlerinin açılmasını bekleyen kişiyi doğru yolun başlangıcına koyar.

İyilik, Allah'ın bir bağışıdır; O, iyiliği, kalbinde samimiyet ve dileğinde kesin bir arzu gördüğü kimseye verir. Nitekim şöyle buyurmaktadır: *"Eğer Allah kalplerinizde hayır olduğunu bilirse, sizden alınandan (fidyeden) daha hayırlısını size verir..."*[1085]

O hâlde uyarı, kalpleredir: *"Kalplerinde olanı bilmiş, onlara güven duygusu vermiş ve onları pek yakın bir fetihle ödüllendirmiştir."*[1086]

Bunun için kalp, ısrarlı bir şekilde yapılan hatta defalarca yapılan ve sonucu konusunda acele edilmeyen duanın kabul edilme nedenlerindendir. Bütün bunlar dua eden kimsenin samimiyetine ve dua ettiği konudaki şiddetli isteğine yansır.

1085 Enfâl 8/70.

1086 Fetih 48/18.

Rasûlullah *sallallahu aleyhi ve sellem* şöyle buyurmuştur: **"İlim ancak öğrenmekle, hilm ancak yumuşak davranmakla olur. Her kim hayrı ararsa, ona hayır verilir. Her kim kötülükten sakınırsa, korunur."**[1087]

Bu hadis üzerinde düşünen kimse, Rasûlullah *sallallahu aleyhi ve sellem*'in, **"Kim hayrı araştırırsa, onu bulur"** demediğini görür. Çünkü hayır, kesinlikle Allah'ın bir ihsanıdır; onu ancak hayrı araştırana ve sebeplerini işleyene verir. Bu nedenle birçok Nebevî yönlendirmede bu anlamın ifade edildiğini görürüz. Dolayısıyla kim Allah'tan sakınırsa, Allah onu korur; kim Allah'a olan ihtiyacını dile getirirse, Allah onu destekler. Kur'ân okurken kalbinde bir yumuşama görmeyen kimsenin defalarca ağlamaya çalışması gerekir ki, bunun sonucunda Allah onun isteğindeki samimiyeti görsün ve dileğini yerine getirsin.

Yağmur namazında açığa çıkan boyun eğme, yalvarma ve Allah'a dua etme, bu anlamın pratik bir ifadesidir. Bu yüzden sahâbe-i kiram, nefislerindeki iyiliği Allah'a göstermek için zor koşullarda birbirlerine nasihat ve tavsiyelerde bulunurlardı.

İlahî hediyenin kalplerdeki samimiyet ve istekle sağlam bir ilişkisi vardır. Yüce Allah şöyle buyurmaktadır: **"Bir toplum kendilerindeki özellikleri değiştirinceye kadar Allah, onlarda bulunanı değiştirmez."**[1088]

Bu nedenle sabır Allah katındandır: **"Sabret! Senin sabrın da ancak Allah'ın yardımı iledir."**[1089]

1087 Taberânî, *el-Mu'cemu'l-Evsat*, III, 118. Hadis sahihtir. Bk. Elbânî, *Sahîhu'l-Câmii's-Sagîr*, no: 2328

1088 Ra'd 13/11.

1089 Nahl 16/127.

Peki, bunu nasıl elde edeceğiz?

Rasûlullah *sallallahu aleyhi ve sellem* şöyle buyurmuştur: ***"Bir kimse sabretmek isterse Allah ona sabır verir."***[1090]

O hâlde sabır faktörlerini araştırmak, bunları yüklenmek, bu etkenlere devam etmek ve Allah'ın ihsanını ve hediyesini beklemek gerekir.

Kavuşma gerçekleşinceye ve kalp ile onu yaratan arasındaki yol açılıncaya kadar, hedefe ulaşma konusunda ümitsizliğe kapılmamamız, azmimizi kaybetmememiz hatta daha sıkı çalışıp Allah'ın rahmetini elde etme yolunda nefislerimizi harcamamız gerekir. Rabbimiz şöyle buyurmaktadır:

"Muhakkak ki iyilik edenlere Allah'ın rahmeti çok yakındır."[1091]

"Kimi dilersem onu azabıma uğratırım; rahmetim ise her şeyi kuşatır. Onu, sakınanlara, zekâtı verenlere ve âyetlerimize inananlara yazacağım. Yanlarındaki Tevrat ve İncil'de yazılı buldukları o elçiye, o ümmî Peygamber'e uyanlara..."[1092]

Samimi olan ve gayret gösteren kimse, bir anda O'nun hazinelerini bulabilir, kalbindeki yaşamı canlandırabilir, böylece hayatı boyunca sahip olduğu dışında bir kalbin varlığını hissedebilir.

İşte o zaman uyanıklık ve dikkat gerçekleşir. Bu mutlu kimse çevresine bakar ve çoğu kimsenin bunu kaçırdığını

1090 Buhârî, Zekât 18, 50; Müslim, Zekât 124.

1091 A'râf 7/56.

1092 A'râf 7/156-157.

anlar. Hemen büyük bir gayretle kollarını sıvar ve Allah'ın rızasına giden yolda binekleriyle ilerleyen kimseleri yakalamak için çare arar. Kat ettiği her mesafede, daha önce farkında olmadığı birçok hazine görür. Uzun yıllar boyunca, hayırlı şeyleri basit şeylerle değiştirmiş akılsızlardan biri olduğunu fark eder ve buna oldukça üzülür.

İnsanların yaşadığı hayatın dışında bir hayat sürecektir. Onun kalbi artık semaya bağlıdır, kalbinde sadece Allah'a ve Allah'ı dost edinenlere karşı sevgi vardır.

Dünya gözlerinde küçülecek, onu kalbinden atacaktır. Dünyanın arkasında koşmaktan dolayı artık nefes nefese kalmayacak, dünyalık bir şey için kimseyle tartışmayacaktır.

Kendisiyle nefsi arasında içsel bir uyum meydana gelecek, kalbi huzur ve güvenle dolacak ve Yüce Allah'ın kaderine razı olacaktır.

Çevresindeki herkesle ilişkisi güzel bir durum alacak, anne-babası, eşi, çocukları, akrabaları, komşuları ve tanıdığı herkesle olan ilişkilerini değiştirecektir.

Özellikle kendisini kâinata ve kâinattaki şeylere bağlayan ilişkiyi hissedecektir.

Ahlâkını arındıracak, ilişkilerini değiştirecek, çocukları ve onların maddî gelecekleri için duyduğu endişeyi azaltacak, onları sürekli olarak Allah'tan korkma ve İslâm üzere güzel terbiye etmekle, onların gerçek geleceklerini temin etmeye çalışacaktır.

Allah'ın, kullarına ve dostlarına vaat ettiği güzel hayatı yaşayacak, bunun için zamanını harcayacaktır. Onun, faydalanmadığı yerlere gittiğini görmeyeceksin. Bütün çabasıyla

Allah'a davet için çalışacak, cihad etme ve şehadete ulaşma azmini artıracaktır.

Gün geçtikçe Rabbine olan yakınlığının arttığını hissedecek, imandan tat, zikirden ve Kur'ân'dan lezzet alacaktır. O zaman, "Eğer dünya hükümdarları sahip olduğumuz nimeti bilseydi, onun için bizimle savaşırlardı" diyecektir.

İşte o zaman ona ve kardeşlerine Allah'ın yardımı gelecektir. Yüce Allah, kullarına yardım nedenlerini araştırmaları şartıyla bunu vereceğini vaat etmiştir ki, bu şartların en önemlisi, insanların Allah'la güzel bir ilişki içinde olmaları ve O'na dayanmalarıdır. Yüce Allah şöyle buyurmaktadır: ***"And olsun Zikir'den sonra Zebur'da da 'Yeryüzüne iyi kullarım vâris olacaktır' diye yazmıştık. İşte bunda, (bize) kulluk eden bir kavim için bir mesaj vardır."***[1093]

Sonuç olarak...

Ey sevgili kardeşim!

Belki çalışman ve gayretinle, Rabbine olan samimiyetinle kalbini yeniler, hazineni bulursun. Bu satırları her okuduğunda, bu eserin yazarı için mağfiret ve rahmet, hidayet ve güzellik ve hoş bir ölüm duasında bulunmayı unutma! Çünkü onun günahı büyüktür; eğer Rabbinin rahmetine ulaşamazsa şüphesiz büyük bir tehlikededir!

Salât ve selâm, Efendimiz Muhammed *sallallahu aleyhi ve sellem*'e, onun âline ve ashâbına olsun.

Hamd, âlemlerin Rabbi olan Allah'adır.

1093 Enbiyâ 21/105-106.

KAYNAKLAR

el-Âdâbu'ş-Şer'iyye, İbn Müflih el-Makdisî, Müessesetu'r-Risâle, Beyrut, 1417.

el-Ahlâku'l-İslâmiyye ve Üsûsühâ, Abdurrahman Hasan Habenneke el-Meydânî, Dâru'l-Kalem, Dımeşk, 1417.

el-Akîde fillah, Dr. Ömer Süleyman el-Aşkar, Dâru'n-Nefâis, Ürdün, 1418.

Bustânu'l-Vâizîn ve Riyâdu's-Sâmiîn, İbnu'l-Cevzî, Dâru'l-Kütübi'l-Arabî, Beyrut, 1414.

el-Câmiu li Ahkâmi'l-Kur'ân, Kurtubî, Daru'l-Kütübi'l-İlmiyye, Beyrut, 1417.

Câmiu'l-Ulûm ve'l-Hikem fî Şerhi Hamsîne Hadîsen min Cevâmiu'l-Kelim, İbn Receb el-Hanbelî, Dâru'l-Hadîs, Kahire, 1400.

el-Cezâ min Cinsi'l-Amel, Dr. Seyyid Huseyn el-Affânî, Mektebetu İbn Teymiyye, Kahire, 1417.

ed-Dâu ve'd-Devâ, İbn Kayyim el-Cevziyye, Dâru İbn Kesîr, Dımeşk, Beyrut, 1413.

Esmâullahi ve Sıfâtuhu fi Mu'tekadi Ehli's-Sünne ve'l-Cemaa, Dr. Ömer Süleyman el-Aşkar, Dâru'n-Nefâis, Ürdün, 1418.

el-Ezkâru'l-Muntehab min Kelâmi Seyyidi'l-Ebrâr, Nevevî, Dâru'l-Hudâ, Riyad, 1417.

Fethu'l-Bârî Şerhu Sahîhi'l-Buhârî, İbn Hacer el-Askalânî, Dâru'l-Kütübi'l-İlmiyye, Beyrut, 1410.

el-Fevâid, İbn Kayyim el-Cevziyye, Dâru'n-Nefâis, Beyrut, 1406.

Feyzu'l-Kadîr Şerhu'l-Câmii's-Sağîr, Münâvî, Dâru'l-Kütübi'l-İlmiyye, Beyrut, 1415.

Fıkhu's-Sîre, Muhammed el-Gazâlî, Dâru'l-Kalem, Dımeşk, 1416.

Fî Riyâdi'l-Cenne, Câsim Abdurrahman, el-Mektebu'l-Mısr el-Hadîs, Kahire.

Fî Zılâli'l-Kur'ân, Seyyid Kutub, Dâru'ş-Şurûk, Mısır, 1408.

Hâdi'l-Ervâh ilâ Bilâdi'l-Efrâh, İbn Kayyim el-Cevziyye, Mektebetu'l-Medenî, es-Suûdiyye.

Hayâtu's-Sahâbe, Muhammed Yusuf el-Kandehlevî, Dâru Sâdır, Beyrut, 1998.

el-Hikme fî Mahlûkâtillah, Ebu Hâmid el-Gazzâlî, Dâru İhyâi'l-Ulûm, Beyrut, 1406.

el-İhvânu'l-Müslimun Ahdâsun Saneat et-Târîh, Mahmud Abdulhalîm, Dâru'd-Da've, İskenderiye, Mısır.

İhyâu Ulûmi'd-Dîn, Ebu Hâmid el-Gazzâlî, Dâru'l-Hadîs, Kahire, 1412.

el-İmân ve'l-Hayat, Dr. Yusuf el-Karadâvî, Müessesetu'r-Risâle, 1415.

el-İmân, İbn Teymiyye, Dâru'l-Kütüb el-Arabî, Beyrut, 1414.

el-İsâbe fî Temyîzi's-Sahâbe, İbn Hacer el-Askalânî, Dâru'l-Kütübi'l-İlmiyye, Beyrut, 1415.

İsbâtu Azâbi'l-Kabr, Beyhâkî, Dâru'l-Furkân, Ammân, Ürdün, 1413.

Kasru'l-Emel, İbn Ebi'd-Dünyâ, Dâru İbn Hazm, Beyrut, 1416.

Kıyâmu'l-Leyl ve'l-Münâcât, Selâme Muhammed Ebu'l-Kemâl, Dâru'l-Yakîn, el-Mansûra, Mısır.

Kitâbu't-Teheccüd ve Kıyâmu'l-Leyl, İbn Ebi'd-Dünyâ, Mektebetu'r-Rüşd, Riyad, 1418.

Kün ke İbn Âdem, Cevdet Saîd, Dâru'l-Fikr, Dımeşk, 1419.

Letâifu'l-Meârif fî mâ li Mevâsimi'l-Âmm mine'l-Vezâif, Zeynuddin İbn Receb el-Hanbelî, Dâru İbn Hazm, Beyrut, 1414.

Lisânu'l-Arab, İbn Manzur, Mektebetu'r-Rüşd, Riyad, 1414.

Meâlim fi't-Tarîk, Seyyid Kutub, Dâru'ş-Şurûk, Kahire, 1403.

Mebâhis fî Ulûmi'l-Kur'ân, Mennâ el-Kattân, Müessesetu'r-Risâle, Beyrut, 1407.

Mecmau'z-Zevâid ve Menbeu'l-Fevâid, Heysemî, Dâru'l-Kütübi'l-İlmiyye, Beyrut, 1408.

Mecmûu Fetâvâ Şeyhulislâm İbn Teymiyye, Dâru'l-İftâ, es-Suûdiyye, 1398.

Mefâtih li't-Teâmul mea'l-Kur'ân, Dr. Salâh Abdulfettâh el-Hâlidî, Mektebetu'l-Menâr, ez-Zerkâ, Ürdün, 1406.

el-Mehacce fî Seyri'd-Dülce, İbn Receb el-Hanbelî, Dâru'l-Beşâiri'l-İslâmiyye, Beyrut, 1418.

Men Tesalla aleyhimu'l-Melâike ve men Telanehum, Dr. Fadl İlâhî, İdâretu Tercümânu'l-İslâmî, Pakistan, 1420.

Menhecu't-Terbiyetu'l-İslâmî, Muhammed Kutub, Dâru'ş-Şurûk, Kahire.

Mevârîdu'z-Zam'ân fî Muhabbeti'r-Rahmân, Dr. Seyyid b. Huseyn el-Affânî, Mektebetu't-Tâbiîn, Kahire, 1415.

Miftâhu Dâri's-Saâde ve Menşûr Velâyetu Ehli'l-İlm ve'l-İrâde, İbn Kayyim, Dâru İbn Affân, el-Hubar, es-Suûdiyye, 1416.

el-Mu'cemu'l-Müfehres li Elfâzi'l-Kur'ân'i'l-Kerîm, Muhammed Fuâd Abdulbâkî, Dâru'l-Ma'rife, Beyrut, 1414.

Muhammed Rasûlullah sallallahu aleyhi ve sellem, Muhammed Sâdık Arcûn, Dâru'l-Kalem, Dımeşk, 1415.

Muhtasaru Kıyâmi'l-Leyl ve Kıyâmi Ramazân ve Kitâbi'l-Vitr, Muhammed b. Nasr el-Mervezî, (ihtisar eden: Ahmed el-Makrizî), Âlemu'l-Kütüb, 1403.

Muhtasaru Minhâcu'l-Kâsıdîn, Makdisî, el-Mektebu'l-İslâmî, Beyrut.

er-Rahîku'l-Mahtûm, Safiyyurrahman el-Mübârekfûrî, Dâru'l-Kıble li's-Sekâfeti'l-İslâmiyye, Cidde, 1410.

Ravdatu'l-Ukalâ ve Nuzhetu'l-Fudalâ, İbn Hibbân el-Bustî, Dâru'l-Kütübi'l-İlmiyye, Beyrut.

er-Rekâik, Muhammed Ahmed er-Râşid, Müessesetu'r-Risâle, 1400.

Revâiu İkbâl, Ebu'l-Hasen en-Nedvî, Dâru'l-Kalem, Dımeşk, 1420.

Risâletu'l-Müsterşidîn, Tahkik ve ta'lik: Abdulfettâh Ebu Gudde, Dâru's-Selâm, Mısır, 1402.

Riyâzu's-Sâlihîn min Kelâmi Seyyidi'l-Mürselîn, Nevevî, Müessesetu'r-Risâle, 1412.

Ruhbânu'l-Leyl, Seyyid İbn Huseyn el-Affânî, Mektebetu İbn Teymiyye, Kahire, 1418.

Sahîhu Müslim bi Şerhi'l-İmam Muhyiddin en-Nevevî, Dâru'l-Ma'rife, Beyrut, 1417.

Sahîhu'l-Câmii's-Sağîr ve Ziyâdetihî, Muhammed Nâsıruddin el-Elbânî, el-Mektebu'l-İslâmî, Dımeşk, 1408.

Sahîhu't-Tergîb ve't-Terhîb, Münzirî, thk: Muhammed Nâsıruddin el-Elbânî, Mektebetu'l-Meârif, Riyad, 1409.

Salâhu'l-Ümme fî Uluvvi'l-Himme, Dr. Seyyid Huseyn el-Affânî, Müessesetu'r-Risâle, Beyrut, 1417.

Saydu'l-Hâtır, Ebu'l-Ferec İbnu'l-Cevzî, Dâru'l-Yakîn, el-Mansûra, Mısır, 1413.

Sıfatu's-Safve, Ebu'l-Ferec İbnu'l-Cevzî, Dâru'l-Ma'rife, Beyrut, 1399.

Silsiletu'l-Ehâdisi's-Sahîha, Muhammed Nâsıruddin el-Elbânî, Mektebetu'l-Meârif, Riyad, 1415.

es-Sîretu'n-Nebeviyye fi Dav'i'l-Kur'ân ve's-Sünne, Muhammed Ebu Şehbe, Dâru'l-Kalem, Dımeşk, 1417.

Siyeru A'lâmi'n-Nübelâ, Zehebî, Müessesetu'r-Risâle, Beyrut, 1419.

Şekâvâ ve'l-Hulûl, Muhammed Sâlih el-Müneccid, Dâru'l-Vatan, Riyad, 1420.

Şerhu ve Tıbyân li Hadîs mâ Zi'bâni Câiâni, İbn Receb el-Hanbelî, Müessesetu'r-Risâle, Beyrut, 1417.

Şerhu'l-Akîdeti't-Tahâviyye, İbn Ebi'l-İzz el-Hanefî, el-Mektebu'l-İslâmî, Beyrut, 1408.

Şuabu'l-Îmân, Beyhâkî, Dâru'l-Kütübi'l-İlmiyye, Beyrut, 1410.

Tarîku'l-Hicreteyn ve Bâbu's-Saadeteyn, İbn Kayyim el-Cevziyye, Dâru'l-Kütübi'l-İlmiyye, Beyrut, 1416.

et-Tefekkür mine'l-Müşâhede ile'ş-Şühûd, Dr. Mâlik el-Bedrî, ed-Dâru'l-Âlemiyye li'l-Kitâbi'l-İslâmî, Riyad, 1415.

Tefsîru'l-Kur'âni'l-Azîm, İbn Kesîr, Mektebetu'l-Ubeykân, el-Mektebetu'l-Asriyye, Sayda, Beyrut, 1417.

et-Tefsîru'l-Müyesser, (Heyet), Mecmau'l-Melik Fahd li Tıbâati'l-Mushafi'ş-Şerif, Medine-i Münevvere, 1419.

Tehzîbu Medârici's-Sâlikîn, Abdulmun'im Sâlih el-Alî, Vizâratu'l-Adl, Birleşik Emirlikler, 1402.

et-Tevbe ilallah, Dr. Yusuf el-Karadâvî, Mektebetu Vehbe, Kahire, 1418.

et-Tevehhüm, Hâris b. Esed el-Muhâsibî, Mektebetu'l-Kur'ân, Mısır.

Teysîru'l-Fıkh fi Dav'i'l-Kur'ân ve's-Sünne, Fıkhu's-Sıyâm, Dr. Yusuf el-Karadâvî, Müessesetu'r-Risâle, 1410.

Teysîru'l-Kerîmu'r-Rahmân fî Tefsîri'l-Kelâmi'l-Mennân, Abdurrahman es-Sa'dî, Müessesetu'r-Risâle, Beyrut, 1420.

et-Tezkira fi Ahvâli'l-Mevtâ ve Umûri'l-Âhira, Kurtubî, Dâru'l-Buhârî, Medine-i Münevvere, 1417.

Tezkiratu'd-Duât, el-Behîy el-Hûlî, Dâru't-Turâs, Kahire, 1408.

Tuhfetu'l-Ahvezî bi Şerhi Câmii't-Tirmizî, Mübârekfûrî, Dâru'l-Kütübi'l-İlmiyye, Beyrut.

Usûlu't-Terbiyyeti'l-İslâmiyye, Abdurrahman en-Nahlâvî, Dâru'l-Fikr.

el-Vâbilu's-Sayyib mine'l-Kelâmi't-Tayyib, İbn Kayyim, Mektebetu'l-Müeyyed, Riyad, 1414.

Vahyu'l-Kalem, Mustafa Sâdık er-Râfiî, Dâru'l-Kütübi'l-Arabî, Beyrut.

el-Yevmu'l-Âhir (el-Kıyâmetu's-Suğrâ), Dr. Ömer Süleyman el-Aşkar, Mektebetu'l-Felâh, Kuveyt, 1406.

Zâdu'l-Muhâcir ilâ Rabbihî, Şemsuddin İbnu'l-Kayyim, Mektebetu'l-Medenî, Cidde.

Zâhiratu Za'fi'l-İmân (el-A'raz, el-Esbâb, el-İlâc), Muhammed Sâlih el-Müneccid, Dâru Esdâu'l-Muctemi', es-Suudiyye.

Zemmu'l-Hevâ, Ebu'l-Ferec İbnu'l-Cevzî, Dâru'l-Kütübi'l-İlmiyye, Beyrut, 1413.

ez-Zühd, Abdullah b. Mübarek, Dâru'l-Kütübi'l-İlmiyye, Beyrut.

ez-Züll ve'l-İnkisâr li'l-Azîzi'l-Cebbâr, İbn Receb el-Hanbelî, Mektebetu't-Tev'iyyeti'l-İslâmiyye, Kahire, 1414.

Dergiler

Mecelletu'l-Beyân - el-Müntedâ el-İslâmî, Londra.

Mecelletu'l-Muctemi' - Cemiyyetu'l-Islâh el-Kuveytî.

Mecelletu'n-Nûr - Beytu't-Temvîl el-Kuveytî.

NOTLAR: ....
....
....
....
....
....
....
....
....
....
....
....
....
....
....
....
....
....
....
....
....
....
....
....
....
....
....
....
....
....
....
....
....
....
....
....
....
....
....
....

NOTLAR: ....
....
....
....
....
....
....
....
....
....
....
....
....
....
....
....
....
....
....
....
....
....
....
....
....
....
....
....
....
....
....
....
....
....
....

NOTLAR: ....
....
....
....
....
....
....
....
....
....
....
....
....
....
....
....
....
....
....
....
....
....
....
....
....
....
....
....
....
....
....
....

NOTLAR: ....
....
....
....
....
....
....
....
....
....
....
....
....
....
....
....
....
....
....
....
....
....
....
....
....
....
....
....
....
....
....
....
....
....
....
....
....
....
....
....
....

NOTLAR: ....
....
....
....
....
....
....
....
....
....
....
....
....
....
....
....
....
....
....
....
....
....
....
....
....
....
....
....
....
....
....
....
....
....
....